pauker.

Abschluss**2023**
Realschule Baden-Württemberg

◢ **Name:** Adrian

◢ **Schule:** Fortnite · Og · Schule

◢ **Klasse:**

hutt.lernhilfen ist eine Marke der
Bergmoser + Höller Verlag AG
Karl-Friedrich-Straße 76
52072 Aachen

T 0241 93888123
F 0241 93888188
kontakt@buhv.de

Umsatzsteuer-Id.Nr.: DE 123600266
Verkehrsnummer: 10508
Handelsregister Aachen HRB 8580

Vorstand:
Andreas Bergmoser
Peter Tiarks

Aufsichtsratsvorsitz:
Holger Knapp

Autorinnen/Autoren:
Jasmin Johner (Deutsch)
Joachim Krick (Mathematik)
Andreas Danner (Englisch)

Lektorat:
Antonia Aleker, Simone Grohmann, Kevin Koch,
Joachim Krick, Magdalena Noack

Gestaltung: Hanne Hutt

Umschlag:
Konzeption + Gestaltung:
Hanne Hutt
Fotografie:
Anna Leippe

Audioproduktion:
Tonstudio Dreamland, Frank Metzner e. K., Krombach
Sprecher/-innen: Uta Desch, Ida-Lee Dickenson, Mark Dickenson,
Joe Ginnane, Sarah Ginnane, Kirsten Marshall, Steffen Rosenberger

Paul Harriman, Oliver Utzt, dropD GmbH, Waiblingen

Ausgabe 2022/2023

ISBN: 978-3-88997-858-5

Über diese Lernhilfe

Liebe Schülerin, lieber Schüler,

der *pauker* hilft Ihnen bei der Vorbereitung auf den Realschulabschluss. Dieser Band enthält pro Fach drei Musterprüfungen im Stil der novellierten Abschlussprüfung (davon zwei zum Download) sowie die Originalprüfungen 2021 und 2022. Klare Gliederung und das großzügige Seitenformat vereinfachen den Überblick. Die farbliche Trennung der einzelnen Fächer erleichtert Ihnen das gezielte Üben für die Abschlussprüfung.

Farbleitsystem

Text- und Themenverzeichnis

Diese Verzeichnisse (Seite 8 – 12) dienen Ihnen zum schnellen und gezielten Auffinden von Prüfungstexten in Deutsch, themenbezogenen Aufgaben in Mathematik (Raum und Form, Messen etc.) oder bestimmten Englischinhalten (Lesen, Vokabeln etc.). Zudem sind auf einen Blick alle Audiotracks zu den LCT-Texten zusammengestellt.

Prüfungsinfos und nützliche Tipps

Ab Seite 13 sind alle wichtigen Prüfungsinfos für Sie aufgeführt. Was passiert wie, wann und mit welchen Hilfsmitteln? Zudem gibt es eine Übersicht über Prüfungsfächer und Notengewichtung.
▶ Sollten sich nach Drucklegung noch Änderungen ergeben, finden Sie aktuelle Informationen unter www.pauker.de/info-aktuell

Training

Der Trainingsteil ist in jedem Fach gleich aufgebaut:
▶ Aufteilung in einzelne Themengebiete
▶ Erklärungen
▶ Typische Aufgabenstellungen mit Musterlösungen
▶ Übungsaufgaben

Prüfungen

▶ Drei Musterprüfungen, davon zwei zum Download sowie die Originalprüfungen 2021 und 2022
▶ Formelsammlung sowie Bearbeitungstipps für alle Aufgaben in Mathematik

Englisch-Audiodateien

▶ Alle LCT-Texte als Audiotracks zum Download und per QR-Code abrufbar

Extra „Schule – und dann?"

Das Zusatzkapitel gibt nützliche Tipps und Informationen zum Start in den Beruf, von den wichtigsten Bewerbungsunterlagen bis zu Einstellungstests.

Lösungen

Mit dem separat erhältlichen Lösungsband können Sie Ihre Antworten und Ergebnisse überprüfen. Lösungswege und Lösungsansätze sind darin übersichtlich und leicht nachvollziehbar dargestellt. Die Lösungen zu den digitalen Musterprüfungen sind über einen Link im Lösungsband abrufbar.
Bestellnummer: 81-02-2-23

Inhaltsverzeichnis

Mathematik

Englisch

Extra

Textverzeichnis Deutsch

Durch das Textverzeichnis sind einzelne Aufgabenformate schnell und einfach zu finden.

Themenverzeichnis Mathematik

Durch dieses Verzeichnis ist es möglich, Aufgaben sortiert nach Leitidee zu suchen. A1 steht für Prüfungsteil A1, A2 für Prüfungsteil A2 und B für Prüfungsteil B.

Daten und Zufall

Musterprüfung I		Prüfung 2021		Prüfung 2022	
Seite	Nr.	Seite	Nr.	Seite	Nr.
231	A1/4	243	A1/3a	255	A1/3
235	A2/5	243	A1/3b	255	A1/4
236	A2/6	247	A2/3	258	A2/5
240	B/3b	247	A2/4	259	A2/6
		248	A2/6	262	B/3a
		251	B/3a		

Prozent- und Zinsrechnung

Musterprüfung I		Prüfung 2021		Prüfung 2022	
Seite	Nr.	Seite	Nr.	Seite	Nr.
231	A1/3	247	A2/4	257	A1/7
235	A2/4			259	A2/6

Themenverzeichnis Englisch

Mit dem Themenverzeichnis lassen sich einzelne Aufgabentypen schnell und einfach finden.
Der Buchstabe B kennzeichnet den Bereich Reading, C Use of Language, D Creative Writing,
E Interpreting.

Vocabulary

Find the synonym

Musterprüfung I		Prüfung 2021		Prüfung 2022	
Seite	Nr.	Seite	Nr.	Seite	Nr.
327	C1	337	C1	348	C1

Find the opposite

Musterprüfung I		Prüfung 2021		Prüfung 2022	
Seite	Nr.	Seite	Nr.	Seite	Nr.
327	C2	338	C2	348	C2

Explanations / Definitions

Musterprüfung I		Prüfung 2021		Prüfung 2022	
Seite	Nr.	Seite	Nr.	Seite	Nr.
327	C3	338	C3	349	C3

Fill in the correct word

Musterprüfung I		Prüfung 2021		Prüfung 2022	
Seite	Nr.	Seite	Nr.	Seite	Nr.
327	C4	338	C4	349	C4

Paraphrasing

Musterprüfung I		Prüfung 2021		Prüfung 2022	
Seite	Nr.	Seite	Nr.	Seite	Nr.
328	C6			349	C5

Reading

Finding information in the text

Musterprüfung I		Prüfung 2021		Prüfung 2022	
Seite	Nr.	Seite	Nr.	Seite	Nr.
325	B1	336	B1	347	B1
325	B2	336	B2	347	B2
325	B3	336	B3	347	B3
326	B4	337	B4	348	B4
326	B5			348	B5

Writing

Asking questions

Musterprüfung I		Prüfung 2021		Prüfung 2022	
Seite	Nr.	Seite	Nr.	Seite	Nr.
327	C5	338	C5	349	C6

Writing a comment

Musterprüfung I		Prüfung 2021		Prüfung 2022	
Seite	Nr.	Seite	Nr.	Seite	Nr.
328	D1	339	D1	350	D1

Writing an email / a text

Musterprüfung I		Prüfung 2021		Prüfung 2022	
Seite	Nr.	Seite	Nr.	Seite	Nr.
329	D2	339	D2	350	D2

Interpreting

Mediation

Musterprüfung I		Prüfung 2021		Prüfung 2022	
Seite	Nr.	Seite	Nr.	Seite	Nr.
330	E1	340	E1	351	E1
331	E2	340	E2	351	E2

Listening Comprehension Tests

Titel	Muster/ Prüfung	Text	Aufgaben	QR-Code
Part 1 – TV Series	I	Seite 352	Seite 322	
Part 2 – Interview about Books	I	Seite 353	Seite 323	
Part 3 – Sleep Deprivation Is Real!	I	Seite 353	Seite 323	
Part 4 – Radio Interview: Work-Life Balance	I	Seite 354	Seite 324	
Part 1 – Yoga	2021	Seite 355	Seite 332	
Part 2 – Vikings	2021	Seite 355	Seite 333	
Part 3 – The Prom	2021	Seite 356	Seite 333	
Part 4 – Digital footprint	2021	Seite 356	Seite 334	
Part 1 – Boosting your brainpower	2022	Seite 357	Seite 342	
Part 2 – Hyde Park	2022	Seite 357	Seite 343	
Part 3 – Teenagers and magazines	2022	Seite 358	Seite 344	
Part 4 – The history of basketball	2022	Seite 358	Seite 345	

Alle Hördateien auch zum Download unter: www.buhv.de/pauker/rs-bw-muster/audiotracks/

Prüfungsinfos allgemein

Inhaltliche und strukturelle Neuausrichtung aller Prüfungen der Sek I

Die Realschulabschlussprüfung umfasst seit 2021 folgende Prüfungsteile:

▶ schriftliche Prüfung in den Fächern Deutsch, Mathematik und Englisch
▶ Kommunikationsprüfung im Fach Englisch
▶ optionale mündliche Prüfungen in den Fächern Deutsch und Mathematik (ca. 15 Minuten)

Fach
Deutsch Zentrale schriftliche Prüfung
Mathematik Zentrale schriftliche Prüfung
Englisch/Pflichtfremdsprache Zentrale schriftliche Prüfung / Kommunikationsprüfung

Die Prüfungsergebnisse setzen sich wie folgt zusammen:

Deutsch	50 % Ergebnis Jahresleistung	50 % Ergebnis Prüfungsleistung (optionale mündliche Prüfung: 1-fach, dann schriftliche Prüfung 3-fach)
Mathematik	50 % Ergebnis Jahresleistung	50 % Ergebnis Prüfungsleistung (optionale mündliche Prüfung: 1-fach, dann schriftliche Prüfung 3-fach)
Englisch/Pflichtfremdsprache	50 % Ergebnis Jahresleistung	50 % Ergebnis Prüfungsleistung (schriftliche Prüfung: 3-fach, Kommunikationsprüfung: 2-fach)

Prüfungsinfos – Deutsch

Prüfungsbeginn: 8 Uhr
Bearbeitungszeit: 270 Minuten

Inhalt

			Zeit	Punkte
Teil A: Pflichtteil	A1: Sachtext	Aufgaben zu Textverständnis, Grammatik, Orthografie, Interpunktion, Syntax, Morphologie und Semantik	270 Minuten	25 Punkte
	A2: Lektüre	Textverständnis und produktive Aufgabe zur bekannten Ganzschrift		25 Punkte
Teil B: Wahlteil	a) Textgebundene dialektische Erörterung			50 Punkte
	b) Textbeschreibung Lyrik			
	c) Textbeschreibung Prosa			

Für alle Prüfungsteile steht ein Rechtschreibwörterbuch zur Verfügung.

Teil A

In Teil A1 müssen Sie anhand eines Sachtextes Fragen zum Lese- und Textverständnis, zu Grammatik, Rechtschreibung und Zeichensetzung beantworten.

In Teil A2 dient die Lektüre als Grundlage für Fragen. Hier geht es um Textverständnis und eine produktive Aufgabe wie das Verfassen eines Briefes, Dialogs, einer Rede oder Ähnliches. Hierfür hat die Lehrkraft zuvor aus zwei produktiven Schreibaufgaben für ihre Klasse eine ausgewählt. Die Lektüre wurde im Unterricht erarbeitet und besprochen.

Die Rechtschreibung fließt in die Bewertung ein.

Teil B

In Teil B haben Sie die Wahl zwischen einer textgebundenen dialektischen Erörterung, einer Textbeschreibung zu einem Lyrik- oder einer Textbeschreibung zu einem Prosatext. Aus diesen drei Aufgaben ist **eine** zu bearbeiten.

Prüfungsinfos – Mathematik

Prüfungsbeginn: 8 Uhr
Bearbeitungszeit: 240 Minuten, 20 Minuten Pause zwischen Teil A1 und Teil A2

Inhalt

			Hilfsmittel	Zeit	Punkte
Teil A1	**Pflichtteil**	Grundkenntnisse	Zeichengeräte (Geodreieck, Parabelschablone, Zirkel)	45 Minuten	50 Punkte
Teil A2		Komplexere Aufgaben	Zeichengeräte, Taschenrechner und Formel-sammlung	195 Minuten	
Teil B	**Wahlteil** (2 von 3 Aufgaben müssen bearbeitet werden)	Transferaufgaben			

Die schriftliche Prüfung in Mathematik besteht aus zwei Teilen, dem Pflichtteil (Teile A1 und A2) und dem Wahlteil (Teil B).

Teile A1 und A2

In den Teilen A1 und A2 müssen Sie alle Aufgaben bearbeiten. Teil A1 umfasst Aufgaben zu mathematischen Grundkenntnissen, Teil A2 komplexere Aufgaben zu Inhalten aus Klasse 7 bis 10.

Teil B

Im Teil B müssen Sie **zwei** der drei Aufgaben bearbeiten, die die Lehrkraft zuvor aus insgesamt vier Aufgaben ausgewählt hat. Jede Aufgabe des Wahlteils B enthält eine Teilaufgabe zur Leitidee *Funktionaler Zusammenhang*. Dieser Teil enthält Transferaufgaben zu Inhalten aus Klasse 7 bis 10. Diese Aufgaben stellen erhöhte Anforderungen in Bezug auf die anzuwendenden Lösungsstrategien und die eventuellen Begründungen. Der Lösungsweg einer Aufgabe muss nachvollziehbar sein. Die Ergebnisse sind sinnvoll zu runden und mit richtiger Benennung (Einheiten etc.) anzugeben.

Prüfungsinfos – Englisch

Prüfungsbeginn: 8 Uhr
Bearbeitungszeit: 165 Minuten, 20 Minuten Pause nach Teil A

Inhalt

1. Schriftlicher Teil

			Zeit	Punkte
Teil A	Listening Comprehension	Hörverstehenstest	30 Minuten	
Teil B	Text-based Tasks	Fragen zu Texten (Textverständnis)		
Teil C	Use of Language	Wortschatz und Grammatik		100 Punkte
Teil D	Writing	Kreatives Schreiben: Aufgaben zur Textproduktion (E-Mail, freier Text etc.)	135 Minuten	
Teil E	Interpreting	Zweisprachige Kommunikationssituationen		

Für Teil A steht kein Wörterbuch zur Verfügung. Für die Teile B bis E steht ein zweisprachiges Wörterbuch zur Verfügung.

Teil A

In Teil A Listening Comprehension müssen Sie Fragen zu kurzen Hörtexten, wie zum Beispiel Gesprächen, Interviews oder Durchsagen beantworten.

Teil B

Teil B enthält Fragen zum Textverständnis. Als Grundlage dienen beispielsweise Hinweisschilder oder Sach- und Informationstexte. Mögliche Aufgabentypen sind das Beenden von Satzanfängen, die Überprüfung von Aussagen/Behauptungen, die Zuordnung zu vorgegebenen Kategorien, die Identifizierung von Aussagen und das Beantworten von Fragen.

Teil C

In Teil C werden Ihr Wortschatz sowie Ihre Grammatik- und Rechtschreibkenntnisse geprüft. Als Aufgabenformate finden sich hier etwa Lückentexte, Wortschatzaufgaben und Ähnliches.

Teil D

In Teil D geht es um das freie Schreiben. In einer weniger umfangreichen Schreibaufgabe soll die eigene Meinung zu einem Thema geäußert, begründet oder beschrieben werden. In einer umfangreicheren Aufgabe stehen zwei Aufgabenstellungen zur Auswahl. Hier sollen unterschiedliche Textsorten verfasst werden, wie z. B. eine Bild- oder Reizwortgeschichte, ein Tagebucheintrag, Brief, Bericht oder Blog.

Teil E

In Teil E sollen Sie in zweisprachigen Kommunikationssituationen wichtige Informationen sinngemäß in die jeweils andere Sprache übertragen. Die Sprachmittlung findet sowohl aus der Zielsprache ins Deutsche als auch umgekehrt statt.

2. Mündlicher Teil: Kommunikationsprüfung

Teil A	Monologisches Sprechen	Präsentation des Schwerpunktthemas
Teil B	Dialogisches Sprechen	Kommunikative und situative Aufgabenformen
Teil C	Sprachmittlung	Sprachmittlung Dolmetschen

In der Kommunikationsprüfung werden die Schüler/-innen von der Fachlehrkraft der Klasse sowie einer weiteren von der Schulleitung bestimmten Fachlehrkraft einzeln oder zu zweit geprüft. Die Prüfung dauert pro Schüler/-in ungefähr 15 Minuten. Die beiden verpflichtenden Prüfungsteile Monologisches Sprechen (Präsentation des Schwerpunktthemas) und Dialogisches Sprechen (kommunikativ-situative Aufgabenformen) haben in etwa den gleichen Umfang. Für die einzelnen Prüfungsteile gibt es keine Vorbereitungszeit.
Im **Monologischen Sprechen** erarbeiten und strukturieren die Schüler/-innen selbstständig ein Thema und präsentieren es verständlich und anschaulich in zusammenhängender und freier Rede. Kurze themenbezogene

Rückfragen mit Bezug auf den Vortrag sind möglich.

Beim **Dialogischen Sprechen** liegt der Schwerpunkt auf der freien Sprachproduktion. Die Schüler/-innen sollen spontan und situationsbezogen in möglichst realitätsnahen Dialogen agieren und reagieren. Die Fachlehrkraft der Klasse gibt die Kommunikationssituationen vor.

Es erfolgt eine individuelle Leistungsfeststellung anhand eines vorgegebenen Kriterienkatalogs.

Wahlpflichtfächer (AES, Technik, Französisch)

Seit 2021 sind die Wahlpflichtfächer Alltagskultur, Ernährung, Soziales (AES), Technik und Französisch Teil der Abschlussprüfung.

Alltagskultur, Ernährung, Soziales (AES)

Die Abschlussprüfung im Wahlpflichtfach AES umfasst eine schriftliche und eine praktische Prüfung. Das Kultusministerium gibt hierfür zentrale Maßstäbe vor. Die Prüfungsaufgaben beziehen sich auf die Bildungsstandards der Klassen 7 bis 10. In der Abschlussprüfung werden die Kompetenzen für ein verantwortungsbewusstes, reflektiertes und nachhaltiges Entscheiden und Handeln im Alltag geprüft.

Die schriftliche Prüfung AES besteht aus dem Pflichtteil A und dem Wahlteil B.

	Pflichtteil A	Wahlteil B	Zeit
Prüfungsinhalte	Überwiegend Bildungsstandards der Klasse 10: 1. Kompetenzfeld Ernährung und Gesundheit 2. Kompetenzfeld Lebensgestaltung und Konsum	Überwiegend Bildungsstandards der Klassen 7 bis 9 1. Kompetenzfeld Ernährung 2. Kompetenzfeld Gesundheit 3. Kompetenzfeld Konsum 4. Kompetenzfeld Lebensbewältigung und -gestaltung	105 Minuten

Pflichtteil A

Im Pflichtteil A sind alle vier von den Fachlehrkräften ausgewählten Aufgaben zu bearbeiten.

Wahlteil B

Von den zwei Wahlaufgaben ist eine zu bearbeiten.

Technik

Im Wahlpflichtfach Technik steht die problem- und handlungsorientierte Auseinandersetzung mit technischen Fragestellungen mit einem mehrperspektivischen Ansatz im Mittelpunkt. Praxis und Theorie sind miteinander verknüpft.

Die schriftliche Prüfung im Wahlpflichtfach Technik besteht aus dem Pflichtteil A und dem Wahlteil B.

Zur Vorbereitung der schriftlichen Abschlussprüfung wird eine Liste mit Schaltzeichen zur Verfügung gestellt.

	Pflichtteil A	Wahlteil B	Hilfsmittel	Zeit
Prüfungsinhalte	Pflichtteil A1: Werkstoffe, Produkte und Produktionstechnik Pflichtteil A2: Systeme und Prozesse	Mensch und Technik B1: Mobilität B2: Versorgung und Entsorgung B3: Bautechnik	Zeichengeräte, wissenschaftlicher Taschenrechner, Liste der Schaltzeichen	105 Minuten

Französisch

Die schriftliche Prüfung im Wahlpflichtfach Französisch besteht aus fünf Aufgabenbereichen (Teile A bis E). Zusätzlich zur schriftlichen Prüfung erfolgt in Französisch auch eine mündliche Prüfung (Kommunikationsprüfung), für die das Kultusministerium zentrale Maßstäbe vorgibt.

Im Teil A ist kein Wörterbuch erlaubt, für die Teile B bis E steht den Schüler/-innen ein zweisprachiges Wörterbuch zur Verfügung.

Zeit	105 Minuten
Prüfungsinhalte	Teil A: Compréhension orale: Aufgaben zur Überprüfung des Hörverständnisses Teil B: Compréhension de texte: Aufgaben zur Überprüfung des Textverständnisses Teil C: Vocabulaire et structures: Aufgaben zu Wortschatz und Grammatik Teil D: Production écrite: Aufgaben zur freien Textproduktion Teil E: Faites l'interprète: Aufgaben zur Informationsentnahme und -weitergabe in einer Sprachmittlungssituation (Dolmetschen)

Optionale mündliche Prüfung in Deutsch und Mathematik

Nach Bekanntgabe der Noten in der schriftlichen Prüfung können die Schüler/-innen in Deutsch und Mathematik zusätzlich eine mündliche Prüfung wählen, die je Fach etwa 15 Minuten dauert. Diese empfiehlt sich, wenn der/die Schüler/-in dadurch Chancen auf eine Verbesserung der Endnote im jeweiligen Fach hat. Die mündliche Prüfung kann als Einzel- oder Gruppenprüfung durchgeführt werden. Vor Beginn der Prüfung kann der/die Schüler/-in ein Schwerpunktthema benennen, das in die mündliche Prüfung einbezogen wird.

Vor der mündlichen Prüfung kann die Schule den Schüler/-innen in Deutsch und Mathematik schriftliche Aufgaben vorlegen, die sich auf die Bildungsstandards der Klassenstufen 7 bis 10 sowie das erforderliche Grundlagenwissen beziehen und von der Fachlehrkraft gestellt werden. Die Schüler/-innen erhalten dann eine entsprechende Vorbereitungszeit.

QR-Codes in allen Trainingsteilen sowie für alle Hörtexte

Dem QR-Code (Quick Response) sind Informationen, Bilder, Videos oder Hördateien hinterlegt. Alle Inhalte sind lediglich zur Auflockerung des Lernalltags gedacht und verschaffen keinem Schüler / keiner Schülerin einen Vorteil.

In diesem Buch sind alle QR-Codes außer der Audiofiles nummeriert. Für alle, die kein Smartphone besitzen, haben wir im Folgenden hinter jeder QR-Code-Nummer die entsprechende Internetadresse aufgeführt, unter der die jeweiligen Inhalte abrufbar sind.

Deutsch
(1) www.buhv.de/download/Pauker/Satzzeichen_retten_Leben.pdf
(2) www.buhv.de/download/Pauker/Woelfe.pdf
(3) www.buhv.de/download/Pauker/Ich_liebe_Dich_von_A.pdf

Mathematik
(1) www.buhv.de/download/Pauker/Der_Begriff_Wurzel.pdf
(2) www.buhv.de/download/Pauker/Cheops_Pyramide_Aegypten.pdf
(3) www.buhv.de/download/Pauker/Der_Mondfisch.pdf

Englisch
(1) www.buhv.de/download/Pauker/What_does_the_word_zoo_mean.pdf
(2) www.buhv.de/download/Pauker/Facts_about_FIFA.pdf
(3) www.buhv.de/download/Pauker/Englische_Sprache.pdf

Audiofiles: www.buhv.de/Schule/hutt.lernhilfen/Pauker/rs-bw-e/audiotracks/

Die Abschlussprüfung

Die Prüfung besteht aus zwei Teilen. Teil A ist ein Pflichtteil, bei dem alle Aufgaben gelöst werden müssen. Teil A1 enthält Aufgaben zu einem Sachtext, in denen es um Textverständnis, Grammatik, Orthografie, Analyse etc. geht. Teil A2 umfasst Aufgaben zur Lektüre, die während des Schuljahres im Unterricht behandelt wurde.

Teil B ist ein Wahlteil, d. h. nur eine der beiden Aufgaben muss gelöst werden. Hier können Sie zwischen einer textgebundenen dialektischen Erörterung und einer Textbeschreibung zu den Gattungen Lyrik oder Prosa wählen.

Im folgenden Trainingsteil sind Übungen zu den verschiedenen Aufgabentypen zusammengestellt, damit Sie sich optimal auf die Prüfung vorbereiten können.

Textverständnis

1. Richtiges Zitieren

Erklärung

Bei einigen Aufgaben wird von Ihnen verlangt, dass Sie Ihre Antwort mit Beispielen aus dem Text belegen. Dazu müssen Sie die entsprechenden Textstellen zitieren. Doch was heißt das genau?

Zitate werden immer in **Anführungszeichen** „…" gesetzt. Es ist wichtig, dass Sie den genauen Wortlaut und die Originalschreibweise übernehmen. Setzen Sie hinter das Zitat immer die Zeile bzw. Seite, aus der es stammt. Klammern Sie diese Angabe ein. Dabei gilt:

▶ Z. = Zeile

▶ S. = Seite

▶ f. = folgende (für eine weitere Zeile) sowie ff. = und folgende (für zwei weitere Zeilen), setzt man hinter Zeilen oder Seitenangaben, wenn das Zitat über drei Zeilen bzw. Seiten geht. Ab drei aufeinanderfolgenden Zeilen bzw. Seiten wird mit Zahlen abgekürzt.

Beispiele: „Der Vogelkundler beobachtet neugierig die Nistplätze." (Z. 5 f.) ➡ bedeutet Zeile 5 und 6

„Der Vogelkundler beobachtet neugierig die Nistplätze. Besonders interessiert ihn dabei das Brutverhalten." (Z. 5 ff.) ➡ bedeutet Zeile 5 bis 7

„Der Vogelkundler beobachtet neugierig die Nistplätze. Besonders interessiert ihn dabei das Brutverhalten. Aber auch die Länge der Brutzeit ist für ihn ausschlaggebend." (Z. 5 – 8)

➡ bedeutet drei aufeinanderfolgende Zeilen oder mehr

Wenn Sie nur **Teilsätze** oder **Textausschnitte** zitieren, kennzeichnen Sie die Auslassung mit eckigen Klammern.

Beispiel: „Der Vogelkundler beobachtet neugierig die Nistplätze. […] die Länge der Brutzeit ist für ihn ausschlaggebend." (Z. 5 – 8)

Das **Zitieren von Versen** erfolgt beispielsweise bei Gedichten oder Songtexten. Dabei werden Versumbrüche durch einen Schrägstrich markiert. Statt einer Zeile kann auch der Vers (V.) angegeben werden.

Beispiel: „Da habe ich eine Reklame erblickt / Die hat mich in die Augen gezwickt." (V. 2 f.)

Beim Zitieren von Einzelwörtern werden nur diese in Anführungszeichen gesetzt.

Beispiel: Ort und Zeit ist für das „Brutverhalten" (Z. 5) wichtig.

Auch Titel oder Eigennamen werden in Anführungszeichen gesetzt.

Beispiel: Die „Süddeutsche Zeitung" berichtet ausführlich über die verschiedenen Vogelarten und ihre Bedürfnisse.

2. Sachtexte

Erklärung

Unter Sachtexten versteht man Texte, deren Absicht es ist, Fakten zu liefern oder über Dinge zu informieren. Oftmals handelt es sich dabei um Zeitungsartikel. Ein Sachtext beinhaltet häufig keine Ausschmückungen, ist meistens objektiv und stellt somit in der Regel keine eigene Meinung des Autors bzw. der Autorin dar. Auch diskontinuierliche Texte wie Grafiken, Diagramme oder Schaubilder bzw. Karikaturen gehören zur Kategorie Sachtext.

Kontinuierliche Texte

Um Informationen aus einem kontinuierlichen Text zu entnehmen, empfiehlt sich folgende Vorgehensweise:

1. Zunächst einen Überblick verschaffen: Lesen Sie unbedingt die **Überschrift** und den **Vorspann**. Falls Abbildungen vorhanden sind, betrachten Sie diese und lesen Sie die **Bildunterschrift**. Sehen Sie sich danach die Aufgabenstellung an.
2. Anschließend den Text zügig ein erstes Mal durchlesen: Beachten Sie bei der Suche nach Informationen **Schlüsselwörter**. Achten Sie auf die **Textstruktur**. Am Schluss gibt es beispielsweise häufig eine Zusammenfassung. Das kann hilfreich sein.
3. Nachdem Sie sich einen Überblick verschafft haben, lesen Sie den Text ein weiteres Mal. Lesen Sie ihn jetzt ganz genau, denn es geht um das **Detailverständnis**. Markieren Sie wichtige Wörter und Informationen.

Diskontinuierliche Texte

Textsorten

Um Informationen besonders anschaulich zu vermitteln, werden oft **grafische Darstellungen** benutzt, vor allem, wenn es um Entwicklungen oder Häufigkeiten geht.

Um eine grafische Darstellung zu beschreiben und zu interpretieren, gehen Sie so vor:

1. Benennen Sie das Thema! (Was ist auf dem Schaubild dargestellt? Wann und von wem wurde es erstellt?) Das Thema des diskontinuierlichen Textes wird meistens in Form einer Aussage oder einer Frage über der Grafik genannt.
2. Beschreiben Sie! Wichtige Aussagen lassen sich vor allem aus Ähnlichkeiten oder Unterschieden ableiten, achten Sie also auf Zahlenangaben, die nah beieinander oder erkennbar auseinander liegen. (Was ist dargestellt? Größe und Einheit angeben; Einzeldaten (Gemeinsamkeiten und Unterschiede) vergleichen; auf Auffälligkeiten (hohe oder niedrige Einschnitte) achten; sind Entwicklungen/ Tendenzen erkennbar?)
3. Um eine Auswertung (Deutung) vorzunehmen, stellen Sie sich drei Fragen:
   ▶ Welche Zusammenhänge, z. B. zwischen dem Kurvenverlauf und bekannten Vorgängen, lassen sich herstellen?
   ▶ Lassen sich besonders hohe oder niedrige Einschnitte erklären?
   ▶ Was kann man aus dem Schaubild ableiten und was kann man nicht erkennen?

Oft sind diskontinuierliche Texte **Tabellen**, **Diagramme** oder **Karikaturen**.

Tabelle: Hier sind Zahlenangaben in Spalten und Zeilen angeordnet. Das ist viel übersichtlicher als in einem Text.

Diagramm: Hier gibt es vor allem die folgenden vier verschiedenen Formen:

▶ **Balkendiagramm:** Die Zahlen werden in Form von Balken angezeigt, also waagerecht.

▶ **Säulendiagramm:** Die Zahlen werden in Form von Säulen angezeigt, also senkrecht.

▶ **Kreis- oder Tortendiagramm:** Die Grundlage ist ein Kreis (sieht aus wie eine Torte), der sich auf 100 Prozent der Befragten oder des Dargestellten bezieht. Die verschiedenen Anteile werden in Form von Kreisausschnitten (Tortenstücken) dargestellt.

▶ **Kurvendiagramm:** Die zahlenmäßigen Entwicklungen werden in Form von ansteigenden oder abfallenden Linien (= Kurven) angezeigt.

Karikatur: Komisch übertriebene Darstellung von Menschen oder gesellschaftlichen Zuständen; dadurch gelingt es, Probleme oder Missstände humorvoll zu kritisieren.

Diskontinuierliche Texte lesen: die Legende

Unter- oder oberhalb der grafischen Darstellung finden Sie meistens die Angaben, die Sie brauchen, um diskontinuierliche Texte richtig verstehen zu können: die Legende. In der Regel enthält sie folgende Angaben:

▶ in welcher Einheit die Zahlenangaben gemacht werden (ob in Prozent, in Tausend, …)

▶ welcher Personenkreis befragt wurde

▶ wann (Zeitpunkt) oder in welchem Zeitraum die Untersuchung durchgeführt wurde

▶ den Zeitpunkt der Veröffentlichung des Textes

▶ wer den Text veröffentlicht hat (Herausgeber)

In Ihrer Abschlussprüfung werden Sie sich eventuell sogar mehrfach mit Sachtexten auseinandersetzen müssen. Wie bereits erwähnt, gilt als Erstes, dass Sie den Text gründlich durchlesen und sich gegebenenfalls Wörter markieren, die Sie nicht verstehen. Versuchen Sie, diese aus dem Textzusammenhang zu erschließen. Geben Sie den Text nur dann wörtlich wieder, wenn es die Aufgabenstellung ausdrücklich verlangt. Formulieren Sie ansonsten in Ihren eigenen Worten.

Typische Aufgabenstellung

Neuguinea

Hobby-Botaniker[1] entdeckt seltene Känguru-Art wieder

In den unzugänglichen Bergregionen West-Papuas suchte der Brite Michael Smith das seit 90 Jahren verschollene Wondiwoi-Baumkänguru – und fand es

Peter Carstens

27.09.2018

1 Es gibt 17 Arten und Unterarten von Baumkängurus, über die wegen ihrer verborgenen Lebensweise oft wenig bekannt ist Während australische Kängurus so häufig sind, dass sie in Downunder[2] zu den ganz normalen Risiken im Straßenverkehr gehören, sieht die Sache bei manchen nahen Verwandten anders aus. Zum Beispiel beim Wondiwoi-Baumkänguru.

Erstmals 1928 entdeckt und wissenschaftlich beschrieben von dem Zoologen Ernst Mayr, geriet Dendrolagus mayri sofort wie-

5 der in Vergessenheit. Bestätigte Sichtungen von Wissenschaftlern, geschweige denn Fotos: Fehlanzeige. Ein möglicher Grund für die Diskretion[3] der Tiere, die sich mit ihren muskulösen Vorderarmen virtuos[4] in den Baumkronen fortbewegen: Bei den Einheimischen gelten sie als Delikatesse[5]. Offenbar hatten sich die Tiere – wenn sie nicht sogar ausgestorben waren – in für den Menschen unzugängliche Gebirgsregionen zurückgezogen. […]

Verräterische Kratzspuren

10 Während Einheimische der mysteriösen Spezies nur bis zu einer Höhe von 1300 Metern nachsteigen, weil die Bambuswälder hier fast undurchdringlich werden, ließ Smith nicht locker. Und bahnte sich mit seinem Team einen Pfad bis auf 1700 Meter Höhe. Ihre Mühen wurden belohnt – mit den charakteristischen Baumkänguru-Kratzmarken an Baumstämmen, Duftmarken und Kot.

Schließlich – Ende Juli dieses Jahres – entdeckte Smith in einer rund 30 Meter hohen Baumkrone ein Exemplar. Das erste seit
15 90 Jahren. Und konnte es sogar fotografieren.
Der Baumkänguru-Experte Tim Flannery von der Universität Melbourne konnte den Fund bestätigen. Und ergänzt gegenüber National Geographic: „Das Wondiwoi-Baumkänguru hat ein sehr kleines Verbreitungsgebiet – vielleicht nur 65 mal 130
Quadratkilometer. Aber die Kratzspuren und der Kot lassen vermuten, dass es auf dieser kleinen Fläche erstaunlich viele von
ihnen gibt."

[1] Botaniker: Wissenschaftler, der sich mit der Natur – hauptsächlich mit Pflanzen – beschäftigt
[2] Downunder: Australien
[3] Diskretion: Zurückhaltung
[4] virtuos: meisterhaft
[5] Delikatesse: Leckerbissen

Quelle: Textauszug aus Peter Carstens: Hobby-Botaniker entdeckt seltene Känguru-Art wieder, in: https://www.geo.de/natur/tierwelt/
19681-rtkl-neuguinea-hobby-botaniker-entdeckt-seltene-kaenguru-art-wieder, Seitenaufruf 30.1.2020

1. Prüfen Sie, welche der folgenden Aussagen mit dem Sachtext übereinstimmen.
Notieren Sie entsprechend: trifft zu / trifft nicht zu / nicht genannt

a) Baumkängurus leben in Downunder.

b) Australische Kängurus gehören zu normalen Risiken im Straßenverkehr.

c) Bei Einheimischen gelten Baumkängurus als besonderer Leckerbissen.

d) Smith schlief während der Suche nach der verlorenen Spezies im Zelt.

e) Der Forscher fotografierte das erste Baumkänguru seit mehr als 100 Jahren.

2. Benennen Sie Zeilen, welche die Aussage belegen, dass Baumkängurus schwer zu finden sind.
(3 Aussagen)

Lösung

1. a) trifft nicht zu   b) trifft zu   c) trifft zu   d) nicht genannt   e) trifft nicht zu

2. Zeile 1: „Baumkängurus, über die wegen ihrer verborgenen Lebensweise oft wenig bekannt ist."
Zeile 7 f.: „Offenbar hatten sich die Tiere – wenn sie nicht sogar ausgestorben waren – in für den
Menschen unzugängliche Gebirgsregionen zurückgezogen."
Zeile 14 f.: „[…] entdeckte Smith in einer rund 30 Meter hohen Baumkrone ein Exemplar. Das erste
seit 90 Jahren."

Übungsaufgaben

Sachtext 1

Zukunftsforscher Horx zur Krise – „Wir lernen Dinge, die wir verlernt hatten"

1 **Die Coronakrise verändert die Gesellschaft. Ängste,
Einschränkungen, Verzicht bestimmen den Alltag. Doch
in der Krise stecken Chancen, sagt Zukunftsforscher
Matthias Horx im ZDF.**
5 **ZDF:** Wie wird sich unsere Gesellschaft verändern?
Matthias Horx: Ein Teil ist sicher, dass wir alle eine ganz
erstaunliche Erfahrung machen, dass wir in dieser „sozialen
Isolation" eigentlich sehr gesellschaftlich werden, dass wir
uns sehr intensiv um uns selbst, um unsere nächsten, aber
10 auch um unsere fernen Beziehungen kümmern. Wir telefonieren sehr viel, wir sind intensiver im Sozialen geworden,
wir erfahren Gesellschaft wieder als ein gemeinsames
Bestreben. Das ist das, was verloren gegangen ist, man hat

ja das Gefühl gehabt, die Gesellschaft war so ein allgemei-
15 nes Hauen und Stechen gegeneinander.
In dem Kampf gegen das Virus vereinen wir uns ein Stück
weit wieder. Meine These ist, dass Menschen sich so etwas
merken. Das heißt nicht, dass es in derselben Intensität so
weiter geht, aber es erzeugt eine neue Struktur, einen neuen
20 Lernprozess, die Hirne gehen gewissermaßen auf. Wir lernen wieder Dinge, die wir verlernt hatten, auch im Alltag.
Wir kochen zusammen, wir tun Dinge, die zum Menschsein
dazugehören und die die moderne beschleunigte Gesellschaft
uns ein Stück weit entlernt hat.
25 **ZDF:** Es gibt auch negative Zukunftsvisionen, Angst vor
Rezession, Angst vor Erstarken von Rechtspopulisten. Was

macht Sie so sicher, dass die Welt nicht auch eine schlechtere werden könnte?

Horx: Die Frage ist, ob wir uns von unseren Ängsten
30 treiben lassen oder von unseren Beobachtungen und den Wahrscheinlichkeiten. Wir können auch feststellen, dass die Populisten, die Hasser und Neider und Spalter im Netz und Trolls ja immer noch da sind, aber es hört ihnen keiner mehr zu, weil natürlich in einer Gesellschaft, die nach einem
35 Konsens[1] sucht, nach einer gemeinschaftlichen Antwort auf eine Gefahr, eine Krise, das Bedürfnis nach Spaltung nicht mehr besonders groß ist.

ZDF: Was sagen Sie Menschen, die das nicht so positiv sehen wie Sie?

40 **Horx:** Ich möchte darauf hinweisen, dass wir in dieser Krise auch etwas ganz Seltsames, etwas Wunderbares erlebt

haben, nämlich, dass viele von uns dachten, jetzt bricht die Welt zusammen, jetzt passiert das Allerschlimmste. Aber die Welt ist ja immer noch da, und sie hält. Wir machen
45 plötzlich Erfahrungen, die darauf hinweisen, dass nicht immer unsere schlimmsten Erwartungen dann tatsächlich auch eintreten.

Ich glaube, dass es eine sehr hohe Chance, eine hohe Wahrscheinlichkeit gibt, dass diese Krise auch als eine
50 Bewältigung erfahren wird. Wir sind mit einer großen Herausforderung als Zivilisation konfrontiert, aber wir können das auch schaffen, wir können das bewältigen, und das macht Menschen stark.

[1] Konsens: Übereinstimmung

Quelle: https://www.zdf.de/nachrichten/politik/zukunftsforscher-horx-coronakrise-gesellschaft-100.html, Seitenaufruf 1.4.2020

1. Nennen Sie vier positive Aspekte, die sich gesellschaftlich während der Corona-Krise verändern.

2. Benennen Sie Zeilen, welche die Aussage belegen, dass wir in dieser Krise auch etwas Wunderbares erlebt haben. (3 Angaben)

3. Der Philosoph Friedrich Nietzsche sagte: „Was mich nicht umbringt, macht mich stärker." Begründen Sie in einem Satz diese Aussage anhand des Textes.

Sachtext 2

Diskriminierung

1 **Diejenigen, die diskriminieren, fühlen sich stark – stark genug, um einen anderen herabzuwürdigen. Sie sind nicht stark genug, um eine Andersartigkeit, einen Unterschied zum Gewohnten und zur eigenen Erfahrung
5 auszuhalten.**
Diskriminieren steht für „trennen", „Unterscheidungen treffen", „aussondern". Diskriminierung ist die ungleiche, benachteiligende und ausgrenzende Behandlung von Gruppen und Individuen ohne sachlich gerecht-
10 fertigten Grund. Diskriminierung kann sich zeigen als Kontaktvermeidung, Benachteiligung beim Zugang zu Gütern und Positionen, als Boykottierung[1] oder als persönliche Herabsetzung. Möglich wird Diskriminierung meistens durch ein Machtgefälle. Das zu beseitigen, ist ein Anliegen
15 der Frauenquote. Mit ihr verbindet sich die Überzeugung, dass die Benachteiligung von Frauen am ehesten abgebaut werden kann, wenn Frauen stärker in Machtposition von Politik und Wirtschaft vertreten sind.
Zur Diskriminierung von Menschen kommt es aufgrund
20 gruppenspezifischer Merkmale wie ethnische oder nationale Herkunft, Hautfarbe, Sprache, politische oder religiöse Überzeugungen, sexuelle Orientierung, Geschlecht, Alter oder Behinderung.
Ausgangspunkt jeder Diskriminierung ist die **Konstruktion
25 von Differenz**. Jeder Form Diskriminierung liegt eine Unterscheidung und Bewertung durch eine Mehrheit zugrunde, was als gesellschaftliche Norm zu gelten hat (z. B. weiß, deutsch, männlich, heterosexuell, gesund, leis-

tungsfähig, christlich etc.). Von Diskriminierung betroffen
30 sind damit Gruppen, die den dominanten Normen nicht entsprechen. Dabei handelt es sich häufig um zahlenmäßige Minderheiten. Doch die Diskriminierung von Frauen zeigt, dass dies nicht auf eine quantitative[2] Minderheit beschränkt sein muss.

35 **Diskriminierung verletzt die Menschenwürde**
Menschenwürde heißt: Alle Menschen haben die gleichen Rechte und sind gleich wertvoll. Und wir alle haben ein Recht auf Gleichbehandlung. Das ist gleichzeitig eine Verpflichtung für jeden Einzelnen von uns,
40 für die Gesellschaft und den Staat, das Grundrecht und Menschenrecht der Nicht-Diskriminierung zu achten und umzusetzen.
In Deutschland regelt Artikel 3 des Grundgesetzes das Diskriminierungsverbot: *„Niemand darf wegen seines
45 Geschlechtes, seiner Abstammung, seiner Rasse, seiner Sprache, seiner Heimat und Herkunft, seines Glaubens, seiner religiösen oder politischen Anschauungen benachteiligt oder bevorzugt werden. Niemand darf wegen seiner Behinderung benachteiligt werden."*

50 **Positive Diskriminierung ist erwünscht**
Ein Beispiel dafür ist der Zusatz bei Stellenausschreibungen von öffentlichen Einrichtungen: „Schwerbehinderte werden bei entsprechender Eignung mit Vorrang berücksichtigt." Oder auch die staatlich verordnete Quote von mindestens
55 40 % Frauen in den Aufsichtsräten großer schwedischer Betriebe. In beiden Beispielen geht es darum, durch gezielte

Bevorzugung bestehende Benachteiligungen abzubauen. Ein anderer Fall sind Ungleichbehandlungen, die das Jugendschutz- oder Jugendarbeitsschutzgesetz vorschrei-
60 ben. Hier wird Jugendlichen mehr Urlaub als Erwachsenen zugestanden oder aber Jugendlichen der Kauf von Zigaretten oder Alkohol verboten. Beides ist keine Diskriminierung, sondern eine sachlich begründete Ungleichbehandlung, die

in diesem Fall den Schutz der Gesundheit von Jugendlichen
65 zum Ziel hat.

[1] Boykottierung: Verweigerung, Ablehnung, Protest
[2] quantitativ: der Anzahl nach

Quelle: https://www.menschenrechte.jugendnetz.de/material-projektide-en/glossar/diskriminierung/, Seitenaufruf am 2.4.2020

Diskriminierung in Deutschland und Europa 2015

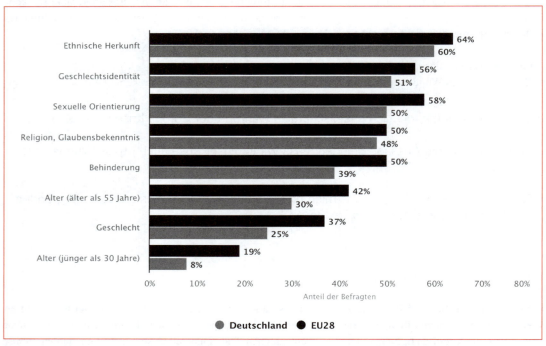

Quelle: https://de.statista.com/statistik/daten/studie/73672/umfrage/diskriminierung-in-deutschland-und-europa/

1. Prüfen Sie, welche der folgenden Aussagen mit der Grafik übereinstimmen.
   Notieren Sie entsprechend: trifft zu / trifft nicht zu / nicht genannt
   a) Die am weitesten verbreitete Art der Diskriminierung ist flächendeckend aufgrund der ethnischen Herkunft.
   b) Es zeigt sich, dass die Hälfte aller Befragten angaben, Menschen wegen ihrer sexuellen Orientierung zu diskriminieren. Europaweit gesehen sogar noch mehr.
   c) Behinderung spielt beim Thema Diskriminierung keine Rolle.
   d) Senioren (über 55 Jahren) werden seltener diskriminiert als jüngere Menschen (unter 30 Jahren).
   e) Gläubige des Christentums und Islams werden am häufigsten benachteiligt.
   f) Das Geschlecht ist heutzutage bei der Benachteiligung von Menschen nicht mehr ausschlaggebend.

2. Benennen Sie Zeilen, welche die Aussage belegen, dass es sich bei Diskriminierung um „ungleiche, benachteiligende und ausgrenzende Behandlung von Gruppen" (Z. 7 ff.) handelt.

3. Was ist mit der Aussage gemeint, dass die Gruppen von Diskriminierung betroffen sind, die den dominanten Normen nicht entsprechen? Begründen Sie in einem Satz diese Aussage anhand des Textes.

4. Was bedeutet positive Diskriminierung? Erklären Sie kurz.

Sachtext 3

Mobilitätswende
Die Stadt der Zukunft ist flexibel
von Klaus Englert

1 Für die Klimawende sind neue Formen der Mobilität nötig – insbesondere in den Städten. Doch mit emissionsfreien Fahrzeugen allein ist es nicht getan, meint der Journalist Klaus Englert. Auch die städtische Infrastruktur muss sich
5 grundlegend wandeln.

Momentan sieht die Mobilitätswende auf deutschen Straßen noch düster aus, denn der Anteil der Elektroautos ist im Vergleich zur Gesamtzahl zugelassener Personenkraftwagen verschwindend gering: Von den 48 Millionen PKWs auf
10 deutschen Straßen fahren gerade mal 136.000 mit Strom. Niemand weiß vorherzusagen, ob sich die Haushalte künftig nicht doch lieber ein schickes E-Auto als Zweit- oder Drittwagen leisten, was die CO_2-Bilanz unterm Strich verschlechtern würde.

15 Das Ziel eines nachhaltigen Stadtverkehrs wird sich allerdings nur erreichen lassen, wenn sich auch die Rahmenbedingungen für die Mobilität in der Stadt grundlegend ändern. Gleichzeitig ist es wichtig, den Menschen die Angst zu nehmen, ihre individuelle Mobilität könnte dieser
20 Transformation[1] zum Opfer fallen. In einem rationalen[2] Diskurs müssten Wissenschaftler, Politiker und Medien deutlich machen, dass die Menschen uneingeschränkt mobil bleiben werden. Denn Mobilitätswende heißt: Die traditionellen Verkehrsträger, die auf fossilen Brennstoffen beru-
25 hen, durch andere zu ersetzen.

Neue Rahmenbedingungen für die Mobilitätswende
Experten diskutieren bereits seit vielen Jahren, wie die Verkehrsform der Zukunft aussehen wird. Dabei zählt nicht nur die technische Herausforderung, sondern ein mutiger
30 politischer Wille. Beispielsweise hat das „International Transport Forum" errechnet, dass sich in einer Stadt wie Lissabon der PKW-Anteil um 97 Prozent reduzieren lässt, wenn Privatfahrzeuge durch Sammelbusse und Sammeltaxis ersetzt werden. Durch die Maßnahme würden
35 die Kosten für den öffentlichen Nahverkehr um die Hälfte sinken, die CO_2-Emissionen um ein Drittel reduziert und der öffentliche Raum von parkenden Autos befreit werden. Daraus folgt: Wir brauchen neue Rahmenbedingungen für eine durchgreifende Mobilitätswende.

40 **Die „autogerechte Stadt" – ein Irrweg**
Diese Wende wird nicht einfach nur den Weg von der einst autogerecht konzipierten[3] zur nun fußgängergerechten Stadt weisen. Diesem Ziel folgen schon heute bereits viele Städte, beispielsweise die Landeshauptstadt Düsseldorf,
45 deren kriegszerstörter Stadtraum in den 1950er Jahren von einstigen NS-Technokraten als Chance ergriffen wurde, um Schneisen durch die Häuserzeilen für die kommende Autostadt zu schlagen.

Wo man Jahre zuvor die Synagoge niederbrannte, wurden
50 plötzlich Parkplätze angelegt. Und am klassizistischen Hofgarten verwandelte man eine malerische Allee in einen hässlichen Verkehrsknotenpunkt. Damals setzten die Planer einseitig auf ihre Vision von der „autogerechten Stadt". Diese Einseitigkeit war ein Irrweg.

55 **Lebensqualität für alle**
Neue Mobilitätsformen zu entwickeln bedeutet zukünftig, das Modell der fußgängergerechten Stadt neu zu erfinden – im Verein mit Verkehrsexperten, Architekten, Planern, Designern, Politikern und engagierten Bürgern. Und dabei
60 die allgemeine Entschleunigung zur Priorität[4] zu erheben. Anders lässt sich der immer knapper werdende Stadtraum für die sich rapide verändernden Verkehrsmittel nicht herstellen.

Es wird nicht ausreichen, die Verkehrswege weiterhin in
65 Bürgersteige und Fahrstreifen für PKWs und Fahrräder zu unterteilen. Unsere zukünftigen Stadträume müssen flexibel konzipiert sein, um den unterschiedlichen Anforderungen für Fahrräder, E-Scooter, Sammelbusse sowie abrufbare und vielleicht autonome[5] Autos genügend Raum zu bie-
70 ten. Hinzu kommen die Transportmittel des Öffentlichen Nahverkehrs. Und es ist jetzt schon absehbar, dass sich der Luftraum in den Großstädten bevölkern wird – mit Flugtaxis, an deren Entwicklung intensiv geforscht wird. Die Mobilitätswende verlangt vor allem flexible, anpas-
75 sungsfähige Straßenräume für sämtliche Verkehrsteilnehmer. Nur eine Stadt im Wandel hin zu einer nachhaltigen Verkehrsinfrastruktur wird Lebensqualität für alle garantieren können.

[1] Transformation: Umwandlung
[2] rational: sachlich
[3] konzipieren: planen, entwickeln
[4] Priorität: hier: vorrangiges Ziel
[5] autonom: hier: selbstfahrend

Quelle: Klaus Englert, in: https://www.deutschlandfunkkultur.de/mobilitaetswende-die-stadt-der-zukunft-ist-flexibel.1005.de.html?dram:article_id=473241, Seitenaufruf 9.4.2020

1. Prüfen Sie, welche der folgenden Aussagen richtig sind und kreuzen Sie an.

   ☐ Allein mit emissionsfreien Fahrzeugen wäre ein Wandel geschafft.

   ☐ Durch den Einsatz von Sammelbussen bzw. Sammeltaxis ließe sich der PKW-Anteil um 97 Prozent reduzieren.

   ☐ Es wird intensiv an der Entwicklung von Flugtaxis geforscht.

   ☐ Die Teilung von Verkehrswegen ist entscheidend für die Mobilität der Zukunft.

2. Benennen Sie Zeilen, welche belegen, dass Mobilitätswende für die Menschen auch Unsicherheit bedeutet.

3. Welche Bedingungen und Lösungsansätze für zukünftige Stadträume werden im Text genannt? Beschreiben Sie in eigenen Worten.

4. Die Schauspielerin und Klimaschutzaktivistin Jane Fonda sagt: „Wir gehen mit dieser Welt um, als hätten wir noch eine zweite im Kofferraum." Erklären Sie in einem Satz, was sie damit meint.

Sprachgebrauch

1. Groß- und Kleinschreibung

Erklärung

Bei der Groß- und Kleinschreibung gibt es verschiedene Regeln, die Sie sich einprägen sollten. Wenn Sie sich die Regeln der Großschreibung merken, können Sie einfach alles andere kleinschreiben.

1. Nomen werden immer großgeschrieben. Diese können Sie auf verschiedene Art und Weise erkennen:
   ▶ an Endungen wie **-heit**, **-keit**, **-tion**, **-ung**, **-schaft**, **-tum**, **-sal**, **-nis** oder **-mus**
   Beispiele: Ho**heit**, Heiter**keit**, Situa**tion**, End**ung**, Wissen**schaft**, Wachs**tum**, Rinn**sal**, Zeug**nis**, Perfektionis**mus**
   ▶ an einem vorangestellten Artikel (ein, eine, der, die, das) oder einem anderen Begleitwort (Zahlwort, unbestimmte Mengenangabe, Adjektiv usw.)
   Beispiele: das Haus, ein Baum, zwei Tiere, genug Platz, großer Mut, viele Tiere
   ▶ ein als Nomen verwendetes Verb oder Adjektiv (Nominalisierung)
   Beispiele: das Gute (Artikel + nominalisiertes Adjektiv)
         dein Laufen (Pronomen + nominalisiertes Verb)
         im Guten, beim Schwimmen, nichts Neues (Präposition + nominalisiertes Adjektiv/Verb)
   ▶ ein Nomen, das eine Tageszeit beschreibt, und nach Adverbien wie **gestern**, **heute**, **morgen** steht
   Beispiele: vorgestern Morgen, heute Nacht, morgen Vormittag

2. Am Satzanfang oder Anfang einer Überschrift wird großgeschrieben.

3. Eigennamen werden immer großgeschrieben.
   Beispiele: Vor- und Nachnamen, Länder, Städte …

4. Adverbien, bestimmte Adjektive (mit **sein** oder **werden** verbunden), Präpositionen, unbestimmte Pronomen und Zahlenwörter, die aus Nomen entstanden sind, werden kleingeschrieben.
   Beispiele: morgens, abends, anfangs, kreuz und quer
         Du **bist** schuld daran. Mir **ist** angst. ABER: Ich **habe** Angst.
         dank, trotz, angesichts, seitens
         ein bisschen, ein wenig, ein paar (steht hier für **einige**, sonst „ein Paar" für zwei zusammengehörende Dinge)

5. Fremdwortendungen können ebenfalls Aufschluss über die Schreibweise geben.
- ▶ kleingeschrieben werden Verben auf **-ieren**, Adjektive auf **-ell**, **-istisch**, **-iv**
  Beispiele: funktion**ieren**, fabriz**ieren**, fotograf**ieren**
  spez**iell**, real**istisch**, primit**iv**
- ▶ großgeschrieben werden Nomen auf **-tion**, **-ment**, **-ine**, **-tät**, **-ik**, **-age**, **-eur**, **-mus**
  Beispiele: Präven**tion**, Argu**ment**, Masch**ine**, Aktivi**tät**, Log**ik**, Blam**age**, Regiss**eur**,
  Expressionis**mus**

Typische Aufgabenstellung

Entscheiden Sie, ob die markierten Wörter groß- oder kleingeschrieben werden, und begründen Sie
Ihre Wahl.

a) Die **s/Spezielle i/Injektion** war für den Patienten lebensnotwendig.

b) Wenn ich **m/Morgens** früh aufstehe, dann bin ich am **a/Abend** sehr müde.

c) Ein **p/Paar** Runden durch den Park zu joggen, tut der **g/Gesundheit** sehr gut.

Lösung

a) spezielle wird kleingeschrieben, die Endung -ell weist auf ein Adjektiv hin
   Injektion wird großgeschrieben, die Endung -ion weist auf ein Nomen hin

b) morgens wird kleingeschrieben, weil es sich um ein aus einem Nomen entstandenes Adverb handelt
   Abend wird großgeschrieben, am = an *dem* → Artikel vor Nomen

c) paar wird kleingeschrieben, es handelt sich um einige, nicht um ein zusammengehörendes Paar
   zweier Dinge
   Gesundheit wird großgeschrieben, Artikel *der* (im Dativ) weist auf Nomen hin, ebenso wie die Endung
   -heit

Übungsaufgaben

1. Suchen Sie aus dem kurzen Text insgesamt fünf Nominalisierungen heraus und begründen Sie jeweils,
warum das Wort nominalisiert wird.

Unser Lehrer erzählt uns jeden Tag immer wieder von Neuem, wie wichtig eine gute Prüfungsvorbereitung ist und weist
uns aufs Eindringlichste darauf hin, es nicht auf die leichte Schulter zu nehmen. Es hilft kein Wenn und Aber, am selbst-
ständigen Lernen führt kein Weg vorbei. Wenn jeder sein Möglichstes tut, wird aber am Ende auch ein gutes Resultat
herauskommen. Und was gibt es Schöneres, als mit einer guten Abschlussnote belohnt zu werden?

2. Entscheiden Sie, um welche Wortart es sich bei den markierten Nominalisierungen handelt. Legen Sie eine entsprechende Tabelle an.

Das beste Buch seit Langem habe ich vor Kurzem aus der Bibliothek ausgeliehen. Das <u>Besondere</u> daran war, dass es keine Sekunde langweilig war. Das stundenlange <u>Schmökern</u> habe ich sehr genossen. Beim <u>Lesen</u> jeder Seite gab es <u>Unbekanntes</u> und <u>Spannendes</u> zu entdecken. Seither freue ich mich auf alles <u>Neue</u>, was von der Autorin erscheint. Ich bin dann stets eine der <u>Schnellsten</u> beim <u>Ausleihen</u> des neuen Buches.

3. Begründen Sie, warum die unterstrichenen Wörter kleingeschrieben werden.

Die <u>hohe</u> Zahl an Analphabeten ist <u>alarmierend</u>. Rund 6,2 Millionen Erwachsene, die schlecht bis gar nicht lesen und schreiben können, leben in Deutschland. Für die <u>meisten</u> von ihnen ist Deutsch die Muttersprache. Weltweit sind es sogar 750 Millionen Betroffene. Dazu gibt es 10,6 Millionen Menschen in Deutschland, die nur <u>fehlerhaft</u> schreiben können. Vermehrte und bessere Angebote zur Förderung der Lese- und Rechtschreibschwäche <u>lassen</u> die Zahlen langsam etwas sinken.

4. Entscheiden Sie, ob die markierten Wörter groß- oder kleingeschrieben werden.

Das internationale *r/Reiseverhalten* unterscheidet sich stark. Es gibt die *a/Abenteurer*, die *ä/Ängstlichen*, die *t/Träumer*, die *s/Sparsamen* und die *v/Verschwender*. Japaner reisen gerne in Gruppen und bleiben dabei unter sich. Das macht sie eher zu s/Sparsamen und *ä/Ängstlichen* Reisenden. Im *k/Kontrast* dazu stehen die Amerikaner. Sie haben zwar ein ausgeprägtes Sicherheitsbedürfnis, geben aber *v/Verschwenderischer* Geld aus. Aber was ist mit den Deutschen? Laut Vorurteilen sind sie konservativ, sparsam und genau. Falsch, denn die *m/Meisten* lieben es, in ferne und fremde Flecken der Erde zu reisen und diese für sich zu entdecken. Das macht die Deutschen definitiv zu *e/Erlebnishungrigen* Abenteurern.

2. Getrennt- und Zusammenschreibung

Erklärung

Ähnlich wie bei anderen grammatischen Problemen gibt es auch bei der Getrennt- und Zusammenschreibung Regeln, die Ihnen helfen. Wenn Sie sich diese gut merken, fällt es Ihnen leichter, zu entscheiden, wie die Wörter geschrieben werden.

1. **Getrenntschreibung**
   ▶ **Verb + Verb**
   Beispiele: lieben lernen, spazieren gehen, gefangen halten, getrennt leben ...
   ▶ **Nomen + Verb**
   Beispiele: Ordnung machen, Auto fahren, Klavier spielen ...
   ▶ **Adverb + Verb**
   Beispiele: vorwärts einparken, zustande bringen ...
   ▶ **Verbindungen mit dem Hilfsverb sein**
   Beispiele: allein sein, ruhig sein, dabei sein, zusammen sein ...
   ▶ **Adverb + Adjektiv/Adverb**
   Beispiele: wie viel, zu viel ...
   ▶ **Adjektiv + Verb**
   Beispiele: schnell laufen, weit werfen, problemlos einparken ...

Achtung!
1.1. Übertragene Bedeutung von Adjektiv + Verb
   Entsteht bei der Verbindung zweier Wörter eine neue Bedeutung, schreibt man diese zusammen.
   Beispiele: Der Richter musste den Angeklagten freisprechen. (→ frei im Sinne von nicht verurteilt)
   aber
   Das Referat sollte man frei sprechen. (→ frei im Sinne von ohne abzulesen)
   Mein Lehrer sagt, ich solle die Blume nicht schwarz malen. (→ Farbe)
   aber
   Mein Lehrer sagt, ich solle nicht immer alles so schwarzmalen. (→ pessimistisch darstellen)

1.2. Substantivierung von Verbindungen
   Werden Wortverbindungen substantiviert, schreibt man sie groß.
   Beispiele: Beim Lernen möchte ich allein sein. (→ Verbindung mit Hilfsverb sein)
   aber
   Das Alleinsein stört mich nicht. (→ Substantivierung)
   Ich finde es nicht schlimm, älter zu werden. (→ Verbindung Adjektiv + Verb)
   aber
   Das Älterwerden macht mir nichts aus. (→ Substantivierung)

2. **Zusammenschreibung**
   ▶ **Nomen + Nomen**
   Beispiele: Glasfaser, Haustür, Fensterladen ...
   ▶ **Nomen + Adjektiv**
   Beispiele: blutrot, haushoch, glasklar, blitzschnell ...
   ▶ **Adjektiv + Adjektiv**
   Beispiele: bitterkalt, superschnell, dunkelblau, nasskalt ...
   ▶ **Partikel** (z. B. Präposition, Adverb) **+ Verb**
   Beispiele: ankommen, einbrechen, auslaufen, mitbringen, herausragen ...

Achtung!
2.1. Zusammengeschrieben werden Verbindungen mit „irgend"
   Beispiele: irgendetwas, irgendjemand, irgendwo

2.2. Wörter wie *derzeit, zurzeit, umso, desto* werden ebenfalls zusammengeschrieben.

Typische Aufgabenstellung

Entscheiden Sie: Getrennt oder zusammen?

a) Wenn ich 18 bin, darf ich endlich **Auto fahren/Autofahren.**

b) Bello soll brav **nebenher laufen/nebenherlaufen.**

c) **Rot gestreift/Rotgestreift** ist mein Lieblingsmuster.

Lösung

a) Wenn ich 18 bin, darf ich endlich **Auto fahren.**

b) Bello soll brav **nebenherlaufen.**

c) **Rot gestreift** ist mein Lieblingsmuster. (Zusammenschreibung in diesem Fall auch möglich)

Übungsaufgaben

1. Unterstreichen Sie alle Fehler zur Getrennt- und Zusammenschreibung im Text und korrigieren
   Sie diese.

   ### Redekunst

   In Prag strapazierte ein Angeklagter die Nerven des Gerichts, indem er endlose Redenhielt. Sein Ziel war es, die Richter
   durch seinen Monolog irre zu führen und ihnen lästig zu werden. Die Richter forderten, dass er sich zurückhalten solle,
   womit sie allerdings kein Gehörfanden. Die erste Übersetzerin durfte bereits Heim kehren. Sie konnte dem Redeschwall
   gerade zwei Tage Stand halten. Der Engländer hätte theoretisch Monate reden können, da das Gesetz nicht vorschreibt,
   dass er direkt zum Thema sprechen muss. Glücklicherweise beschränkte er sich auf nur wenige Wochen. In dieser Zeit
   war er bereit, unwichtige Details aus seinem Leben preis zu geben. Er erzählte, wie er täglich zum Waschsalon ging, um
   seine Wäschezuwaschen. Zudem war er ein leidenschaftlicher Wintersportler. Regelmäßig ging er Eis laufen, Schlitten
   und Skifahren. Der Richter drohte schließlich, irrezuwerden und unterbrach die Verhandlung.

   Quelle: nach Duden – 150 Diktate. Regeln und Texte zum Üben. Bibliographisches Institut & F. A. Brockhaus AG, Mannheim 2006, S. 36

2. Welche Schreibweise ist die richtige? Entscheiden Sie.

   Eis essen oder eisessen
   liegen lassen oder liegenlassen
   bloß stellen oder bloßstellen
   fern sehen oder fernsehen
   teil nehmen oder teilnehmen
   joggen gehen oder joggengehen

3. Verbindungen mit „irgend": Wählen Sie die richtige Schreibweise

   a) Irgend jemand / Irgendjemand kommt immer zu spät.

   b) Das fehlende Buch muss doch irgend wo / irgendwo sein.

   c) Irgend etwas / Irgendetwas stimmt hier nicht.

4. Erklären Sie, warum die unterstrichenen Wörter getrennt- bzw. zusammengeschrieben werden.

   a) Am Nordpol sind die Nächte <u>eiskalt</u>.

   b) Das Schiff sollte am Morgen <u>auslaufen</u>.

   c) <u>Irgendetwas</u> auf dem Bild störte sein Empfinden.

   d) Lasse kann seit ein paar Tagen <u>allein stehen</u>.

e) Mit dem Hund <u>spazieren gehen</u> gehört zum Tagesablauf.

f) Das <u>Zusammensein</u> bedeutet der Familie viel.

g) <u>Football spielen</u> gehört zu meinen Hobbys.

3. Rechtschreibstrategien kompakt

Regelwissen kompakt

Manchmal ist es gar nicht so einfach, zu hören, wie ein Wort geschrieben wird. Dann helfen Regelwissen und Rechtschreibstrategien – im Folgenden kurz und knapp zusammengefasst.

Regelwissen
- nach lang gesprochenem i → ie
- nach kurz gesprochenem Vokal → Konsonantendopplung ll, mm, nn, rr …
- nach kurz gesprochenem Vokal → ck, tz
- nach kurz gesprochenem Vokal → s
- nach lang gesprochenem Vokal → ß
- Silbentrennendes h → trennt zwei Silben (z. B. se-hen, fah-ren)
- Nomen und Eigennamen → immer großgeschrieben (z. B. der Baum, Berlin, Frau Müller)

Wesentliche Strategien

Verlängern → Auslaute b, d, g verdeutlichen
- Weiterschwingen des Wortes — mil**d** – mil**d**es
- Bilden des Plurals — der Sta**b** – die Stä**b**e
- Steigern des Wortes — klu**g** – klü**g**er
- Bilden des Infinitivs bei Verben — es sin**k**t – sin**k**en, er sin**g**t – sin**g**en

Ableiten → ä/äu und a/au verdeutlichen
- Bilden des Singulars — H**äu**ser – H**au**s
- Suchen eines verwandten Wortes der gleichen Wortfamilie — die Ern**ä**hrung – N**a**hrung

Silbentrennung → Doppelkonsonanten verdeutlichen
schwi**m-m**en, die To**n-n**e

Artikelprobe → Großschreibung verdeutlichen
Rose – **die R**ose

Untersuchen der Wortendungen → -ig, -isch, -lich, -sam, -los verdeutlichen Adjektive
wohl**ig**, log**isch**, sach**lich**, ein**sam**, furcht**los**
→ -heit, -keit, -nis, -schaft, -ung verdeutlichen Nomen
Feig**heit**, Eitel**keit**, Erkennt**nis**, Erb**schaft**, Wohn**ung**

4. Wörter auf Mehrfachkonsonanten prüfen

Erklärung

Es gibt Wörter, die bei der Schreibweise eine Besonderheit aufweisen. So zum Beispiel Wörter mit Doppelkonsonanten. Diese Wörter sind zu üben.

In der Prüfung sollten Sie erkennen, welche Wörter mit Doppel- und welche mit Einzelkonsonanten geschrieben werden, und das auch begründen können.

Regel 1 – kurz gesprochene Vokale
Nach einem kurz gesprochenen Vokal folgt häufig eine Konsonantendopplung.
Häufige Dopplungen sind „ff, ll, mm, nn, pp, rr, ss oder tt".
Beispiele: alle, besser, Kartoffel, nett

Wenn das Wort einsilbig ist, hilft es, das Wort zu verlängern oder den Infinitiv zu bilden.
Beispiele: Nuss → Nüs-se, kommt → kom-men

„tz" und „ck" folgen ebenfalls auf einen kurz gesprochenen Vokal.
Beispiel: Hitze, Sack, Katze, Dreck

Nach „l", „n", „r", das merke ja, steht **nie** „tz" und **nie** „ck".
Beispiele: Salz, Schrank, Quark

Besonderheit: Bei zusammengesetzten Wörtern kann es vorkommen, dass aus einem Doppelkonsonanten ein Dreifachkonsonant wird.
Beispiele: Schiff + Fahrt → Schifffahrt, brennen + Nessel → Brennnessel

Regel 2 – zweisilbige Wörter
Bei zweisilbigen Wörtern, wie zum Beispiel Kum-mer, kann es hilfreich sein, sich die Worttrennung vorzusagen. Denn dadurch lässt sich relativ leicht erkennen, dass zwischen der ersten und der zweiten Silbe eines Wortes ein Doppelkonsonant geschrieben wird.
Beispiele: Tren-nung, Him-mel, Was-ser

Regel 3 – lang gesprochene Vokale
Nach lang gesprochenen Vokalen steht ein Einzelkonsonant.
Beispiele: Nase, Fuge, Nebel

Weiter merke dir genau, nur „k" und „z" nach „ei, eu, au".
Beispiele: Streik, Kreuz, Pauker

Typische Aufgabenstellung|

Erläutern Sie die Schreibweise der Dreifachkonsonanten in Kunststoffflasche.

Lösung
Durch die Zusammensetzung der Wörter Kunststoff + Flasche kommt es zur Schreibweise mit Dreifachkonsonanten.

Übungsaufgaben

1. Erläutern Sie jeweils die drei Konsonanten in Kontrollleuchte und Knalllaute.

2. Nennen Sie jeweils bei den folgenden Wörtern eine Strategie für die Schreibweise mit Einzel- oder Doppelkonsonant.

Welle _____

Streik _____

schick _____

Pauke _____

Salz _____

Satz _____

All _____

Aal _____

Qual _____

Qualle _____

3. Entscheiden Sie, welche Schreibweise die richtige ist – Doppel- oder Einzelkonsonant.

a) Im na____en Element, dem Wa____er, fühlen sich nicht nur Fische wohl.

b) Bei hohem We____engang mu____ man sehr seefest sein, damit einem nicht übel wird.

c) Vor Kur____em erzählte der Bä____er, wie er Bre____eln macht.

d) In den 70ern waren kna____e Rö____e total schi____.

e) I____er noch unverge____en blei____t die Rei____e, bei der wir mit der ganzen Familie die Niagara-Wa____erfä____e bewundern dur____ten.

5. Lang gesprochene Vokale

Erklärung

In geschriebener Form gibt es lang gesprochene Vokale einfach, verdoppelt (ie gilt als ii) oder mit darauf folgendem Dehnungs-h. Eine Verdopplung und ein zusätzliches Dehnungs-h gibt es nur bei „i".
Beispiele: Mut, Bote, Saal, Beet, Dieb, Mehl, ihm, Ruhm, Vieh

Wie erkennt man nun, wann welche Form angewandt werden muss? Das ist tatsächlich nicht ganz einfach, weil es keine immer gültigen Regeln gibt. Aber es gibt Richtlinien, die in den meisten Fällen gelten.

1. Keine zusätzliche Kennzeichnung nach einem lang gesprochenen Vokal beispielsweise durch Dehnungs-h oder Ähnliches.
    Beispiele: Tal, Schreibstil

2. Vor den Konsonanten „l", „m", „n" oder „r" steht in den meisten Fällen ein Dehnungs-h.
    Beispiele: Zahl, zahm, Sohn, Gefahr

3. Wörter, die mit „Q", „Sch", „Sp" oder „T" beginnen, haben kein Dehnungs-h.
    Beispiele: Qual, Schnur, Spaten, Tat

4. Zwischen zwei Vokalen steht ein vokaltrennendes „h".
    Beispiele: se-hen, mä-hen, ste-hen

5. Ein lang gesprochenes „i" wird zu „ie".
    Beispiele: Wiese, Miete, Trieb

6. In einigen Fällen werden lang gesprochene Vokale auch verdoppelt: „aa", „oo", „ee"
    Beispiele: Saal, Moos, Tee

Typische Aufgabenstellung

Erläutern Sie die Schreibweise von Zahn, Abschied und wehen.

Lösung

Zahn	→ vor dem Konsonanten n steh ein Dehnungs-h
Abschied	→ ein lang gesprochenes i wird zu ie
wehen	→ zwischen zwei Vokalen steht ein vokaltrennendes h

Übungsaufgaben

1. Erklären Sie, warum Schnur ohne Dehnungs-h geschrieben wird, Zahl hingegen mit.

2. Wahl und Wal, Ware und wahre, Boote und Bote. Eine Aussprache – zwei Schreibweisen. Begründen Sie.

3. Finden Sie zu jeder Regel 1. – 6. aus dem oben stehenden Erklärkasten zwei passende Beispiele, die noch nicht genannt sind.

6. Wörter mit s-Laut

Erklärung

Die Unterscheidung zwischen einfachem „s", doppeltem „ss" oder „ß" ist mit ein bisschen Übung gut zu schaffen.

1. einfaches -s
In der Regel werden Wörter mit einem einfachen -s geschrieben. Das gilt sowohl am Wortanfang als auch in der Wortmitte. Überprüfen können Sie dies auch, indem Sie das Wort laut aussprechen: Ist das -s weich und stimmhaft, ist es einfach.
Beispiele: Sauna, Hase, lesen, Kapsel, sanft

2. -ss
Wird der Vokal im Wortstamm kurz gesprochen, folgt ein -ss. Sind Sie sich unsicher, kann häufig die Silbentrennung oder die Pluralbildung helfen.
Beispiele: Klasse → Silbentrennung: Klas-se
Schloss → Pluralbildung: Schlös-ser
messen → Silbentrennung: mes-sen

3. -nis
Wörter mit der Nachsilbe -nis und auch bestimmte Fremdwörter werden im Singular nur mit -s geschrieben, im Plural dagegen mit -ss.
Beispiele: Omnibus → ABER: Omnibusse
Wagnis → ABER: Wagnisse
Zeugnis → ABER: Zeugnisse

4. -ß
Nach einem lang gesprochenen Vokal, einem Umlaut oder einem Zwielaut (Diphthong) steht -ß.
Ausnahme: das stimmlose -s wird im Plural zum stimmhaften -s.
Beispiele: Maß, bloß, groß, Floß, Gruß, reißen, schließen, Strauß
ABER: Haus (stimmhaft in Häuser), Gras (stimmhaft in Gräser)

Typische Aufgabenstellung

Erklären Sie die Schreibweise der s-Laute in folgendem Satz.

Sonnige Sonntage sind ideal zum Segeln, Essen von Wassermelone oder Floßfahren.

Lösung

Sonnige Sonntage, Segeln → stimmhaftes s am Wortanfang
Essen, Wassermelone → ss nach kurzem Vokal im Wortstamm
Floß → ß nach lang gesprochenem Vokal

Übungsaufgaben

1. Nennen Sie zwei Beispiele, bei denen sich das Singular -s in ein Plural -ss verwandelt.

2. a) Warum wird Schmaus nicht mit ß geschrieben, obwohl das -s nach einem Umlaut steht, Strauß hingegen schon?

   b) Erklären Sie die unterschiedliche Schreibweise von „ich weise" und „ich weiß".

3. Entscheiden Sie sich für die richtige Schreibweise und ergänzen Sie die Lücken.

Meine Tante trinkt jeden Nachmittag zwei gro___e Ta___en hei___es Wa___er. Das finde ich ein

bi___chen merkwürdig, aber für sie i___t das zu einem richtigen Ritual geworden. Ab und zu sü___t

sie das Getränk auch noch mit etwa___ Sirup. Mir würde das nicht schmecken.

7. Das oder dass

Typische Aufgabenstellung

Setzen Sie die richtige Schreibweise (das/dass) ein und bestimmen Sie, um welche Wortart (Artikel, Relativ-, Demonstrativpronomen oder Konjunktion) es sich handelt.

Artikel = A, Relativpronomen = R, Demonstrativpronomen = D, Konjunktion = K

Der Hund stammt vom Wolf ab. Durch die Domestizierung ist es passiert, _____ wolfstypische Eigenschaften verloren gegangen sind. So zum Beispiel _____ nächtliche Heulen. Wahrscheinlich ist aber, _____ _____ absichtlich weggezüchtet wurde.

Lösung

Der Hund stammt vom Wolf ab. Durch die Domestizierung ist es passiert, **dass (K)** wolfstypische Eigenschaften verloren gegangen sind. So zum Beispiel **das (A)** nächtliche Heulen. Wahrscheinlich ist aber, **dass (K) das (D)** absichtlich weggezüchtet wurde.

Übungsaufgaben

1. Überprüfen Sie Ihr Regelwissen. Setzen Sie die richtigen Erklärungen in die Lücken. Nutzen Sie dafür die Wörter im Kasten. Achtung: Manche müssen doppelt verwendet werden.

> jenes • Demonstrativpronomen • Artikel • dieses • Konjunktion • Relativpronomen • welches • Komma

Man schreibt das,

… wenn das ein _____ ist. Bsp. → **das** Mädchen

… wenn das ein _____ ist. Bsp. → Das Pausenbrot, **das** mir meine Mutter gemacht hat, schmeckt gut.

… wenn das ein _____ ist. Bsp. → **Das** geht mir gehörig auf die Nerven.

… wenn das durch folgende Wörter ersetzt werden kann _____, _____, _____.

Man schreibt dass,

… wenn dass eine _____ ist. Bsp. → Ich habe gehört, **dass** du auch zur Party kommst.

… wenn das Einsetzen von _____, _____, _____ im Satz keinen Sinn ergibt.

Es steht immer ein _____ vor dass.

2. Setzen Sie das oder dass ein. Machen Sie anschließend die Ersatzprobe, um Ihre Vermutung zu überprüfen.

Beispiel:

▶ Der Verkäufer versuchte, uns zu überzeugen, **das** neue Handy zu kaufen.
  ☑ Ersatzprobe: Der Verkäufer versuchte, uns zu überzeugen, **jenes/dieses** neue Handy zu kaufen.
  → s
▶ Auf dem Vertretungsplan steht, **dass** morgen Englisch ausfällt.
  ☒ Ersatzprobe: Auf dem Vertretungsplan steht, **jenes/welches/dieses** morgen Englisch ausfällt.
  → ss

a) Das Haus, _____ einen grünen Anstrich hat, gefällt mir.

  ☐ Ersatzprobe: _____

b) Hast du mitbekommen, _____ unsere Abschlussfahrt nach Prag geht?

  ☐ Ersatzprobe: _____

c) _____ finde ich schön, _____ Pietro auch mitkommt.

  ☐ ☐ Ersatzprobe: _____

d) Weil Vahid den Wettkampf gewonnen hat, hat sein Vater ihm _____ Buch gekauft, _____ ihm so gut gefällt.

  ☐ ☐ Ersatzprobe: _____
  _____

3. a) Schreiben Sie drei Sätze mit das als Relativpronomen/Demonstrativpronomen.

  b) Schreiben Sie drei Sätze mit dass als Konjunktion.

8. Zeichensetzung

Erklärung

Satzzeichen werden verwendet, um einen Text zu strukturieren und ihm inhaltlich einen Sinn zu geben. In der Prüfung sollen Sie zeigen, dass Sie Satzzeichen richtig anwenden, aber auch ihre Bedeutung verstehen.

▸ Punkt → steht am Ende eines Aussagesatzes
▸ Fragezeichen → steht am Ende einer Frage
▸ Ausrufezeichen → hebt die Aussage hervor, wird für die Aufforderungsform (Imperativ) verwendet
▸ Anführungszeichen → stehen am Anfang und Ende einer wörtlichen Rede, kennzeichnen Zitate oder Begriffe, die nicht gebräuchlich verwendet werden
▸ Doppelpunkt → wird als Trennung oder Betonung gebraucht, steht vor einer wörtlichen Rede
▸ Komma → trennt Teilsätze, wird bei Aufzählungen gebraucht

Die wichtigsten Kommaregeln

1. Komma zwischen Haupt- und Nebensatz
Gut erkennen können Sie das, wenn der Nebensatz durch „als, weil, nachdem, wenn, obwohl, ob, dass, damit, bevor ..." eingeleitet wird.
Beispiel: Ich putze meine Zähne, **bevor** ich ins Bett gehe.
Die Amsel kann fliegen, **weil** sie Flügel hat.

2. Komma zwischen Hauptsätzen
Auch kann ein Komma zwischen zwei Hauptsätzen, die direkt aufeinanderfolgen, stehen. Steht zwischen den Hauptsätzen eine Konjunktion wie und/oder, dann kann aber muss kein Komma gesetzt werden.
Beispiel: Ich putze meine Zähne, dann gehe ich ins Bett.

3. Komma bei Aufzählungen
Wenn Sie mehrere Dinge nacheinander aufzählen, steht dazwischen jeweils ein Komma. Vor und/oder steht in diesem Fall hingegen kein Komma.
Beispiel: Wir haben die Fächer Deutsch, Mathe, Englisch, Geografie und noch viele andere.

4. Abtrennung von Relativsätzen
Ein Relativsatz beschreibt das vorausgegangene Nomen im Satz näher; er ist zu erkennen an dem bezüglichen Fürwort und einem Prädikat.
Beispiel: Die Schnecke, **die** sehr langsam **kroch**, kam auch ans Ziel.

5. Komma bei Einschüben
Wenn Sie in einem Satz noch einen weiteren Gedanken als Erklärung (ohne Prädikat) unterbringen möchten, trennen Sie diesen mit Kommas ab.
Beispiel: Der Eisbär, **ein Überlebenskünstler am Nordpol**, leidet unter dem Klimawandel.

6. Komma bei einem erweiterten Infinitiv mit „zu"
Das Komma trennt den Hauptsatz vom zweiten Satzteil mit erweitertem Infinitiv. In diesem Fall <u>kann</u>, <u>muss</u> aber kein Komma stehen.
Beispiel: Die Eltern beschlossen(,) im nächsten Jahr wieder in die Berge **zu gehen**.
Ausnahmen: ..., um ... zu; ..., ohne ... zu; ..., anstatt ... zu; ..., außer ... zu
Hier muss <u>immer</u> ein Komma stehen.
Beispiel: Er spart Geld, **um** sich ein neues Fahrrad **zu kaufen**.

7. Komma bei wörtlicher Rede oder indirekter Rede
Nach dem Ende der wörtlichen Rede steht ein Komma, um den Begleitsatz abzutrennen.
Beispiel: „Toll, dieses Wetter heute!", rief Pauline.
„Aber es ist doch so heiß", erwiderte Leon.
Pauline rief, das Wetter sei toll.
Leon erwiderte, dass es aber doch so heiß sei.

8. Komma vor Konjunktionen

a) Entgegengesetzte Konjunktionen
   Beispiele: aber, sondern, allein, doch, jedoch, vielmehr
   Du bist jünger als ich, **aber** größer.

b) Konjunktionen in Konjunktionalsätzen
   Beispiele: als, wenn, dass, obwohl, nachdem, damit, bevor, bis, weil
   Ich war schon da, **als** du kamst.
   Vor der Prüfung habe ich keine Angst, **weil** ich gut gelernt habe.

c) Zwischen Satzteilen, die durch anreihende Konjunktionen in der Art einer Aufzählung verbunden sind.
   Beispiele: bald – bald, einerseits – andererseits, einesteils – anderenteils, teils – teils, je – desto, ob – ob, halb – halb, nicht nur – sondern auch
   Melek ist nicht nur gut in Mathe, **sondern auch** in Englisch.

Typische Aufgabenstellung

(1)

Schreiben Sie die folgenden Sätze mit allen fehlenden Satzzeichen auf.

a) In Australien reicht die Geburtenrate nicht aus um für ausreichend Nachschub an Arbeitskräften zu sorgen

b) Vor einiger Zeit versicherte der Regierungschef Aus allen Ländern der Welt nehmen wir ausgebildete Menschen auf die den Anforderungen entsprechen.

Lösung

a) In Australien reicht die Geburtenrate nicht aus**,** um für ausreichend Nachschub an Arbeitskräften zu sorgen**.**

b) Vor einiger Zeit versicherte der Regierungschef**: „**Aus allen Ländern der Welt nehmen wir ausgebildete Menschen auf**,** die den Anforderungen entsprechen.**"**

Übungsaufgaben

1. Übertragen Sie die unten stehenden Sätze und setzen Sie die fehlenden Kommas. Begründen Sie mit der passenden Kommaregel.

a) Meine Schwester ist oft frech unordentlich und rücksichtslos sie bekommt deswegen aber selten Ärger.

b) Studien haben ergeben dass im heutigen Berufsleben fundierte Englischkenntnisse essenziell sind weitere Sprachkenntnisse sind von Vorteil.

c) Um das Wetter genau vorhersagen zu können werden Tausende von Satellitendaten ausgewertet.

d) Ein Auslandsjahr z. B. als Au-Pair ist nicht nur spannend sondern auch sehr lehrreich.

2. Erklären Sie in folgenden Sätzen das markierte Komma.

a) Die Hausaufgaben**,** die wir auf hatten, haben wir schnell erledigt.

Erklärung: _____

b) Pia muss mit dem Bus fahren**,** um in die Schule zu kommen.

Erklärung: _____

c) Wenn ich fleißig lerne**,** bekomme ich bessere Noten.

Erklärung: _____

d) Er ist sich sicher**,** dass es heute nicht mehr regnet.

Erklärung: _____

3. Setzen Sie die fehlenden Kommas in den Text ein und erläutern Sie diese mit der jeweils passenden Regel. Verwenden Sie hierfür die Regeln 1 – 8 aus dem Erklärungskasten (Seiten 38 f.) und schreiben Sie die entsprechende Nummer in das Kästchen.

Dieses Jahr wollen wir ohne Eltern in die Ferien fahren. Der eine Teil unserer Gruppe möchte ans Meer der andere in die Berge. ☐ Eigentlich ist es ja egal ob Bergsee oder Meer Hauptsache man kann baden. ☐ + ☐ Wir suchen auf jeden Fall eine Unterkunft die allen gefällt. ☐ Wichtig ist noch dass es ansprechende Freizeitaktivitäten wie z. B. Mountainbiken Wandern Tauchen oder Surfen gibt. ☐ + ☐ + ☐ Für welches Reiseziel wir uns am Ende auch entscheiden Spaß haben werden wir auf jeden Fall. ☐

9. Zeitformen

Erklärung

Die richtige Verwendung von Zeitformen ist sowohl in der gesprochenen als auch in der geschriebenen Sprache wichtig. Nur so kann präzise ausgedrückt werden, wann sich ein Ereignis abgespielt hat oder abspielen wird. Deshalb sollten Sie den Umgang damit sicher beherrschen.
Allgemein unterscheidet man zwischen starken und schwachen Verben, wobei die schwachen Verben deutlich häufiger vorkommen.

Starke Verben bilden ihre konjugierten Verbformen in allen Zeitformen, außer Präsens und Futur I, durch Veränderung des Stammvokals. Zur Bildung des Perfekts, Plusquamperfekts und des Futur II benötigen sie das Partizip II, bei dem meistens die Endung -en an den Wortstamm gehängt wird.
Beispiele:
s**i**ngen, s**a**ng, ges**u**ng**en**
l**e**sen, l**a**s, gel**e**s**en**
schw**i**mmen, schw**a**mm, geschw**o**mm**en**
f**i**nden, f**a**nd, gef**u**nd**en**
g**e**hen, g**i**ng, geg**a**ng**en**

Schwache Verben weisen eine regelmäßige Konjugation auf. Mit Ausnahme des Futur I enden diese Verben auf -t bzw. -te.
Beispiele:
sagen, sag**te**, gesag**t**
zeigen, zeig**te**, gezeig**t**
machen, mach**te**, gemach**t**
lachen, lach**te**, gelach**t**
suchen, such**te**, gesuch**t**

Person	Präsens (Gegenwart)	Präteritum (1. Vergangenheit)	Perfekt (2. Vergangenheit)	Plusquamperfekt (3. Vergangenheit)	Futur I (Zukunft)	Futur II (vollendete Zukunft)
ich	gehe sage	ging sagte	bin gegangen habe gesagt	war gegangen hatte gesagt	werde gehen werde sagen	werde gegangen sein werde gesagt haben
du	gehst sagst	gingst sagtest	bist gegangen hast gesagt	warst gegangen hattest gesagt	wirst gehen wirst sagen	wirst gegangen sein wirst gesagt haben
er/sie/es	geht sagt	ging sagte	ist gegangen hat gesagt	war gegangen hatte gesagt	wird gehen wird sagen	wird gegangen sein wird gesagt haben
wir	gehen sagen	gingen sagten	sind gegangen haben gesagt	waren gegangen hatten gesagt	werden gehen werden sagen	werden gegangen sein werden gesagt haben
ihr	geht sagt	gingt sagtet	seid gegangen habt gesagt	wart gegangen hattet gesagt	werdet gehen werdet sagen	werdet gegangen sein werdet gesagt haben
sie	gehen sagen	gingen sagten	sind gegangen haben gesagt	waren gegangen hatten gesagt	werden gehen werden sagen	werden gegangen sein werden gesagt haben
Infinitiv (Grundform) gehen, sagen	Partizip I: gehend, sagend Partizip II: gegangen, gesagt		Imperativ (Befehlsform) Singular: Geh! Sag! Plural: Geht! Sagt!			

Hilfsverben

Zeitform	haben	sein	werden
Präsens	ich habe	ich bin	ich werde
Präteritum	ich hatte	ich war	ich wurde
Perfekt	ich habe gehabt	ich bin gewesen	ich bin geworden
Plusquamperfekt	ich hatte gehabt	ich war gewesen	ich war geworden
Futur I	ich werde haben	ich werde sein	ich werde werden
Futur II	ich werde gehabt haben	ich werde gewesen sein	ich werde geworden sein

Typische Aufgabenstellung

Bestimmen Sie die Zeitform.

Es wird nicht ausreichen, die Verkehrswege weiterhin in Bürgersteige und Fahrstreifen für Pkws und Fahrräder zu unterteilen.

Lösung

Futur I

Übungsaufgaben|

1. Bestimmen Sie die Zeitformen.

   a) Die gemessene Distanz per Luftlinie ist immer kürzer als die tatsächlich zurückzulegende Strecke. Damit wir dennoch schnellstmöglich ankommen, hilft das Navigationssystem.

   b) Das erste Navigationssystem der Welt trug den Namen Eva und kam aus Hildesheim.

   c) Seit ihrer Erfindung sind Navigationssysteme für Verbraucher/-innen immer erschwinglicher geworden.

   d) Dank der Smartphone-Technologie wird in Zukunft niemand mehr ohne Navi auskommen müssen.

2. Übertragen Sie den Satz „Jeder Form von Diskriminierung liegt eine Unterscheidung und Bewertung durch eine Mehrheit zugrunde." ins

   a) Perfekt

   b) Plusquamperfekt

3. Suchen Sie jeweils einen Beispielsatz für die Zeitform Präsens, Futur I und Präteritum aus dem Text und schreiben Sie ihn auf.

Heutzutage ist es normal, dass jeder ein Smartphone besitzt. Dieses dient nicht nur zum Telefonieren, sondern auch zum Fotos machen. Keine Situation, die nicht blitzschnell mit einem Schnappschuss für die Ewigkeit festgehalten werden kann. Aber das war nicht immer so. Gerade mal rund zwanzig Jahre ist es her, dass Handys langsam zum Alltag gehörten. Sicher ist: In den nächsten Jahren wird es noch wesentlich leistungsstärkere Mobiltelefone geben.

10. Wortarten

Erklärung

Unter Wortarten versteht man die einzelnen Wortklassen mit gemeinsamen grammatischen Merkmalen. Im Deutschen werden zehn Wortarten unterschieden: Nomen, Verb, Adjektiv, Adverb, Artikel, Pronomen, Numerale, Präposition, Konjunktion und Interjektion (Ausrufewort).
Jede Wortart hat bestimmte Eigenschaften, an denen sie sich erkennen lässt. Die Wortarten sind nicht zu verwechseln mit den Satzgliedern wie Subjekt, Objekt, Adverbial, Attribut usw.

Wortart	Flektierbar?	Merkmale	Beispiele
Verb	Ja: Konjugation (Person, Numerus, Tempus, Modus)	Beschreibt als Prädikat im Satz Tätigkeiten/Handlungen/ Vorgänge	lesen, lachen, können
Substantiv	Ja: Deklination (Kasus, Numerus, Genus)	Beschreibt im Satz als Subjekt oder Objekt Lebewesen, Sachen oder Abstrakta (Begriffe, Gefühle)	Baum, Plastikbecher, Unwohlsein
Adjektiv	Ja: Deklination (Kasus, Numerus, Genus); Steigerung möglich	Beschreibt im Satz als Attribut oder adverbiale Bestimmung Eigenschaften oder Merkmale	blau, schlicht, ungenießbar
Artikel / Pronomen	Ja: Deklination (Kasus, Numerus, Genus)	Beschreibt als Attribut oder eigenständig anstelle eines Substantivs im Satz eine nähere Bestimmung oder einen Verweis	die, welche, er, wir, das
Adverb	Nein	Beschreibt als Umstands- angabe oder Attribut im Satz nähere Umstände	dort, bald, interessanterweise
Präposition	Nein	Beschreibt im Satz Verhältnisse oder Beziehungen in Bezug auf Substantive oder Pronomen	über, bei, nach, auf
Konjunktion	Nein	Verbindungs-/Verknüpfungs- wörter im Satz	und, aber, obwohl, indem
Interjektion	Nein	Beschreibt vom Satz isolierte Wörter, z. B. Ausrufe, Gefühls- ausdrücke	hey, aua, ächz, tja

Pronomen (Fürwort)
▶ Ersatz für ein Nomen
▶ Wiederholung von Nomen wird verhindert
▶ können Nomen auch begleiten

Pronomenarten
▶ Personalpronomen (persönliches Fürwort), z. B. ich, du, er …
▶ Reflexivpronomen (rückbezügliches Fürwort), z. B. mich, mir, dir, dich, sich
▶ Possessivpronomen (besitzanzeigendes Fürwort), z. B. mein, dein, sein …
▶ Relativpronomen (bezügliches Fürwort), z. B. das Haus, *das* …, die Frau, *die* …, der Baum, *der* …
▶ Demonstrativpronomen (hinweisendes Fürwort), z. B. dieser, diese, dieses …
▶ Interrogativpronomen (fragendes Fürwort), z. B. wer, was, wen …
▶ Indefinitpronomen (unbestimmtes Fürwort), z. B. allesamt, ein wenig, irgendwas …

Typische Aufgabenstellung

Bestimmen Sie die Wortart folgender Wörter.

blitzschnell, Wagnis, herumprobieren, klugerweise, sich, dieser

Lösung
blitzschnell – Adjektiv
Wagnis – Substantiv
herumprobieren – Verb
klugerweise – Adverb
sich – Reflexivpronomen
dieses – Demonstrativpronomen

Übungsaufgaben

1. In einem Zeitungsartikel steht: „Jemandem mit guten Manieren bewerten wir meist mit positiven Adjektiven." Nennen Sie vier passende Adjektive.

2. Bestimmen Sie die einzelnen Wortarten im Satz.

Auf	der	sonst	grünen	Wiese	liegt	jetzt	eine
___	___	___	___	___	___	___	___

dichte	Schneedecke,	die	ideal	zum	Rodeln	ist.
___	___	___	___	___	___	___

3. a) Suchen Sie aus dem Textausschnitt jeweils zwei Beispiele für Substantiv, Verb und Konjunktion heraus.

Momentan sieht die Mobilitätswende auf deutschen Straßen noch düster aus, denn der Anteil der Elektroautos ist im Vergleich zur Gesamtzahl zugelassener Personenkraftwagen verschwindend gering: Von den 48 Millionen PKWs auf deutschen Straßen fahren gerade mal 136.000 mit Strom. Niemand weiß vorherzusagen, ob sich die Haushalte künftig nicht doch lieber ein schickes E-Auto als Zweit- oder Drittwagen leisten, was die CO_2-Bilanz unterm Strich verschlechtern würde.

Quelle: Auszug aus Klaus Englert, in: https://www.deutschlandfunkkultur.de/mobilitaetswende-die-stadt-der-zukunft-ist-flexibel.1005.de.html?dram:article_id=473241, Seitenaufruf 9.4.2020

b) Finden Sie sechs Wörter, die Mobilität ausdrücken. Das können Verben, Substantive oder Adjektive sein.

11. Satzglieder und Satzgefüge

Erklärung

Satzreihen liegen vor, wenn mindestens zwei Hauptsätze durch Konjunktionen miteinander verbunden sind. Die durch Konjunktionen hergestellten Verbindungen von Haupt- und Nebensatz nennt man Satzgefüge. Konjunktionen sind Bindewörter, die Hauptsätze miteinander (Satzreihe) oder Haupt- und Nebensatz miteinander (Satzgefüge) verbinden.

▶ Typische Konjunktionen bei <u>Satzreihen</u> sind: *und, oder, aber, doch, denn*
   Beispiel: Ich gehe jetzt nach Hause und (ich) werde dann noch Hausaufgaben machen.

▶ Typische Konjunktionen bei <u>Satzgefügen</u> sind: *obwohl, dass, damit, sodass, weil, nachdem, bevor, während, wenn, falls, indem*
   Beispiel: Ich gehe jetzt nach Hause, weil ich noch Hausaufgaben machen muss.

In der Regel steht vor den Konjunktionen ein Komma (außer bei *und* bzw. *oder*). Das Komma grenzt so auch Haupt- und Nebensatz voneinander ab.

Hauptsätze:
Hauptsätze bestehen immer mindestens aus einem Subjekt und einem Prädikat, oftmals ergänzt durch mindestens ein Objekt, manchmal auch zusätzlich durch weitere Satzglieder (siehe unten). Hauptsätze können für sich allein stehen oder mittels Konjunktionen mit anderen Hauptsätzen oder aber Nebensätzen verbunden sein.
Beispiel für einen allein stehenden Hauptsatz: Der Hund lief auf die Straße.
Beispiel für zwei Hauptsätze, die durch eine Konjunktion miteinander verbunden sind (Satzreihe):
Der Hund lief auf die Straße und sah dort einen Mann.
Beispiel für einen Hauptsatz, der durch eine Konjunktion mit einem Nebensatz verbunden ist (Satzgefüge):
Der Hund lief auf die Straße, als er dort einen Mann sah.

Nebensätze:
Einen Nebensatz erkennt man an zwei Merkmalen:
1. Die (finite) Verbform steht am Satzende.
2. Einleitung durch eine Konjunktion.

Zu unterscheiden sind verschiedene Arten von Nebensätzen. Die häufigsten sind:

Adverbialsätze:
▶ temporal (Zeit): werden eingeleitet mit *als, bevor, nachdem, während, wenn*
▶ kausal (Grund): werden eingeleitet mit *weil, da*
▶ konzessiv (Gegengrund, Relativierung): werden eingeleitet mit *obwohl, obgleich*
▶ modal (Art und Weise): werden eingeleitet mit *dadurch, dass, indem*
▶ konsekutiv (Folge): werden eingeleitet mit *dass, sodass*
▶ adversativ (Gegensatz): werden eingeleitet mit *wohingegen*
▶ final (Zweck): werden eingeleitet mit *damit*
▶ lokal (Ort): werden eingeleitet mit *wo, woher, wohin*

Relativsätze: Nebensätze, die ein Bezugswort (meist das Subjekt oder Objekt) näher erklären/umschreiben. Relativsätze werden mit einem Relativpronomen eingeleitet (*der, die, das* oder *welcher, welche, welches*).

dass-Sätze: Nebensätze, die zumeist eine Empfindung, Wahrnehmung, Erwartung oder Meinung ausdrücken. Sie werden daher oft mit Wörtern wie *hoffen, bedauern, hören, sagen, glauben, denken, finden* o. Ä. und immer mit Komma eingeleitet. (Siehe auch Kapitel „Das oder dass", Seite 36)

Ein Nebensatz wird immer durch ein Komma vom Hauptsatz abgetrennt.
Beispiel: Die Geschichte, die gerade erzählt wurde, klingt interessant.

Hauptsatz: Die Geschichte klingt interessant – Nebensatz (Relativsatz): … die gerade erzählt wurde. Bezugswort ist hier „Die Geschichte", Relativpronomen „die".

Es gibt auch Satzkonstruktionen, die aus mehr als zwei Haupt- bzw. Nebensätzen bestehen. Die Teilsätze werden in der Regel durch Komma abgetrennt.
Beispiel: Als ich letzte Woche die Geschichte, die von einem geheimnisvollen Gral berichtet, hörte, wusste ich noch nicht, dass es sich dabei um eine bekannte Sage handelt.

Satzglieder sind die Bausteine, aus denen ein Satz zusammengebaut ist.
Ein Satz beinhaltet immer ein **Subjekt**. Um dieses herauszufinden, können Sie fragen: „Wer?" / „Was?"
Ebenfalls immer enthalten ist ein **Prädikat**. Nach diesem wird gefragt: „Was geschieht?"/ „Was tut jemand?"
Oft enthält ein Satz noch ein **Dativ-Objekt** (Frage: „Wem?") und/oder ein **Akkusativ-Objekt** (Frage: „Wen?"/ „Was?")

Satzglieder, die ergänzend nähere Angaben zum Geschehen machen, nennt man **adverbiale Bestimmungen**.
Es gibt adverbiale Bestimmungen
► des Ortes (Frage: „Wo?" / „Wohin?")
► der Zeit (Frage: „Wann?" / „Wie lange?" / „Wie häufig?")
► des Grundes (Frage: „Warum?" / „Wozu?")
► der Art und Weise (Frage: „Wie?" / „Auf welche Weise?" / „Womit?")

Um herauszufinden, aus welchen Bausteinen der Satz zusammengesetzt ist, kann man die **Umstellprobe** machen. Wörter bzw. Wortgruppen, die immer zusammenbleiben, wenn man die Reihenfolge der Wörter im Satz verändert, sind die Satzglieder.
Beispiel: Der Hund biss heute Morgen auf der Straße den Mann auf spielerische Weise ins Bein.
Umstellprobe: <u>Heute Morgen</u> <u>biss</u> <u>der Hund</u> <u>auf spielerische Weise</u> <u>auf der Straße</u> <u>den Mann</u> <u>ins Bein</u>.
Die einzelnen Satzglieder lauten also:
Heute Morgen: adverbiale Bestimmung der Zeit
biss: Prädikat
der Hund: Subjekt
auf spielerische Weise: adverbiale Bestimmung der Art und Weise
auf der Straße: adverbiale Bestimmung des Ortes
den Mann: Akkusativ-Objekt
ins Bein: adverbiale Bestimmung des Ortes

Attribute sind sogenannte Satzgliedteile, die bestimmte Satzglieder näher beschreiben, aber keine eigenständigen Satzglieder sind.
Beispiel: Der Hund mochte eigentlich den <u>alten</u> Mann – Das Attribut „alten" ist ein Teil des Satzglieds Akkusativ-Objekt „und" beschreibt den Mann genauer. Um Attribute herauszufinden, kann man die **Weglassprobe** machen: Lässt sich der Satz auch problemlos ohne das Wort bilden, so handelt es sich beim verzichtbaren Wort um das Attribut.

Feldermodell

Ein Satz besteht aus mehreren Satzgliedern. Das Prädikat bildet den Kern des Satzes. Es handelt sich dabei um ein Verb, welches einteilig oder zweiteilig sein kann. Wenn das Verb zweiteilig ist, dann bilden diese beiden Teile zusammen eine typische Satzklammer. Die Satzklammer gliedert den Satz in Vorfeld, Mittelfeld und Nachfeld.

Beispiel:

Vorfeld	linke Satzklammer	Mittelfeld	rechte Satzklammer	Nachfeld
Sport	hat	mir schon immer besser	gefallen	als Musik.
Wir	sollen	alle Sport	machen.	–
–	Hast	du heute schon	gegessen?	–

Erklärung der Felder

Vorfeld
- ▶ steht vor der linken Satzklammer und bietet Platz für ein Satzglied
- ▶ es kann auch leer bleiben

linke Satzklammer
- ▶ Platz für Verben bzw. Verbteile
- ▶ immer an der gleichen Stelle, auch bei Verschieben/Umstellen anderer Satzglieder

Mittelfeld
- ▶ linke und rechte Satzklammer umklammern das Mittelfeld
- ▶ mehrere Satzglieder können im Mittelfeld stehen

rechte Satzklammer
- ▶ Platz für Verben und Verbteile
- ▶ immer an der gleichen Stelle, auch bei Verschieben/Umstellen anderer Satzglieder

Nachfeld
- ▶ außerhalb der Satzklammer
- ▶ z. B. für Hervorhebungen
- ▶ es kann leer bleiben

Wird ein Hauptsatz durch eine Konjunktion *(und, oder, denn, aber)* mit einem Nebensatz verbunden, so bekommt das Modell ein zusätzliches Feld am Satzanfang (Vorvorfeld / Koordinationsfeld), in welchem die Konjunktion Platz findet. In einem Feldermodell eines komplexen Satzes wird dieser in der Tabelle untereinander geschrieben.

Beispiel:

Vorvorfeld/ Koordinationsfeld	Vorfeld	linke Satzklammer	Mittelfeld	rechte Satzklammer	Nachfeld
–	Wir	sollten	alle Energie	sparen,	–
denn	das	schont	die Umwelt.	–	–

Typische Aufgabenstellung

Formulieren Sie den Satz so um, dass das Subjekt im Vorfeld steht. Bestimmen Sie das unterstrichene Satzglied.

Während der Klassenarbeit ist das Benutzen von Smartphones <u>immer</u> verboten.

Lösung

Das Benutzen von Smartphones ist während der Klassenarbeit immer verboten.
immer = adverbiale Bestimmung der Zeit

Übungsaufgaben

1. Formulieren Sie die Sätze so um, dass das Subjekt im Vorfeld steht. Bestimmen Sie das unterstrichene Satzglied.

a) Obwohl wir uns bemühen, <u>im Alltag</u> auf Plastik zu verzichten, steigt die Plastikflut stetig weiter an.

b) Zukünftig bietet das <u>wegen Platzmangels</u> neu gebaute Elefantenhaus dreimal so viel Fläche wie das alte.

c) In der Natur lernen Kinder, z. B. beim Besteigen von Bäumen, <u>auf spielerische Weise</u>, wie man sich beim Klettern am besten festhält.

2. Formulieren Sie den Satz so um, dass sowohl der Sinn als auch alle Satzglieder komplett erhalten bleiben.

a) Es hat sie sehr viel Überwindung gekostet, vor der Klasse ihr Referat zu präsentieren.

b) Mit dem Fahrrad zur Schule zu fahren, ist für Leo eine Selbstverständlichkeit.

3. a) Bestimmen Sie die unterstrichenen Satzglieder.

<u>Das Bild</u> immer kleiner werdender <u>Eisflächen</u>, das <u>sich</u> <u>an den Polen</u> <u>zeigt</u>, ist erschreckend.

b) Unterstreichen Sie Haupt- und Nebensatz. Bestimmen Sie anschließend die Art der Nebensätze.

Den Eisbären schmilzt ihr natürlicher Lebensraum buchstäblich unter den Füßen weg, was zur Folge hat, dass ihnen immer weniger Zeit zum Jagen bleibt, sie schneller abmagern und im schlimmsten Fall durch die Kraftlosigkeit qualvoll ertrinken, da sie die immer weiter werdenden Strecken zwischen Eis und Festland nicht mehr schwimmen können.

4. Verbinden Sie die folgenden Sätze zu einem Satzgefüge. Verwenden Sie dabei einen

a) Kausalsatz

Das Klettern an einer Steilwand ohne Sicherung ist gefährlich. Man kann leicht abstürzen.

b) Temporalsatz

Der Mann kam am Bahnhof an. Der Zug war gerade losgefahren.

c) Konzessivsatz

Die Polkappen schmelzen weiter. Wir bemühen uns, den CO_2-Ausstoß zu verringern.

d) Finalsatz

Die Produktion von Textilien wird ins Ausland verlegt. Die Produktionskosten sinken.

e) Adversativsatz

Eisbären bevorzugen Robben, Fische oder gestrandete Wale auf ihrer Speisekarte. Braunbären decken drei Viertel ihres Bedarfs durch pflanzliche Nahrung.

f) Modalsatz

Wir tun etwas fürs Klima. Wir fahren mehr Fahrrad.

5. Tragen Sie den Satz ins Feldermodell ein.

Allerdings wird der Beitrag der Wasserkraft zur Stromerzeugung auch zukünftig nicht groß sein.

6. Tragen Sie den Satz ins Feldermodell ein, ohne ins Nachfeld zu schreiben.

Nach einer Weile begann er sich über Leute zu ärgern, die nur wenige Etagen nach unten fuhren.

7. Tragen Sie den Satz ins Feldermodell ein und schreiben Sie ins Nachfeld.

Mittagsschlaf wird dann auch schon mal in der Hängematte gemacht – schaukelnd zwischen den Bäumen.

12. Wortschatz

Erklärung

Im Bereich Wortschatz geht es darum, zu überprüfen, ob Sie in der Lage sind, Wörter beispielsweise durch Synonyme oder Antonyme zu ersetzen, Sprachbilder und Redewendungen zu erklären, Wortfelder zu bilden oder Umgangssprache in Standardsprache umzuformulieren bzw. umgekehrt.

Synonyme sind Wörter oder Wortgruppen mit ähnlicher Bedeutung.
Beispiele:
miteinander sprechen – kommunizieren
real – wirklich

Antonyme sind Wörter oder Wortgruppen mit gegenteiliger Bedeutung.
Beispiele:
langsam – schnell
viel – wenig

Unter **Wortfeldern** versteht man eine Gruppe sinnverwandter Wörter. Bei Aufgaben mit Wortfeldern gilt es, weitere Wörter zu einem bestimmten Begriff zu finden.

Umgangssprache – Standardsprache
Umgangssprache ist die im Alltag gesprochene Sprache. Wenn wir „normal" reden, achten wir nicht immer auf korrekten Satzbau, Grammatik und den richtigen Gebrauch von Regeln. Auch verwenden wir oft Wort- oder Satzkonstruktionen, die wir schriftlich so nicht benutzen würden, weil sie sprachlich eigentlich ungenau oder unkorrekt sind.
Die Standardsprache ist die Sprache, in der man schreibt. Sie wird daher auch Schriftsprache genannt.
Der Sprachgebrauch hängt vom aktuellen Umfeld oder Anlass ab. Unter Freunden wählt man z. B. eine andere Form der Kommunikation als in einem offiziellen Anschreiben. In Letzterem soll jeder den Inhalt verstehen, deshalb muss man sich an verbindliche Regeln halten.

Beim Umwandeln umgangssprachlicher Sätze in Standardsprache sollten Sie also auf Folgendes achten:
▶ Verwendung einer sachlichen, für alle gut verständlichen Sprache
▶ korrekter und vollständiger Satzbau
▶ Verbindung der Sätze oder Satzteile mit den entsprechenden Konjunktionen
▶ korrekte Form der Wörter (Kasus, Numerus, Genus)
▶ korrekte Anwendung von Satzkonstruktionen (z. B. muss in jedem deutschen Satz mindestens ein Subjekt und ein Prädikat stehen; das Objekt muss im richtigen Kasus stehen; Begleiter wie Artikel, Pronomen, Adverbien oder Präpositionen müssen den korrekten Bezug zu Subjekt, Prädikat oder Objekt haben)
▶ falls verlangt: korrekte Form der indirekten Rede (Konjunktiv)
▶ Vermeidung umgangssprachlicher Floskeln, Füllwörter, Schimpfwörter und Jugendsprache wie „halt", „und so", „Dings", „mega" etc.

Sprachliche Bilder, Redewendungen
Sprachliche Bilder und Redewendungen beschreiben einen Vorgang oder Zustand in plakativer Weise. Oftmals wird durch die bildhafte Sprache eine Aussage oder ein Sachverhalt besser verstanden oder hervorgehoben. Durch das Verbinden zweier Wörter kann zudem eine neue, übertragene Bedeutung entstehen.
Wichtige sprachliche Bilder sind, neben Sprichwörtern und Redewendungen, Metaphern, Vergleiche oder Personifikationen. Sprachliche Bilder findet man besonders häufig in literarischen Texten, wie z. B. Gedichten.
Beispiele:
Wüstenschiff → übertragene Bedeutung für Kamel
Ein Lied davon singen → eine Situation selbst schon durchlebt haben, wissen, wovon die Rede ist
Sich die Klinke in die Hand geben → Kommen und Gehen mehrerer Personen in kurzem Abstand

Typische Aufgabenstellung|

Finden Sie zu den unterstrichenen Wörtern/Wortgruppen ein Wort bzw. eine Wortgruppe mit der gegenteiligen Bedeutung (Antonym).

Die Schülerin schreibt ihre Hausaufgaben völlig unübersichtlich in ihr Heft.

Bei Feinstaubalarm lassen nur wenige Autofahrer/-innen ihr Auto stehen.

Lösung

Die Schülerin schreibt ihre Hausaufgaben geordnet in ihr Heft.
Bei Feinstaubalarm lassen sehr viele Autofahrer/-innen ihr Auto stehen.

Übungsaufgaben|

1. Erläutern Sie die unterstrichenen sprachlichen Bilder in eigenen Worten.

    a) Nach einem Tag, an dem wirklich alles schiefgeht, reicht schon eine Kleinigkeit, um das Fass zum Überlaufen bringen.

    b) Moderne Shopping-Malls schießen wie Pilze aus dem Boden.

    c) Beim Hören von Musik scheiden sich die Geister.

    d) Die Sonne lacht vom Himmel.

    e) Wenn man verliebt ist, sieht man alles durch die rosarote Brille.

2. Finden Sie zu jedem Wort einen anderen Begriff mit gleicher Bedeutung aus dem Sachtext und schreiben Sie diesen auf.

> Evolution (Z. 2) • Gebietsmarkierung (Z. 4) • Art (Z. 5) • allseitig umfassend (Z. 5) •
> Verständigung untereinander durch Laute (Z. 5)

1 Bei einem Spaziergang durch den Zoo wird die Stimmenvielfalt im Tierreich besonders deutlich: Es ist buchstäblich nicht zu überhören, dass die Fähigkeit zur Lautkommunikation in der Entwicklungsgeschichte der Landwirbeltiere zu einem Hit avancierte[1]. Die jeweiligen Töne können dabei unterschiedliche Botschaften vermitteln – sie dienen etwa der Reviermarkierung, der Partnerfindung oder aber höher entwickelten Kommunikationsformen. Wir selbst sind dabei die
5 Spezies, die das Konzept auf die Spitze getrieben hat: Unsere komplexe Fähigkeit zur Lautkommunikation wurde zu einem Schlüsselfaktor der menschlichen Erfolgskarriere. Vor diesem Hintergrund haben die Forscher um John Wiens von der University of Arizona in Tucson den evolutionären Wurzeln von Zwitschern, Bellen, Sprechen und Co nun eine Untersuchung gewidmet.

[1] avancieren: zu etwas werden, befördert werden

Quelle: Auszug aus Martin Vieweg: „Evolution, wie die Tiere laut wurden", in: https://www.wissenschaft.de/umwelt-natur/evolution-wie-die-tiere-laut-wurden/, Seitenaufruf 23.1.2020

3. Finden Sie zu den unterstrichenen Wörtern ein passendes Antonym.

    a) Die neue Erlebnislandschaft mit Klettersteig befindet sich im Freien.

    b) Feinstaubalarm findet immer noch statt.

    c) Höhenangst ist für einige Menschen unproblematisch.

4. Formulieren Sie folgende Sätze in Standardsprache um.

    a) Das flasht total.

    b) Das neue Auto deines Dads ist voll nice.

    c) In der Klassenarbeit hat er krass versagt.

13. Aktiv und Passiv

Erklärung

Inhalte kann man auf verschiedene Art und Weise ausdrücken. Nicht nur die Wortwahl und die Zeit sind entscheidend, sondern auch, ob etwas aktiv oder passiv formuliert ist. Eine aktive Formulierung wirkt immer lebendiger und dynamischer. Das Subjekt handelt aktiv. Beim Passiv handelt das Subjekt nicht selbst, sondern es wird etwas mit ihm gemacht. Die Zeitform bleibt beim Umwandeln bestehen. Wichtig ist außerdem, dass die Satzaussage gleich bleibt. Daher ist es sinnvoll, beides zu üben.

Beispiele:
Paul streicht die Wand.

↑

Subjekt → streicht

Die Wand wird von Paul gestrichen.

↑

Subjekt → wird gestrichen

Nicht alle Verben können ins Passiv gesetzt werden. Im Regelfall ist es möglich, alle Verben mit anschließendem Akkusativobjekt umzuwandeln. Das Akkusativobjekt wird dann im Passivsatz zum Subjekt.

Beispiel:
Ich esse eine Banane. → Eine Banane wird von mir gegessen.
aber
Ich schlafe. → kein Passiv möglich

Allgemein werden zwei Passivformen unterschieden: das **Zustandspassiv** und das **Vorgangspassiv**. Sie unterscheiden sich in der Verwendung des Hilfsverbs: Das Zustandspassiv wird mit „sein", das Vorgangspassiv mit „werden" gebildet.

Beispiel:
Der Präsident **ist gewählt**. → beschreibt ein Ergebnis oder einen statischen Zustand
Der Präsident **wurde** vom Volk **gewählt**. → beschreibt einen Prozess, bei dem der Handelnde in den Hintergrund rückt

Typische Aufgabenstellung

Formen Sie folgende Sätze jeweils in die Aktiv- oder Passivform um.
Die vorgegebene Zeitform und die inhaltliche Aussage müssen beibehalten werden.

Aktiv	Passiv
Der Mathelehrer rechnet die Aufgabe an der Tafel vor.	
	Sie wurde von ihm auf Händen getragen.

Lösung

Aktiv	Passiv
Der Mathelehrer rechnet die Aufgabe an der Tafel vor.	*Die Aufgabe wird vom Mathelehrer an der Tafel vorgerechnet.*
Er trug sie auf Händen.	Sie wurde von ihm auf Händen getragen.

Übungsaufgaben

1. Formulieren Sie die folgenden Sätze im Aktiv. Achten Sie auf die Zeitform.

   a) Mode und Trends werden häufig von Influencerinnen und Influencern oder der Modeindustrie aktiv beeinflusst und in die gewünschte Richtung gelenkt.

   b) Ein gesplittertes Smartphone-Display ist zwar sehr ärgerlich, wird in der Regel aber schnell durch einen fachkundigen Handy-Shop repariert.

   c) Der Vortrag des Rektors über die neuen Prüfungen wurde von den Schüler/-innen mit höchster Aufmerksamkeit verfolgt.

2. Unterscheiden Sie, wobei es sich um Vorgangs- und um Zustandspassiv handelt. Kreuzen Sie entsprechend an.

   a) Das Loch im Fahrradschlauch ist geflickt.

   ☐ Zustandspassiv ☐ Vorgangspassiv

   b) Die Glühbirne ist 1879 von Thomas Edison erfunden worden.

   ☐ Zustandspassiv ☐ Vorgangspassiv

   c) Jetzt kann man nichts mehr ändern – der Präsident ist gewählt.

   ☐ Zustandspassiv ☐ Vorgangspassiv

3. Setzen Sie die Sätze ins Passiv. Achten Sie auf die Zeitform.

   a) Der Wetterbericht sagt für diese Woche keinen Regen vorher.

   b) Unsere Lehrerin musste die Klassenfahrt verschieben.

   c) Meine Schwester sagt: „Wenn du 18 Jahre alt bist, wirst du die Führerscheinprüfung bestanden haben."

14. Indirekte Rede

Erklärung

Bei der indirekten Rede handelt es sich im Gegensatz zur direkten Rede nicht um eigene Worte, sondern um das Wiederholen von Worten, Aussagen oder Meinungen anderer. Es werden keine Anführungszeichen verwendet, das Verb des Satzes muss außerdem in den Konjunktiv und das Pronomen in die dritte Person gesetzt werden.

Merke:

▶ das **Verb** wird in den **Konjunktiv** gesetzt

▶ manchmal werden **Personen-, Orts- oder Zeitangaben geändert**

▶ **Aussagesätze** brauchen nicht zwingend ein **dass**

▶ **Fragesätze** müssen als Einleitung ein **Fragewort** enthalten oder mit der Konjunktion **ob** beginnen

▶ **Aufforderungen** werden mit **sollen** oder **mögen** in die indirekte Rede gesetzt

Beispiele:

Lara sagt: „Ich mache dieses Jahr meinen Schulabschluss."	→ direkte Rede
Lara sagt, sie mache dieses Jahr ihren Schulabschluss.	→ indirekte Rede
Leon berichtet: „Ich bin gestern erst spät daheim angekommen."	→ direkte Rede
Leon berichtet, dass er gestern erst spät daheim angekommen sei.	**oder**
Leon berichtet, er sei gestern erst spät daheim angekommen.	→ indirekte Rede
Du willst wissen: „Habe ich recht?"	→ direkte Rede
Du willst wissen, ob du recht habest.	→ indirekte Rede
Der Vater fordert: „Lerne deine Vokabeln!"	→ direkte Rede
Der Vater fordert, du sollest/mögest deine Vokabeln lernen.	→ indirekte Rede

Achtung!

Es gibt Fälle, bei denen der Konjunktiv II den Konjunktiv I ersetzt. Das ist der Fall, wenn

▶ der **Konjunktiv I identisch** mit dem **Indikativ Präsens** ist.

Beispiele:

Die Klasse sagt, sie habe die Aufgabe nicht verstanden. (Präsens und Konjunktiv I)

Die Klasse sagt, sie hätte die Aufgabe nicht verstanden. (Konjunktiv II)

▶ ausgedrückt werden soll, dass **das Gesagte angezweifelt wird.**

Beispiele:

Samira erzählt, Ivan habe die Katze zu spät gefüttert. (Konjunktiv I)

Samira erzählt, Ivan hätte die Katze zu spät gefüttert. (Konjunktiv II)

Bildung des Konjunktiv I

Der Konjunktiv I wird durch **Verbstamm + Konjunktiv-Endung** (-e, -est, -e, -en, -et, -en) gebildet.

Pronomen	Infinitiv	Stamm	Stamm + Endung
ich	machen	mach	mach**e**
du	machen	mach	mach**est**
er/sie/es	machen	mach	mach**e**
wir	machen	mach	mach**en**
ihr	machen	mach	mach**et**
sie	machen	mach	mach**en**

Ausnahme
Hilfsverb „sein" und die Modalverben

Pronomen	sein	können
ich	sei	könn**e**
du	sei(e)st	könn**est**
er/sie/es	sei	könn**e**
wir	seien	könn**ten**
ihr	sei(e)t	könn**et**
sie	seien	könn**en**

Bildung des Konjunktiv II

Zur Bildung des **Konjunktiv II** wird die **Stammform des Präteritums + Endung** verwendet.
Achtung! Oft werden a, o, u zu ä, ö, ü. Hilfsverben und Modalverben bilden wieder Ausnahmen.

Die Endungen sind gleich wie beim Konjunktiv I (-e, -est, -e, -en, -et, -en).

	Hilfsverben		Modalverben		unregelmäßige Verben	regelmäßige Verben
	sein	**haben**	**müssen**	**sollen**	**laufen**	**wählen**
ich	wäre	hätte	müsste	sollte	lief**e**	wählt**e**
du	wär(e)st	hättest	müsstest	solltest	lief**est**	wählt**est**
er/sie/es	wäre	hätte	müsste	sollte	lief**e**	wählt**e**
wir	wären	hätten	müssten	sollten	lief**en**	wählt**en**
ihr	wär(e)t	hättet	müsstet	solltet	lief**et**	wählt**et**
sie	wären	hätten	müssten	sollten	lief**en**	wählt**en**

Bildung der Vergangenheit

In der indirekten Rede gibt es nur **eine Vergangenheit**. Sie wird gebildet aus der **Konjunktiv-I-Form** von **haben/sein** und dem **Partizip II**.

Beispiele:
Die Rektorin versprach: „Es wird mehr digitale Bildung geben." → direkte Rede
Die Rektorin habe versprochen, es werde mehr digitale Bildung geben. → indirekte Rede
Der Vater hatte gesagt: „Ich koche jetzt sonntags immer." → direkte Rede
Der Vater habe gesagt, er koche jetzt sonntags immer. → indirekte Rede
Leondrit erzählte: „Meine Großeltern sind jedes Jahr ans Meer gefahren." → direkte Rede
Leondrit habe erzählt, seine Großeltern seien jedes Jahr ans Meer gefahren. → indirekte Rede

Typische Aufgabenstellung

Formulieren Sie die folgende Aussage in indirekter Rede. Verwenden Sie den Konjunktiv I.

Ein Start-up Unternehmer sagt: „Unser Ziel ist es mithilfe des Tinyhouses Wohnraum für jedermann zu schaffen."

Lösung

Ein Start-up Unternehmer sagt, ihr Ziel sei es, mithilfe des Tinyhouses Wohnraum für jedermann zu schaffen.

Übungsaufgaben

1. Nur einer der folgenden Sätze wurde korrekt in die indirekte Rede gesetzt. Kreuzen Sie diesen an.

	In einem Zeitungsartikel steht, die Olympischen Spiele waren ursprünglich ein kleiner sportlicher Wettbewerb, der im antiken Griechenland zu Ehren der Götter stattfand.
	In einem Zeitungsartikel steht, die Olympischen Spiele seien ursprünglich ein kleiner sportlicher Wettbewerb gewesen, der im antiken Griechenland zu Ehren der Götter stattgefunden habe.
	In einem Zeitungsartikel steht, die Olympischen Spiele wären ursprünglich ein kleiner sportlicher Wettbewerb gewesen, der im antiken Griechenland zu Ehren der Götter stattgefunden hätte.

2. Setzen Sie den Satz in die indirekte Rede.

„Ich bin der Meinung, dass auf dem Schulhof mehr Spielfläche zum Austoben für die jüngeren Klassenstufen vorhanden sein sollte", sagt der Schulsprecher Boran.

3. Ordnen Sie die Sätze richtig zu. Entscheiden Sie zwischen direkter und indirekter Rede.

a) Der Windparkleiter schwärmt: „Unsere Windräder sind zukunftsweisend."

b) Windenergie gehöre zu den saubersten Energien, die wir momentan hätten, berichten Energiebetreiber.

c) In einem Zeitungsbericht ist zu lesen, die Seuchenbekämpfung beispielsweise von Pest, Cholera oder Spanischer Grippe stehe seit dem Mittelalter immer wieder im Fokus der Menschheit.

d) Robert Koch zeigte sich 1892 zu Zeiten der Cholera-Seuche bestürzt über die hygienischen Zustände in Hamburg: „Ich vergesse, dass ich in Europa bin."

Direkte Rede: _____

Indirekte Rede: _____

4. Vervollständigen Sie den Text in indirekter Rede mit der jeweils richtigen Verbform.

Der NDR schreibt in einem Artikel, dass es durch Fortschritte in der Medizin und geeignete Hygienemaßnahmen mittlerweile _____ (gelingen, Vergangenheitsform), etliche Infektionskrankheiten einzudämmen. Doch wenn es heute darum _____ (gehen), neue Seuchen und Pandemien mit Verhaltensmaßregeln zurückzudrängen, _____ (greifen) Experten dabei immer noch auf viele der Maßnahmen zurück, die bereits im Kampf gegen Pest und Cholera eingesetzt worden seien. Dazu sagt etwa Medizinhistoriker Karl-Heinz Leven zu Beginn der Pandemie, sie _____ (sein), wenn sie sich die Bekämpfungsmaßnahmen gegen Corona _____ (anschauen), im Frühjahr 2020 auf dem Stand der Frühen Neuzeit: Seuchenabwehr durch Abschließungsmaßnahme. Dank neuer Technologien _____ (bleiben) die Abriegelung allerdings nicht das einzige Mittel der Wahl. Die Corona-Warn-App zum Beispiel _____ (helfen sollen), Infektionsketten leichter nachvollziehen zu können und die Ausbreitung des Virus so zu bremsen.

Quelle: nach https://www.ndr.de/geschichte/chronologie/Pest-Spanische-Grippe-Corona-Seuchen-und-ihre-Bekaempfung,seuchenbekaempfung100.html, Seitenaufruf 4.3.2021

Ganzschrift – Lektüre

Erklärung

Ganzschrift/Lektüre

In Ihrer Prüfung beschäftigen Sie sich auch mit einer Lektüre, die Sie zuvor im Unterricht gelesen und behandelt haben. Bei einer Lektüre handelt es sich um ein in sich geschlossenes literarisches Werk, z. B. ein Jugendbuch. Im Gegensatz zu Kurzgeschichten geht es darum, eine Lektüre im Zusammenhang zu vermitteln und zu lernen, kapitelübergreifende Zusammenhänge zu verstehen. Bei Aufgaben, die sich auf die Lektüre beziehen, ist es wichtig, auf Informationen aus unterschiedlichen Kapiteln Bezug zu nehmen und diese sinnvoll zu verknüpfen. Dies geschieht in der Prüfung anhand von Fragen und einer weiterführenden Schreibaufgabe. Dabei kann es sich z. B. um das Verfassen eines Briefes handeln.

Wichtig ist in jedem Fall, dass Sie beim Lesen der Lektüre wichtige und zentrale Textstellen markieren. Dadurch fällt es Ihnen später leichter, diese wiederzufinden und sinnvoll in Ihre Schreibaufgaben einzuarbeiten.

In diesem Kapitel finden Sie Aufgaben zur aktuellen Ganzschrift sowie Textauszüge, an denen Sie üben können, wie man relevante Informationen herausarbeitet.

Produktive Schreibaufträge sind z. B.:

1. Gespräch/Dialog

Wenn Sie ein Gespräch über ein bestimmtes Thema schreiben, besitzen Sie in der Abschlussprüfung bereits Informationen aus der zuvor gelesenen Ganzschrift, die Ihnen helfen.

Überlegen Sie sich, wie die Personen miteinander sprechen würden. Sind sie einander vertraut oder kennen sie sich nur flüchtig? Man spricht mit dem besten Kumpel oder der besten Freundin sicher anders als mit der Chefin bzw. dem Chef. Wichtig ist zudem der Umstand, unter dem die Unterhaltung geführt wird. Ist es ein Streitgespräch oder ein Gespräch nach einem traurigen/lustigen Erlebnis? Am Ende des Gesprächs sollte ein Ergebnis stehen oder der Konflikt gelöst sein.

Merkmale

- oft unvermittelter Einstieg
- an Personen und Situation angepasste Sprache
- Konflikt, Situation oder Thema zu einem Ergebnis bringen
- Thema einbringen
- wörtliche Rede
  (Person 1: „…" / Person 2: „…")
- Präsens

2. Persönlicher Brief

Ein persönlicher Brief bringt immer das Wesen einer Person zum Ausdruck. Die Sprache ist authentisch und verdeutlicht beispielsweise Stimmungen, Gefühle oder Wünsche. Die Adressatin / der Adressat eines solchen Briefes stammt aus dem persönlichen Umfeld des der Schreiberin / des Schreibers. Es kann sich dabei um ein Familienmitglied oder Freunde handeln. Die moderne Form des Briefes ist die E-Mail.

Beachten Sie, dass Sie rechts oben mit dem Datum beginnen, dann kommt die Anrede, schließlich der Text und den Schluss des Briefes bildet die Grußformel.

Merkmale

- Aufbau:

  Anrede

                                                        Konstanz, 11.8.2022

  Liebe/-r … / Hallo … / Mein allerliebster … / Meine allerliebste …

  …………………

  T E X T

  …………………

  Schluss (Grußformel)

  Tschüss … / Bis bald … / Euer/Dein … / Eure/Deine …

- Zeitform: Präsens oder Präteritum

3. Innerer Monolog

Der innere Monolog ist eine Art Selbstgespräch. Anders als beim Brief gibt es keinen Gesprächspartner. Es ist somit die persönlichste und intensivste Darstellung von Gedanken und Gefühlen. Die Sprecherin/ der Sprecher verarbeitet dadurch beispielsweise ein wichtiges Ereignis oder etwas Erlebtes. Es ist auch denkbar, dass die Gedanken und Gefühle durch das Rückerinnern an ein Erlebnis oder eine Begebenheit ausgelöst werden: *„Wenn ich an diesen schrecklichen Unfall zurückdenke, zittern mir immer noch die Knie ... "* In der Literatur wird der innere Monolog immer dann verwendet, wenn das Innere, das Denken und Fühlen einer Person verdeutlicht werden sollen.

Merkmale
- ausschmückende Sprache
- Gedanken und Gefühle einer Person
- Gedanken so formuliert, wie sie spontan eingefallen sind
- 1. Person Singular *(„Ich bin so unglücklich ...", „Ich kann nicht begreifen, wie es so weit kommen konnte ...")*
- kurzer und reihender Satzbau
- bereits Passiertes als gedanklichen Rückblick einbringen
- sprunghaftes Hin- und Herüberlegen, dennoch nachvollziehbare Gedankenkette

4. Tagebucheintrag

Der Eintrag in ein Tagebuch ist eine ganz persönliche Sache. Deshalb spielen Gedanken, Gefühle, Probleme und Sorgen auch eine wichtige Rolle. Diese werden vom Verfasser geschildert.

Im Gegensatz zu einem Brief richtet sich der Tagebucheintrag nicht an eine bestimmte Person. Wird Ihnen in der Prüfung die Aufgabe gestellt, einen Tagebucheintrag zu verfassen, ist es wichtig, dass Sie sich in die schreibende Person hineinversetzen. Überlegen Sie, was Sie an ihrer Stelle fühlen oder sagen würden.

Schreiben Sie in der Ich-Form. Die Zeitform kann variieren.

5. Rede

Wenn jemand eine Rede hält, dann will er mit dem präsentierten Inhalt andere über etwas informieren. Meistens geht es sogar noch einen Schritt weiter und das Publikum soll durch die Rede von etwas Bestimmtem überzeugt werden, zum Beispiel bei einer politischen Problemstellung, einer Vorgehensweise oder einer Unschuldsbekundung. Beim Verfassen einer Rede ist es deshalb wichtig, dass man immer im Auge behält, vor wem diese gehalten wird. Hat das Publikum Vorkenntnisse oder ist der dargestellte Sachverhalt neu? Möchte man sein Publikum noch überzeugen oder dient die Rede nur zum Anfeuern für ein beschlossenes Vorhaben?

Allgemein ist darauf zu achten, dass die persönliche Anrede nicht fehlt, eine Hinführung zum Thema stattfindet und die Rede mit einer Danksagung, einem Wahlspruch oder einem Aufruf endet.

Merkmale
- Aufbau:

  Anrede

  Liebe Freunde,
  Verehrte Richter,
  ....

  T E X T (klare Gliederung des Inhalts)
- Schlussteil: z. B Zusammenfassung, Zielsetzung nochmals wiederholen, Grußformel

Typische Aufgabenstellung

Oskar Maria Graf: Das Leben meiner Mutter (Romanauszug)

Informationen zum Buch:

In dem autobiografischen Roman beschreibt der bayerische Schriftsteller Oskar Maria Graf (1894 – 1967) seine Kindheit und Jugend auf dem Land sowie das Leben seiner Eltern, dem Bäckermeister Max Graf und der Bauerntochter Therese. Graf wurde als neuntes von elf Kindern in Starnberg geboren. Nach dem Tod des Vaters arbeitete er in der von seinem ältesten Bruder Max übernommenen Bäckerei, ebenso wie seine Geschwister Emma, Anna und Maurus.

1 Ich war inzwischen aus der Schule gekommen und arbeitete nun als Lehrling nachts in unserer Backstube. Schon lange hatte ich mir Gedanken darüber gemacht, was ich für einen Beruf erlernen wollte. Zuerst versuchte ich es als Erfinder,
5 da ich zufällig einmal Edisons[1] märchenhaften Aufstieg gelesen hatte. Alles, was ich von jetzt ab in die Augen bekam, schien mir für Verbesserungen geeignet. Eine wirre Masse von Ideen ging mir durch den Kopf. Während des Brotaustragens – der schönsten Zeit meines Tages – dachte
10 ich mir einen sich selbst ziehenden Flaschenkork und einen sehr umständlichen, aber – wie ich mir felsenfest einbildete – durch seine Mechanik verbesserten Stiefelzieher aus. Emma, der ich diese Pläne verriet, gab mir Geld. Ich schrieb an alle möglichen Firmen und Patentanwälte, und
15 die Antworten ließ ich an unseren mondsüchtigen Schuster Andreas Lang leiten. Der „Anderl" bekam als Schweigegeld Brot oder Geld. Die Anwälte lobten meine Erfindungen und hielten sie für durchaus lukrativ. Ich musste fünfundzwanzig Mark schicken. Dafür machten sie die technisch
20 einwandfreien Zeichnungen und besorgten die Anmeldung beim Kaiserlichen Patentamt in Berlin. Allerdings kostete die Anmeldung erneut Geld. Emma ließ sich wieder bereden. In einigen Wochen war ich Inhaber zweier „deutscher Gebrauchsmusterschutz"-Dokumente. Ich ließ in
25 Starnberg Prospekte drucken und verschickte sie nach allen Himmelsrichtungen. Meine Briefe waren höchst naiv und unmöglich. Ich bot an, nannte eine Summe und unterbot sie im gleichen Schreiben. Dennoch antworteten einige Firmen und verlangten ein Modell. Geld, List und Mühe kostete es,
30 bis das bewerkstelligt war. Doch das Modell funktionierte nicht. Die Emma verlor die Geduld. Unter dem Dachboden verrosteten die Reste meiner Erfindungen.
Nun aber wollte ich Tierarzt werden und bestellte die einschlägige Literatur. Mit heißem Eifer studierte ich während
35 des Brotaustragens die mit unverständlichen Fremdwörtern gespickten Kompendien[2]. Ganze Seiten lernte ich auswendig davon, und in einer Frühe gestand ich der Mutter meinen Plan. Der Maxl durfte ja zunächst von all dem nichts wissen .
40 „Was? ... Tierarzt? Geh! Da ist doch Bäckerei viel besser!", wollte sie mich davon abbringen. Sie sah von vornherein, wie vergeblich alles sein würde und schloss traurig: „Wenn ich das dem Maxl sag', der haut dich bloß recht." Sie hatte recht. Ich wusste es. Er hatte jeden Willen in mir totge-
45 schlagen, jede eigene Entschlusskraft zerbrochen. Ich lebte in ständiger Angst vor ihm, geduckt und ziemlich abge-

stumpft, und ich sagte ihm kein wahres Wort mehr. Doch ich wollte heraus aus dieser Enge und Düsternis und raffte meine ganze Hoffnung zusammen. Ich drang in die Mutter
50 wie nie zuvor, wenn ich auch spürte, wie wenig sie mir helfen konnte. War sie denn nicht genau so eingeschüchtert und gedrückt wie ich?
Als ich etliche Tage später tief am Vormittag von meinem Brotgang zurückkam, wusste der Maxl alles. Er stand vom
55 Schreibtisch in der Stube auf und erschien groß und drohend in der offenen Tür. „Was? ... Pass einmal auf, Kerl, blöder! Tierarzt willst du werden!", rief er, „Bäckerei lernst du, fertig!" Damit war die Sache abgetan. Die Mutter war froh, dass er mich nicht geprügelt hatte. Traurig stellte sie
60 mir den milchverdünnten Tee hin und seufzte: „Brot geht doch inmer! Essen müssen die Leut'!"
Mein Tag verlief wieder wie immer: nachts um neun Uhr aufstehen und werkeln, in der Frühe um sechs mit dem Brot fort bis kurz vor Mittag: heim und Gsott schneiden[3].
65 Holz machen für den Backofen, nach dem Mittagessen bis fünf oder sechs Uhr mit dem Maxl „konditern" und dann ins Bett.
Auch dieser schwere Sommer verging wie jeder andere. Anfang Herbst kam der Maurus, der ausgelernt hatte, aus
70 Karlsruhe nach Hause. (…) Der Maxl ging ins Holz oder fuhr Mist auf die Felder und überließ dem Maurus die wenige Konditorarbeit. Er sah ihn nicht gern; redete wenig mit ihm, die beiden wichen einander, so gut es ging, aus, doch sie stritten wenigstens nie. Nun gab es ruhigere Zeiten
75 für mich. Ich brauchte dem Maurus nicht viel helfen, aber ich tat es gern. Jetzt konnte ich ja oft bis nach Mitternacht schlafen, ehe wir das Backen anfingen.
Der Maurus hatte viele Bücher mitgebracht. Er las Goethe und Heine ebenso eifrig wie Flaubert, Balzac, Stendhal,
80 Maupassant und Zola. Ibsen, Björnson und Strindberg, die damals in Deutschland gerade berühmt wurden, lagen ihm näher als Dostojewski und Gogol (…).
Maurus suchte mich beständig für seine Bücher zu interessieren und gab sich alle Mühe, mir das Gelesene begreiflich
85 zu machen. Ich konnte aber vieles nicht erfassen und wurde schnell müde dabei. Dann wurde er ärgerlich und schlug mich, und es war seltsam, wie er sich dabei erregen konnte. Er war dem Weinen nahe vor Wut und redete in einem fort auf mich ein: „Ja, verstehst du's denn wirklich noch nicht?
90 ... Noch nicht? ... Das ist doch schön! Da muss man doch lachen! Begreif doch, du Aff, du blöder! Warum weinst du denn, du Esel? ... Pass doch besser auf, dann wirst du schon

dahinterkommen, wie wunderschön das ist." Ich wusst' mir
95 zuletzt nicht mehr anders zu helfen, wischte meine Tränen
ab, nickte und versuchte, gefroren zu lachen oder beflissen
zuzustimmen. Nach einiger Zeit aber lasen wir geradezu
um die Wette und freuten uns über die Begeisterung, in die
uns die Bücher versetzten.

Ich erinnere mich noch der Spaziergänge an den Sonntag-
100 nachmittagen, die wir, mit irgendeinem Buch in der Tasche,
gemeinsam machten. Wir hockten uns auf einen stillen
Wiesenabhang und schwärmten. Wir lasen damals den
„Vater" von Strindberg. Mein Gott, und wir verstiegen uns
sogar so weit, die Ehe unseres Vaters und unserer Mutter
105 mit diesem Strindbergschen Ehedrama zu vergleichen, und
da war doch alles, alles ganz, ganz anders gewesen. Aber
der Mensch, der zum ersten Mal ganz hingegeben liest, dem
scheint alles Gelesene Leben zu werden; Leben der nächsten Menschen, die er kennt!

110 Maurus blieb aber leider nicht lange daheim und suchte sich
auswärts eine Stellung. Der Maxl war sehr zufrieden damit.
Er hatte sich heimlich dessen Backrezepte abgeschrieben.
(…)
Maurus hatte die Bücher mitgenommen. Ich aber konnte
115 das Lesen nicht mehr missen. Wieder sprach ich mit dem
Schuster Lang. Er willigte ein, und ich ließ mir eine Menge
neuer Bücher an seine Adresse schicken. Niemand als Anna
wusste es. Ich las ihr manchmal während des Brotaustragens
Gedichte vor, und wir wurden schwärmerisch, ja beseligt,
120 bis wir wieder daheim ankamen.

[1] Edison, Thomas Alva, 1847 – 1931: amerikanischer Erfinder, z. B.
der Glühbirne
[2] Kompendien: Nachschlagewerke oder Lehrbücher, die einen kurz
gefassten Überblick geben
[3] Gsott schneiden: Heu oder Stroh schneiden oder häckseln

Quelle: Oskar Maria Graf: Das Leben meiner Mutter, Ullstein Buch,
Berlin 2016, S. 665 – 670 (deutschsprachige Erstveröffentlichung:
1946 im Kurt Desch-Verlag)

a) Nennen Sie in vollständigen Sätzen drei Unterschiede der Brüder Oskar, Max und Maurus.

b) Beschreiben Sie in eigenen Worten das Verhältnis zwischen Oskar und Maurus und dessen Einfluss auf Oskar.

c) Erklären Sie, warum die eigenen Berufswünsche von Oskar in der Familie Graf kein rechtes Gehör finden.

d) „Aber der Mensch, der zum ersten Mal ganz hingegeben liest, dem scheint alles Gelesene Leben zu werden; Leben der nächsten Menschen, die er kennt!" (Z. 106 – 109)
Erläutern Sie, was Oskar damit ausdrücken möchte und in welcher Weise das Gesagte in Bezug auf seine Familie Anwendung findet.

e) „Ich aber konnte das Lesen nicht mehr missen." (Z. 114 f.)
Verfassen Sie einen Tagebucheintrag aus Oskars Perspektive, in dem er erklärt, welchen Stellenwert das Lesen für ihn hat. (mindestens 150 Wörter)

Lösung

a) Max ist der älteste Bruder und sehr herrisch, er setzt seine Ansichten auch mit Gewalt gegenüber der Familie durch. Maurus hingegen ist eher zurückhaltend, interessiert sich für Literatur und grenzt sich von seiner Familie ab, indem er z. B. auswärts seine Ausbildung macht. Oskar hat seinen beruflichen Weg noch nicht gefunden, er probiert Vieles aus, aber hat kein festes Ziel.

b) Mit Maurus' Anwesenheit wird es etwas ruhiger für Oskar. Er hilft seinem Bruder freiwillig bei der Arbeit und schaut zu ihm auf. Maurus führt Oskar an Literatur heran, reagiert aber auch ungeduldig und ungehalten, als der jüngere Bruder zunächst nicht die gleiche Freude beim Lesen empfindet. Unter Maurus' Einfluss wird Literatur zu einem großen Bestandteil in Oskars Leben. Die beiden Brüder teilen dieses gemeinsame Interesse.

c) Nach dem Tod des Vaters übernimmt Max als neues Familienoberhaupt den Familienbetrieb, in dem alle Geschwister mithelfen. Auch Oskar hat das Bäckerhandwerk gelernt. Er will einen anderen beruflichen Weg einschlagen, allerdings hat er kein festes Ziel und weicht von seinen Plänen ab. Dafür macht er auch Max verantwortlich, der mit seiner herrischen Art Oskars Willen gebrochen hat.

d) Das Lesen eröffnet Oskar eine völlig neue Welt, die für ihn lebendig wird. Er stellt von dieser Welt einen Bezug zu seinem realen Leben her und vergleicht z. B. die Ehe seiner Eltern mit der Ehe der Figuren in dem Roman, den er liest.

e) Liebes Tagebuch,
es ist so schade, dass Maurus nun wieder auswärts arbeitet. Noch bedauerlicher ist es, dass er die ganzen Bücher mitgenommen hat. Glücklicherweise kann ich mir über den Schuster Lang Nachschub verschaffen, denn ich möchte das Lesen nicht mehr missen. Es hat mir eine völlig neue Welt eröffnet, die es mir

ermöglicht, meinem Alltag zu entfliehen. Wenn ich auf meinen langweiligen Brotgängen bin, träume ich mich gerne in die Welt der Bücher. Manchmal lese ich auch Anna Gedichte vor. Sie ist die Einzige, die davon weiß. Max soll es nicht erfahren, er hat kein Verständnis dafür. Ich bin Maurus sehr dankbar dafür, dass er mich an das Lesen herangeführt hat, obwohl er zu Beginn sehr ungeduldig war, als ich schnell müde wurde oder vieles nicht verstand. Doch die Mühen haben sich gelohnt, denn nun bereitet mir das Lesen so große Freude und ich hoffe, dass ich mich schon bald wieder mit Maurus darüber bei gemeinsamen Spaziergängen austauschen kann.

Übungsaufgaben

1. Aufgaben zur aktuellen Ganzschrift

Textgrundlage ist in diesem Schuljahr der Jugendroman „Blackbird" von Matthias Brandt **oder** „Nathan und seine Kinder" von Mirjam Pressler.

In unserem Downloadbereich (www.pauker.de/rs_bw_muster) finden Sie Bonusmaterial wie etwa eine Figurenkonstellation oder Inhaltsangaben zum Vervollständigen, das Ihnen die Lektüre erleichtern soll.

Im Folgenden sind einige Fragen und Aufgabenformate zusammengestellt, wie sie in der Prüfung vorkommen können.

Matthias Brandt: Blackbird

a) Charakterisieren Sie zwei von Mottes Lehrer/-innen. Welchen Einfluss haben sie auf ihn?

b) *„Irgendwo in mir drin wusste ich aber auch, dass der Einzige, mit dem ich darüber wirklich hätte reden können und der mir hätte sagen können, was ich tun soll, gerade auf der Kinderstation vom Sankt Joseph lag und seinen Teddybär anstarrte."* (S. 86)

Bogi ist seit der Grundschule Mottes bester Freund.

Beschreiben Sie mit eigenen Worten, wie sich ihre Freundschaft durch Bogis Krankheit verändert.

c) In Mottes Leben spielen zwei Mädchen eine große Rolle.

Erläutern Sie, welche Gefühle Jacqueline und Steffi in Motte auslösen und wie er damit umgeht.

d) Nach Bogis Tod beschließt Motte, nicht mehr zu sprechen:

„Auf keinen Fall wollte ich getröstet werden und vor allem über das, was eben passiert war, kein einziges Wort mehr verlieren. Heute nicht und überhaupt niemals mehr." (S. 202)

Beschreiben Sie die zentralen Themen „Schweigen" und „Sprachlosigkeit" und belegen Sie Ihre Ausführungen mit Zitaten aus dem Text.

e) Motte hat oft Schwierigkeiten, seine Gefühle und Empfindungen auszudrücken und verwendet daher häufig Sprachbilder.

Nennen Sie Beispiele und erklären Sie, warum er zu dieser Strategie greift.

f) Nach Bogis Tod schreibt Motte ihm einen Brief, in dem er ihm alles mitteilt, wozu er nicht in der Lage war, als Bogi noch lebte.

Verfassen Sie diesen Brief. Schreiben Sie mindestens 200 Wörter.

g) Motte und Steffi sitzen einige Tage nach Bogis Beerdigung wieder auf der Bank neben seinem Grab. Motte erzählt Steffi von seinem Schmerz über Bogis Tod und was Bogi ihm bedeutet hat. Sie unterhalten sich auch über einen möglichen Umgang mit diesem Verlust.

Verfassen Sie dieses Gespräch.

Mirjam Pressler: Nathan und seine Kinder

a) Nennen Sie drei zentrale Figuren des Romans, die jeweils stellvertretend und eindeutig für die drei Religionen stehen.

b) Daja wächst bei ihrer Großmutter auf.

Stellen Sie zwei Unterschiede ihrer Lebensumstände von damals und heute gegenüber.

c) *„Jeder braucht einen Platz in der Welt, einen Ort, an den er gehört, und Menschen, in deren Mitte er Geborgenheit findet. Niemand kann in den Räumen dazwischen leben, da muss er abstürzen."* (S. 53)

Nennen Sie zwei Beispiele aus dem Roman, in denen Identitätsfindung eine zentrale Rolle spielt und erläutern Sie, warum dafür die Herkunft mit entscheidend ist. Belegen Sie Ihre Beispiele mit Zitaten aus dem Text.

d) Bei Rechas erster Begegnung mit Curd von Stauffen nimmt sie ihn als Engel wahr:

„... der Tempelritter, mein Engel ..." (S. 65) Warum verändert sich diese Wahrnehmung im Laufe des Romans? *„Ein Bild tauchte vor meinen Augen auf, ..., aber diesmal erfüllte es mich nicht mit dankbarer Sehnsucht. Es war Zorn, der in mir aufstieg, heftiger, heißer Zorn."* (S. 211)

Beschreiben Sie diese Veränderung in eigenen Worten.

e) Nathans Ringparabel ist auch heute noch aktuell.

Erläutern Sie dies anhand eines selbst gewählten Beispiels.

f) *„... ich werde eines Tages einen Sohn haben. Ich werde ihn Nathan nennen, und ich werde ihn lehren, dass es nichts Größeres auf der Welt gibt als Liebe und Barmherzigkeit."* (S. 243)

Nach dem Tod ihres Vaters schreibt Recha in ihr Tagebuch, was sie sich für die Zukunft wünscht und welche Rolle Nathans geistiges Erbe dabei für sie spielt. Verfassen Sie diesen Eintrag. Beschreiben Sie insbesondere, wie Recha zu dieser Erkenntnis kommt. (mindestens 200 Wörter)

g) *„Nichts war mehr von Bedeutung, nur dass er tot war, er, mein Freund, mein Bruder."* (S. 228)

Stellen Sie in einem inneren Monolog drei weitere Gedanken Elijahus dar, die ihm nach dem Tod Nathans durch den Kopf gehen. (mindestens 200 Wörter)

2. Paul Rambali: Der Mann, der barfuß lief – Die Geschichte des Abebe Bikila (Romanauszug)

Zusammenfassung:

Der Roman „Der Mann, der barfuß lief" erzählt die Geschichte des Abebe Bikila, der – aus einem kleinen äthiopischen Dorf stammend – 1960 als erster Afrikaner einen olympischen Marathon gewinnt und damit zum internationalen Sportidol aufsteigt. Am Ende seines Lebens ist Abebe durch einen Autounfall gelähmt und blickt auf seine Karriere als Läufer zurück, in der er als erster Mensch zwei Goldmedaillen im Marathon gewann.

Textauszug 1

[...]

1 Als Junge hatte er sich gefragt, ob er es wohl schaffen konnte, bis zum Horizont zu laufen, bevor die Sonne unterging. Er war sich sicher gewesen, es mit der langsam über den Himmel ziehenden Sonne aufnehmen
5 zu können und vor ihr bei den Bergen in der Ferne anzukommen, wenn er nur lange genug durchhielt. Und wenn er einfach immer weiterlief, der Sonne hinterher, würde der Tag nie enden, hatte er sich vorgestellt, oder zumindest so lange dauern, bis er müde wurde und sich
10 schlafen legte. Als er seine Eltern dazu befragte, lachte sein Vater. Er erklärte ihm, dass es jenseits der Berge nichts mehr gab. Der Tag würde enden und mit ihm die Welt, wenn die Sonne dick und rund wie eine saftige Mango zwischen den dunklen Berghängen unterging.
15 Und wenn die Sonne sich erfrischt wieder über das freie Feld erhob, begann ein neuer Tag. Sein Vater wusste nichts von den Flugzeugen, die einen hoch in die Luft trugen, so hoch wie die Sonne, und über den Rand der Erde hinaus. Wenn jemand Abebe damals erzählt hätte,
20 dass es so etwas gab, hätte er es nicht geglaubt. Soweit er wusste, endete alles hinter den zerklüfteten Gipfeln, die in der Abendsonne rot leuchteten wie die Zähne der Betel kauenden Alten, die am Brunnen hockten und über seine permanente Eile lachten.

Textauszug 2

25 [...]

Als Abebe seinem Vater auf dem Rückweg durch das Dorf folgte, sah er, wie dünn er war, obwohl er vor den Dorfbewohnern Stärke demonstriert hatte, und wie schwer ihm das Gehen fiel.
30 Das Dorf hatte sich verändert. Die Lehmwände der Hütten stürzten ein, als hätte niemand den Mut oder die Kraft, sie zu reparieren. Das Stroh auf den Dächern verrottete, und von einigen Hütten war es schon halb weggeweht. Nur wenige Tiere waren zu sehen, und die
35 Dorfbewohner blieben in ihren Hütten, um Kräfte zu sparen und auf Regen zu warten. Die Zäune, die früher jeden Garten gesäumt hatten, waren in einem baufälligen Zustand. Aber es brauchte auch niemand mehr zu fürchten, sein Gemüse könnte von Tieren zertrampelt
40 oder gefressen werden; es war nämlich nichts Essbares mehr übrig, und die wenigen Hühner und Ziegen, die noch da waren, wurden Tag und Nacht wie Augäpfel gehütet.

Abebe hätte seiner Mutter zu gern sofort erzählt, dass er
45 die Soldaten gesehen hatte, aber er musste respektvoll zuhören, während sein Vater ihr von der Steuer berichtete, die sie zu entrichten hatten. Er sah, wie das ohnehin schon fahle und hohlwangige Gesicht seiner Mutter vor Bestürzung noch mehr in sich zusammenfiel.
50 Sobald sie wieder in der Hütte waren, wurde sie wütend. „Warum müssen wir uns so behandeln lassen?", schimpfte sie. Sie klagte, der Kaiser hätte keine Ahnung von ihrer Not. Und wenn doch, wie Abebes Vater ihr versicherte, dann waren sie ihm wohl schlicht und einfach
55 egal.

„Du begehst Verrat mit deinen Worten, Widnesh", sagte Abebes Vater. „Ich höre nicht mehr zu."

Die Mutter schüttelte den Kopf und seufzte. Glücklicherweise besaß Bikila Demssie als ehemaliger
60 *Arbenyotch*[1] gewisse Privilegien. Sie würden von Teilen der neuen Steuer ausgenommen sein. Aber sie waren trotzdem in Schwierigkeiten. Es war nun schon das zweite Jahr, dass der Regen ausblieb.

„Na schön", sagte sie zu ihrem Mann. „Aber wer wird
65 uns helfen? Wir müssen anfangen das Feld zu bestellen, und du hast nicht genug Kraft dazu, mein Ehemann." Wenn der Regen kam, mussten sie schnell sein mit der Feldarbeit. Aber Bikila war zu schwach, um den Pflug über die langen Tage der Aussaat in der Spur zu halten.
70 Sie sah zu Abebe hin.

„Abebe muss die Feldarbeit übernehmen", entschied sie. Abebe nickte. Er hatte die Dorfschule abgeschlossen, und wie jeder andere dreizehnjährige Junge, der die Namen aller Könige aus dem *Kebra Negest*[2] hersagen,
75 seinen eigenen Namen schreiben und bis zehn zählen konnte, würde er nun anfangen zu arbeiten. Nur dass Abebe nicht auf dem Feld arbeiten, den Pflug lenken oder Schafe hüten wollte.

„*Abba*, jetzt werde ich tun, worum ihr mich bittet",
80 erklärte er, „aber wenn das Feld bestellt ist und das Getreide wächst, gehe ich nach Addis[3] und werde Soldat!"

Sein Vater holte tief Luft. Er sah seinen Sohn ernst an und strahlte dann vor Freude. „Abebe wird Mitglied der
85 Kaiserlichen Garde!", verkündete er. (...)

„Na, warten wir's mal ab", sagte seine Mutter spöttisch. „Er wird eine Uniform anstelle der *Shamma*[4] tragen, in einem Haus aus Stein schlafen und immer genug zu essen haben!"
90 „Zuerst muss er seine Arbeit erledigen", sagte sie.

Abebe wandte sich wieder dem *Teff* zu, den er von der Spreu trennen sollte.

Er würde ihnen beweisen, dass er genauso mutig war wie sein Vater. Er würde in Kriegen kämpfen! Er würde

95 sich Auszeichnungen verdienen! Seine Majestät würde
ihn mit so vielen Reichtümern überhäufen, dass er unter
ihrer schweren Last gebeugt ins Dorf zurückkehren
würde!

Textauszug 3

[...]

100 „Wir möchten, dass Sie äthiopische Athleten ausbil-
den und trainieren, die in internationalen Wettkämpfen
bestehen können." Er stand auf, ging zum Fenster und
spähte einen Augenblick durch den Vorhang hinaus.
„Die auf dem höchsten Niveau bestehen können", setzte
105 er hinzu.
Er drehte sich zu Niskanen um und seine Miene spannte
sich an. „Haben Sie je den Olympischen Spielen beige-
wohnt, Herr Major?"
Dazu hätte sich noch nie die Gelegenheit ergeben, erwi-
110 derte Niskanen.
„Wir sind einmal dabei gewesen, als Prinzregent, 1924.
Wir waren als Beobachter eingeladen. Das war höchst
erbaulich. Aber als Wir uns zwei Jahre später um eine
Teilnahme Äthiopiens an den Spielen in Amsterdam
115 bemühten, sagte man Uns wörtlich, die Afrikaner
wären noch nicht so weit, dass sie an internationalen
Sportwettkämpfen teilnehmen könnten." (…)
Der Kaiser zitierte aus dem Gedächtnis die Worte, die
den jungen Regenten gekränkt hatten. *Les africains doi-*
120 *vent pratiquer le sport dans leur pays d'abord, pour le*
comprendre. Er sagte: „Wir übersetzen: ‚Die Afrikaner
sollten zuerst in ihren eigenen Ländern Sport treiben, um
ihn zu erlernen.' Sie befanden, dort wäre kein Platz für
Äthiopien. Die Unterschrift stammt von Monsieur Henri
125 de Baillet-Latour, dem Präsidenten des Internationalen
Olympischen Komitees." (…)
„Es wäre höchst erfreulich, wenn Äthiopien an den
Spielen teilnehmen könnte", sagte er. Niskanen bemerk-
te Gekränktheit in den Augen des Kaisers, aber auch
130 feste, leidenschaftliche Entschlossenheit.
„Wollen Sie nicht dabei behilflich sein?" Er lächelte.
Niskanen war perplex. Das war eine unerwartete
Aufgabe, und er fragte sich, ob der Kaiser es ernst
meinte. Doch ein Blick auf den Brief des Olympischen
135 Komitees sagte ihm, dass es tatsächlich sein Ernst war.
Es wäre ihm nie in den Sinn gekommen, die Äthiopier
für sportliche Wettkämpfe zu trainieren, aber andererseits gab es auch keinen Grund, es nicht zu tun.
Natürlich konnten Schwarze laufen und siegen. Jesse
140 Owens hatte es in München bewiesen. Warum nicht
auch die Äthiopier? (…)
Niskanen willigte nur zu gern ein. Schon seit seiner
Kindheit hatte er davon geträumt, einmal dabei sein zu
können, wenn die Athleten in der olympischen Arena
145 gegeneinander antraten. […]

Textauszug 4

[...]

Erst als er den Triumphbogen vor sich hell aufleuchten
sah, begriff Abebe, dass sie auf den letzten paar hundert
Metern waren.
150 Der Weg vor ihnen war gesäumt von Polizisten, die sich
an den Armen untergehakt hatten, um die Zuschauer
zurückzudrängen. (…) Ein Radioreporter näherte sich
ihm auf einem Motorrad, und er fürchtete schon, überfahren zu werden, aber genau in dem Moment lief
155 er unter dem Triumphbogen hindurch und über die
Ziellinie.
Er hörte die Menge in Jubel ausbrechen, wie sie es vorher im Stadion getan hatte. Doch diesmal bejubelte sie
ihn.
160 Sanitäter eilten herbei, bereit, ihn in Decken zu hüllen,
doch sie hielten Abstand – fast als hätten sie Angst vor
ihm. Abebe war nun kein normaler Sterblicher mehr;
und er konnte nicht stehen bleiben. Niemand wusste,
ob er vielleicht im nächsten Moment stolpern und
165 zusammenbrechen würde, aber in Wirklichkeit konnte
er einfach seine Beine nicht ruhig halten, er konnte nicht
aufhören zu laufen. Er drehte sich um und trabte zurück
unter den Triumphbogen, wo er sich vorbeugte und drei
Mal seine Zehen berührte, um den Gott des Sports zu
170 ehren. Dann hob er seine Arme über den Kopf, schaute
hoch in die sternenklare Nacht und dankte seinem Gott.
Als er den Blick wieder senkte, sah er – kurz bevor
er von einer ganzen Batterie von Blitzlichtern geblen-
det wurde – in ein Meer von glücklichen, verzückten
175 Gesichtern, die Anteil an seinem Sieg nahmen.
Wenige Minuten später wurde er emporgehoben auf
Schultern, die die Schultern der Welt zu sein schienen,
getragen von seinen Mitathleten wie ein frisch gekrönter
König. Die Amerikaner scharten sich noch immer um
180 das Radio im Zelt. Inzwischen waren sie von vielen
anderen Sportlern und Trainern umgeben, schwarzen
wie weißen.
Was für ein Rennen! Was für ein Sieg! Unter dem
Triumphbogen des Konstantin – genau an der Stelle, von
185 *wo Mussolinis Truppen vor einem Vierteljahrhundert*
aufbrachen, um ihr Land zu erobern – hat ein Äthiopier
den olympischen Marathon gewonnen!
Die Amerikaner jubelten vor Freude. (…)
Mike umarmte Wilma und wirbelte sie durch den Raum.
190 *Welcher Sieg könnte in einer Zeit, in der die Nationen*
auf dem ganzen afrikanischen Kontinent ihre kolonialen
Fesseln abwerfen, bedeutungsvoller sein als der von
Abebe Bikila hier und heute? Und dann auch noch ein
barfuß errungener Sieg!
195 Mike hörte auf zu tanzen und starrte Wilma einen
Moment lang an, bevor sie alle hinauseilten, um den
Barfußläufer auf ihre Schultern zu heben.

Auch Niskanen und Kidaneh erreichten schließlich die Traube von Reportern, die sich um Abebe versammelt

200 hatte.

„Wie lange laufen Sie schon?"

„Haben Sie schon mal einen internationalen Wettkampf gewonnen?"

„Wie fühlt es sich an, der erste Afrikaner zu sein, der

205 eine olympische Goldmedaille gewinnt?"

Abebe sah verwirrt aus.

Niskanen packte ihn an den Schultern. Er wollte ihn schütteln und umarmen, damit er verstand, was er geleistet hatte.

210 „Die wollen wissen, ob Sie noch ein bisschen weiterlaufen könnten", sagte er.

Abebe dachte stirnrunzelnd über diese Frage nach und grinste dann breit. „Zehn Kilometer könnte ich noch laufen, glaube ich, vielleicht auch zwanzig."

215 Die Reporter lachten. „Erzählen Sie uns von sich."

Abebe war verunsichert, weil er die Fragen nicht verstand, die ihm gestellt wurden. Er konnte noch nicht einmal erahnen, welche Auswirkungen sein Sieg haben würde. Das war das erste Mal, dass er einen internatio-

220 nalen Wettkampf gewann. Er sah Niskanen hilfesuchend an.

„Was soll ich sagen, Herr Major?"

„Sagen Sie, was immer Sie wollen. Kidaneh übersetzt."

Kidaneh schüttelte Abebe die Hand und sagte etwas auf

225 Amharisch.

„Würden Sie uns Ihren vollständigen Namen nennen?"

„Mein Name ist Abebe. Der Name meines Vaters Bikila."

„Wo sind Sie geboren?"

230 „Der Name meines Dorfs ist Jirou."

„Ihr Alter?"

„Weiß ich nicht."

„Was? Sie wissen nicht, wie alt Sie sind?"

„Er ist siebenundzwanzig", warf Niskanen ein. „Und er

235 läuft seit vier Jahren."

„Nein, nicht so alt, nicht heute. Ich fühle mich jung! Ich laufe gleich noch mal!"

Textauszug 5

Abebe hockte im olympischen Dorf auf dem Rasen und genoss noch ein letztes Mal den Anblick der vielen

240 Sportler. Seine Goldmedaille, auf die er genauso stolz war wie die Generäle in der Leibgarde auf ihre militärischen Abzeichen, trug er über seinem Trainingsanzug.

Er sah, dass andere Athleten ihre Medaillen ebenfalls trugen, und fühlte sich auf eine besondere Weise

245 mit ihnen verwandt, obwohl sie alle bald an Orte in Amerika, Europa oder der Sowjetunion zurückkehren würden, in ihren Alltag, von dem er nicht die geringste Vorstellung hatte. (…)

Abebe versuchte sich das Sonnenlicht einzuprägen,

250 das auf die Marmorfassaden und auf diese überragen-

den, ausgezeichneten Athleten herabschien. Sie wurden Olympioniken genannt. Und er war einer von ihnen.

Er sah Wilma gar nicht herankommen.

„Hallo!", begrüßte sie ihn. (…)

255 „Guten Tag", erwiderte er und erhob sich rasch.

„Ich heiße Wilma. Wilma Rudolph."

Sie streckte ihm mit männlichem Selbstbewusstsein ihre Hand entgegen.

„Abebe Bikila", sagte er und schüttelte sie.

260 „Ich habe noch nie jemanden aus deinem Land kennengelernt. Ich meine, einen wie uns, einen Schwarzen."

Sie lächelte ihn an, griff in den Ausschnitt ihres Trainingsanzugs und fischte eine Goldmedaille heraus.

„Ich hab auch ein paar davon, aber ich traue mich nicht,

265 sie so offen zu tragen wie du."

„Darf ich das nicht?", fragte Abebe. Medaillen, so dachte er, waren doch dazu da, damit man sie trug.

„Kein Grund, sich zu entschuldigen. Wenn du sie tragen willst, dann tu es. Du hast ein Recht, stolz darauf zu sein.

270 Wo du doch der erste Afrikaner bist, der eine gewonnen hat, und all das. Deine Leute werden stolz auf dich sein, wenn du nach Hause kommst, so viel ist sicher. Was wirst du machen, wenn du wieder zu Hause bist?"

„Ich bin Mitglied der Leibgarde Seiner Kaiserlichen

275 Majestät Haile Selassie I. Das ist es, was ich mache."

„Das ist dein Beruf?"

„Ja", bestätigte Abebe. Es war eigentlich kein Beruf im engeren Sinne, aber er wusste nicht, wie er es sonst beschreiben sollte. Es war eine Ehre, der Kaiserlichen

280 Garde anzugehören. Und jetzt hieß es zudem, er hätte seinem ganzen Land große Ehre gemacht.

„Ich würde gern irgendwann mal nach Afrika fahren. Gibt es da schon die Integration?"

„Integration?"

285 „Du weißt nicht, was Integration ist?" (…)

„Also. Integration bedeutet, dass Schwarze und Weiße nebeneinander leben, die gleichen Orte besuchen und die gleichen Einrichtungen benutzen."

„In Äthiopien sind Weiße unsere Gäste."

290 „Oh", sagte Wilma überrascht.

„Wie Major Niskanen zum Beispiel, unser Sportoffizier. Er ist unser Gast."

„Euer Gast also, ja? Da geht es bei uns in Clarksville definitiv anders zu … Da komme ich her, aus Clarksville,

295 Tennessee. Es heißt scherzhaft, in Clarksville gäbe es kein Rassenproblem, und der Grund dafür wäre, dass die Rassentrennung nicht aufgehoben ist!"

Sie erklärte, der Bürgermeister von Clarksville hätte ihren Trainer angerufen, um ihm zu gratulieren, und

300 ihnen eine Konfettiparade versprochen. „Sie werden die Rassentrennung in der Stadt einen Tag lang aufheben, wenn ich nach Hause komme, nur für die Parade. Und sie richten ein Bankett aus, ein Bankett ohne Rassentrennung. Ist das nicht toll? Und am Tag darauf

305 wird alles wieder genauso sein wie vorher." (…)

„Vielleicht reise ich irgendwann mal nach Äthiopien",
sagte sie wehmütig. „Das würde mir gefallen. Ich hätte
nie gedacht, dass diese Beine mich mal bis nach Rom
tragen würden. Also, wer weiß?" (...)

310 „Vielleicht reise ich nach Amerika, irgendwann", sagte
Abebe.

„Ja, tu das. Und wenn du nach Clarksville kommst, dann
besuchst du mich. Versprochen?"

Abebe nickte.

315 „Natürlich nur, wenn es deiner Frau recht ist. Du bist
doch verheiratet? "

„Ja."

„Wie heißt deine Frau?"

„Yewibdar."

320 „Yewibdar? Das ist aber ein lustiger Name", platzte sie
heraus.

„Oh, Entschuldigung. Wie habt ihr euch denn kennengelernt?"

„Sie ist aus meinem Dorf. Die Eltern suchen sie aus. Die

325 Eltern finden die Braut."

„Ist das immer so in Äthiopien, dass die Eltern alles
arrangieren?"

Abebe nickte.

„Wo ich herkomme, suchen wir uns das selbst aus. Man

330 kann heiraten, wen man möchte. Zumindest wenn er
einen fragt ... "

Sie verstummte und sah plötzlich traurig aus.

„Ich wünschte, meine Eltern hätten für mich auch alles
arrangiert", sagte sie. „Ich hab ein kleines Kind zu

335 Hause, weißt du. Nur darf ich nicht darüber reden, weil
das Baby keinen Vater hat, vor dem Gesetz jedenfalls
nicht. Du sagst es doch keinem weiter, oder?"

„Nein."

„Sie haben mir verboten, darüber zu sprechen."

340 Abebe kannte Liebesheiraten aus den indischen Filmen,
die in den Kinos von Addis gezeigt wurden. Sie schienen
immer großes Unglück nach sich zu ziehen.

„Ich sage nichts", versprach er und lächelte sie beruhigend an. Es überraschte ihn, dass auch Amerikaner,

345 die solch perfekte Athletenleben zu führen schienen,
irgendwelche Fehler oder Geheimnisse hatten. Selbst ihr
Triumph barg für sie einen Kompromiss in sich.

„Nun denn", sagte sie und stand auf. „Bis zum nächsten
Mal, Abebe."

Sie gaben sich die Hand.

Textauszug 6

350 Es gab nur eine Möglichkeit, ihnen das Gegenteil zu
beweisen.

„Ich weiß, was alle sagen."

Abebe hatte sogar schon die Leute im Mercato[5] darüber
reden hören.

355 „Dreimal zu siegen, ist unmöglich, ich weiß. Und alle
sagen, auch für mich ist es unmöglich. Aber ich werde
laufen. Ich werde gewinnen!" (...)

„Abebe, mein Freund, hör nicht auf sie", sagte er. „Sie
sind bloß eifersüchtig. Sie wollen dich verlieren sehen,

360 weil sie nie selbst etwas gewonnen haben. Sie wissen
nicht, was es heißt, zu trainieren und zu laufen, zu kämpfen und zu gewinnen!"

Niskanen schaltete sich ein.

„Natürlich werden Sie gewinnen. Früher haben alle

365 gesagt, Afrikaner könnten in Wettkämpfen auf interna-
tionalem Niveau nicht mithalten. Und schauen Sie sich
jetzt alle selbst an. Niemand hat je den Marathon zweimal gewonnen; auch das hielten alle für unmöglich. Und
jetzt sagen sie, Sie könnten ihn nicht dreimal gewinnen?

370 Ha!"

Er grinste und die anderen nickten.

Aber Abebe spürte die Schmerzen, wenn er lief. Es hatte
eines Tages beim Training angefangen. Er hatte sich
nicht einmal besonders verausgabt, war nur ein paar

375 Kilometer in sanft abfallendem Gelände gelaufen (...)
Aber die Beschwerden waren da gewesen, und diesmal
kamen sie langsam, nicht so wie früher. (...)

„Warum laufen wir eigentlich, Herr Major?"

Von einem Moment zum anderen war Niskanen alles

380 wieder vollkommen präsent: die Erschöpfung, die man
nicht mehr überwinden zu können glaubte; das erhebende
Gefühl, es doch zu tun; die vollkommene Leere um einen,
wenn man lief. Er sagte es nicht laut, aber für Niskanen
war das Laufen eine Möglichkeit, zu vergessen.

385 „Weil wir das Potenzial dazu haben, nehme ich an, und
weil wir etwas erreichen wollen", antwortete er. „Wir
versuchen, einen Höhepunkt zu erreichen – und dann
überschreiten wir ihn."

„Wenn ich laufe", sagte Abebe, „stelle ich mir vor, dass

390 ich durch die Ebene in der Nähe meines Dorfes laufe
(...) In der Ferne sehe ich die Stadt Debre Birhan. Der
Name bedeutet Berg des Lichts. Der Berg des Lichts
leuchtet für mich wie eine Flamme. Er ist mein olym-
pisches Feuer. Wenn ich ihn sehe, kann ich ewig laufen.

395 Nichts kann mich aufhalten."

„Nichts", wiederholte Niskanen.

„Wenn ich nicht laufe, sehe ich die Flamme nicht."

[1] Arbenyotch: Kämpfer der kaiserlichen Garde
[2] Kebra Negest: Buch über die Geschichte Äthiopiens
[3] Addis: Addis Abeba: Hauptstadt Äthiopiens
[4] Shamma: traditionelles Gewand
[5] Mercato: (Super)Markt

Quelle: Paul Rambali: Der Mann, der barfuß lief – Die Geschichte
des Abebe Bikila, Übersetzerin: Birgit Schmitz, Carlsen Verlag
GmbH, Hamburg 2008, Auszüge aus den Seiten 5 f., S. 39 – 41, S.
79 – 81, S. 189 – 192, 195 – 199, 348 – 350

a) Wie wird das Leben in Abebes Heimatdorf beschrieben und warum will er dieses verlassen? Schreiben Sie in ganzen Sätzen.

b) Stellen Sie dar, welche Bedeutung Abebes Olympiasieg für sein Land bzw. seinen Kontinent, für seinen Trainer Niskanen sowie für ihn selbst hat.

c) Nach seinem Sieg tauscht sich Abebe mit der Amerikanerin Wilma aus. Stellen Sie die unterschiedlichen Lebenssituationen der beiden Athleten heraus, berücksichtigen Sie dabei die Situation von schwarzen Menschen in den jeweiligen Ländern.

d) Abebe sagt: „‚Wenn ich nicht laufe, sehe ich die Flamme nicht.'" (Z. 397) Erklären Sie, was er damit ausdrücken möchte.

e) Bei den nächsten Olympischen Spielen hält Abebe eine Rede, in der er über seine Erfolge sowie über die Bedeutung des Laufens bzw. des Sports spricht. Verfassen Sie diese Rede und schreiben Sie mindestens 150 Wörter.

3. Lauren Wolk: Das Jahr, in dem ich lügen lernte (Romanauszug)

Annabelles Zuhause ist ein beschauliches Dorf. Doch die Idylle nimmt ein jähes Ende, als eines Morgens eine neue Mitschülerin das Klassenzimmer betritt. Ihr Name ist Betty und sie bereitet Annabelle die Hölle auf Erden. Grundlos schürt sie Vorurteile, verbreitet Angst und setzt falsche Anschuldigungen in die Welt. Und mit einem Mal werden Lügen für Annabelle lebensnotwendig.

Textauszug 1

1 Ruth lag in ihrem Bett, die Decke bis zum Hals hochgezogen. Über dem einen Auge trug sie eine weiche Klappe aus schwarzer Seide. Die Haut drumherum und auf der Wange war grüngelb. Ansonsten war Ruth bleich
5 wie der Winterhimmel.

„Hallo, Ruth", sagte ich, nachdem unsere Mütter eine Weile besorgt an ihrem Bett gestanden hatten, bevor sie sich ins Wohnzimmer zurückzogen, um miteinander zu reden. „Tut es weh?"
10 Ruth nickte langsam. Bisher hatte sie noch nichts gesagt außer einem leisen Dankeschön, als meine Mutter ihr eine Spitztüte aus Wachspapier gab, in die sie Sirupbonbons gefüllt hatte.

„Kommst du bald wieder zur Schule?"
15 Ruth schüttelte kurz den Kopf, dann drehte sie ihn weg. „Meine Eltern erlauben mir nicht, weiter dahin zu gehen", sagte sie. „Ich muss jetzt in Sewickley zur Schule gehen."
Ich war verblüfft. „In der Stadt? So weit von hier?"
20 „Mein Vater arbeitet doch da. Wir wohnen ja nur hier, weil mein Großvater uns dieses Haus vermacht hat, als er starb. Eigentlich wollten wir gar nicht so lange bleiben, aber dann gefiel es uns so gut. Es war so schön ruhig." Jetzt schaute sie mich wieder an, und ich sah,
25 dass sie weinte. „Nun verkaufen wir das Haus und ziehen in die Stadt."
All die Jahre war ich mit Ruth zusammen aufgewachsen, einem der liebsten, sanftesten Menschen, die ich kannte. Nun musste auch ich weinen. „Es tut mir so leid, dass du
30 dir wehgetan hast."

Ruth erstarrte sichtbar. „Ich habe mir nicht wehgetan", sagte sie.
„Jemand hat mir wehgetan."
Ich wischte mir übers Gesicht. „Hast du irgendwas
35 gesehen?"
„Eigentlich nicht. Oben am Hügel hatte sich etwas bewegt, deshalb habe ich hochgeschaut, und deswegen hat mich der Stein auch mitten ins Auge getroffen. Hätte ich nur ein kleines bisschen weiter nach unten geschaut
40 ... " Sie zog die Knie an und legte die Hände darauf. „Alle sagen, ich würde mich schon noch daran gewöhnen. Aber ich glaube das nicht."
„Es wird Zeit, Annabelle", sagte meine Mutter von der Tür her.
45 „Ruth braucht Ruhe."
Ich verabschiedete mich, ohne Ruth zu umarmen oder ihr alles Gute zu wünschen. Ich wusste ja nicht, dass es das letzte Mal war, dass ich sie sah.
Der Besuch bei den Glengarrys war schwieriger.
50 Es fühlte sich seltsam an, zwischen meinen Eltern auf dem fadenscheinigen Sofa im Besuchszimmer der Glengarrys zu sitzen, während Betty und ihre Großeltern leicht erhöht auf Küchenstühlen Platz nahmen, die sie uns gegenüber nebeneinander aufgereiht hatten. Die
55 Glengarrys machten ernste Gesichter, doch meine Eltern waren ganz gelassen und schenkten mir von beiden Seiten Wärme.
„Ich freue mich, dass euer Besuch mir Gelegenheit gibt, euch zu danken", begann Mr. Glengarry. „Für die Hilfe
60 mit dem Springkraut.
Als ich aus Ohio zurückkam, war Betty schon wieder

auf dem Wege der Besserung. Wir sind euch wirklich sehr dankbar für die Hilfe."

„Und wir helfen euch gerne, jederzeit", sagte meine
65 Mutter, doch das Aber lag ihr schon auf der Zunge, das spürte ich.

„Wir würden gerne mit euch über die Schule reden und über die Vorfälle der letzten Zeit", sagte mein Vater.

„Wir auch ", erwiderte Mr. Glengarry. „Betty hat uns
70 besorgniserregende Dinge erzählt über das, was Ruth passiert ist."

„Ruth? ", fragte meine Mutter. „Wir sind nicht wegen Ruth hier. Wir sind hier wegen dem, was James passiert ist, unserem Jüngsten. Und wegen Annabelle."

75 Die Glengarrys sahen verwirrt aus.

Betty starrte mich mit unbewegter Miene an.

Jeder im Raum wusste, warum Betty aufs Land geschickt worden war, deswegen rechnete ich nicht damit, dass das, was ich zu sagen hatte, jemanden überraschen
80 könnte. „Betty hat mir gesagt, wenn ich ihr nichts mitbringe, würde sie mir und meinen Brüdern wehtun. Das hat sie dann auch gemacht. Erst hat sie mich mit einem Stock geschlagen, zweimal, dann hat sie eine Wachtel gefangen und getötet, und gestern hat sie über den
85 Schulweg einen scharfen Draht gespannt, in den mein kleiner Bruder hineingerannt ist. Aber dabei hat ihr Andy Woodberry geholfen, glaube ich."

Das Schweigen, das darauf folgte, dauerte länger als die Zeit, die ich gebraucht hatte, um das alles hervorspru-
90 deln zu lassen.

„Betty?" Ihre Großmutter sah aus, als wäre sie von oben bis unten in zwei Hälften geteilt. Die eine Hälfte schien resigniert, die andere noch ein wenig hoffnungsvoll. „Hast du das wirklich getan?"

95 Betty schüttelte den Kopf. „Niemals", sagte sie. „So was würde ich nie tun."

„Doch, das hast du", beharrte ich. „Und das weißt du auch. Dabei habe ich dir sogar einen Penny mitgebracht und gesagt, wir könnten doch Freundinnen werden."

100 Meine Mutter legte mir beruhigend eine Hand aufs Knie. „Annabelle würde so etwas niemals sagen, wenn es nicht wahr wäre."

„Aber unsere Betty schon?" Mr. Glengarry klang noch nicht wirklich ärgerlich, aber ich konnte sehen, worauf
105 das Ganze hinauslief.

Mein eigener Großvater würde sicher auch hinter mir stehen, egal, was ich angestellt hätte.

„Sie können ja Toby fragen, wenn Sie mir nicht glauben", sagte ich. „Er hat gesehen, was passiert ist, als ich
110 ihr den Penny gegeben habe. Sie hat ihn weggeschmissen und mich mit einem Stock gehauen.

Das kann ich beweisen, ich habe immer noch blaue Flecken.

Und als sie die Wachtel umgebracht hat, da hat Toby
115 ihr gesagt, sie soll mich in Ruhe lassen. Aber das hat sie nicht. Sie war es, die den Draht gespannt hat, das weiß ich."

„Lass gut sein, Annabelle", sagte meine Mutter.

„Toby?", fragte Mr. Glengarry. „Dieser Wilde?" Er sah
120 seine Enkelin an. „Erzähl ihnen, was du uns erzählt hast." Als Betty schwieg, legte ihre Großmutter einen Arm um sie und sagte: „Du musst keine Angst mehr haben, Schätzchen. Jetzt ist alles gut."

Betty drehte den Kopf leicht zur Seite, gerade so weit,
125 dass sie mich noch im Auge behielt. „Ich hab Toby gesehen, auf dem Hügel, oberhalb von da, wo Ruth den Stein an den Kopf bekam", sagte sie dann. „Aber er macht mir solche Angst, dass ich mich erst nicht getraut habe, was zu sagen."

130 Mir fiel ein, was Ruth berichtet hatte – dass sie eine Bewegung auf dem Hügel gesehen hatte, unmittelbar bevor sie getroffen wurde.

Doch Toby konnte das nicht gewesen sein.

„Du selbst bist doch die, die anderen Angst macht,
135 Betty", sagte ich. „Toby hat mit all dem nichts zu schaffen. Er würde Ruth niemals wehtun."

„Bestimmt wollte er nicht Ruth treffen", sagte Mr. Glengarry.

„Er hatte auf den Deutschen gezielt."

140 Den Deutschen. Damit meinte er Mr. Anselm.

Mr. Glengarry hatte einen Bruder im ersten großen Krieg verloren, und er gehörte zu den Menschen, die nie auch nur ein Wort mit Mr. Anselm sprachen. „ Toby ist verrückt geworden wegen dem, was die Deutschen
145 ihm angetan haben. Wenn irgendjemand Steine auf den Deutschen werfen würde, dann er."

„Ich habe Toby nicht gesehen", sagte ich. „Dabei stand ich zusammen mit Ruth auf der Straße." Ich schaute Betty an. „Du warst doch gar nicht in der Nähe, als es
150 passiert ist. Wie kannst du dann die Einzige sein, die Toby gesehen hat?"

„Ich war oben im Glockenturm", antwortete Betty. „Andy wollte mir die Schulglocke zeigen, als ihr alle in der Pause draußen wart.

155 Da oben gibt's ein kleines Fenster, von dem guckt man auf die Straße und den Hügel. Ich hab alles viel besser gesehen als ihr da unten."

Meine Mutter beugte sich leicht vor. „Und die ganze Zeit hast du kein Wort darüber gesagt?" Wenn jemand
160 im Ort mit Toby befreundet war, dann meine Mutter. Es war klar, dass sie Betty nicht glaubte. Andererseits hatte ja auch ich etwas für mich behalten, weil ich Angst vor jemandem gehabt hatte, der größer und stärker war als ich, und das wusste meine Mutter.

165 „Ich dachte, er tut mir was, wenn ich's sage", antwortete Betty.

Ich war erstaunt, wie kleinlaut sie auf einmal klang. Sie, die doch eben noch so mühelos den Spieß umgedreht hatte.

170 „Aber Andy hat keine Angst vor Toby", sagte ich. „Wieso hat er dann niemandem davon erzählt?"

„Weil ich die Einzige war, die gesehen hat, wie es passiert ist."

175 Andy war gerade auf der anderen Seite und nahm ein Schwalbennest auseinander. Bis er wieder am Fenster stand, war Toby schon weg. Ich hab ihm auch nicht gesagt, was ich gesehen hab. Ich hatte Angst, Toby könnte auch Andy was tun." Sie hörte sich so verängstigt an, dass sogar ich ihr fast glaubte.

180 „Und was war mit dem Draht über den Weg? ", fragte ich. „Toby würde James doch niemals wehtun."

„Möglich", sagte Betty. „Aber ich gehe auch immer da lang. Vielleicht hat er ja mich gemeint."

„Es reicht", unterbrach Mr. Glengarry. „Toby ist ver-
185 rückt. Das weiß jeder. Und was soll man von einem Verrückten anderes erwarten als verrückte Sachen?"

„Ich kann es Betty wirklich nicht verdenken, dass sie Angst vor Toby hat", sagte Mrs. Glengarry. Sie war sonst eine stille Frau, und die plötzliche Schärfe in ihrer
190 Stimme überraschte mich. Doch man konnte wirklich glauben, dass Betty nichts weiter war als ein Mädchen mit Zöpfen und mit einem blauen Pullover, das Angst hatte vor einem Mann, der auf Schritt und Tritt Gewehre bei sich trug.

195 „Vielleicht nicht." Meine Mutter stand auf. „Aber wenn Annabelle noch einmal von jemandem bedroht wird, dann bleibt es nicht beim Reden."

Ich war mir nicht sicher, was sie damit meinte, doch als mein Vater mich an die Hand nahm und wir uns neben
200 meine Mutter stellten, fühlte ich mich plötzlich wie eine Riesin. So, wie wenn ich oben auf unserem Hügel stand und hinunter in die Wolfsschlucht schaute. Oder wenn ich ein Vogelei in der Hand hielt.

Textauszug 2

„Der Constable hat gesagt, Sie wären nicht mehr da und
205 hätten Betty mitgenommen oder wüssten, wo sie ist. Er hat die Staatspolizei angerufen. Die wird bald hier sein, um nach Ihnen zu suchen."

Ich hatte noch viel mehr zu sagen, aber für mehr als diese Sätze reichte mein Atem nicht.

210 Toby dachte kurz nach. „Das Mädchen, das behauptet, ich hätte einen Stein auf den Deutschen geworfen."

Ich nickte. Die beginnende Verwirrung in meinem Kopf fühlte sich wie ein Juckreiz an. „Genau. Sie ist seit gestern Morgen verschwunden. Wussten Sie das nicht?
215 Sie wird überall gesucht." Ich sah ihm an, dass ihm das wirklich neu war. „Der Constable war gestern Abend hier und wollte mit Ihnen sprechen, aber Sie waren nicht da. Er dachte, Sie sind für immer weg. Vielleicht mit Betty … "

220 Meine Stimme wurde dünn, und Tobys ohnehin blasses Gesicht noch bleicher. „Sie haben nicht gewusst, dass Betty verschwunden ist?"

Er schüttelte den Kopf. „War angeln, unter der Brücke. Den Fisch habe ich bei Turner gegen Dörrfleisch
225 getauscht."

Die Turners züchteten Schweine und Rinder. Mein Vater aß das Dörrfleisch, das sie herstellten, auch gerne. Vor allem hielt es sich gut, auch ohne Eisschrank.

„Hab da in der Scheune abgewartet, bis der Regen nach-
230 ließ. War erst spät zurück." Mit einer Kopfbewegung ins Innere der Hütte sagte er: „Jemand hat eins von meinen Bildern gestohlen."

Noch nie hatte ich Toby so viel auf einmal reden hören. „Constable Oleska hat es mitgenommen", sagte ich.
235 „Das von mir auf dem Schulweg. Er hat sich auch die ganz neuen angesehen, die gestern mit der Post kamen. Es tut mir leid, aber Tante Lily hat sie ihm gegeben. Darunter war auch eins, dass Sie von hoch oben gemacht haben, vom Hügel aus, an dem Tag, als Ruth verletzt
240 wurde. Unten sieht man Mr. Anselms Wagen."

Toby sah mich fest an. „Ich habe den Stein nicht geworfen."

Es tat gut, das von ihm zu hören, obwohl mir bis zu dem Moment nicht bewusst gewesen war, wie sehr ich
245 es brauchte.

„Ich glaube Ihnen", sagte ich. „Aber jetzt wissen alle, dass Sie auf dem Hügel waren. Betty hat behauptet, Sie hätten den Stein geschmissen, und jetzt ist sie weg. Die anderen glauben, Sie hätten schlimme Dinge getan,
250 Toby."

Toby holte tief Luft. „Das stimmt auch."

Ich verschränkte die Arme vor der Brust. So fühlte ich mich größer.

„Was denn?"
255 Er zog die Decke fester um sich.

Ich wartete. „Aber den Stein haben Sie nicht geschmissen", sagte ich nach einer Weile. Es hörte sich auch jetzt noch zu sehr nach einer Frage an.

Toby schüttelte den Kopf. „Das war sie."
260 Ich war überrascht, auch wenn ich mir im Grunde so etwas gedacht hatte. „Sie haben es gesehen?"

„Ich wollte sie fotografieren, aber sie war zu schnell. Danach hat sie sich gleich ins Gebüsch geduckt. Zusammen mit diesem Jungen.
265 Doch vorher hat sie mich noch bemerkt, ein Stück oberhalb von den beiden. Da war klar, dass ich sie beobachtet hatte."

„Warum haben Sie das meinem Vater nicht gesagt?"

Toby schaute zur Seite. „Manche Dinge kommen von
270 selbst in Ordnung. Andere nicht."

„Wie? Toby, Sie hätten ihm erzählen müssen, was passiert war! Jetzt wird Ihnen niemand mehr glauben."

„Dann kann ich's auch nicht ändern."
275 Eine merkwürdige Art, das Leben zu sehen, dachte ich, aber ich war nicht Toby, und er war nicht ich.

Eine ganze Weile standen wir stumm da. Um uns herum weckten Vögel den Himmel auf. Aus der Ferne hörte ich Stimmen, die nach Betty riefen. Toby trat einen Schritt
280 zurück in seine Hütte. Das half mir, eine Entscheidung zu treffen.

„Also gut", sagte ich mit fester Stimme. „Ich möchte, dass Sie jetzt mit mir kommen."

Tobys Mundwinkel zuckten ganz leicht. Es war das
285 erste Mal, dass ich so etwas wie die Andeutung eines
Lächelns in seinem Gesicht sah. „Du hörst dich an wie
deine Mutter."

Ich nahm das als Kompliment. „Gut, denn wenn sie jetzt
hier wäre, würde sie dasselbe sagen. Also bitte, würden
290 Sie sich jetzt anziehen und mitkommen?"

Toby schien hin- und hergerissen. „Wohin?"

„An einen sicheren Ort, bis wir eine Lösung gefunden
haben."

„Mir liegt nichts daran."

295 „Aber mir", sagte ich. „Und wenn es Ihnen egal ist,
warum machen wir es dann nicht auf meine Art?"

Wieder dieses Zucken um die Mundwinkel.

Wieder diese Rufe in der Ferne.

Nach wenigen Minuten trat Toby zu mir vor die Hütte.
300 Er war gekleidet wie immer, die Kamera hing um seinen Hals, die Gewehre hatte er sich über die Schulter
gehängt.

Der Weg bergauf war beschwerlicher, doch Toby ging
immer hinter mir her, wartete, bis ich mich an den stei-
305 len Stellen, die zudem noch rutschig waren, an Ästen
hochgezogen hatte. Die zunehmende Helligkeit half,
beunruhigte mich aber auch.

Wegen der Stimmen in der Ferne waren wir so leise
und vorsichtig wie möglich. Hätte ich Angst vor Jägern
310 gehabt, dann hätte ich Rot getragen, doch wir trugen
beide Braun und Schwarz und waren unsichtbar, sobald
wir stillstanden und unsere Gesichter verbargen.

Als die Hügelkuppe hinter uns lag und wir von oben auf
die Farm meiner Familie schauen konnten, wurde mir
315 auf einmal klar, dass wir vom Haus aus zu sehen wären,
wenn wir über die Weide abstiegen, also liefen wir bis in
Höhe unserer Scheune dicht am Wald entlang.

Schnell überquerten wir das letzte freie Stück und betra-
ten das Gebäude durch den Hintereingang. Ich ging als
320 Erste hinein und rief laut für den Fall, dass jemand da
sein sollte. Zum Glück waren die Hunde als vermeintli-
che Spürhunde Teil der Suchmannschaft.

[…]

In dem Moment hätte ich entkommen können.
325 Toby war der Einzige, der wusste, dass ich ihn versteckt
hatte. Die Kleidung, die er jetzt anhatte, war mehr oder
weniger die gleiche, wie sie alle Männer bei uns trugen,
und so bald würde mein Vater die Sachen nicht vermis-
sen. Mir würde mehr als genug Zeit bleiben, um mich
330 um alles zu kümmern, was auf dem Heuboden geblieben
war: die Einmachgläser, die Kamera, die Schere und
alles Übrige.

Toby würde mich nie verraten, das wusste ich. Er
würde sagen, die Kleider habe er von einer Wäscheleine
335 genommen, er habe sich selbst Haare und Bart geschnitten, und in unserer Scheune unterzukriechen sei seine
eigene Idee gewesen.

„Toby ist nicht abgehauen", sagte ich. „Ich habe ihn

gezwungen mitzukommen. Er hat sich auch nicht ver-
340 steckt. Ich habe ihn versteckt, in unserer Scheune. Ich
habe ihm die Haare geschnitten und ihm ein paar Sachen
von dir zum Anziehen gegeben, Papa. Nichts von all
dem hätte er gemacht, wenn ich ihn nicht gezwungen
hätte."

345 Obwohl meine Mutter hinter Tobys Geheimnis gekommen war, wirkte sie bei meinem Geständnis doch scho-
ckiert. Auch mein Vater war sprachlos.

Textauszug 3

Betty Glengarry starb an jenem Morgen um 8 Uhr.
Es dauerte eine Stunde, bis wir davon erfuhren.
350 Henry ging ans Telefon.

„Es ist Mrs. Gribble", sagte er und hielt meiner Mutter
den Hörer hin.

Meine Mutter nahm ihn entgegen, legte aber die Hand
über die Muschel. „Was will sie?"

355 „Ich weiß nicht", antwortete Henry. „Vielleicht will
sie ein Gespräch durchstellen, aber vorher noch mit dir
sprechen."

Meine Mutter legte den Hörer ans Ohr und drehte ihn
zum Mund. „Hallo, Annie? "

360 Ich hörte Mrs. Gribbles Stimme, verstand aber nicht,
was sie sagte.

Sie sprach lauter als üblich, drängender, aber nicht so
aufgeregt wie sonst, wenn sie Neuigkeiten hatte.

Meine Mutter lauschte kurz, dann rang sie hörbar nach
365 Luft und schlug sich mit der Hand an eine Wange. „O
nein", sagte sie. „Wie kann das sein? Ach, wie traurig.
Wie ist das nur möglich?"

Meine Mutter weinte sehr selten, und sie weinte auch
jetzt nicht, doch ihr Blick war schlimmer als Tränen.

370 Ich war mir sicher, dass Toby tot war. Mir wurde
abwechselnd heiß und kalt.

Henry stand dicht neben mir. Er roch nach einer
Mischung aus Ahornsirup und Hundefell. Wie gern hätte
ich mit ihm getauscht.

375 „Ich richte es ihm aus", sagte meine Mutter, und fast
versagte ihr die Stimme. „Er und John sind mit den
Spürhunden draußen, Annie, aber wenn ich ihn sehe,
sage ich's ihm. Ganz sicher. Danke für den Anruf. Auf
Wiederhören. "

380 Meine Mutter legte langsam den Hörer auf. „Ist er tot?",
fragte ich.

„Nein", sagte sie und drehte sich zu mir um. „Er nicht,
aber Betty. Sie ist an der Infektion gestorben. Die hat
sich im ganzen Körper ausgebreitet, und die Ärzte konn-
385 ten sie nicht stoppen." Sie setzte sich auf den nächsten
Stuhl.

Textauszug 4

So bliebe mir noch eine Stunde, vielleicht sogar zwei,
bis ich den Grund für solche Traurigkeit erfuhr.
Ich hatte noch immer meine Kleider vom Vortag an und

390 den Mantel meines Großvaters darüber.

Vermutlich bot ich einen ziemlich merkwürdigen Anblick, denn als meine Mutter sich auf einmal umdrehte, einen Kaffeebecher in der Hand, blieb sie so plötzlich stehen, dass der Kaffee über den Becherrand

395 auf den Boden schwappte. „Hast du mich erschreckt, Annabelle", sagte sie und griff nach einem Lappen. „Wieso bist du so früh auf?"

„Ich konnte nicht mehr schlafen." Ich setzte mich an den Tisch.

400 „Haben sie Toby schon gefunden?"

„Hast du das Telefon läuten gehört?"

Ich schüttelte den Kopf, während mein Herz sich zusammenkrampfte.

„Wer hat angerufen?"

405 Meine Mutter spülte den Lappen aus, dann setzte sie sich mir gegenüber.

Vorsichtig stellte sie den Kaffeebecher auf dem Tisch ab. „Der Constable", antwortete sie. „Er hatte die Nachricht soeben von Officer Coleman erfahren und dachte, wir

410 würden gern wissen, was passiert ist."

Ich wusste nicht, wie schön meine Mutter war, bis ich ihr Gesicht in dem Moment sah, als sie sich sammelte, um mir zu sagen, dass Toby tot war.

Ich schob beide Hände in die Ärmel von Großvaters

415 Mantel, während ich meiner Mutter zuhörte.

Kurz vor der Grenze nach Ohio hatten sie Toby entdeckt, der schlafend unter einer Brücke lag. Als die Hunde ihn aufspürten, legten sie sich am Flussufer hin, ohne jedes Interesse für den Mann, der aufstand, sobald die Polizei

420 seinen Namen rief.

Vielleicht, meinte meine Mutter, wollte er bei dem, was dann kam, stehen, denn als sie ihn aufforderten, sich auf den Bauch zu legen, die Hände auf dem Rücken, weigerte er sich.

425 Als sie ihre Pistolen zogen und ihn ein zweites Mal aufforderten, nahm er eins seiner langen Gewehre von der Schulter. In dem Moment erschossen sie ihn.

„Sie wussten nicht, dass das Gewehr kaputt war", sagte meine Mutter leise. „Sie hatten keine Ahnung von dem,

430 was hier passiert war. Sie wussten nur, dass sie einen gefährlichen Mann fassen und festnehmen sollten."

Ich schob die Mantelärmel hoch und wischte mir mit den Händen übers Gesicht. „Wieso hat er das gemacht?", fragte ich. „Was wollte er mit dem Gewehr? Es funk-

435 tionierte doch sowieso nicht. Außerdem hätte Toby nie auf die Männer geschossen. Niemals." Meine Mutter seufzte. „Das glaube ich auch nicht", sagte sie.

„Und ich habe auch keine Ahnung, warum er sich so verhalten hat.

440 Vielleicht hatte er genug von der Welt, Annabelle."

„Nach all der Zeit, in der er mit seiner Trauer gelebt hat? Auf einmal beschließt er, dass er nicht mehr hierbleiben kann? Obwohl er doch uns hatte?"

Meine Mutter schüttelte den Kopf. „Ich weiß es nicht,

445 Annabelle. Aber denk mal daran, wie es sich anfühlt, wenn deine Hände so kalt werden, dass sie völlig gefühllos sind. Wie sehr sie schmerzen, spürst du erst, wenn sie langsam auftauen."

Eine Weile betrachtete ich meine Hände und dachte über

450 die Worte meiner Mutter nach. „Er hat gesagt, er hätte gern eine Tochter wie mich gehabt."

Meine Mutter lächelte. „So eine Tochter würde sich jeder wünschen."

Textauszug 5

[…]

455 Bettys Beerdigung war merkwürdig. Die Kirche war bis auf den letzten Platz gefüllt, hauptsächlich mit Leuten, die Betty nie kennengelernt hatten, aber ihre Großeltern kannten oder ihren Vater noch erlebt hatten, als der hier aufgewachsen war. Andere hatten nur von Bettys

460 furchtbarem Tod gehört und wollten ihr einen würdigen Abschied bereiten.

Bettys Vater, von dem es nur geheißen hatte, er sei „weg", erkannte ich aufgrund der Fotografie in Bettys Zimmer. Er hielt sich abseits von Bettys Mutter, die in

465 der ersten Bank saß und schluchzend den Kopf in die Hände legte.

Von meinem Platz aus sah ich keine Tränen im Gesicht des Vaters, doch als wir alle aufstanden, um Näher mein Gott, zu dir zu singen, sank er mit bebenden Schultern in

470 sich zusammen und rieb sich immer wieder die Augen.

Bettys Großvater hatte seiner Enkelin mit eigenen Händen einen Sarg gebaut, den er weiß gestrichen hatte. Ich fand es schade, dass der schöne Sarg in das lehmige Erdloch hinuntersollte, das man für Betty ausgehoben

475 hatte. Und es schien mir schrecklich grausam, sie dort unten ganz allein zu lassen, mit nichts als den Blumen, die wir ihr auf den Sarg gelegt hatten, hauptsächlich Goldruten und die letzten wilden Astern, die wir auf den sterbenden Wiesen gepflückt hatten.

480 Doch natürlich nahmen alle Abschied von ihr auf dem Friedhof, jeder Einzelne von uns. Einige schwereren Herzens als andere. Und als wir am nächsten Tag am Friedhof vorüberkamen, war da, wo man Betty begraben hatte, nichts mehr zu sehen als ein Berg nackter Erde,

485 darauf welkes Laub und ein paar zerrupfte Blumen.

Seit Bettys Tod musste ich oft an die Kälteeinbrüche im April denken, die meinen Vater oft den Schlaf kosteten. Dann sorgte er dafür, dass bei den Pfirsichbäumen die ganze Nacht über ein Feuer brannte, um die zarten

490 Blüten vor dem Erfrieren zu bewahren. Einige von ihnen überlebten und trugen Frucht, Pfirsiche, die köstlicher waren als alles andere. Andere welkten am Zweig, vom Frost getötet, nutzlos.

Mir kam es so vor, als wäre Betty beides gewesen –

495 Blüte und Frost zugleich.

Tobys Beerdigung war völlig anders. Viel Geld hatten wir nicht, aber genug, um Toby zurückzuholen und

beizusetzen, nicht auf dem Friedhof, sondern auf dem Hügel oberhalb der Wolfsschlucht, unter einem schlich-
500 ten Kreuz mit seinem Namen und seinen Lebensdaten.

Sein Geburtsjahr herauszufinden war kein Problem gewesen.

Die Armee hatte uns das Datum mitgeteilt, zusammen mit der Tatsache, dass er keine lebenden Angehörigen
505 mehr hatte. Wir wiederum konnten der Armee sagen, wann er gestorben war.

Sie schickten uns ausführliche Informationen darüber, wofür er die Medaille erhalten hatte, doch ich selbst kannte ja schon seine eigene Version der Geschichte.
510 Und ohnehin war das alles jetzt nicht mehr wichtig. Zumindest mir nicht.

Nachdem Toby in die Erde hinabgelassen worden war, blieben wir alle noch eine Weile dort oben auf dem Hügel. Die meiste Zeit schwiegen wir, und mir schien
515 das eine passende Form des Abschieds.

Doch Tante Lily überraschte mich. „Es tut mir leid, dass ich diesen Menschen verurteilt habe", sagte sie, und dabei schaute sie nicht auf Tobys Grab, sondern in die Ferne, als wäre er dort irgendwo.
520 Was ja vielleicht auch so war, obwohl es sich für mich anders anfühlte.

Als meine Großeltern sich langsam auf den Weg zurück ins Haus aufmachten, folgte ihnen Tante Lily in einigem Abstand.
525 Meine Eltern küssten mich und gingen dann ebenfalls.

„Komm, Annabelle", sagte Henry, als es zu dämmern begann. „Lass uns gehen."

Aber ich war noch nicht so weit, und so blieb Henry bei mir.
530 Selbst James, der schon ein Stück vorausgelaufen war, kam neugierig zurück, zusammen mit unseren Hunden. Er legte sich ins Gras und beschrieb ausführlich die Wolken am Himmel.

Doch schließlich machten auch wir uns auf den Weg
535 nach Hause.

Noch Jahre später saß ich von Zeit zu Zeit an Tobys Grab oben auf dem Hügel, mit dem Blick über die Wolfsschlucht, und erzählte ihm von meinem Leben.

Sogar die Schlucht selbst schien zu lauschen, und ich
540 fragte mich, was sie im Laufe der Jahrhunderte alles gehört haben mochte.

Das Geräusch von Schaufeln, als die Gruben ausgehoben wurden.

Das verzweifelte Aufbäumen der gefangenen Wölfe.
545 Vielleicht war da manchmal auch einer gewesen, der dem Köder nicht auf den Leim gegangen und daher noch oben war, auf sicherem Grund, und hinunterschaute in die Tiefe, zu seinen Gefährten, deren Schicksal besiegelt war. Lange mochte er dort ausgeharrt haben, bis
550 am nächsten Morgen die Männer mit ihren Gewehren kamen und er sich in den Wald zurückzog.

Hin- und hergerissen zwischen dem Willen zu kämpfen und dem Drang zu leben, hatte dieser Wolf sich vielleicht selbst gefühlt, als ob er innerlich blutete.
555 So stellte ich es mir jedenfalls vor. Für mich blieb die Wolfsschlucht ein düsterer Ort, ganz gleich, wie hell das Blätterdach darüber war und wie schön die Blumen in dem flirrenden Licht blühten.

Doch die Wolfsschlucht war auch der Ort, an dem ich
560 lernte, die Wahrheit zu sagen, in jenem Jahr, bevor ich zwölf wurde. Die Wahrheit über Dinge, vor denen man unmöglich die Augen verschließen darf. Wenn Schweigen, so verlockend es auch sein mochte, ein schlimmer Fehler wäre.
565 Das alles erzählte ich Toby, doch ich sagte ihm auch, dass ich ihm keine Vorwürfe machte, weil er geflohen war vor seinen eigenen, noch viel schlimmeren Erfahrungen. Ich dankte ihm dafür, dass ich durch die Begegnung mit ihm gelernt hatte, Dinge in Ordnung zu
570 bringen oder es wenigstens zu versuchen. Auch wenn er selbst aufgegeben hatte.

Der Wind trieb meine Worte davon wie Wolkenschatten, so als wäre es wichtiger, dass ich sie ausgesprochen hatte, als dass jemand sie hörte.
575 Aber damit konnte ich gut leben.

Quelle: Lauren Wolk: Das Jahr, in dem ich lügen lernte. Dtv, Reihe Hanser, 2. Auflage 2019, Auszüge aus den Seiten S. 82 – 87, 128 – 131, 199, 238 f., 254 f., 263 – 267

a) Charakterisieren Sie kurz in vollständigen Sätzen Annabelle und Betty.

b) Beschreiben Sie mit eigenen Worten das Verhältnis zwischen Annabelle und Toby.

c) „‚Toby ist nicht abgehauen', sagte ich. ‚Ich habe ihn gezwungen mitzukommen. Er hat sich auch nicht versteckt. Ich habe ihn versteckt, in unserer Scheune.'" (Z. 338 ff.)

Erklären Sie, warum Annabelle Toby versteckt und zu ihm hält, obwohl alle denken, dass er Ruth verletzt und Betty entführt hat.

d) Betty wird gefunden, stirbt aber an den Folgen ihrer Verletzung. Der Verdacht, Toby habe sie in den Brunnen gestoßen, bleibt. Toby stirbt schließlich auf der Flucht vor der Polizei.

Vergleichen Sie Tobys und Bettys Beerdigungen und erläutern Sie, was man daraus ableiten kann. Belegen Sie mit Zitaten aus dem Text.

e) Annabelle führt mit ihrer Mutter ein Gespräch über die Ereignisse. Schreiben Sie dieses Gespräch. (mindestens 150 Wörter)

Dialektische Erörterung

Erklärung

Bei einer Erörterung handelt es sich um schriftliches Argumentieren. Im Vergleich zur linearen Erörterung geht es bei einer dialektischen Erörterung darum, Pro- und Kontra-Argumente zu beleuchten, d. h. verschiedene Standpunkte zum Thema zu betrachten. Dabei ist es wichtig, Ihre Meinung zu verdeutlichen. Das gelingt am besten, wenn Sie mit dem stärksten Gegenargument beginnen und dann in Ihrer Argumentation schwächer werden. Im zweiten Teil Ihrer Argumentationskette beginnen Sie mit dem schwächsten Argument und enden mit dem für Sie stärksten und überzeugendsten Argument. Im Schlussteil stellen Sie dann noch mal klar Ihre Meinung heraus.

Bei einer Erörterung mit Informationsmaterial (textgebundene Erörterung) sollen Sie mithilfe des Zusatzmaterials ein Thema erschließen. Sämtliche Informationen, die dem Zusatzmaterial zugrunde liegen, müssen als Zitate gekennzeichnet werden. Ziel dieses Erörterungstyps ist es, die Leserin / den Leser durch sachliche Argumentation für Ihren Standpunkt zu gewinnen.

1. Hinführung zum Thema / Einleitung

In eine Erörterung können Sie auf verschiedene Arten einsteigen. So bietet sich z. B. etwas Aktuelles, Historisches oder Persönliches zum Thema an. Aber auch ein Gegensatz, etwas Themenverwandtes oder ein Sprichwort können als Aufhänger genutzt werden. Natürlich können auch verschiedene Aspekte miteinander verbunden werden. Wichtig ist nur, dass am Ende der Einleitung immer das Thema der Erörterung steht.

2. Überleitungen

Als Überleitung bezeichnet man die Verbindung zwischen den verschiedenen Themenblöcken.

Tipps

▶ Am harmonischsten gelingen Überleitungen, wenn man sich im folgenden Absatz auf ein Signalwort aus dem Absatz davor bezieht (= inhaltliche Verbindung).

▶ Sollte dies nicht gelingen, verwendet man Konjunktionen wie „deshalb", „außerdem", „trotzdem" usw.

▶ Ganz plump wirken Wiederholungen wie „Aber nicht nur bei der Bewerbung ist ein Auslandsaufenthalt von Vorteil, sondern im Leben allgemein."
Oder: „Natürlich gibt es nicht nur Vorteile, sondern auch Nachteile."
Oder: „Jetzt komme ich zu den materiellen Vorteilen."
Oder: „Ich will nun die materiellen Vorteile erörtern."

3. Hauptteil / Thesen ausarbeiten / Klimax

Regeln

▶ Jedes Argument besteht aus mindestens drei Teilen: Behauptung – Begründung – Folge

▶ Nur so kann man von einer Argumentationskette und damit von einer Erörterung sprechen.

▶ Zusätzlich kann ein Beispiel zur Veranschaulichung eingefügt werden (möglichst nicht zu persönlich, sondern allgemeingültig).

▶ Um sicher zu gehen, dass man sich noch nicht von der Themafrage und der These entfernt hat, empfiehlt sich auch eine Rückführung zum Thema.

▶ Die Reihenfolge ist nicht vorgegeben, es ist jedoch sinnvoll, mit dem schwächsten Argument zu beginnen und das stärkste an den Schluss zu setzen.

Tipps

▶ **Begründungen** sind zu verdeutlichen durch Konjunktionen wie „weil", „da", „deshalb", „denn", „Grund dafür ist" usw.

▶ **Folgen** sind zu verdeutlichen durch Formulierungen wie „Folglich", „Vor- oder Nachteil ist", „Die Folge davon ist", „dann", „nur dann", „also" usw.

▶ **Achten Sie** darauf, **niemals Begründungen wie Behauptungen** zu formulieren!

Bauen Sie Ihre Argumentationskette wie folgt auf.

These

1. Argument/Behauptung
Begründung
Beispiel
Folge
Rückführung

2. Argument/Behauptung
Begründung
Beispiel
…
Gegenthese

1. Argument/Behauptung
Begründung
Beispiel
Folge
Rückführung

2. Argument/Behauptung
Begründung
Beispiel
…

Ihre Erörterung sollte einen Klimax-Aufbau haben:

Hauptteil

1. Argument, das richtig und wichtig ist, aber nicht Ihre Meinung am Ende der Erörterung begründet.
2. Argument, das auch zutrifft, aber das ebenfalls nicht Ihre abschließende Meinung begründet.
3. Weiteres Argument, das zutreffen kann, Ihre Meinung aber am wenigsten begründet.

Kurze Überleitung / Wendepunkt

1. Gegenteiliges Argument, das Ihre Meinung begründet.
2. Argument, das Ihre Meinung untermauert.
3. Argument, das am wichtigsten ist, zur Untermauerung Ihrer Meinung.

4. Fazit / Schluss

Bei der Formulierung des Schlussgedankens gibt es verschiedene Möglichkeiten. So können Sie ihn z. B. darstellen als:

► persönlichen Wunsch
► zukunftsperspektive
► eigene Meinung
► Zusammenfassung
► andere Perspektive

Achten Sie auch hier auf den Bezug zum Ursprungsthema und auf flüssige sowie schlüssige Formulierungen.

Typische Aufgabenstellung

„Soll die Zeitumstellung abgeschafft werden?"

Erörtern Sie mithilfe des Textes Gründe für und gegen die Abschaffung der Zeitumstellung. Belegen Sie mit Zitaten, nehmen Sie Stellung und begründen Sie Ihre eigene Meinung.

Text

Wann schafft die EU die Zeitumstellung endlich ab? Welche Zeit bleibt?
von Max Wochinger

1 **Im März 2020 ist wieder Zeitumstellung auf Sommerzeit. Wann wird die EU die Zeitumstellung eigentlich abschaffen? Welche Zeit bleibt dann?**

München – Die mit Abstand erfolgreichste Internetbefra-
5 gung der Europäischen Union war die zur Abschaffung der halbjährlichen Zeitumstellung. Dabei erhielt die EU-Kommission 4,6 Millionen Antworten. Drei Millionen kamen aus Deutschland. Das war vor einem Jahr. Viel passiert ist seitdem nicht.

10 Wir erklären, ob das Vorhaben noch gelingen kann. Vorneweg: Im Frühjahr 2020 werden die Uhren noch auf Sommerzeit umgestellt.

Wird die Zeitumstellung 2021 abgeschafft?

Nach der Befragung kündigte Kommissionspräsident Jean-
15 Claude Juncker[1] an, einen Gesetzesvorschlag vorzulegen. Die Sache schien einfach: „Millionen haben geantwortet und sind der Auffassung, dass es so sein sollte, dass die Sommerzeit in Zukunft für alle Zeit gilt", sagte er. Die Zeitumstellung sollte damit abgeschafft werden. Die
20 Staaten könnten künftig selbst entscheiden, ob sie dauerhaft Winter- oder Sommerzeit wollen.

Gut ein Jahr später gibt es im Kreis der EU-Staaten wenig Fortschritte. Ein großer Teil der Länder habe noch keine Position, hieß es aus Diplomatenkreisen in Brüssel. Es gebe
25 die Sorge, dass die Auswirkungen einer Änderung nicht ausreichend erforscht und analysiert seien.

Das Europaparlament sprach sich hingegen bereits im März dafür aus, die Umstellung 2021 abzuschaffen. Damit die Änderung in Kraft treten kann, müssten aber auch die
30 EU-Staaten mehrheitlich zustimmen. Bei den zuständigen Verkehrsministern gab es dazu bislang keine Einigung. Die Umsetzung der geplanten Abschaffung der Zeitumstellung steht also derzeit noch in den Sternen. Vor allem an einer Stelle gibt es Probleme.
35 […]

Zeitumstellung: Wo liegt das Problem?

Dass die Staaten selbst wählen können, ob sie dauerhaft Sommer- oder Winterzeit wollen, ist das wohl größte Problem. Derzeit gibt es in Mitteleuropa eine große
40 Zeitzone von Polen bis Spanien, zu der Deutschland und 16 weitere EU-Länder gehören.

Einige Staaten – etwa Griechenland – sind eine Stunde voraus, andere – zum Beispiel Portugal – eine Stunde zurück. Ein wichtiges Anliegen etlicher Staaten ist es daher, einen
45 Zeit-„Flickenteppich" zu vermeiden. Dafür müssen sie sich nicht nur jeweils intern, sondern auch untereinander abstimmen – und das braucht Zeit.
[…]

„Das Europäische Parlament hat alle Bedenken aufge-
50 nommen und auch sehr schnell, sehr gute Vorschläge zur Koordinierung unter den Mitgliedstaaten gemacht, so dass kein Flickenteppich vieler unterschiedlicher Zeitzonen in Europa entsteht", sagte der gesundheitspolitische Sprecher der Unionsparteien im EU-Parlament,
55 Peter Liese. „Vielleicht sollten die Minister nochmal einen Blick in unseren Vorschlag werfen, bevor sie das Rad neu erfinden wollen." Liese sieht die Schuld im Hinblick auf die Probleme bei der Abschaffung der Zeitumstellung beim Rat der EU-Länder: „Die Mitgliedstaaten verschlafen die
60 Zeitumstellung", kritisierte der CDU-Politiker. Es gebe bereits gute Vorschläge zur Koordinierung.
[…]

Wird die Zeitumstellung vielleicht doch nicht abgeschafft?

65 Ein EU-Diplomat sagte im Sommer 2019, er glaube nicht, dass die EU-Staaten noch auf einen gemeinsamen Nenner kommen. Das Thema sei zu kompliziert. „Hier wird etwas versucht, was nicht die Lösung eines Problems ist, sondern ein Problem kreiert."
70 Die zuständige EU-Kommissarin Violeta Bulc wies das allerdings zurück. „Niemand redet davon, das Thema fallen zu lassen." Sie glaube daran, dass das Vorhaben in der zweiten Jahreshälfte zu Ende gebracht werden könne. Der CSU-Europaabgeordnete Markus Ferber kritisierte einen
75 Stillstand bei den EU-Staaten. „Die europäischen Bürger haben uns einen klaren Auftrag gegeben, dem müssen wir ohne Verzögerung nachkommen."

Deutschland: Sommer- oder Winterzeit nach Abschaffung der Zeitumstellung?

80 Die Bundesregierung favorisiert die Einführung einer ganzjährigen Sommerzeit, betont jedoch, dass die Entscheidung nur zusammen mit den Nachbarländern getroffen werden könne. Bundeswirtschaftsminister Peter Altmaier (CDU) sei in Kontakt mit seinen EU-Kollegen, hieß es bereits im
85 März.

Zeitumstellung: Warum gibt es sie überhaupt?

In Deutschland gibt es die Sommerzeit schon seit 1980. Ursprünglich sollte dank einer besseren Ausnutzung des Tageslichts Energie gespart werden, doch der wirtschaft-
90 liche Nutzen ist verschwindend gering. Zudem legen wis-

senschaftliche Erkenntnisse nahe, dass manche Menschen gesundheitlich unter der Zeitumstellung leiden.

Hierzulande halten Umfragen zufolge 78 Prozent der Bürger die Umstellung auf Sommerzeit für überflüssig.

95 Rund jeder Vierte (26 Prozent) kämpft laut einer aktuellen Erhebung der Krankenkasse DAK nach der Umstellung mit gesundheitlichen oder psychischen Problemen.

Eine repräsentative[2] Forsa-Umfrage unter 1014 Menschen in Deutschland im Auftrag der KKH (Kaufmännische

100 Krankenkasse) aus dem Jahr 2013 zeigt, dass die Umstellung zwischen Sommer- und Winterzeit den Schlafrhythmus stört.

Vier von zehn Deutschen haben laut Studie Probleme durch die Zeitumstellung – Frauen (46 Prozent) deutlich mehr als

105 Männer (36 Prozent). Die Mehrzahl der Betroffenen braucht einige Zeit, um wieder in den normalen Schlafrhythmus zu finden. Neun Prozent der Frauen und vier Prozent der Männer gaben sogar an, unter der Zeitumstellung regelrecht zu leiden.

110 Die deutsche Gesellschaft für Schlafforschung und Schlafmedizin ist für eine Beibehaltung der Normalzeit. Das Tageslicht und insbesondere der Blauanteil des Sonnenlichts sei der „Hauptzeitgeber" für die innere Uhr des Menschen und maßgeblich für den Wach-Schlaf-Rhythmus. All dies

115 wird den Experten zufolge am besten durch die Winterzeit gewährleistet.

Durch Umstellung auf Sommerzeit drohe hingegen ein Schlafmangel, der zu Konzentrations- und Leistungseinbußen sowie mehr Unfällen führe. Auch der

120 Deutsche Lehrerverband fürchtet für den Fall einer dauerhaften Umstellung auf Sommerzeit gesundheitliche Gefahren für Schüler. Die Wahrscheinlichkeit für Schlaf- und Lernprobleme sei dadurch massiv erhöht.

[1] Jean-Claude Juncker: ehemaliger Präsident der Europäischen Kommission
[2] repräsentativ: maßgebend

Text für Schülerzwecke gekürzt

Quelle: Max Wochinger, in: https://www.merkur.de/politik/zeitumstellung-2020-abschaffung-eu-winterzeit-sommerzeit-normalzeit-zr-12997061.html, Seitenaufruf 5.2.2020

Lösung

„Wann schafft die EU die Zeitumstellung endlich ab? Welche Zeit bleibt?"

In dem Artikel „Wann schafft die EU die Zeitumstellung endlich ab? Welche Zeit bleibt?" von Max Wochinger wird darüber diskutiert, ob die Abschaffung der Zeitumstellung sinnvoll ist.

Laut einer Befragung der Europäischen Union sprach sich die Mehrheit für die Abschaffung der Zeitumstellung aus, dennoch wurde dies bis heute nicht umgesetzt.

Dies liegt u. a. daran, „dass die Auswirkungen einer Änderung nicht ausreichend erforscht und analysiert" (Z. 25 f.) sind. Außerdem gibt es Probleme bei der Einigkeit. Da jedes Land selbst entscheidet, ob es dauerhaft auf Sommer- oder Winterzeit umstellt, wird ein „Zeit-Flickenteppich" befürchtet, die Einigung wird viel Zeit benötigen: „Ein wichtiges Anliegen etlicher Staaten ist es daher, einen Zeit-‚Flickenteppich' zu vermeiden. Dafür müssen sie sich nicht nur jeweils intern, sondern auch untereinander abstimmen – und das braucht Zeit." (Z. 44 ff.)

Doch es „gebe bereits gute Vorschläge zur Koordinierung" (Z. 60 f.), sodass das Problem der Einigung behoben werden könnte. Denn für die Abschaffung der Zeitumstellung spricht z. B., dass eine Mehrheit der Bürger eine Umstellung für überflüssig hält. (vgl. Z. 93 f.) Für die Abschaffung der Zeitumstellung spricht außerdem, dass sich der ursprüngliche Grund nicht bestätigt hat: „Ursprünglich sollte dank einer besseren Ausnutzung des Tageslichts Energie gespart werden, doch der wirtschaftliche Nutzen ist verschwindend gering." (Z. 88 ff.) Schwerwiegend sind auch die Auswirkungen der Zeitumstellung auf die Gesundheit: Wissenschaftliche Erkenntnisse legen nahe, „dass manche Menschen gesundheitlich unter der Zeitumstellung leiden." (Z. 90 ff.) Dies stützt auch eine Erhebung der Krankenkasse DAK, laut der 26 Prozent der Menschen nach der Zeitumstellung mit gesundheitlichen oder psychischen Folgen kämpfen (vgl. Z. 95 ff.). Auch eine Forsa-Umfrage zeigt, „dass die Umstellung zwischen Sommer- und Winterzeit den Schlafrhythmus stört." (Z. 100 ff.)

Nach Abwägung aller Argumente bin ich selbst für die Abschaffung der Zeitumstellung. Sicher sollte es eine einheitliche Regelung für die europäischen Länder geben, aber hier gibt es ja bereits Vorschläge zur Koordinierung, sodass die Einigung nicht so viel Zeit in Anspruch nehmen sollte. Ich denke, viele Menschen merken, dass sich die Zeitumstellung auf den eigenen Körper auswirkt. Ich selbst schlafe erst mal immer schlechter und kann mir vorstellen, dass besonders ältere Menschen gesundheitlich noch stärker darunter leiden. Da selbst der wirtschaftliche Nutzen widerlegt ist, gibt es meiner Meinung nach keine guten Argumente mehr, die gegen eine Abschaffung der Zeitumstellung sprechen.

Übungsaufgaben

1. Smartphone – unbegrenzte Möglichkeiten oder Stress?

Das Smartphone ist für einen Großteil von uns nicht mehr wegzudenken. Wir surfen, chatten, posten, streamen und das häufig mehrere Stunden am Tag. Das war nicht immer so.

Erörtern Sie Vor-, aber auch Nachteile, die sich aus der ständigen Nutzung unserer Smartphones ergeben. Beziehen Sie dabei den Text sowie Ihre eigenen Erfahrungen ein.

Neues Leben ohne Handy

Leben ohne Smartphone – Was sich ohne Handy verändert

Matthias Kemter, 10.02.2020 - 10:28 Uhr

1 Heute kaum vorstellbar, aber ein Leben ohne WhatsApp und mobiles Internet war vor einigen Jahren völlig normal. Kann ein Leben ohne Smartphone heute überhaupt noch funktionieren? Sehen Sie hier, was sich in Ihrem
5 Leben ohne Handy verändert.

Kein Facebook, kein Google, kein Tinder und kein WhatsApp. Die Vorstellung ohne Smartphone unterwegs zu sein ist heute, im Jahr 2020, für viele Menschen eher ein Albtraum als normaler Alltag.

10 **Damals und heute – Normal wird unnormal**

Kaum vorstellbar, aber früher war es völlig normal, dass Menschen kein Smartphone hatten und somit auch nicht erreichbar waren. Vor etwa 20 Jahren waren Handys noch echte Exoten und beim seltenen Anblick der
15 damals modernen Großväter der heutigen Smartphones kam eher die Frage auf, ob man diese Geräte wirklich braucht.

Natürlich kann man das Zeitalter vor den Handys nicht mit dem heutigen Zeitalter von Smartphones und mobi-
20 lem Internet vergleichen. Die Welt verändert sich so rasant wie noch nie und die „Digitalisierung" ist dabei die prägende Überschrift.

Fast jeder besitzt heute ein Smartphone und die, die es nicht tun, verzichten meist ganz bewusst auf das
25 Mobilgerät.

Leben ohne Smartphone – Die größten Veränderungen

Warum entscheiden sich Menschen heute gegen ein Smartphone? Gründe für ein Leben ohne Smartphone
30 gibt es tatsächlich einige. Die größten Veränderungen sind folgende:

#01 – Mehr Zeit durch weniger Ablenkung

Eigentlich müsste man denken, dass das Smartphone in vielen Situationen durch Multitasking Zeit spart. Wenn
35 wir unterwegs sind, ist aber meistens das Gegenteil der Fall, da der Großteil der Handynutzung eher der Ablenkung dient. Wir müssen nicht ständig auf Facebook, Instagram und Co. unterwegs sein. Menschen ohne Smartphone haben mehr Zeit für das Umfeld, in
40 dem sie sich gerade befinden. Sie schauen nicht mehr ständig auf das Handy, mit dem sie zum Großteil Dinge machen würden, die sie auch in Ruhe zuhause machen können. Im Jahr 2019 betrug das gesamte mobile Datenvolumen der Deutschen etwa 2,765 Milliarden
45 Gigabyte. Ein Datenvolumen, das sich in den letzten 4 Jahren sogar fast verfünffacht hat. Dass da das eine oder andere Megabyte eher zur Ablenkung diente, als schnell einen Weg oder eine Telefonnummer zu finden, ist wahrscheinlich. Social Media, Nachrichten, YouTube
50 und Co. verkürzen die Zeit im Hier und Jetzt und können auch in Ruhe zuhause am Computer genutzt werden.

#02 – Stress durch ständige Erreichbarkeit

Für viele Menschen ist die ständige Erreichbarkeit eher Fluch als Segen. In der TK-Stressstudie aus dem Jahr
55 2016 gab bereits jeder Dritte der Befragten an, sich durch die ständige Erreichbarkeit des Smartphones und dem mobilen Internet gestresst zu fühlen. Nicht ständig erreichbar zu sein, kann sehr viel Ruhe in den Alltag bringen. Ein Handy, das nicht smart ist und nur telefo-
60 nieren kann, reicht für die nötige Erreichbarkeit völlig aus. Wenn man Sie nur anrufen und Ihnen keine Instant-Message schreiben kann, werden sich auch nur die Menschen bei Ihnen melden, die Sie wirklich erreichen wollen. Außerdem muss ein nicht smartes Handy auch
65 nicht immer an sein. Sie können selber entscheiden, wann Sie erreichbar sind.

#03 – Achtsamer und bewusster Leben

Ganz ehrlich, wie oft schauen Sie auf Ihr Handy? Im Durchschnitt schauen die Deutschen 30 Mal am Tag auf
70 ihr Handy. Jugendliche und junge Erwachsene entsperren ihre Handys sogar etwa 56 Mal am Tag. Ob beim Essen, auf der Arbeit oder beim Zusammensein mit Freunden oder Familie. Durch ein Leben mit Smartphone fällt es immer schwerer, die volle Aufmerksamkeit auf die
75 Sache zu richten, die man gerade tut. Wer achtsamer und bewusster leben möchte, der tut das besser ohne Smartphone.

#04 – Besseres Gedächtnis

Durch die Möglichkeit, permanent an alle Informationen
80 zu kommen, leidet auch unser Gedächtnis. Manche Menschen können sich sogar noch an die Festnetznummer aus ihrer Kindheit erinnern, aber nicht an die Handynummer ihres aktuellen Partners. Warum auch, wenn diese mit einem Knopfdruck verfügbar ist.
85 Auch Dinge, die wir auf die Schnelle im Supermarkt an der Kasse googeln, werden schnell wieder vergessen.

Das Gehirn stuft schnell abrufbare Informationen eher als irrelevant ein, wenn diese schnell zu Verfügung stehen, da die Informationen bereits anderswo gespeichert
90 sind. Durch den Verzicht auf das Smartphone im Leben, nimmt man sich mehr Zeit für die Dinge, die gerade passieren. Konzentriert man sich auf eine Sache, verinnerlicht man diese besser.

#05 – Bessere Kommunikation

95 Ohne das Smartphone im Leben verschiebt sich die Kommunikation mit Menschen von Instant-Nachrichten auf echte Gespräche. Der Verzicht auf Instant-Nachrichten und der Griff zum Telefon hat gleich zwei Vorteile. Zum einen kommuniziert man besser durch
100 einen direkten Austausch im richtigen Gespräch, was die Qualität der Kommunikation enorm steigert. Zum anderen reduzieren sich die Gespräche auf die wirklich wichtigen Themen. Grade in den vielen WhatsApp-Gruppen werden selten wichtige Dinge geschrieben und
105 wenn etwas wichtig ist, gibt es E-Mails, Telefon und den persönlichen Austausch. Dinge müssen in den seltensten Fällen unterwegs geklärt werden.

#06 – Eigenständigkeit und Spontanität

Menschen, die ohne Handy leben, werden selbstständiger und spontaner. Sie verlassen sich zwangsläufig
110 mehr auf sich. Einen Weg findet man auch, wenn man Menschen fragt. Durch das mobile Internet googeln wir mittlerweile die einfachsten Dinge wie „Schleife binden" oder „Brille putzen". Die Möglichkeit, mit dem
115 Handy unterwegs an Informationen zu kommen, kann mit Sicherheit auch mal hilfreich sein, aber sie hindert uns zum Großteil in unserer Selbstständigkeit.

Fazit – Der Mittelweg

Ein Leben ohne Smartphone ist auch heute noch im
120 Jahr 2020 gut möglich. Autos haben Navigationsgeräte und Dinge wie E-Mails, News und Social Media können auch in Ruhe zuhause erledigt werden. Menschen ohne Handy entscheiden sich ganz bewusst gegen das Smartphone und für die Vorteile, die dadurch entstehen.
125 Ein Leben ohne Handy reduziert Stress, schafft ein bewussteres Leben und verbessert die Kommunikation. Dennoch können die schlauen Handys in unserem Leben hilfreich sein und Vorteile bieten. Wer darüber nachdenkt, sein Smartphone abzuschaffen, weil zum Beispiel
130 eine ständige Erreichbarkeit Stress verursacht, der sollte die eigene Handynutzung hinterfragen. Ein bewusster Umgang mit Computer, Tablet, Fernseher und auch dem Smartphone ist wichtig. Klare Grenzen, wie zum Beispiel feste Zeiten für die Nutzung der Geräte, können
135 helfen Qualität statt Quantität in die Nutzung zu bringen.

Quelle: Matthias Kemter / Stuttgarter Nachrichten, in: https://www.stuttgarter-nachrichten.de/inhalt.leben-ohne-smartphone-was-sich-ohne-handy-veraendert-mhsd.e784e226-0290-4220-863d-bf6ce3f8251a.html, Seitenaufruf 16.4.2020

2. Rückkehr eines Raubtiers – Freude, aber auch Vorbehalte

Der Wolf ist zurück in Deutschland, nachdem er im 19. Jahrhundert als ausgerottet galt. Doch neben der Begeisterung über die Wiederansiedlung gibt es auch Ängste in der Bevölkerung.

Erörtern Sie Chancen und Probleme einer flächendeckenden Ausbreitung des Wolfes in Deutschland.

Wildtiere

Wölfe in Deutschland

Von Ingo Neumayer

1 Mehr als hundert Jahre lang gab es keine Wölfe in Deutschland. Doch seit Beginn des neuen Jahrtausends wird „Canis lupus" hierzulande wieder heimisch. Das freut Forscher, Biologen und Tierschützer, sorgt aber
5 bei Jägern, Tierhaltern und Wanderern für Ängste und Vorbehalte.

Ausgerottet im 19. Jahrhundert

Der Wolf war jahrhundertelang das meistverbreitete Raubtier in Deutschland. Besonders in den östlichen
10 Gebieten des Landes streiften viele Wolfsrudel durch die Wälder – und wurden gnadenlos gejagt.
Schon zu Zeiten Karls des Großen Anfang des 9. Jahrhunderts wurden die ersten Treibjagden organisiert. Die wachsende Landwirtschaft und Viehhaltung sowie der
15 Mythos vom „bösen Wolf" trugen dazu bei, dass die Wölfe in Deutschland nach und nach ausgerottet wurden.
Um 1850 gab es praktisch keine freilebenden Wölfe mehr. Vereinzelt auftauchende Exemplare wie der „Tiger

20 von Sabrodt", der 1904 in der Lausitz erschossen wurde, waren vermutlich aus Wildparks, Zoos oder Zirkussen ausgebrochen. Auch nach dem Zweiten Weltkrieg verirrten sich vereinzelte Wölfe ab und zu nach Deutschland, diese wurden allesamt überfahren oder erschossen.

25 Über die Elbe nach Sachsen

1990 wurde der Wolf in Deutschland unter Naturschutz gestellt: Er durfte somit nicht gejagt, seine Bauten und Rückzugsorte durften nicht betreten werden. Eine Entscheidung, die schnell Wirkung zeigte: Ende der
30 1990er Jahre wurden in Sachsen die ersten freilebenden Wölfe in Deutschland seit hundert Jahren beobachtet. Sie waren offenbar aus Polen über die Elbe gelangt und ließen sich auf dem Truppenübungsplatz Oberlausitz nieder.
35 Zwei Jahre später wurde dort Nachwuchs gesichtet – höchstwahrscheinlich die ersten in Freiheit geborenen Wolfsjungen seit über hundert Jahren. Seitdem werden dort jedes Jahr neue Welpen geboren und aufgezogen.

Der Naturschutzbund Deutschland (NABU) begleitet
40 die Rückkehr der Wölfe nach Deutschland: Experten
erforschen das Verhalten der Tiere, zudem werden
Informationen zum aktuellen Stand der Population
erfasst und der Öffentlichkeit mitgeteilt. Den Angaben
zufolge lebten im Jahr 2018 in Deutschland 73 Rudel,
45 30 Paare und mehrere Einzelwölfe – insgesamt ungefähr
250 Tiere.

Illegaler Abschuss im Westerwald

Doch nicht nur im Osten gibt es immer mehr Wölfe, auch
der Rest Deutschlands zählt zum Verbreitungsgebiet.
50 Wölfe legen teilweise enorm große Strecken zurück
– bei Tieren, die mit Sendern ausgestattet waren,
wurden Wanderstrecken von bis zu 1500 Kilometern
gemessen. Nachdem inzwischen in allen östlichen
Flächenbundesländern Wölfe heimisch sind, findet die
55 Ausbreitung weiter in Richtung Westen statt.

Auch in Schleswig-Holstein, Nordrhein-Westfalen,
Baden-Württemberg und Niedersachsen wurden
Tiere gesichtet. In der Lüneburger Heide bekam ein
Wolfspaar 2012 Nachwuchs, und auch im Emsland,
60 kurz vor der holländischen Grenze, wurden Spuren eines
Einzelwolfes entdeckt.

„Wölfe brauchen keine Wildnis, sondern sie können sich
auch in unserer Kulturlandschaft sehr rasch ausbreiten
und an die unterschiedlichsten Lebensräume anpas-
65 sen", so Beate Jessel, Präsidentin des Bundesamts für
Naturschutz (BfN).

Doch nicht bei allen ist der Wolf beliebt: 2012 erschoss
ein Jäger im rheinland-pfälzischen Westerwald einen
Wolf, der aus einer italienischen Population stamm-
70 te. Der Schütze gab an, er habe den Wolf für einen
wilden Hund gehalten. Im Januar 2013 wurde er vom
Amtsgericht Montabaur zu einer Geldstrafe von 3500
Euro verurteilt, außerdem wurde ihm sein Jagdschein
entzogen.

75 **Gefahren für den Wolf: Verkehr und Vorbehalte**

Zumindest von den Platzverhältnissen her könnte es hier
noch weit mehr Wölfe geben: Laut einer BfN-Studie aus
dem Jahr 2009 bietet Deutschland Lebensraum für über
400 Wolfsrudel.
80 Allerdings gilt es als unwahrscheinlich, dass sich tatsächlich so viele Tiere hier ansiedeln werden. Ein
Problem dabei ist der Straßenverkehr, dem regelmäßig
Wölfe zum Opfer fallen – allein in Brandenburg wurden
seit dem Jahr 1990 mehr als 70 Tiere überfahren.
85 Zudem gibt es immer wieder illegale Abschüsse von
Wölfen. Der Abschuss eines solch seltenen Raubtieres
steigert in manchen Kreisen das Ansehen des Schützen.
Da Wölfe bevorzugt Rehe und Wildschweine jagen,
werden sie von manchen Jägern zudem als Konkurrenz
90 gesehen.

Auch werden Befürchtungen geäußert, dass durch ein
Anwachsen der Wolfspopulationen die Bestände ihrer
Beutetiere stark sinken könnten. Aktuelle Studien ver-
neinen diese These allerdings. Beim NABU wird statt-
95 dessen der Wert des Wolfes für die Regulation im Wald
betont. Wölfe könnten im Gegensatz zu Jägern viel
besser schwache und kranke Tiere erlegen und so die
natürliche Selektion befördern.

Entschädigung für Schafzüchter

100 Auch unter den Haltern von Nutztieren gibt es viele
Vorbehalte gegen die Rückkehr der Wölfe. Allerdings
scheint die Angst vor dem bösen Wolf, der wahllos
Schafe und Ziegen reißt, stark übertrieben: Eine groß
angelegte Studie des Senckenberg-Instituts, bei der in
105 der Lausitz 3000 Kotproben von Wölfen untersucht wurden, zeigte 2012: Weniger als ein Prozent der Beutetiere
waren Nutztiere.

Durch Zäune oder Herdenschutzhunde lassen sich Wölfe
wirksam abschrecken. Und falls doch einmal ein Nutztier
110 gerissen wird, gibt es finanzielle Entschädigungen. 2018
gab es in Sachsen 170 Fälle, bei denen Wölfe Schafe
oder Ziegen töteten – die Mehrheit der Tiere war allerdings nicht oder nicht ausreichend geschützt.

Kaum Zwischenfälle mit Menschen gemeldet

115 Und noch eine gesellschaftliche Gruppe macht sich teilweise Sorgen wegen der Rückkehr der Wölfe: Wanderer
und Waldspaziergänger. Allerdings völlig zu Unrecht.
Seit Wölfe wieder in Deutschland heimisch sind, wurden kaum Zwischenfälle, geschweige denn ein Angriff
120 auf Menschen registriert. Wölfe sind sehr scheu und
meiden in der Regel den Kontakt mit Menschen.
Sollte man dennoch bei einem Spaziergang einem
Exemplar begegnen, heißt es: Ruhe bewahren. Wenn
sich der Wolf wider Erwarten nähert, kann er mit
125 lautem Rufen und Klatschen oder dem Werfen von
Gegenständen vertrieben werden.
Auf keinen Fall soll man die Tiere streicheln oder füt-
tern. Dadurch verlieren sie die Scheu vor Menschen und
könnten dann tatsächlich gefährlich werden.
130 Der Mythos des bösen Wolfs, der im Wald Menschen
angreift, stammt wahrscheinlich aus einer Zeit, als die
Tollwut hierzulande weit verbreitet war und infizierte
Tiere tatsächlich ab und zu auf Menschen losgingen.
Diese Angst muss man heute allerdings nicht mehr
135 haben. Seit 2008 gilt die Tollwut in Deutschland als
ausgerottet.

Quelle: Ingo Neumayer: Wölfe in Deutschland, in: https://www.
planet-wissen.de/natur/wildtiere/woelfe_in_deutschland/index.html,
Seitenaufruf 16.4.2020

(2)

3. Zweirädrige Elektromobilität

Elektrofahrräder, sogenannte E-Bikes, werden immer beliebter. Erörtern Sie mithilfe der Textmaterialien (I – III) Gründe, die für die Beliebtheit sprechen sowie mögliche Probleme, die sich daraus ergeben.

Material I

Elektrofahrräder

1 Gefälle und Rückenwind auf Abruf – ein Radlertraum scheint wahr geworden: Aber richtig öko sind Elektrofahrräder nur unter bestimmten Voraussetzungen. Wir sagen Ihnen, worauf es ankommt.

5 Es gibt zwei Grundtypen elektrisch aufgerüsteter Fahrräder: die flotten E-Bikes mit „Gasgriff" und Geschwindigkeiten bis 45 km/h. Sie gelten aber als Mofas und erfordern Kennzeichen und Führerschein. Pedelecs dagegen bieten lediglich Tretkraftverstärkung

10 und gehen als normale Fahrräder durch, sofern der Zusatzschub bei 25 km/h endet.

Praxistauglichkeit und Ökobilanz hängen bei beiden Typen stark vom Akku ab. Wegen der hohen Energiedichte kommen meist Lithium-Ionen-Akkus zum

15 Einsatz. Doch nach wenigen hundert Ladezyklen, im Alltagsbetrieb also nach ein bis zwei Jahren, muss Ersatz her. Das belastet nicht nur das Budget mit rund drei Cent pro Kilometer, sondern auch das Klima: Die Herstellung des Akkus schlägt mit etwa so viel Kohlendioxid zu

20 Buche wie 500 bis 1000 Kilometer Autofahren. Umso sorgfältiger sollte man den Energiespeicher behandeln und Herstellerangaben beachten. Bestehen Sie beim Kauf auf eine garantierte Mindestlebensdauer von zwei Jahren oder mindestens 500 Ladezyklen.

25 [...]

Die Ökobilanz von Elektrofahrrädern

Nach zehn oder zwanzig flotten Kilometern erfrischt am Arbeitsplatz ankommen – das hat schon was. Ebenso wie ein entspannter Kindertransport oder eine lockere

30 Einkaufsrunde mit Fahrradanhänger. Umweltfreundlich wird der Spaß aber erst, wenn er tatsächlich Autofahrten oder gar den Autokauf selbst überflüssig macht. Wer Pedelecs und Co als Bequem-Ersatz fürs Normalrad nutzt oder nur als zusätzliches „Genussrad", schadet der

35 Umwelt und seiner körperlichen Fitness eher.

Zudem sollte man den zuweilen heiklen Geräten mit einer gewissen technikaffinen Neugier und Sorgfalt gegenübertreten. Wer schon bisher streikende Rücklichter als Schicksal hinnimmt, sollte eher die Hände davon lassen.

40 Sonst wird aus dem E-Rad schnell ein Stehrad – mit garantiert negativer Öko-Bilanz.

Das haben Sie von den E-Bikes

Sowohl in der Stadt als auch auf dem Land können Elektrofahrräder ein idealer Begleiter im Alltag sein:

45 In Hinblick auf die Fahrtkosten sind sie kaum zu schlagen, gerade in zugeparkten Städten kann man sich die nervenaufreibende Suche nach einem Autostellplatz ersparen, kommt auf Kurzstrecken schneller ans Ziel, man macht keinen Lärm, stößt keinen Feinstaub oder

50 Kohlenstoffdioxid aus, ist an der frischen Luft und hält sich ganz nebenbei fit und gesund, das spricht doch für sich...

[...]

Text für Schülerzwecke gekürzt

Quelle: https://www.bund-naturschutz.de/oekologisch-leben/verkehr-und-reisen/elektrofahrraeder.html, Seitenaufruf 16.4.2020

Material II

»E-Cobilanz«

Was bringen E-Antriebe für die Umwelt?

1 Elektrofahrzeuge produzieren keine Abgase und sind deshalb umweltfreundlicher als solche mit Verbrennungsmotoren. So einleuchtend der Gedanke ist, die Wirklichkeit ist etwas komplizierter. Auch elektrische Antriebe müssen mit Energie versorgt werden. Die muss erzeugt und in Batterien gespeichert werden. [...]

5 **Bike ist besser!**

Wenn man also Herstellung und Energieerzeugung berücksichtigt, sind die Umweltwirkungen von Pedelecs deutlich geringer als bei allen anderen Motorfahrzeugen – einschließlich des Öffentlichen Nahverkehrs. Eine Studie des Bundesumweltministeriums zeigt dabei auch, dass besonders Berufspendler mit dem Pedelec viele Autofahrten ersetzen. [...] Von den Vorteilen in Sachen Lärmminderung, geringem

10 Platzbedarf, gesunder Bewegung, Flexibilität und Fahrspaß profitieren Rad- und E-Bike Fahrer sowieso. Am Ende ist es also doch recht einfach: Elektrofahrräder produzieren keine Abgase und sind deshalb umweltfreundlicher als Autos mit Verbrennungs- oder E-Motoren.

Quelle: Georg Sommer, in: https://hamburg.adfc.de/fileadmin/redaktion/RadCity/RC2017/RadCity_17_04_WEB.pdf, Seite 10, Seitenaufruf am 14.06.2020, für Schülerzwecke gekürzt

Material III

Tourismus

1 **Wie der E-Mountainbike-Boom zu mehr Unfällen am Berg führt**

E-Bikes boomen auch in den Bergen. Allein 2017 wurde eine Dreiviertel Million E-Bikes in Deutschland verkauft. Doch mit ihrer Zahl steigen auch die Unfälle. […]

Immer mehr Unfälle mit E-Bikes

5 Tatsächlich gab es allein in diesem Jahr zahlreiche E-Bike-Unfälle. Ein 71-Jähriger starb Mitte April am Blomberg, er konnte sein Bike nicht mehr stoppen. Die Zahl der Todesopfer stieg 2017 bei E-Bike-Unfällen um 12 Prozent, die der Schwerverletzen sogar um 26 Prozent.

Viele Fahrer beherrschen das E-Bike nicht

[…] Viele E-Biker unterschätzen vor allem das Gewicht der Räder - mit mehr als 20 Kilogramm ist es doppelt
10 so schwer wie ein normales Fahrrad. Das E-Mountainbike wird unterschätzt, das eigene Können überschätzt. Die Bergwachtler haben sogar schon E-Biker erlebt, die zwar dank Hilfsmotor hoch in die Berge kommen, sich dann aber nicht mehr runtertrauen, erzählt Bergwachtler Marcus Göbel. […]

E-Biken am Berg gefährdet geschützte Tiere

Der neue E-Bike-Tourismus sorgt aber nicht nur bei Grundstückseigentümern für Ärger. Auch im Nationalpark
15 Berchtesgaden, in dem viele geschützte Tierarten leben, sind immer mehr E-Biker unterwegs.
Sie dringen dank Motorunterstützung in immer neue Gebiete vor.
Ulf Dworschak von der Nationalparkverwaltung Berchtesgaden sieht das mit Sorge: „Damit steigt die Reichweite und ich komme in Bereiche, die sich früher selbst geschützt haben, mühelos hinein. Der Raum für die Tiere wird wieder mal ein Stück kleiner."

Quelle: Astrid Halder, Jonathan Schulenburg, in: https://www.br.de/nachricht/wie-der-e-mountainbikeboom-zu-mehr-unfaellen-am-berg-fuehrt-100.html, Seitenaufruf am 14.06.2020, für Schülerzwecke gekürzt

Textbeschreibung

1. Lyrik

Erklärung

1. Gedicht/Lied

Unter Lyrik versteht man Dichtung in Versform. Die Verse sind wiederum in Strophen angeordnet. Ein Gedicht kann, muss sich aber nicht zwingend reimen. Meist folgt es aber einem bestimmten Rhythmus. Im Folgenden sind die gängigsten Gedichtformen, Metren und Reimschemata aufgeführt. In der Prüfung erleichtern Ihnen Stichpunkte die Ausarbeitung Ihrer Textbeschreibung.

1.1. Gedichtinterpretation

Bevor Sie mit dem Schreiben Ihres Aufsatzes beginnen, ist eine gründliche Vorarbeit sehr wichtig. Lesen Sie als Erstes das Gedicht mehrmals durch. Verschaffen Sie sich dadurch einen Überblick, worum es im Gedicht geht und welche Absicht es verfolgt. Notieren Sie sich anschließend Stichworte zum Autor oder zur Autorin, der Überschrift, dem formalen Aufbau (Strophen, Verse, Reim und Stilmittel) und dem Thema des Gedichts. Damit Sie sich nicht verzetteln, bieten Ihnen in der Prüfung diese Stichpunkte Unterstützung. Folgen Sie bei der Ausformulierung dem klassischen Aufbau von Einleitung – Hauptteil – Schluss. Achten Sie auf logische und flüssige Übergänge und Zusammenhänge. Auch korrekte Rechtschreibung wird mitbewertet. Direkte Übernahmen aus dem Text sind als Zitate zu kennzeichnen.

1.2. Kurz und knapp

Im Folgenden finden Sie einen übersichtlichen Leitfaden, der die wichtigsten Aspekte für eine gelungene Gedichtinterpretation aufgreift und in kompakter Form erklärt.

Zum schnellen Nachschlagen sind alle Fachbegriffe, so z. B. sprachliche Stilmittel, wie in einem Glossar zusammengeführt. Die einzelnen Stichworte sind zur besseren Orientierung in alphabetischer Reihenfolge aufgelistet.

Ähnlich wie in einem Wörterbuch oder anderen Nachschlagewerken sind → *kursiv* gedruckte Begriffe Verweise, die an anderer Stelle erklärt werden.

Lyrik: Dichtung in Versform. Lyrische Werke werden auch **Gedichte** genannt.

▶ das **lyrische Ich:** Der Sprechende in einem Gedicht. Man spricht nicht wie bei anderen Textsorten von einem Erzähler, sondern vom lyrischen Ich.

▶ Das lyrische Ich beschreibt seine Gefühle und Gedanken, schildert aber auch Erlebnisse und seine Einstellung dazu.

▶ **Stilmittel:** auf Satzbau, Wiederholungen und Enjambements achten, gibt es Schlüsselwörter?
　▶ **Enjambement** (= Zeilen-/Verssprung): Satzende und Versende fallen nicht zusammen, Satz überspringt das Versende und setzt sich im folgenden Vers fort, am Versende entsteht keine Pause, Stimme darf beim Vortragen nicht abgesenkt werden

▶ **Strophe:** Abschnitt in einem Gedicht, umfasst mindestens zwei Verszeilen, gliedert lyrischen Text inhaltlich
　▶ **Terzett:** dreizeilige Strophe
　▶ **Quartett:** vierzeilige Strophe
▶ **Vers:** einzelne Zeile eines Gedichtes

1.3. Dreigliedrigkeit

Lesen Sie das Gedicht mehrmals durch. Es sollte Ihnen klar sein, worum es geht und welche Absicht hinter dem Gedicht steckt. Ist es zum Beispiel ein Liebesgedicht, ein Naturgedicht, ist das lyrische Ich traurig oder freudig, wer wird angesprochen usw. Machen Sie sich anschließend Stichpunkte zu den einzelnen Strophen, zum Reimschema und zu Stilmitteln (Übersicht auf Seite 84), die Ihnen auffallen.
Beispiel: Im Gedicht wiederholt sich immer wieder der gleiche Satz, es gibt Enjambements (Zeilen-/Verssprung) oder Ähnliches.
Im Anschluss an diese Vorarbeiten folgt dann das Ausformulieren des Textes. Eine Gedichtinterpretation folgt der typischen Dreigliedrigkeit: Einleitung – Hauptteil – Schluss.

Einleitung

Der Einstieg (Einleitung und Aufbau) in eine Gedichtinterpretation dient dazu, den Leser / die Leserin in das Thema einzuführen und ihm/ihr die Situation kurz zu erläutern. In der Einleitung stehen Angaben zu Titel, Autor/Autorin, Erscheinungsjahr, Textart und Thema des Gedichts. Beispiel: *Das Gedicht „Name des Gedichts" von „Autor/-in des Gedichts" aus dem Jahr „Datum des Gedichts" handelt von „Thema des Gedichts".*

In der Prüfung können Sie unter diesem Punkt auch bereits den formalen Aufbau des Gedichts abhandeln. Dazu gehören die Form der Lyrik, die Anzahl der Strophen und Verse, die Reimform und das Metrum/Versmaß. Ebenfalls sollten Sie sprachlichen Besonderheiten Beachtung schenken. In Bezug auf die Sprache müssen stilistische Mittel wie Metaphern, Vergleiche oder rhetorische Fragen mit einfließen. Des Weiteren sollten Sie auf den Satzbau achten.

Hauptteil

Dieser Abschnitt (Inhalt und Deutung) wird einen Großteil der Zeit in Anspruch nehmen. Es geht um die inhaltliche Analyse des Gedichts. Was ist die Absicht und mit welchen Mitteln wird diese umgesetzt? Sie erläutern die Handlung des Gedichts und interpretieren sie. Auch die Überschrift gehört zum Inhalt, also achten Sie darauf, diese in Ihre Interpretation mit einzubeziehen.

Schluss

Im Schlussteil werden die Ergebnisse der Gedichtinterpretation noch einmal zusammenfassend dargestellt. Sie können zudem versuchen, die Absichten des Autors / der Autorin zu erläutern (übt diese/-r Kritik an der Gesellschaft etc.?). Je nach Inhalt des Gedichts kann dies abschließend mit aktuellen Themen verglichen werden.

1.4. Formale Merkmale

Gedichtform	Merkmale
Ballade	längere Gedichtform mit Reim und Tendenz zu festem Metrum, strophisch regelmäßig gegliedert, wesentlich: erzählender und dramatischer Charakter
Haiku	in Japan entstanden, sehr kurz: drei Verse zu 5 – 7 – 5 Silben, extreme Verdichtung
Hymne	feierlicher Preis- und Lobgesang, drückt starke Begeisterung aus, keine formalen Regelmäßigkeiten: kein fester Strophenaufbau, kein Reim, freie Rhythmen
Lied	strophisch gebaute Gedichtform, relativ kurze Verse, Reimbindung: Metrum und Reim häufig nicht streng durchgehalten, manchmal → Refrain vorhanden
Ode	lange Gedichtform, strophisch gegliedert, reimlos, folgt manchmal einem festen Metrum, typisch ist der hohe und pathetische (theatralisch, emotional und tendenziell übertrieben) Sprachstil, um Würde und Größe des behandelten Themas auszudrücken
Sonett	zwei vierzeilige Strophen (zumeist Reimschema abba/abba) gefolgt von zwei drei- zeiligen Strophen (im Reimschema verbunden), der formale Einschnitt zwischen → Quartett und → Terzett drückt häufig gleichzeitig einen inhaltlichen Schnitt oder Kontrast aus

Metrum/Versmaß: Abfolge von betonten und unbetonten Silben in den Wörtern eines Verses, Abfolge klingt oft regelmäßig, dann spricht man vom Versmaß oder Metrum.

Metrum	Schema	Beispiel
Anapäst	steigend: x x ́x	x x ́x x x ́x „Wie mein Glück ist mein Leid" (Friedrich Hölderlin)
Daktylus	fallend: ́x x x	́x x x ́x x x „Pfingsten, das liebliche ́x x x ́x x Fest, war gekommen" (Johann Wolfgang Goethe)
Jambus	steigend: x ́x	x ́x x ́x „Es schlug mein Herz x ́x x ́x x geschwind zu Pferde" (Johann Wolfgang Goethe)
Trochäus	fallend: ́x x	́x x ́x x ́x x ́x x „Feuerwoge jeder Hügel" (Georg Britting)

▶ **Refrain:** auch Kehrreim genannt, ist die regelmäßige Wiederholung eines oder mehrerer Verse in einem Lied
▶ **Reim:** Verbindung von Wörtern mit ähnlichem Klang (Gleichklang eines betonten Vokals und der ihm folgenden Laute), erzeugt bestimmte Klangwirkung in einem Gedicht
▶ **Reimschema:** Verbindung zweier oder mehrerer Verszeilen durch Gleichklang der Reimwörter, dabei Unterscheidung zwischen Anfangsreim (die ersten Wörter zweier Verse reimen sich), Binnenreim (zwei oder mehr Wörter in demselben Vers reimen sich) und Endreim (Gleichklang der Versenden)

Häufige **Reimschemata** eines Endreims

Reimform	Anordnung	Beispiel
Dreifache Reimreihe	abcabc	… Maus (a) … tragen (b) … runter (c) … Haus (a) … Wagen (b) … munter (c)
Haufenreim	aaa …	… Maus (a) … Haus (a) … Laus (a)
Kreuzreim	abab	… Maus (a) … tragen (b) … Haus (a) … Wagen (b)
Paarreim	aabb	… Maus (a) … Haus (a) … tragen (b) … Wagen (b)
Schweifreim	aabccb	… Maus (a) … Haus (a) … tragen (b) … runter (c) … munter (c) … Wagen (b)
Umarmender Reim	abba	… Maus (a) … tragen (b) … Wagen (b) … Haus (a)

1.5. Sprachliche Mittel

Sprachliches Mittel	Bedeutung	Beispiel	Mögliche Wirkung / Funktion
Akkumulation	Reihung mehrerer Begriffe zu einem – genannten oder auch nicht genannten – Oberbegriff, Aufzählung	Sie jammerten, klagten, ächzten und stöhnten.	Bildhaftigkeit der Sprache verstärkt, dadurch wirkt Aussage lebendiger
Allegorie	bildliche Ausdrucksweise, abstrakter Begriff wird konkret dargestellt	„Sensenmann": eine Allegorie des Todes. Skelett trägt eine Sense (um die Menschen in das Totenreich zu holen).	Schwieriger oder komplexer Umstand wird belebt, verständlicher, anschaulicher und greifbarer gemacht.
Alliteration	Wiederholung des Anfangslauts bei aufeinanderfolgenden Wörtern	schrecklich schmutzige Schuhe; Das murrende magere Mädchen senkte den Kopf.	gewünschter Eindruck wird emotional verstärkt, Einprägsamkeit, Erzeugung von Harmonie, Hervorhebung von Textteilen

Sprachliches Mittel	Bedeutung	Beispiel	Mögliche Wirkung / Funktion
Anapher (Gegenteil: Epipher)	Wiederholung eines oder mehrerer Wörter am Satz- oder Versanfang	Ich mag Nebel. Ich mag Schleier, die sich über Wiesen legen. Ich mag die Stille.	Eindringlichkeit, Rhythmisierung
Antiklimax (Gegenteil: Klimax)	abfallende Steigerung, Umkehrung der Klimax, stufenartig sinkt die Intensität des Gesagten	Die Großmutter, die Mutter und die Tochter betraten nacheinander den Saal.	Verstärkung der Aussage; Aufmerksamkeit des Lesers wird vermehrt auf die einzelnen inhaltlichen Aspekte des Gesagten gelenkt
Antithese	gegensätzliche Begriffe oder Gedanken werden kombiniert; mindestens zwei Wörter oder Satzteile, die sich im Sinn widersprechen, werden gegenübergestellt	Der Einsatz war groß, klein war der Erfolg. Der Geist ist willig, aber das Fleisch ist schwach.	Gegensatz wird betont und hervorgehoben; scheinbarer Widerspruch offenbart oft eine größere oder höhere Wahrheit; innere Zerrissenheit, Spannung, starker Zwiespalt wird zum Ausdruck gebracht; Vielschichtigkeit eines Themas wird beleuchtet, da beide Extremwerte eines Inhalts genannt werden.
Chiasmus	In unmittelbarer Abfolge werden gleichwertige Wörter, Teilsätze oder Sätze kreuzweise entgegengesetzt (spiegelbildlich) angeordnet; umgekehrte Anordnung der Satzglieder.	Ich schlafe tagsüber, nachts lerne ich.	Gegensätzliche Behauptungen sollen hervorgehoben werden; verstärkende Wirkung, da durch die Wiederholung die eigentliche Aussage in den Vordergrund rückt.
Correctio	Eine Aussage wird unmittelbar zurückgenommen und durch einen stärkeren oder schwächeren Ausdruck ersetzt.	Er isst …, was sage ich: Er frisst!	Verstärkung oder Steigerung einer Aussage
Ellipse	unvollständiger Satz, Auslassung von (leicht ergänzbaren) Satzteilen oder Worten	Was nun? (=Was machen wir nun?) Erst (kommt) die Arbeit, dann (kommt) das Vergnügen.	Hervorhebung des wichtigsten Aspektes.
Epipher (Gegenteil: Anapher)	Wiederholung eines oder mehrerer Wörter am Satz- oder Versende	Ich wasche für dich, ich koche für dich, ich putze für dich.	Eindringlichkeit; die häufige Wiederholung verstärkt die Aussage, Fokus des Rezipienten / der Rezipientin (Lesers bzw. Leserin) wird auf ebendiese Äußerung gelenkt

Sprachliches Mittel	Bedeutung	Beispiel	Mögliche Wirkung / Funktion
Euphemismus	Beschönigung	von uns gegangen (statt gestorben); sehr schlank (statt mager)	Negative Botschaft wird abgemildert.
Hyperbel	starke Übertreibung	todmüde; Ich habe dich zum Fressen gern.	Dramatisierung; starke Veranschaulichung
Inversion	Umkehrung der geläufigen Wortstellung im Satz	Ein Betrüger ist er! (statt: Er ist ein Betrüger!)	Hervorhebung; Betonung des vorangestellten Wortes
Ironie	Äußerung, die erkennen lässt, dass das Gegenteil gemeint ist	Du bist mir eine tolle Freundin! – Das hast du ja wieder großartig hinbekommen!	Kritik, Herabsetzung
Klimax (Gegenteil: Antiklimax)	Ein Begriff wird stufenartig gesteigert, wobei die Steigerung meist dreigliedrig erfolgt.	Unsere Stadt, unser Land, unsere ganze Welt.	Dramatisierung
Lautmalerei (Onomatopoesie)	sprachliche Nachahmung von Geräuschen, Klängen oder Naturlauten durch ähnlich klingende Laute	puff, peng, boing, platschen, wauwau, plopp	Veranschaulichung
Metapher	verkürzter Vergleich (ohne Vergleichswort), Verwendung eines Wortes im übertragenen Sinn	Du hast den Nagel auf den Kopf getroffen. Jemandem das Herz brechen.	Veranschaulichung
Neologismus	Wortneuschöpfung, ungewöhnliche Wortverbindungen	supercalifragilisticexpialigetisch (Mary Poppins), napflixen	Hervorhebung
Oxymoron	Widerspruch im Wort, zwei Vorstellungen, die sich ausschließen, werden verbunden	ein offenes Geheimnis, Eile mit Weile, lautes Schweigen, bittersüß	Stellt Doppeldeutigkeit (auch Mehrdeutigkeit) einer Situation dar und dient meist zur pointierten Darstellung. Das sprachliche Bild wird erweitert.
Paradoxon	Wörter/Sätze mit scheinbarem Widerspruch werden zusammengestellt	Ich weiß, dass ich nichts weiß.	Starker Anreiz zum Nachdenken
Parallelismus	Gleiche (Teil-)sätze werden wiederholt	Es war eiskalt, es war spiegelglatt, es war lebensgefährlich.	Verstärkung, Dramatisierung

Sprachliches Mittel	Bedeutung	Beispiel	Mögliche Wirkung / Funktion
Parenthese	Einschub	Er wusste – er hatte es gespürt – dass es jetzt zu spät war.	Erklärung, nähere Erläuterung, Rede- oder Gedankenfluss wird unterbrochen
Pejorativum	Abwertung	Unkraut (statt Pflanze)	Wert eines Gegenstands, einer Botschaft wird geschmälert
Personifikation	Vermenschlichung: Dinge, Tiere, abstrakte Begriffe erhalten Eigenschaften/ Fähigkeiten von Menschen	Die Sonne lachte vom Himmel Der Wind pfiff.	Darstellung lebendig und anschaulich
Pleonasmus	Wiederholung verschiedener, aber sinngleicher Wörter (verschiedene Wortarten werden kombiniert)	persönliche Anwesenheit; leuchtendes Licht	Aussage eines Wortes oder das Gemeinte wird enorm verstärkt und in den Vordergrund gerückt; Aussage stark konzentriert durch inhaltliche Dopplung
Rhetorische Frage	Scheinfrage; die Antwort wird nicht wirklich verlangt, da jeder sie kennt	Bist du noch bei Verstand? Habe ich es dir nicht gesagt?	Beeinflussung, Aufdrängen der eigenen Meinung durch die indirekte Formulierung
Symbol	Bild, das auf eine abstrakte Vorstellung verweist; Sache oder Handlung, die etwas anderes bedeutet	Taube als Symbol für Frieden, Herz als Symbol für Liebe	Veranschaulichung
Synästhesie	Verbindung, Vermischung unterschiedlicher Sinneseindrücke	Er lauschte den duftenden Tönen; die Dunkelheit riechen	Verstärkende und steigernde Wirkung, das Gegenständliche, kann auf einer sinnlichen Ebene erfahren werden
Tautologie	Dasselbe wird mit einem anderen Ausdruck erneut gesagt oder aber derselbe Sachverhalt wird mit gleichen Wörtern/ der gleichen Wortart wiederholt.	Da wurde ihm Angst und Bange; nie und nimmer; kleiner Zwerg	Verstärkung (die Dopplung erfolgt bewusst und soll das Gesagte unterstreichen und Eindringlichkeit des Inhalts stärker in den Vordergrund rücken)
Vergleich	Verknüpfung zweier Begriffe oder Bereiche durch ein Vergleichswort (wie, gleich, als)	Da stand er wie ein begossener Pudel; schlau wie ein Fuchs	anschauliche Darstellung, Hervorhebung des Gemeinsamen
Wiederholung	Gleiche Wörter, Satzteile oder ganze Sätze treten mehrfach auf.	Er kommt nicht. Er kommt nicht. Er kommt nicht mehr.	Gewünschter Eindruck oder Gefühl wird sehr verstärkt.

Typische Aufgabenstellung

Du bist mein Mond (Friedrich Rückert, 1788 – 1866)

1   Du bist mein Mond, und ich bin deine Erde;
    Du sagst, du drehest dich um mich.
    Ich weiß es nicht, ich weiß nur, daß ich werde
    In meinen Nächten hell durch dich.

5   Du bist mein Mond, und ich bin deine Erde;
    Sie sagen du veränderst dich.
    Allein du änderst nur die Lichtgebärde
    Und liebst mich unveränderlich.

    Du bist mein Mond, und ich bin deine Erde;
10   Nur mein Erdschatten hindert dich,
    Die Liebesfackel stets am Sonnenherde
    zu zünden in der Nacht für mich.

(3)

Quelle: Friedrich Rückert, Gesammelte Gedichte, vierter Band, Verlag Carl Heyder, Erlangen 1837

Die Rechtschreibung folgt der Textvorlage.

Fertigen Sie zu diesem Gedicht eine Textbeschreibung an. Beachten Sie insbesondere folgende Punkte:
▶ Sprachliche Mittel
▶ Grundhaltung des lyrischen Ichs zu seiner geliebten Person
▶ Rolle von Licht und Schatten

Schreiben Sie einen zusammenhängenden, gegliederten Text. Achten Sie auf korrekte Sprache und Rechtschreibung. Beides wird bewertet.

Lösung

Das Gedicht „Du bist mein Mond" von Friedrich Rückert erschien 1837 im vierten Band der „Gesammelten Gedichte" unter dem Verleger Carl Heyder in Erlangen. Rückert beschreibt in seinem Gedicht eine Liebesbeziehung. Dabei stehen die beiden Himmelskörper Erde und Mond als Metapher für die Liebenden. Angesprochen wird in allen drei Strophen der Mond, der die Erde umkreist. Das Gedicht ist in der Ich-Form verfasst. Insgesamt besteht das Gedicht aus drei vierzeiligen Strophen, die einen durchgängigen Kreuzreim abab aufweisen. Die erste Zeile jeder Strophe wiederholt sich immer: „Du bist mein Mond, und ich bin deine Erde". Das wirkt wie eine Verstärkung und zeigt die Beständigkeit der Liebe gegenüber äußeren Einflüssen. Des Weiteren fallen die Enjambements in den Versen 3/4, 7/8 und 11/12 ins Auge, die den Lesefluss beeinflussen. Sie verdeutlichen, wie eng Mond und Erde zusammengehören und wie nah ihre Beziehung ist.
In der ersten Strophe antwortet das lyrische Ich auf die Behauptung, „Du sagst, du drehest dich um mich" (V. 2), dass es dies nicht genau wisse, es aber sicher sei, durch das (Mond-)Licht erhellt zu werden. Das heißt, es spürt die Anwesenheit des Liebespartners. Selbst in der Dunkelheit bekommt der geliebte Mensch Licht und Wärme, also Sicherheit und Geborgenheit. Im zweiten Vers der zweiten Strophe sagt die Erde, dass andere behaupten, der Mond verändere sich: „du veränderst dich" (V. 6). Doch der Geliebte weiß, dass sich nur die Lichteinflüsse durch die verschiedenen Mondphasen ändern, die veränderte „Lichtgebärde" (V. 7) bedeutet lediglich, dass die geliebte Person sich nicht jeden Tag gleich verhält. Dennoch bleibt die Liebe unverändert, auch wenn es anders scheint. Die dritte Strophe spielt auf den Zustand bei einer Mondfinsternis an. Dabei verhindert der „Erdschatten" (V. 10), dass der Mond seine „Liebesfackel" (V. 11) an der Sonne neu entzünden kann. Dies könnte eine Anspielung auf Probleme innerhalb der Beziehung sein. Die Erde ist vielleicht sogar mitschuldig, wenn der Mond gehindert wird, seine Gefühle in gleicher Stärke zu zeigen. Wie in einer Paarbeziehung gibt es ein Auf und Ab zwischen Nähe und Ferne. Das Symbol „Schatten" steht für die dunkle Seite einer Person bzw. für schlechtere Zeiten in einer Beziehung, während „Licht" für Liebe, Wärme und Zuneigung steht. Diese beiden Zustände wechseln sich ab, die Liebe bleibt beständig wie der Mond und die Erde.

Friedrich Rückert möchte mit seinem Gedicht „Du bist mein Mond" aufzeigen, dass es in jeder Liebesbeziehung Höhen und Tiefen gibt. Wichtig ist, dass man auch die „Schatten" des anderen akzeptieren und lieben kann. Auch die angebliche Veränderung der Partnerin / des Partners im Gedicht wird durch die Vielschichtigkeit ihrer Persönlichkeit erklärt. Diese Wandlungsfähigkeit und die Möglichkeit, aufeinander einzugehen, machen eine Beziehung aus. Wichtig ist, dass man sich aufeinander verlassen kann.

Übungsaufgaben

1. Städter (Alfred Wolfenstein, 1888 – 1945)

1 Dicht wie die Löcher eines Siebes stehn
Fenster beieinander, drängend fassen
Häuser sich so dicht an, dass die Straßen
Grau geschwollen wie Gewürgte stehn.

5 Ineinander dicht hineingehakt
Sitzen in den Trams[1] die zwei Fassaden
Leute, ihre nahen Blicke baden
Ineinander, ohne Scheu befragt.

Unsre Wände sind so dünn wie Haut,
10 Dass ein jeder teilnimmt, wenn ich weine.
Unser Flüstern, Denken ... wird Gegröle ...

Und wie still in dick verschlossner Höhle
Ganz unangerührt und ungeschaut
Steht ein jeder fern und fühlt: alleine.

[1]Tram: Straßenbahn

Quelle: Alfred Wolfenstein, Die gottlosen Jahre, S. Fischer, Berlin 1914, Seite 25

Fertigen Sie zu diesem Gedicht eine Textbeschreibung an. Beachten Sie insbesondere folgende Punkte:
▶ Sprachliche Mittel
▶ Überschrift in Bezug auf den Inhalt
▶ Grundhaltung des lyrischen Ichs zur Lebenssituation in der Stadt
▶ Rolle von Nähe und Distanz bezogen auf die Städter

Schreiben Sie einen zusammenhängenden, gegliederten Text. Achten Sie auf korrekte Sprache und Rechtschreibung. Beides wird bewertet.

2. **April** (Rose Ausländer, 1901 – 1988)

1 Da kommt er
   wirft Luftlappen ins Gesicht
   drückt Sonne auf den Rücken
   lacht überlaut wickelt den
5 Park in grünen Taft[1] zerreißt
   ihn wieder stellenweise
   pufft[2] die Kinder spielt mit den
   Röcken erschreckter Gouvernanten[3]
   drückt alle Regenhebel
10 macht los die Nordhunde von den Ketten und
   lässt sie laufen nach Windeslust

   Ein toller[4] Geselle[5]
   eine Art Eulenspiegel[6]
   auch gangsterhafte Gesten hat er
15 (jaja mein Lieber du
   machst es uns nicht leicht
   dich lieb zu haben)

   und doch und doch
   im Großen und Ganzen
20 ein prächtiger Kerl
   dieser April

[1] Taft: steifer, glänzender Stoff aus Seide oder Kunstseide
[2] puffen: schubsen, stoßen
[3] Gouvernanten: im 19. Jh. (unverheiratete) Erzieherinnen, Hauslehrerinnen
[4] toll: (hier) verrückt, ausgelassen, zügellos
[5] Geselle: (hier) Bursche, Kerl
[6] Eulenspiegel: (hier) ein zu lustigen, mutwilligen Schelmenstreichen aufgelegter Mensch

Quelle: Rose Ausländer, Im Atemhaus wohnen, S. Fischer Verlag GmbH, Frankfurt am Main 1992

Fertigen Sie zu diesem Gedicht eine Textbeschreibung an. Beachten Sie insbesondere folgende Punkte:
▶ Charakterisierung des Aprils
▶ Wirkung der verwendeten sprachlichen Mittel (insbesondere fehlender Reim, Enjambements und Personifikation)
▶ Rahmen des Gedichts

Schreiben Sie einen zusammenhängenden, gegliederten Text. Achten Sie auf korrekte Sprache und Rechtschreibung. Beides wird bewertet.

3. So Leute wie ich (Maike Rosa Vogel)

1 Ich bin für 7 Euro 50 arbeiten gegangen
Und kam nach Hause und nahm meine Tochter in den Arm
Und mein Freund gab mir die Klinke in die Hand

Und ist so schnell wie er konnte zum Bus gerannt
5 Und hat die Nacht durchgesungen
Um die Miete heimzubringen

Aber krankenversichert waren wir trotzdem nicht
Und haben deshalb Hartz vier gekriegt

[Refrain]
Und alle schimpfen auf so Leute wie mich
10 Und ich frag mich warum ich schuld daran bin
Dass Menschen arbeiten gehen
Und nicht genug haben zum Leben
Dass Menschen Kinder großziehen
Mit denen sie nie in den Urlaub fliegen
15 Und wenn ich von uns erzähle
Und von allen, die ich kenne
Sagt man schnell, sie meinen nicht dich
Sie meinen die Penner
Die nur nehmen nehmen nehmen nehmen nehmen
20 Und niemals etwas geben
Aber solche Leute kenne ich nicht
Das sind alles so Leute
Alles so Leute wie ich

Und ich hab Angst gehabt, alles zu verlieren
25 Und Angst gehabt nur noch fremde Schritte zu gehen
Und jeder dieser Schritte macht einen nur müde
Und am Ende sind fremde Schritte das einzige Gefühl
Angst vor jedem Anruf bei dem am Ende der Leitung
Jemand sitzt der alles kaputt machen kann
30 Und Angst vor jedem Antrag den jemand entscheidet
Der Leute wie mich nicht leiden kann

Und wir sind viele
Und ich kann nichts dafür
Ich war arbeiten und dann
35 War ich studieren
Und als mein Kind kam war ich froh
Und wollte was ausprobieren
Und alle hier sagen, sie brauchen Frauen wie mich
Aber am Ende meinen sie gar nicht mich
40 Und es sind Leute, die nur nehmen nehmen nehmen nehmen nehmen
Die die Lebensläufe schreiben, die erfolgreich aussehen
Und das sind meistens nicht so Leute wie ich
[…]

Quelle: Text: Maike Rosa Vogel: So Leute wie ich, erschienen auf dem Album „Fünf Minuten", Our Choice (rough trade), 2012

Fertigen Sie zu diesem Text eine Textbeschreibung an. Beachten Sie insbesondere folgende Punkte:
► Welcher Missstand wird im Song angeklagt?
► Bedeutung der Zeilen „Und alle hier sagen, sie brauchen Frauen wie mich / Aber am Ende meinen sie gar nicht mich" (Zeile 38 f.)
► Kontrast zwischen dem, was Leute sagen, und wie sie am Ende handeln

Schreiben Sie einen zusammenhängenden, gegliederten Text. Achten Sie auf korrekte Sprache und Rechtschreibung. Beides wird bewertet.

2. Prosa

Erklärung

Prosa bezeichnet Schriftstücke, die keiner Metrik, Vers- oder Reimform folgen. Typische Formen sind z. B. Erzählungen oder Kurzgeschichten.

Textinterpretation

Auch bei dieser Aufgabenstellung gilt: Lesen Sie den Text mehrfach und arbeiten Sie ihn gut durch. Markieren Sie wichtige Textstellen, Personen oder Auffälligkeiten farbig. Ebenfalls hilfreich ist es, wenn Sie sich Notizen zum Inhalt oder der Erzählperspektive an den Rand schreiben und den Text in Sinnabschnitte unterteilen. Das schafft gleich zu Beginn einen besseren Überblick. Stellen Sie anschließend Ihre Erkenntnisse stichwortartig zusammen und sortieren Sie diese unter verschiedenen Unterpunkten (zum Beispiel Personen, Erzählperspektive, sprachliche Gestaltung usw.). Danach können Sie mithilfe Ihrer Stichworte die Textinterpretation schreiben. Vergessen Sie nicht, Belege und Zitate aus dem Text zur Untermauerung Ihrer Interpretation zu verwenden.

Von der Grundstruktur ähnelt die Textinterpretation derjenigen der Gedichtinterpretation. Auch sie folgt der Dreigliedrigkeit aus Einleitung – Hauptteil – Schluss und kann in der Prüfung durch Zwischenüberschriften von Ihnen strukturiert werden. Es empfiehlt sich, beim gleichen Schema von „Einleitung und Aufbau", dann „Inhalt und Deutung" und zum Schluss „Absicht" zu bleiben.

Einleitung

Der Einstieg (Einleitung und Aufbau) in eine Textinterpretation beinhaltet die wichtigsten Informationen über die Autorin / den Autor und die Handlung des Textes. Wenn bekannt, sollten auch Erscheinungsort und -jahr des Textes genannt werden.

Beispiel: Die Kurzgeschichte „Titel" von „Autor/-in" ist im „Verlag, Ort, Jahr" erschienen. Die Geschichte handelt von …

Hauptteil

In diesem Teil (Inhalt und Deutung) geht es dann um die genaue Beschreibung, Erläuterung und Interpretation der inhaltlichen und formalen Aspekte des Textes. Die Handlung wird in richtiger Reihenfolge kurz wiedergegeben, Inhalte werden durch passende Zitate belegt. Zudem sollten die wichtigsten formalen Merkmale wie Erzählperspektive, Aufbau der Erzählung und die sprachliche Gestaltung erläutert werden. Der Inhalt und die Form des Textes müssen in Zusammenhang gebracht werden.

Schluss

Der letzte Abschnitt einer Textinterpretation (Absicht) dient als Fazit und ist somit eine wertende Zusammenfassung des vorher Erarbeiteten. Ähnlich wie bei der Gedichtinterpretation sollten Sie versuchen, die Absichten des Autors / der Autorin zu erläutern. Welchen Denkanstoß möchte der Autor / die Autorin beispielsweise mit dem Text geben?

Im Folgenden finden Sie eine Übersicht mit hilfreichen Aspekten für die Textanalyse.

Text	
Textart	Textsorte bestimmen und Merkmale finden
Aufbau	▶ sichtbare Abschnitte, Sinnabschnitte und Erzählschritte ▶ Zusammenhang zwischen formalem Aufbau und inhaltlichem Aufbau erkennbar? ▶ Gestaltung von Anfang und Ende des Textes ▶ Höhepunkt oder Wendepunkt vorhanden? ▶ Auffälligkeiten bestimmen, z. B. bei der → *Zeitgestaltung*, gibt es eine → *Rahmenhandlung*?
Atmosphäre	▶ Stimmungen und Atmosphäre im Text beschreiben, auf Veränderungen im Laufe des Textes achten
Entstehungshintergrund	▶ z. B. Zeitgeschichte, Biografie des Autors, Epoche
Funktion von Textanfang und -ende	▶ besonders bei Kurzgeschichten wichtig
Ort und Zeit im Text	▶ nach Zeit- und Ortsangaben Ausschau halten bzw. nach Hinweisen, durch die man Vermutungen über Zeit und Ort anstellen kann ▶ Erzählzeit und erzählte Zeit bestimmen → *Zeitgestaltung*
Thema und zentrale Motive	▶ Welches Thema und welche Motive stehen im Mittelpunkt des Textes und durchziehen die Handlung wie ein „roter Faden"?
Titel	▶ auf Besonderheiten achten, Bezug zwischen Titel und Inhalt herstellen

Erzähltes		
Erzähler/-in	ist ein wesentliches Merkmal in einem erzählenden Text; vom Autor / von der Autorin erfundene Figur, die zur Welt der erzählten Geschichte gehört; nicht mit Autor/-in zu verwechseln. Grundsätzlich gilt es zu unterscheiden, ob das Wissen des Erzählers umfassend oder begrenzt ist.	
Erzählform	Ich-Form	Ich-Erzähler ist gleichzeitig erlebende und erzählende Figur, erzählt unmittelbar aus der dargestellten Situation heraus oder blickt mit zeitlichem Abstand auf die Situation zurück
	Er-/Sie-Form	Der Erzähler in der dritten Person tritt selbst ganz in den Hintergrund, Leser/-in erfährt nicht viel von ihm. Er ist der Vermittler der Geschichte und erscheint vor allem, um Kommentare zum Erzählten abzugeben.
Erzählverhalten	Auktorialer Erzähler (allwissender Erzähler)	weiß alles, mehr als die Figuren in der Geschichte, verrät aber nicht alles, greift in den Erzählvorgang ein oder beeinflusst den Leser, z. B. durch Kommentare, Urteile über die Figuren, Betrachtungen und Vorausdeutungen, benutzt meistens → *Er-/Sie-Erzählform*, lässt auch die Figuren in → *direkter Rede* oder → *indirekter Rede* zu Wort kommen
	Personaler Erzähler	schlüpft in die Rolle einer der Figuren und erzählt aus ihrer Sicht, sieht und hört auch nicht mehr als die Figur; kommentiert nicht, tritt selbst nicht auf. Häufig wird die Ich-Erzählform benutzt und als Darbietungsform finden wir → *innere Monologe*. Wird die → *Er-/Sie-Erzählform* gewählt, benutzt der Erzähler die → *erlebte Rede*, um Gedanken, Gefühle und Wahrnehmungen der Figur auszudrücken.
	Neutraler Erzähler	steht außerhalb der Welt der Figuren und ist um Objektivität bemüht, nimmt sich ganz zurück und beschreibt oder berichtet alle Vorgänge und Tatsachen sachlich, die → *Er-/Sie-Erzählform* herrscht vor, häufige Darbietungsform ist → *Figurenrede*

Erzähltes		
Formen der Darbietung	Erzählbericht	Handlung wird nur vom Erzähler vermittelt
	Figurenrede	Figuren kommen selbst zu Wort
	Direkte Rede	das, was Personen sagen oder denken, wird in wörtlicher Rede wiedergegeben: „Willst du bei dem Schnee wirklich noch raus?", fragte sie erschrocken.
	Indirekte Rede	Das, was Personen sagen, wird vom Erzähler wiedergegeben, häufig wird dabei der → *Konjunktiv* verwendet: Erschrocken fragte sie ihn, ob er bei dem Schnee wirklich noch raus wolle.
	Innerer Monolog	Gedanken und Gefühle der Person werden in der Ich-Form dargestellt, häufig im Präsens: Sie stand am Eingang und zögerte. Ihr Herz schlug schneller. Ich kann das nicht. Ich schaffe es nicht. Ich weiß nicht, warum ich mich darauf eingelassen habe.
	Erlebte Rede	Der Erzähler gibt die Gefühle und Gedanken der Person wieder, meistens im Präteritum: Sie stand am Eingang und zögerte. Ihr Herz schlug schneller. Sie konnte das nicht. Sie schaffte es nicht. Sie wusste nicht mehr, warum sie sich darauf eingelassen hatte.

Handlung	
Aufbau der Handlung	Einleitung – Hauptteil – Schluss
Äußere Handlung	Handlungen, die im Text als Aktivitäten beschrieben sind
Innere Handlung	Handlungen, die sich im Inneren von Personen als Gefühle oder Gedanken abspielen
Rahmenhandlung/ Rahmenerzählung	Sonderform des mehrschichtigen Erzählens, meistens zweischichtig. Die erste Textebene (der Rahmen) umgibt eine zweite (die Binnenerzählung) oder ist ihr vorangestellt. Die zeitliche Ebene wird zu Beginn einer Erzählung dadurch verlassen, dass eine Figur dieser Ebene ihrerseits eine Geschichte erzählt, nach der die Erzählung dann wieder auf die erste Ebene zurückkehrt. In die Rahmenerzählung ist also eine Binnenerzählung eingeschlossen.

Personen

Charakterisierung	Definition	Beschreibung einer Person, vor allem ihrer charakterlichen Eigenschaften
	Direkte Charakterisierung	Erzähler oder andere Figuren des Textes treffen Aussagen über die Person (Beziehung der Figuren zueinander beachten).
	Indirekte Charakterisierung	wichtige Eigenschaften der Figur werden durch ihr Verhalten oder eigene Äußerungen indirekt charakterisiert (Kontext der Handlungen der Figur berücksichtigen).
	Gesichtspunkte	▶ äußeres Erscheinungsbild, besondere Merkmale, typische Verhaltensweisen oder Tätigkeiten ▶ Lebensumstände der Person, Herkunft, Vorgeschichte ▶ Gedanken und Gefühle, Vorlieben und Eigenschaften ▶ Einstellungen, Absichten, Handlungsmotive ▶ Entwicklung im Verlauf des Textes ▶ Verhältnis zu den Mitmenschen
Figuren und ihre Konstellationen		▶ Welche Figuren kommen im Text vor, Haupt- und Nebenfiguren bestimmen ▶ Informationen über die Beziehung der Figuren zueinander heraussuchen
Sprachliche Mittel und Besonderheiten		→ *Wortwahl*, → *Satzbau*, Stilmittel: → *sprachliche Mittel* (siehe Seite 84 – 87)

Sprachgestaltung

Satzbau	Satzreihe (Parataxe)	Aneinanderreihung von Hauptsätzen, häufig sind sie kurz
	Satzgefüge (Hypertaxe)	setzt sich aus mindestens einem Hauptsatz und einem Nebensatz zusammen
Modalformen	Indikativ	wird benutzt, um Wirklichkeit darzustellen, steht für das tatsächliche Geschehen
	Imperativ	Befehls- oder Aufforderungsform
	Konjunktiv	Möglichkeitsform, wird für die Darstellung einer Möglichkeit benutzt
Wortwahl		▶ Gibt es Wortarten, die besonders häufig vorkommen? ▶ Sprachstil: eher umgangssprachlich oder formell?

Zeitgestaltung

Rückblende	Ereignisse, die bereits stattgefunden haben, vor dem bisher Erzählten, werden erst im Nachhinein erzählt.
Vorausdeutung	Ein Teil der Handlung wird vorweggenommen.
Zeitdehnung	Die Erzählzeit ist länger als die erzählte Zeit, wenn z. B. Gedanken und Gefühle einer Figur sehr ausführlich wiedergegeben werden in einem Moment mit wenig Handlung.
Zeitraffung	Die Erzählzeit ist kürzer als die erzählte Zeit, wenn z. B. Zeitspannen übersprungen oder Vorgänge zusammengefasst wiedergegeben werden.
Zeitsprung	Zwischen zwei Handlungsschritten wird etwas ausgelassen, Konzentration auf das, was für den Fortgang der Handlung entscheidend ist.

Häufige Textarten

Textart	Merkmale
Erzählung	kurzer erzählender Text, knapper und überschaubarer als der → *Roman*; Sammelbegriff für unterschiedliche Kurzformen des Erzählens, die nicht genauer durch bestimmte Textmerkmale gekennzeichnet sind und keinen anderen Kurzformen zugeordnet werden können.
Fabel	Es sind zumeist Tiere, die in der Fabel sprechen und handeln. Viele dieser Tierfiguren sind als feststehende Typen dargestellt und verkörpern menschliche Charaktereigenschaften. Sie sind in der Fabel oft Gegner und der Stärkere oder Klügere gewinnt. Aus Fabeln soll man Lehren für das eigene Verhalten ziehen.
Kurzgeschichte	Es geht meist um entscheidende Situationen im menschlichen Leben (Alltagssituationen). Die Hauptperson muss sich mit einem Problem oder einer kritischen Situation auseinandersetzen. In der Regel fehlen Angaben zu Ort, Zeit und Personen. Kurzgeschichten weisen große Unterschiede in Form und Darstellungsweise auf, aber auch einige gemeinsame Tendenzen: Kürze (die Darstellung ist auf das Wesentliche beschränkt), Konzentration auf einen Geschehensausschnitt, Wechsel zwischen → *direkter Rede* und → *indirekter Rede*, unvermittelter Anfang und offener Schluss, oft nimmt die Handlung eine unerwartete Wendung, Mehrdeutigkeit, Nähe zur Alltagssprache
Märchen	Frei erfundene, fantastisch-wunderbare Geschichte, die einst von Generation zu Generation weitererzählt wurde, bevor man sie aufgeschrieben hat. Ort und Zeit sind nicht näher bestimmt, die Figuren werden nur in einigen für die Handlung wesentlichen Eigenschaften vorgestellt (Gut-Böse-Schema). Übernatürliche Mächte (Teufel, Hexen, Feen) greifen wie selbstverständlich ins Alltagsleben ein.
Novelle	Kürzere Erzählung, schildert in straffer Form tatsächliche oder mögliche ungewöhnliche Begebenheit, oft den Wendepunkt im Leben eines Menschen; Handlung straff, meist einsträngig, zielt auf einen deutlich hervorgehobenen Wende- oder Höhepunkt hin; Merkmale: erzählerische → *Vorausdeutung* wird verwendet
Roman	Prosatext mit größerem Umfang, meist werden vielschichtige Lebenszusammenhänge dargestellt; es gibt zahlreiche Figuren und Haupt- sowie Nebenhandlungen; vorherrschende literarische Gattung, deren vielfältige Arten nach Inhalt und/oder Form unterschieden werden.
Sage	Kurze Erzählung fantastischer Ereignisse, ursprünglich mündlich überliefert; anders als im Märchen knüpft sie an wirkliche Begebenheiten an.
Satire	Spottdichtung; übt Kritik an menschlichen Schwächen oder gesellschaftlichen Missständen. Sprachliche Mittel wie Über- oder Untertreibung, → *Ironie,* Mehrdeutigkeit, → *Metapher* oder → *Vergleich* werden häufig eingesetzt, ebenso besondere Darstellungsverfahren wie Verzerrung, Rollenwechsel oder Sprachmusterverschiebung. Satire ist keine spezielle Textart, sie ist in allen literarischen Gattungen möglich. Siehe auch → *Karikatur*.
Schwank	Kurze Erzählung, es geht um einen Streich, einen lustigen Einfall oder ein witziges Ereignis. Häufig werden Alltagssituationen aufgegriffen und menschliche Schwächen übertrieben dargestellt, sodass sie erkannt werden können.

Typische Aufgabenstellung

Nur ein Test (Reinhold Ziegler)

1 Dieses Wartezimmer hat so etwas Frohes, Lebensbejahendes, ich war schon als Kind hier. Fröhliche Farben und die muntere Familienwerbung eines Krankenversicherungskalenders. Es gibt nie Uhren in Wartezimmern. Hier und jetzt, wo mir
5 das Verrinnen des Lebens am eindeutigsten bewusst wird, fehlt der allgemeine Zeitzumesser.
In den drei Tagen, seit sie mir das Blut abgenommen haben, lief mein Leben tausendmal vor mir ab, tausendmal ein Film, immer bis zu diesem Moment im fahlen Abendlicht
10 in den Dünen, für den ich mich wütend und verzweifelt tausendmal angeschrien und geohrfeigt habe. Oft meinte ich, das Virus schon in mir zu fühlen, meinte plötzlich zu spüren, dass ich todgeweiht bin.
Am Freitagabend im Bad, als auf einmal meine Nase zu
15 bluten begann, kam mir mit einem Mal beim Blick in meine trüben Augen die Idee, dass ich von meiner Urlaubsliebe noch andere Andenken als ein Säckchen voll betörend riechender Eukalyptuskapseln mitgebracht haben könnte.
Eine Frau sitzt mir gegenüber, die linke Hand in einem
20 dicken, provisorischen Verband. Ab und zu legt sie die rechte darüber, stöhnt ein wenig. Ich wünschte mir ein gebrochenes Handgelenk oder eine Verbrennung. Irgendwas, bloß nicht das.
„Warum machst du auch so was?", hatte der Arzt am
25 Montag gefragt, aber das war auch das Einzige, was ich als Vorwurf hätte deuten können. Wahrscheinlich hatte er gemerkt, dass man mir keine Vorwürfe mehr machen musste, das ganze Wochenende hatte ich mir genug vorgeworfen. Zwei Tage und zwei Nächte lang, vom Moment der
30 schrecklichen Idee bis zum Montagmorgen, als endlich die Praxis geöffnet wurde.
„Mach dich nicht verrückt, wir testen es. Komm am Donnerstag wieder, dann wissen wir mehr." Wahrscheinlich wusste er, dass ich bis dahin kein Auge zutun würde.
35 Ich bin noch so jung, ich will noch nicht sterben!
Ich habe das Internet durchsucht und Millionen von Hinweisen gefunden. Wie, wo, wann und wobei man sich ansteckt. Über Tests und Therapien, Selbsthilfegruppen und Medikamente. Nichts über Dummheit. Nichts über
40 abgrundtiefe, sinnlose, unnötige Dummheit.
Die Frau mit dem Verband wird reingerufen. Sie jammert. Wollen wir tauschen?, denke ich. Ich tausche alles gegen

ein kleines Virus oder tausende von ihnen. Wie viele sind es jetzt schon in mir? Hundert, tausend, Millionen? Auch das
45 steht bestimmt im Internet. Oder in Broschüren.
Wo steht, wie man stirbt?
Warum war mir mein Leben in diesem Moment so billig, dass ich es so kopflos riskieren konnte?
Vor dem Fenster Geräusche, dann fährt eine Kabine an
50 der Fassade herunter. Ein junger Kerl mit Fensterwischer und Eimer grinst von außen ins Wartezimmer, zieht blitzschnell in gekonnten Serpentinen seinen Schwamm über die Scheibe.
Die Praxis liegt im sechsten Stock, das würde reichen,
55 würde schneller gehen als das, was mir bevorsteht.
Kann man sterben, ohne dass es wehtut?
„So!" Der Doktor steht selber unter der Tür. „Komm, du bist dran!"
Ich laufe hinter ihm her, setz mich auf den Stuhl, auf den
60 seine Hand weist. Er setzt sich in seinen Bürosessel, zieht ein Blatt aus meinem Krankenakt.
„Hier, dein Test", sagt er. „Negativ!"
Ich fang an zu zittern, weinen, er nimmt mich an den Schultern, schüttelt mich ein bisschen.
65 „Was ist denn los, he? Negativ! Du hast es nicht! Negativ heißt, du hast das Virus nicht, es ist alles in Ordnung."
Er hat „alles in Ordnung" gesagt. Natürlich, wenn man es hat, heißt es positiv. Negativ bedeutet, alles ist in Ordnung. Negativ ist in Ordnung, natürlich.
70 Ich steh auf, putz mir die Nase am Ärmel ab, egal.
Negativ heißt in Ordnung.
„Danke", sage ich zu ihm, als wäre er es gewesen, der die Hand über mich gehalten hatte, stolpere in den Gang, in den Aufzug, raus.
75 Draußen nieselt es ein wenig. Irgendwo sticht ein Sonnenstrahl durch die Wolken. Auf einem Tulpenbaum sitzt eine Amsel und schmettert ihr Lied quer durch die Stadt.
„Hallo, Welt", sage ich leise und versuche ein Lachen.

Quelle: Reinhold Ziegler (geboren 1955), in: „Der Straßengeher und andere kleine Versuche, die Welt zu verstehen", Beltz und Gelberg, Weinheim/Basel 2001, Seiten 137 – 139

Fertigen Sie eine Textbeschreibung an. Beachten Sie insbesondere folgende Punkte:
- Charakterisierung der Hauptperson unter Berücksichtigung ihrer Gedanken
- Ort und Zeit des Geschehens
- Sprachliche Mittel
- Satzbau

Schreiben Sie einen zusammenhängenden, gegliederten Text. Achten Sie auf korrekte Sprache und Rechtschreibung. Beides wird bewertet.

Lösung

Die Kurzgeschichte „Nur ein Test" von Reinhold Ziegler beschreibt die fast unerträgliche Wartezeit auf ein Testergebnis beim Arzt, während dieser die Hauptfigur über das Leben und den Tod nachdenkt.

Die Geschichte beginnt im Wartezimmer einer Arztpraxis. Die Handlung wird aus der Ich-Perspektive der Hauptfigur geschildert, weshalb man als Leser/-in einen besonderen Einblick in die Gefühlswelt erhält. Verstärkt wird der Fokus auf das Innenleben durch die Verwendung von Hauptsätzen in den Dialogen sowie einigen Ellipsen, z. B. „Hier, dein Test" (Z. 62), denn durch die Kürze der Dialoge werden die meisten Informationen über die Gefühle der Erzählerin/des Erzählers im Monolog vermittelt. Das Geschlecht wird nicht erwähnt, jedoch ist klar, dass es sich um eine junge Person handeln muss, denn sie fühlt sich zu jung zum Sterben (vgl. Z. 35) und wird außerdem vom Arzt geduzt (vgl. Z. 24). Das Wartezimmer ist der Hauptfigur noch aus Kindheitstagen bekannt, weshalb der Raum auch mit positiven Attributen wie fröhlich und lebensbejahend (vgl. Z. 1) beschrieben wird. Widersprüchlich hierzu empfindet die Person die Räumlichkeit jedoch angesichts ihrer Situation gleichzeitig als bedrohlich, da ihr dort das „Verrinnen des Lebens" (Z. 5) besonders eindrücklich vorkommt. In einer Rückblende wird erklärt, wieso sich die junge Person nun dort befindet: Sie hatte vor ein paar Tagen Nasenbluten und trübe Augen an sich selbst festgestellt und daraufhin vermutet, dass sie sich im Urlaub bei ihrer „Urlaubsliebe" (Z. 16) mit einem tödlichen Virus angesteckt haben musste. Für die eigene Leichtsinnigkeit verurteilt sich die Hauptfigur selbst am meisten, so ärgert sie sich über die „abgrundtiefe, sinnlose, unnötige Dummheit" (Z. 40). Aus diesem Grund äußert der Arzt keine zusätzlichen Vorwürfe, sondern versucht, beruhigend auf die Patientin/den Patienten einzureden. Denn offensichtlich bereut sie/er ihre/seine Unvorsichtigkeit zutiefst und wirkt außerdem sehr hysterisch. Die Person meint, das Virus förmlich in sich zu spüren, und glaubt daher, todgeweiht zu sein (vgl. Z. 12 f.). Diese Einbildungen sind Zeichen der Panik, die durch Internetrecherchen zur möglichen Krankheit verstärkt wurden und die Verzweiflung steigern (vgl. Z. 36 ff.). Diese Steigerung wird sprachlich durch eine Aneinanderreihung rhetorischer Fragen dargestellt, die das Gedankenkreisen der Hauptperson widerspiegeln und sogar das Thema Selbstmord beinhalten, z. B.: „Wo steht, wie man stirbt?" (Z. 46), „Kann man sterben, ohne dass es wehtut?" (Z. 56).

Endlich erlöst der Arzt die junge Person mit dem negativen Testergebnis (vgl. Z. 62). Mit dieser Information ist die Erzählerin / der Erzähler überfordert, denn der Widerspruch „Negativ heißt in Ordnung" (Z. 71) stiftet zunächst Verwirrung. Als der jungen Person jedoch bewusst wird, dass sie sich nicht angesteckt hat, überkommt sie eine riesige Erleichterung. Sprachlich gestützt wird dies durch die Wiederholungen der Phrasen: „alles ist in Ordnung" (Z. 68 f.) sowie „negativ" (Z. 68 – 71) und „natürlich" (Z. 67 ff.). Beim Verlassen der Arztpraxis ist die Hauptfigur überwältigt und erfreut sich an der Schönheit der Umgebung.

Die Geschichte macht darauf aufmerksam, dass Leichtsinnigkeit und kurzzeitig verantwortungsloses Handeln schwere Folgen haben. Deswegen erscheint bereits der Titel „Nur ein Test" sehr ironisch, da es sich eben nicht um einen belanglosen Test handelt, sondern um die mögliche Diagnose einer lebensverändernden Krankheit, die durch bewusstes Handeln verhindert werden kann.

Übungsaufgaben

1. Der Filmstar und die Eisprinzessin (Werner Färber)

1 Caro und ihre Mutter schieben sich durch das dichte Gedränge der Reisenden. Die Räder von Caros Koffer holpern über die Unebenheiten der Bahnhofshalle. Sie blickt hinauf zur großen Anzeigetafel und fragt sich,
5 weshalb ihre Mutter so eine Panik macht. Noch sieben Minuten bis zur Abfahrt.

„Hier, Wagen neun. Das ist deiner. Geh auf deinen Platz, bevor ihn ein anderer belegt", drängelt Caros Mutter.

„Ich denke, der Platz ist reserviert", sagt Caro.
10 „Ja, schon, aber man weiß ja nie", meint ihre Mutter, während sie den Zugbegleiter heranwinkt.

„Hallo! Junger Mann!" Freundlich lächelnd kommt er auf sie zu. „Kann ich Ihnen helfen?"

„Das ist meine Tochter Caro", antwortet ihre Mutter.
15 „Sie verreist heute zum ersten Mal allein. Ich war ja dagegen, aber mein Mann meint ..."

„Mama, bitte!" Caro würde am liebsten im Boden versinken. Aber ihre Mutter redet unbeirrt weiter. „Caro wird in Berlin von ihrer Großmutter abgeholt. Würden
20 Sie bitte darauf achten, dass sie nicht zu früh aussteigt?"

„Selbstverständlich", verspricht der Zugbegleiter. „Machen Sie sich keine Sorgen." Er tippt sich an die Mütze, nickt Caro und ihrer Mutter zu und geht zur nächsten Eingangstür, wo ihn eine Frau mit einem
25 wesentlich kleineren Kind ebenfalls um Hilfe bittet.

„Dem Zwerg muss man helfen, nicht mir", denkt Caro.

„Tschüss, mein Spatz", sagt ihre Mutter und nimmt sie in die Arme. Mit Tränen in den Augen drückt sie Caro einen Kuss auf die Wange. Caro schnappt sich den
30 schweren Koffer und steigt in den Zug.

Das Abteil ist leer. Nur ein weiterer Platz ist noch reserviert. Caro wuchtet den Koffer auf die Sitzbank. Am Griff baumelt der Anhänger mit der Anschrift ihrer Oma. Sogar die Telefonnummer hat ihre Mutter draufgeschrie-
35 ben. Endlich schrillt der Pfiff des Schaffners über den Bahnsteig.

Der Zug setzt sich in Bewegung. Caros Mutter winkt. Hinter ihrer Mutter geht die Frau mit dem kleinen Jungen zur Rolltreppe. Anscheinend darf er doch noch
40 nicht allein verreisen.

Caro schließt das Fenster, um es sich im Abteil gemütlich zu machen – doch sie ist nicht mehr allein! Auf dem Fensterplatz in Fahrtrichtung sitzt ein Junge. Er ist ungefähr so alt wie Caro.
45 „Na?", sagt er.

„Was na?"

„Ich bin Benny", stellt er sich vor. „Wohin?"

„Berlin", sagt Caro.

„Ich auch – und?"
50 „Was und?"

„Hast du keinen Namen?"

„Doch, natürlich. Caro."

„Was machst du in Berlin?", fragt Caro.

„Dreharbeiten", sagt Benny nach kurzem Zögern.
55 „Für einen Film? Als Schauspieler?"

„Nein, als Szenenklappe", erwidert Benny.

„Sehr witzig", denkt Caro. Aber er sieht nett aus und unsympathisch ist er auch nicht. Wie ein Schauspieler sieht er jedenfalls nicht aus und im Fernsehen hat sie ihn
60 auch noch nie gesehen.

„Und du?", fragt Benny plötzlich.

Caro zögert. Sie kann schlecht damit kommen, dass sie ihre Oma besucht. Das klingt doch stinklangweilig.

„Ich fahre zum Leistungstraining", platzt sie heraus.
65 Benny macht große Augen. „Leistungstraining? In welcher Sportart?"

„Eiskunstlauf", antwortet Caro.

„Eiskunstlauf? Jetzt, im Sommer?", fragt Benny verwundert.
70 Mist, daran hätte sie denken müssen. Wer geht schon im Sommer eislaufen?

„Klar", sagt Caro selbstbewusst. „Im Spitzensport gibt's keine Pausen."

„Eine Eisprinzessin", murmelt er.
75 Die Abteiltür wird geöffnet, der Zugbegleiter fragt „Ist bei euch alles in Ordnung? Na, ich seh schon, auf euch beide brauch ich nicht aufzupassen. Das muss euch nicht peinlich sein. Mütter sind immer aufgeregt, wenn ihre Kinder das erste Mal allein reisen."
80 „Was meint er damit?", fragt Benny, als der Zugbegleiter das Abteil wieder verlassen hat.

Caro sieht Benny an. Und plötzlich begreift sie. Die Frau mit dem kleinen Jungen – das war seine Mutter! Benny hat also auch so eine peinliche Abschiedsszene hinter
85 sich.

Doch Caro erzählt ihm nicht, dass sie ihn durchschaut hat. Ohne seine Frage zu beachten wechselt sie das Thema. Sie reden über alles Mögliche, lachen und kichern die ganze Zeit und stellen fest, dass sie dieselbe
90 Musik und die gleichen Fernsehserien mögen. Als sie in Berlin ankommen, hat Caro das Gefühl, Benny schon sehr lange zu kennen.

„Viel Spaß beim nächsten Dreh", sagt Caro, als die beiden auf dem Bahnsteig stehen.
95 „Danke, und dir viel Erfolg beim Leistungstraining."

„Caro!", ruft jemand aus der Menschenmenge. „Hier bin ich!"

Caro sieht sich suchend um und entdeckt ihre Oma.

„Meine Trainerin", raunt sie Benny zu. Im selben
100 Moment tippt ein älterer Herr Benny von hinten auf die Schulter. „Na, eine gute Reise gehabt, mein Junge?"

„Mein Manager", sagt Benny.

„Wer sonst." Caro grinst. „Mach's gut, ich muss los."

Kaum sind sie in Omas Wohnung, klingelt das Telefon.

105 Caro stöhnt. „Das ist bestimmt Mama. Wollen wir wetten?" Nein. Das ist nicht Mama. „Wer ist dort, bitte?'"
„Benny. Die Szenenklappe."
„Du?" Caro stutzt. „Woher hast du meine Nummer?"
„Na, vom Anhänger am Koffer", erklärt Benny. „Sag
110 mal, Caro, wollen wir hier in Berlin mal was zusammen machen?"
„Ja, gern. Aber – was ist mit deinen Dreharbeiten?"
Benny prustet in den Hörer. „Das hast du doch nicht etwa geglaubt?"
115 Caro grinst. „Na, wir können ja ... "
„... eislaufen?", fällt ihr Benny ins Wort.

Nun prusten beide in den Hörer.
„Mitten im Sommer?", fragt Caro lachend. „Du hast sie wohl nicht alle."
120 „Na gut, wie wär's mit Kino?"
„Welchen Film?"
„Weiß nicht", sagt Benny. „Muss das Programm durchsehen. Ich ruf dich nachher noch mal an."
„Versprochen?"
125 „Klar", sagt Benny. „Versprochen."

Quelle: Färber, Werner: Der Filmstar und die Eisprinzessin. In: Ulli Schubert (Hrsg.): Seitenweise Ferien. Carlsen Verlag, Hamburg 2002, S. 7 – 16

Fertigen Sie eine Textbeschreibung an. Beachten Sie insbesondere folgende Punkte:
▶ Charakterisierung der Gründe für Caros und Bennys falsche Selbstdarstellung
▶ Ort und Zeit des Geschehens
▶ Sprachliche Mittel

Schreiben Sie einen zusammenhängenden, gegliederten Text. Achten Sie auf korrekte Sprache und Rechtschreibung. Beides wird bewertet.

2. **Ballerina** (Lukas Böhl)

1 Die Wolken konnten nicht länger verdecken, was sie getan hatten. Die Sonne biss in die Erde, schmolz den letzten Schnee des Jahres von der Oberfläche, dort, wo sie lagen. Hunderte, vielleicht Tausende Männer, nicht detonierte Handgranaten, tote Pferde. Die letzte Ruhe überkam sie im Dröhnen der Maschinengewehre. Mitten zwischen den Toten, fixiert in einer vor Kälte erstarrten Hand, in einer kleinen Schatulle, aus edlem Holz, dreht sich, von den wärmenden Strahlen der
5 Sonne beschienen, eine kleine Ballerina. Dreht sich in der sonst so leblosen Landschaft, als ob sie Ausschau hielte nach Überlebenden. Nach dem Mann, für den sie einst tanzen sollte in einsamen Stunden und dessen Augen, jetzt blutunterlaufen, nie mehr Richtung Heimat blicken würden. Mit allerletzter Kraft dreht sie weiter, bis die Melodie ertönt, die für ihn bestimmt, ihn hätte sicher nach Hause geleiten sollen. Sie spielt ein aussichtsloses Spiel gegen die unendlichen Schrecken des Krieges und doch, auch wenn es ungehört verhallt, erklingt das Lied über neu geschlossenem Frieden. Bis ein fremder
10 Soldat ohne Gesicht aufmerksam wird, das Kästchen an sich nimmt und mit der Hundemarke[1] an die Zuhause Wartende schickt. Vielleicht wusste er nicht, dass man Geschenke nicht zurückgibt.

[1] Hundemarke: hier: Metallmarke zur Identifizierung toter Soldaten

Quelle: Lukas Böhl: Ballerina, in: https://sinnblock.de/ballerina-kuerzestgeschichte, Seitenaufruf 23.4.2020

Fertigen Sie eine Textbeschreibung an. Beachten Sie insbesondere folgende Punkte:
▶ Zentrale Bedeutung der Ballerina
▶ Handlungsort
▶ Satzbau und Sprache

Schreiben Sie einen zusammenhängenden, gegliederten Text. Achten Sie auf korrekte Sprache und Rechtschreibung. Beides wird bewertet.

3. Wie heißen die Fehler, die man zwanzig Jahre lang macht (Selim Özdoğan)

1 Eine Zeitlang, als ich etwa sechzehn war, waren in meiner Klasse Steckbriefalben modern. Eine womöglich etwas reifere Form des Poesiealbums, in das man Größe, Augenfarbe, Sternzeichen, Hobbys, Lieblingsspeisen,
5 -bücher und -filme in dafür vorgesehene Zeilen eintragen konnte. Es gab auch die Rubrik: Ich sammle: …
Ich las immer gerne, was die anderen geschrieben hatten, manche versuchten, witzig zu sein und schrieben bei Sammelgegenständen, Geld, Gold oder Schätze hin.
10 Andere hielten sich an die Wahrheit, die Bierdeckel, Briefmarken, Servietten, Coladosen aus aller Herren Länder oder so ähnlich lautete. Ein Mädchen aber hatte in dieser Sparte *Erfahrungen* angegeben. Als ich das las, kam ich mir augenblicklich klein und dumm vor,
15 weil ich immer noch prahlte mit den Kronkorken der Bierflaschen, die ich im letzten halben Jahr getrunken hatte. Neben diesem Mädchen war ich nur ein Faxenkönig.
Ich wünschte mir, wir würden uns kennenlernen und in
20 einander verlieben, so sehr beeindruckte mich das. Wir waren nicht auf derselben Schule, und ich habe sie nie kennengelernt, ein Jungfrau-Mädchen, das gerne Pasta aß, grüne Augen hatte, einsneunundfünfzig groß war und Krabat[1] schon achtmal gelesen hatte.
25 Die Jahre vergingen, ich sammelte Erfahrungen, die konnte ich gut gebrauchen, schließlich wollte ich mal Bücher schreiben, und Erfahrungen waren sogar in den Redaktionen gefragt, bei denen ich mich vorstellte. Haben Sie schon mal etwas in einer Zeitung veröffent-
30 licht? Nein? Tut uns leid, wir brauchen Leute mit ein wenig Erfahrung.
Ich konnte noch nicht mal einen Job als Bürohilfe ergattern, zehn Finger blind und Fremdsprachenkenntnisse reichten nicht, man mußte – wer hätte es gedacht? –
35 Erfahrung haben. Die Frage tauchte auch bei anderen Vorstellungsgesprächen immer wieder auf, nur meine Erfahrungen mit Geldnot interessierten natürlich niemanden.

Also versuchte ich, tüchtig zu sammeln und zu erleiden.
40 Meine Ahnen hatten ein Sprichwort: Dieser Bart ist nicht vom Mehl in der Mühle weiß geworden. Nein, man hatte etwas durchgemacht, bis man graue Haare bekam. Ich ergriff jede Gelegenheit und jedes Risiko, stürzte mich in Abenteuer, Experimente und ausgesprochene
45 Dummheiten. Alles Erfahrungen, ich machte auch welche in der Liebe, im Ausland, in der Familie, noch mehr mit Geldnot, viele mit der Einsamkeit. Dieses Mädchen hatte recht gehabt, davon konnte man nicht genug sammeln.
50 Doch irgendwann dämmerte es mir, daß die meisten Menschen tatsächlich nur sammelten und dass diese Erfahrungen völlig wertlos waren. Sie sammelten Erfahrungen wie andere Leute Teetassen, lagerten sie in abgelegenen, wohlgehüteten Ecken und lernten nichts
55 draus. Zwanzig Jahre lang machten sie immer wieder dieselben Fehler und nannten sie der Einfachheit halber und weil es sich besser anhörte einfach Erfahrungen. Wenn ihnen etwas passierte, aus dem sie keinen Nutzen oder Gewinn ziehen konnten, weder vorher, noch wäh-
60 renddessen, noch nachher, sagten sie: Das Kapitel müssen wir leider unter Erfahrung abhaken.
Heute sammle ich nicht mehr, zumindest keine Erfahrungen, ich versuche, etwas zu lernen. Jedesmal, wenn mir etwas nicht gefällt, und oft genug, wenn ich
65 etwas schön finde.
Erfahrung und Alter zählen nicht immer, und beides ist nicht umsonst zu haben. Doch es kostet nicht viel, bei allem, was man hat, zu versuchen, es richtig zu machen, auf sein Gewissen zu hören, seine Gefühle, seine innere
70 Stimme, sein Herz, wie auch immer man es nennen will. Ich vermute, da ist etwas, das stets da ist und sich nicht nach den Erfahrungen richtet, die man gemacht hat.

[1] Krabat: Jugendbuch von Otfried Preußler

Rechtschreibung folgt der Textvorlage

Quelle: Selim Özdoğan: Trinkgeld vom Schicksal – Geschichten, Aufbau Verlag GmbH & Co KG, Berlin 2016, Originalausgabe 2003 Aufbau Taschenbuch

Fertigen Sie eine Textbeschreibung an. Beachten Sie insbesondere folgende Punkte:
▶ Verlauf und Kernaussage der Kurzgeschichte unter Einbezug des Sammelns von Erfahrung
▶ Sprachliche Besonderheiten
▶ Erklärung der Textstelle „Heute sammle ich nicht mehr, zumindest keine Erfahrungen, ich versuche, etwas zu lernen." (Z. 62 f.)

Schreiben Sie einen zusammenhängenden, gegliederten Text. Achten Sie auf korrekte Sprache und Rechtschreibung. Beides wird bewertet.

Bearbeitungszeit: 240 Minuten

Teil A – Pflichtteil

A1 – Sachtext

Nur noch Computer statt Bäumeklettern?
Warum das Naturerlebnis für Kinder so wichtig ist

1 Sind Sie als Kind auf Bäume geklettert? Haben Sie schon einmal eine Kuh gestreichelt oder im Wald gespielt? Das alles sind Erfahrungen, die die meisten Stadtkinder heute nicht mehr kennen. Natur ist für sie bestenfalls ein
5 theoretisches Konzept, direkten Kontakt zu ihr haben sie kaum, wie nun auch eine Studie bestätigt. Doch es gibt Bemühungen, das zu ändern.

Kühe sind lila und Enten sind gelb: Angeblich können Stadtkinder nicht mehr zwischen Werbung und Natur unter-
10 scheiden. Auch wenn diese These widerlegt wurde, viele Kinder bekommen bei Fragen wie „Wie viele Zitzen hat der Euter einer Kuh?" oder „Welche Farbe hat ein Fuchs?" schon Probleme. Mit Fragen über Vögel, Bäume oder Pilze braucht man es in der Regel gar nicht erst zu versuchen.

15 **Erschreckend naturfern**

Aber selbst, wenn Kinder durch Filme oder Bücher theoretisches Wissen über die Natur haben – der unmittelbare Kontakt mit Wald, Wildtieren oder selbst Nutztieren fehlt oft. Früher hing man wie Affen an Ästen, baute Buden
20 über Bächen oder schwang sich mit Lianen in den Fluss – heute sitzen Kinder vor Computern und haben Berge von Spielzeug.

Das bestätigt auch eine Emnid-Umfrage, die von der Deutschen Wildtier Stiftung in Auftrag geben wurde: Sie
25 zeigt eine erschreckende Naturferne von Kindern zwischen vier und zwölf Jahren. So gaben fast die Hälfte der Kinder an, dass sie noch nie selbstständig auf einen Baum geklettert wären. Jedes fünfte Kind hat „nie oder fast nie" ein freilebendes Tier zu Gesicht bekommen – mal abgesehen
30 von Tauben und anderen Stadtbewohnern.

Oft ist die Angst der Eltern schuld

Aber dass viele Kinder nicht mehr in der freien Natur spielen, hat oft gar nichts mit den Wünschen der Kleinen zu tun, sondern hat Wurzeln bei den Müttern und Vätern: „Einer
35 der Gründe könnte die neue Ängstlichkeit der Eltern sein", sagt Michael Miersch, Geschäftsführer des Forum Bildung Natur der Deutschen Wildtier Stiftung. Denn eine große Mehrheit der Mütter und Väter findet es gefährlich, ihr Kind im Wald spielen zu lassen.
40 Dies konnten die Forscher anhand einer einfachen Frage herausfinden: „Eine Mutter erlaubt ihrem zehnjährigen Sohn, mit einem Freund im Wald zu spielen. Die Mutter des Freundes ist dagegen. Sie findet, das ginge nur, wenn ein Erwachsener auf die Kinder aufpasst. Wer hat Ihrer
45 Meinung nach Recht?" Von gut tausend Eltern stimmten mehr als die Hälfte der ängstlichen Mutter zu.

Dabei zeigte die Umfrage auch, dass es starke Unterschiede je nach Alter der Eltern gab: „Auffallend ist, dass sich mit dem Alter der Befragten die Einstellung ändert", betont
50 Miersch. „Man kann sagen: Je jünger die Eltern sind, desto ängstlicher sind sie." Denn bei der Elterngeneration der über 50-Jährigen gaben 58 Prozent an, ihr Kind sei schon einmal allein einen Baum hochgeklettert, hingegen konnten das nur 33 Prozent der unter 29-Jährigen mit „ja" beant-
55 worten.

Defizite mit Folgen

Aber auch außerhalb des Elternhauses haben Kinder heute immer weniger Möglichkeit, die Natur zu erleben. Schulen in der Stadt sind zwischen Einkaufspassage und Hauptstraße
60 gezwängt, schon ein Park auf dem Schulweg ist eher ein seltener Glücksfall. Und selbst in den Außenbezirken und Vororten bleibt von echter Natur kaum mehr als akku-rat[1] gemähte Rasenflächen und bestenfalls ein größerer Spielplatz übrig. „Das elementare Wissen über Wildtiere
65 und Pflanzen vor unserer Haustür schwindet rasant", sagt Miersch.

Spielplatz vor Hochhäusern

Das aber hat in mehrfacher Hinsicht negative Folgen, denn viele Studien belegen, dass Naturerfahrungen für
70 die kindliche Entwicklung wichtig sind. Spielen im Wald, auf Wiesen und an Bächen fördert nicht nur die motorischen Fähigkeiten, sondern auch das Sprachvermögen, das Selbstbewusstsein und die soziale Kompetenz. „Unser Fazit steht fest: Kinder und Jugendliche brau-
75 chen mehr Naturerfahrungen", sagt Miersch. Er sieht in der Naturbildung für Kinder und Jugendliche eine „gesellschaftliche Herausforderung" und eine „dringende Notwendigkeit".

Abhilfe Waldkindergarten?

80 Inzwischen aber versucht man dies zu ändern. Immer mehr Einrichtungen legen heute Wert auf Tage oder Wochen in der Natur. Besonders sticht dabei ein Konzept heraus, das aus Schweden zu uns herübergekommen ist: Natur- und Waldkindergärten. In Deutschland können bereits über
85 1.000 solcher Projekte gezählt werden und es gibt außerdem 400 bis 500 Waldgruppen.

Aber wie sieht so ein Tag im Wald- und Wiesenkindergarten aus? Als Erstes: Die Kinder sind draußen, rund um die Uhr, das ganze Jahr lang – auch im Winter. Denn hier gilt ein-
90 deutig: „Es gibt kein schlechtes Wetter, es gibt nur schlechte Kleidung." Gelernt wird mit tatkräftiger Unterstützung von Pädagogen direkt von den Tieren und Pflanzen in der Natur.

Und wo wird gegessen und geschlafen? Ebenfalls draußen, auf jeden Fall solange das Wetter einigermaßen mitspielt.
95 Alle Kinder haben ihren kleinen Rucksack dabei, dann sucht man sich einfach irgendwo ein Plätzchen und verdrückt seine mitgebrachte Stulle. Mittagsschlaf wird dann auch schon mal in der Hängematte gemacht – schaukelnd

zwischen den Bäumen mit dem Blick auf ein Kronendach
100 aus Blättern und den vorbeiziehenden Wolken.

¹ akkurat: genau, ordentlich

Quelle: https://www.wissen.de/nur-noch-computer-statt-baeumeklettern-warum-das-naturerlebnis-fuer-kinder-so-wichtig-ist, Seitenaufruf 14.5.2020

Textverständnis

1. Prüfen Sie, welche der folgenden Aussagen mit dem Sachtext übereinstimmen.
Notieren Sie entsprechend **trifft zu / trifft nicht zu / nicht genannt**.

   a) Der direkte Kontakt mit Wald-, Wild- oder Nutztieren fehlt Kindern heutzutage häufig.

   b) Gründe für die Naturferne der Kinder liegen meistens bei der Ängstlichkeit der Eltern.

   c) Viele Schulen liegen mitten in Wiesen oder Wäldern eingebettet.

   d) Garten-AGs an Schulen sollen Kindern helfen, die Natur besser zu verstehen.

   e) Natur ist nicht gleich Natur. Denn akkurat gemähter Rasen hat nichts mit echter Wiese zu tun.

   f) Der Wald- und Wiesenkindergarten arbeitet wetterabhängig. Bei schlechtem Wetter bleiben die Kinder drinnen.

2. Benennen Sie Zeilen, die die Aussage belegen, dass Stadtkinder immer naturferner werden.
Finden Sie drei Angaben.

3. Die Schriftstellerin Karoline von Günderrode sagte: „Durch die Eltern spricht die Natur zuerst zu den Kindern. Wehe den armen Geschöpfen, wenn diese erste Sprache kalt und lieblos ist."

   Erklären Sie in einem Satz diese Aussagen anhand des Textes.

Sprachgebrauch

1. a) In Absatz 4 (Z. 23 – 30) ist eine Nominalisierung zu erkennen. Nennen Sie diese (mit Zeilenangabe). Begründen Sie die Nominalisierung.

   b) Finden Sie eine weitere Nominalisierung aus dem Text.

2. Erklären Sie, weshalb das unterstrichene Wort kleingeschrieben wird.

   „Als Erstes: Die Kinder sind draußen, rund um die Uhr, das ganze Jahr lang – auch im Winter."
   (Zeile 88 f.)

3. Übertragen Sie die unten stehenden Sätze und ergänzen Sie die fehlenden Kommata. Begründen Sie mit der passenden Kommaregel.

   a) Mit Fragen über Vögel Bäume oder Pilze braucht man es in der Regel gar nicht erst zu versuchen.

   b) So gaben fast fünfzig Prozent der Kinder an dass sie noch nie selbstständig auf einen Baum geklettert wären.

   c) Aber auch außerhalb des Elternhauses haben Kinder heute immer weniger Möglichkeiten die Natur zu erleben.

   d) Spielen im Wald auf Wiesen und an Bächen fördert nicht nur die motorischen Fähigkeiten sondern auch das Sprachvermögen das Selbstbewusstsein und die soziale Kompetenz.

4. Bestimmen Sie die Zeitform.

   a) Sind Sie als Kind auf Bäume geklettert? Haben Sie schon einmal eine Kuh gestreichelt oder im Wald gespielt?

   b) Bei der Elterngeneration der über 50-Jährigen gaben 58 Prozent an, ihr Kind sei schon einmal allein einen Baum hochgeklettert […].

   c) Immer mehr Einrichtungen legen heute Wert auf Tage oder Wochen in der Natur.

5. Formulieren Sie die folgenden Sätze im Aktiv bzw. Passiv. Beachten Sie die richtige Zeitform.

   a) Von den Kindern wird mit tatkräftiger Unterstützung von Pädagogen direkt von den Tieren und Pflanzen in der Natur gelernt.

   b) Angeblich können Stadtkinder nicht mehr zwischen Werbung und Natur unterscheiden.

6. Nennen Sie ein Antonym für das unterstrichene Adjektiv.

   „‚Das elementare Wissen über Wildtiere und Pflanzen vor unserer Haustür schwindet rasant‘, sagt Miersch." (Zeile 64 ff.)

7. Formulieren Sie den Satz so um, dass das Subjekt im Vorfeld steht. Bestimmen Sie das unterstrichene Satzglied.

   In mehrfacher Hinsicht negative Folgen hat das rasant schwindende Wissen über Natur, denn viele Studien belegen, dass Naturerfahrungen für die kindliche Entwicklung wichtig sind.

8. Erläutern Sie die unterstrichenen sprachlichen Bilder, in denen Übertragungen aus der Natur eine Rolle spielen, in eigenen Worten.

   a) Mein Vater ist für mich mein Fels in der Brandung.

   b) Eine bekannte Biermarke wirbt mit dem Slogan: „Eine ausgezeichnete Perle der Natur."

   c) Ich bin in der Blüte meines Lebens und genieße diese Zeit.

9. Nennen Sie für die unterstrichenen Begriffe jeweils ein Wort oder einen Ausdruck mit ähnlicher Bedeutung.

   a) Aber selbst, wenn Kinder durch Filme oder Bücher theoretisches Wissen über die Natur haben – der unmittelbare Kontakt mit Wald, Wildtieren oder selbst Nutztieren fehlt oft.

   b) Besonders sticht dabei ein Konzept heraus, das aus Schweden zu uns herübergekommen ist.

   c) Defizite mit Folgen

A2 – Ganzschrift/Lektüre

Mats Wahl: Kill (Textauszüge)

Information zum Buch (Klappentext)

So verzwickt war die Lage für Kommissar Fors noch nie: An einer Schule fallen Schüsse – aus seiner eigenen Dienstwaffe. Hinweise auf die Täter, Fingerabdrücke oder Patronenhülsen gibt es nicht, die jungen Zeugen stehen unter Schock. Die Ermittlungen verlaufen mühsam, bis klar ist, wer die Waffe gestohlen hat. Aber hat die Polizei damit auch den Amokschützen? Ein psychologisches Puzzle der Extraklasse.

1 Als die Schüsse fielen, befanden sich vierundfünfzig Kinder und sechs Erwachsene im Speisesaal der Schule. Dem ersten Schuss folgten unmittelbar vier weitere, alle Schüsse wurden innerhalb von vier, fünf Sekunden abgegeben.

5 Die Kinder im Speisesaal fingen schon beim ersten Knall an zu schreien, obwohl noch keine Folgen der Schüsse zu sehen waren. Die vierte Kugel traf Birgitta Winblad in den linken Mundwinkel, sie streifte den Unterkiefer und trat durch die Wange unterhalb des linken Ohrläppchens wieder aus.

10 Birgitta Winblad, die seit zweiundzwanzig Jahren in der Essensausgabe arbeitete, hob eine Hand zur linken Wange und sah, wie Blut von der Hand zum Ellenbogen rann. Gleichzeitig sah sie den Jungen auf der anderen Seite des Tresens vornüber zu Boden fallen.

15 Eine Lehrerin mit einem weißen Pu-der-Bär-T-Shirt hatte einige Achtjährige zu Boden gerissen. Sie schob die Kinder unter den Tisch, an den sie sich gerade setzen wollten.
Die Lehrerin hieß Filippa Ernblad. Sie war frisch verheiratet und in der zehnten Woche schwanger. Vier Jahre lang
20 war sie bei der Luftwaffe gewesen und wusste, wie es klingt, wenn geschossen wird. Sie war mit Schusswaffen vertraut. Als Jugendliche hatte sie beschlossen, sich bei der Luftwaffe zu bewerben, um Truppenausbilderin zu werden. Stattdessen war sie Lehrerin geworden. Sie war achtund-
25 zwanzig Jahre alt, als sie an diesem Augusttag Birgitta Winblad zu einem Stuhl wanken und darauf niedersinken sah, die linke Hand gegen die Wange gepresst. Blut spritzte hervor und bildete vor ihren Füßen auf dem Boden eine Lache.
30 Die Kinder um Filippa herum schrien und klammerten sich an sie. Die Augen der Kinder waren schwarz von einem Entsetzen, das sie noch nie in den Augen schwedischer Kinder gesehen hatte.
Filippa tastete nach ihrem Handy und wählte den Notruf.
35 Sie kam nicht durch. Die Nummer war besetzt.
Unter einem anderen Tisch sah sie ihre Kollegin, die gleichaltrige und hochschwangere Lina Hult, an ihrem Telefon fingern. Filippa rief Lina zu:
„Besetzt! Ruf zu Hause an!"
40 Nach dem fünften Schuss schien Stille einzutreten, obwohl es keineswegs still war. Kinder weinten und schrien, Lehrer riefen ihren Schülern zu, sie sollten ruhig liegen bleiben, nach einer Weile verstummten die Schreie und nur noch Schluchzen und Rufe nach den Lehrern waren zu hören.

45 Filippa rief ihre Freundin in der Bank an.
Die Freundin, Karin Landmark, nahm das Gespräch entgegen, während sie für eine runzlige Frau mit dicken Brillengläsern und wackelndem Kopf ein Formular ausfüllte.
50 „Landmark", meldete sich Karin Landmark. „Einen Augen ..."
„Karin!", rief Filippa. „In der Schule wird geschossen!"
Karin Landmark drehte sich mit ihrem Bürostuhl, so dass sie der alten Frau mit den dicken Brillengläsern und dem wackelnden Kopf den Rücken zukehrte.
55 „Was!?"
„In der Schule wird geschossen. Jemand ist ins Gesicht getroffen worden und auf dem Fußboden liegt ein Junge."
„Wo bist du?"
„Unter einem Tisch im Speisesaal. Ich komm nicht durch
60 beim Notruf. Kannst du es bitte versuchen!"
Filippa beendete das Gespräch und setzte sich kriechend in Bewegung, und sechs ihrer achtjährigen Schüler folgten ihr, alle kriechend, genau wie die Lehrerin.
[…]
65 „Wie stellt sich das Bild dar?", fragte Kirsch und strich sich über die Stirn zum Haaransatz hinauf. Obwohl er noch keine vierzig war, hatte er ziemlich dünnes Haar, und er erwog, das bisschen abzurasieren, das es noch gab. Ganz kahl würde er energischer und konsequenter wirken. Das
70 stellte er sich jedenfalls vor.
„Das Bild", sagte Hammarlund, „sieht so aus: Einige Kinder sind tot, der Täter ist unbekannt. Bei der Waffe handelte es sich vermutlich um eine SIG Sauer, die einem Polizisten bei einem Raubüberfall in dieser Woche gestoh-
75 len wurde. Die unglückselige Äußerung eines vorgesetzten Polizisten hat eine Art ethnischen Streit ausgelöst, den wir uns gern erspart hätten. Man hat versucht, die Wohnung einer somalischen Familie in Brand zu stecken, und wir müssen befürchten, dass es dem Täter schlecht ergeht, falls
80 der Mob ihn vor uns in die Finger kriegt. Wir haben ein verstärktes Krisenteam gebildet, das mit den Betroffenen arbeitet. Morgen kommt weitere Verstärkung hinzu. Es kommen Leute vom Reichskriminalamt und wir – tja, tun unser Bestes. Die Ermittlungen werden von unserem
85 Kripochef Harald Fors geleitet. Er ist effektiv, erfahren und schnell ... Wir sind guter Hoffnung, dass alles so abläuft, wie wir uns das vorstellen."
„Aber der Täter ist immer noch irgendwo dort draußen?", fragte Kirsch. Er zeigte zum Fenster und runzelte die Stirn.
90 „Zweifelsohne", antwortete Hammarlund.
„Und er ist mit einer geladenen Pistole bewaffnet?"
„Vermutlich. Wenn er sie nicht weggeworfen hat."

[…]

„Es geht also um Emil", sagte Stjernkvist. „Er ist ver-
95 schwunden, und wir haben erfahren, dass er einen guten
Kontakt zu Ihnen hatte, als er in die fünfte und sechste
Klasse ging."

„Ja", sagte Lisa. „Er war oft bei mir, aber nicht, weil wir so
einen guten Kontakt hatten, sondern weil er kaum jemanden
100 hatte, mit dem er Zeit verbringen konnte."

„Hatte er keine Freunde?"

„Eigentlich nicht."

„Können Sie mir etwas über Emil erzählen?"

Lisa Björkman schwieg eine Weile und die Katze miaute
105 wieder. „Er war wohl sehr einsam", sagte sie schließlich.
„Er hatte es nicht leicht mit den anderen. Er ist ziemlich
still, jedenfalls war er es damals, fiel nicht auf, hielt sich
abseits. Ich nehme an, er ist heute noch genauso."

„Warum hatte er keine Freunde?"

110 Lisa Björkman sah zum Fenster. Der Regen peitschte gegen
die Scheibe und floss in Strömen daran herunter. „Es wollte
wohl niemand mit ihm zusammen sein. Ihn umgab eine Art,
ich weiß nicht, wie ich das ausdrücken soll, eine Aura der
Einsamkeit. Die Mitschüler schienen sich abgestoßen zu
115 fühlen. Und dann gab es einige, die waren gemein zu ihm,
sogar sehr gemein."

„Inwiefern?"

Lisa Björkman schob den Kuchenteller näher an Stjernkvist
heran und lehnte sich auf dem Stuhl zurück.

120 „Es begann in der Fünften. Emil hatte dicke Lippen, eigentlich nichts Besonderes, aber es reichte, dass die anderen
sich darüber lustig machten. Seine Lippen scheinen sich ja
verwachsen zu haben, ich hab ihn letzte Woche gesehen.
Heute würde bestimmt niemand mehr behaupten, dass
125 seine Lippen dicker sind als normal. Aber in der Fünften
wirkte es so. Als hätte er dicke Lippen. Da kriegte er einen
Spitznamen."

„Welchen?"

„Der Neger."

130 „Wer hat sich besonders an den Hänseleien beteiligt?",
fragte Stjernkvist.

Lisa Björkman hob ihre Tasse an, führte sie zum Mund
und nahm vorsichtig einen Schluck, als fürchtete sie nicht
nur, die Flüssigkeit könnte heiß, sondern etwas ganz
135 anderes als Kaffee sein, vielleicht etwas Untrinkbares und
Ungenießbares. Sie stellte die Tasse wieder ab.

„Haben Sie keine Zeit, Ihren Kaffee zu trinken?", fragte sie
und zeigte auf Stjernkvists Tasse.

„Doch, natürlich", antwortete dieser und nahm einen
140 Schluck.

„Es fällt mir schwer", sagte Björkman, „Kinder anzu-
schwärzen. Kinder können ja furchtbar grausam sein. Das
wird manchmal vergessen. Oder es scheint so, als ob die
Leute das nicht sehen wollten. Einer, der Emil wirklich in all
145 den Jahren gequält hat, das war Jonny Örtengren. Eigentlich
heißt er Johan, aber im Unterricht hat er nie geantwortet,
wenn man ihn nicht Jonny nannte. Er ist ein Jahr älter als
Emil und hat ihn schon in der Ersten entdeckt. Jonny hat

den Spitznamen erfunden. Ich weiß es, denn ich war dabei,
150 als wir das erste Mal mit Jonny zu reden versuchten, nur ein
paar Wochen, nachdem die Erstklässler eingeschult worden
waren. Jonny, der in die Zweite ging, war dauernd hinter
ihm her, und Emil wollte nicht mehr zur Schule gehen.
Wir haben mit Jonny und seinen Eltern gesprochen, aber es
155 half nichts. Jonnys Vater war der Ansicht, Jungs sind eben
Jungs, und ein bisschen muss man schon vertragen können.
Ich glaube, als Emil in die Siebte ging, hat seine Mutter
Örtengren angezeigt.

Ich bin nicht ganz sicher, aber ich glaube, sie hat es getan.
160 Dabei ist allerdings nichts herausgekommen. Man kann
froh sein, dass Jonny nicht noch schlimmer geworden ist
– bei dem Vater. Örtengren ist ein schrecklicher Kerl. Ich
weiß es, weil meine Nichte in einem seiner Häuser gewohnt
hat, und als die in Eigentum umgewandelt werden sollten,
165 ist es fast kriminell zugegangen.

Da wurde eine Raffgier an den Tag gelegt, die den Leuten
die Sprache verschlug. Örtengren wollte seine Immobilie
als Eigentum verkaufen und trotzdem eine große Anzahl
Wohnungen im Haus selbst weiter vermieten, und zwar
170 unter der Hand. Unglaublich, dass es Menschen gibt, die
sich einbilden, man könnte den Kuchen aufessen und ihn
trotzdem behalten, das geschieht nicht nur in Märchen,
das soll es auch in Wirklichkeit geben: Und sein Sohn
will Jonny genannt werden. Das ist vermutlich eine Art
175 jämmerlicher Protestversuch." Lisa seufzte. „Örtengren hat
allen Ernstes versucht, den Lehrern zu verbieten, seinen
Sohn Jonny zu nennen. Der Junge heißt doch Johan, und
so soll er auch genannt werden, meinte der Vater. Aber es
funktionierte nicht. Johan antwortete nur, wenn er als Jonny
180 angesprochen wurde."

„Waren noch andere außer ihm gemein?", fragte Stjernkvist.

„Ja", antwortete Lisa Björkman, „es waren viele.
Oder es sind viele. Sie ziehen ihn ja immer noch auf."

„Aber Sie meinen, Jonny ist am schlimmsten?"

185 „Absolut."

Stjernkvist nahm einen Teekuchen und biss hinein.
Die Katze strich erneut um seine Beine und miaute.

„Was ist mit ihm passiert?", fragte Lisa Björkman.

„Mit Emil."

190 Stjernkvist kaute und nahm einen Schluck Kaffee.

„Wir wissen es nicht genau. Haben Sie eine Idee, wohin
Emil geht, wenn er allein sein will?"

Lisa Björkman schüttelte den Kopf. „Eigentlich nicht, aber
wahrscheinlich nicht nach Hause. Sein großer Bruder Tony
195 ist nicht sonderlich nett."

„Emil hat also nie von einem Ort erzählt, wohin er sich
zurückzieht?"

Erneut schüttelte Lisa Björkman den Kopf. „Nicht soweit
ich mich erinnere."

200 […]

Emil Larsson fiel zurück in das Stadium eines klei-
nen Kindes. Er wurde in die Abteilung für Kinder- und
Jugendpsychiatrie des Regionalkrankenhauses eingeliefert.
Er machte in die Hose und nässte nachts ins Bett.

205 Er konnte sich nicht an mehr als drei Namen von seinen Klassenkameraden erinnern und nicht die Wochentage in der richtigen Reihenfolge aufzählen, was er schon mit fünf Jahren gelernt hatte.

[…]

210 Es regnete.

Emil hatte neue Jeans an und trug dazu weiße Sneakers. Sein Hemd war weißblau kariert und seine Haare waren frisch geschnitten. Jetzt sah man, dass er abstehende Ohren hatte. In der Hand hielt er eine Tüte mit Himbeergeleebonbons. Er

215 öffnete die Tüte und hielt sie Fors hin. Der nahm sich ein Bonbon. Dann reichte Emil Carin die Tüte, die sich auch eins nahm.

Schließlich nahm er sich eine Hand voll und stopfte sich die Bonbons in den Mund.

220 „Wollen wir über Jonny reden?", fragte Fors.

Emil sah aus, als hätte er es nicht gehört.

„Du magst Jonny nicht", sagte Carin.

Emil begann zu lachen. Er lachte mit offenem Mund und man sah den roten Brei aus zerkauten Geleebonbons.

225 „Wann hast du Jonny kennen gelernt?", fragte Fors.

„In der ersten Klasse", murmelte Emil durch den zerkauten Brei.

„War er damals schon gemein zu dir?", fragte Fors.

Emil nickte.

230 „Was hat er getan?"

„Gemeine Sachen gesagt."

„Was?"

„Neger."

„Warum hat er das gesagt?"

235 Emil stiegen Tränen in die Augen. „Weil er gemerkt hat, dass ich dann traurig wurde."

„Jonny wollte dir wehtun?"

„Er wollte mich traurig machen!", schrie Emil. „Er wollte, dass ich weine. Er hat gelacht, wenn ich geweint hab." Dann

240 stopfte er sich wieder Geleebonbons in den Mund.

„Was hat er sonst noch getan?"

„Hat Sachen gesagt, die nicht wahr waren."

„Was hat er gesagt?"

„Dass ich ein Mädchen bin."

245 „Was hat er noch gesagt?"

„Dass ich schwul bin."

„Was hat er noch gesagt?"

„Dass ich eine Hure bin."

„Was hat er noch gesagt?"

250 „Dass mich keiner mag, weil ich schlecht rieche."

„Wann hat er all das gesagt?"

„Als ich in die Erste ging."

„Und da ging Jonny in die Zweite?"

„Ja."

255 „Hast du es deiner Lehrerin erzählt?"

„Ja."

„Was hat sie getan?"

„Nichts."

„Deine Lehrerin hat also nichts getan?", fragte Fors.

260 „Niemand hat etwas getan", antwortete Emil.

„Und da warst du in der Ersten?"

„Ja."

„Wie ging es dann weiter?"

Emil sah ihn verständnislos an, als ob die Antwort selbst-

265 verständlich wäre. „Genauso."

„Es hat sich nie geändert?"

Emil warf Fors einen Blick zu, als wäre dieser minderbemittelt.

Er reichte ihm die Tüte mit den Geleebonbons.

270 Zwei waren noch darin.

Fors schüttelte den Kopf.

„Möchten Sie nicht?"

„Sie gehören dir", sagte Fors.

Emil reichte Carin die Tüte. Sie nahm das eine Bonbon und

275 Emil das andere. Als die Tüte leer war, begann er sie hastig zu zerreißen, Stück für Stück. Die Plastikfetzen und Krümel sammelte er in seinem Schoß.

„Wo hat Jonny gestanden", fragte Fors, „als du geschossen hast?"

280 Emil fingerte an den Tütenresten. „Ich wollte ihn nur erschrecken", sagte er ohne aufzuschauen.

„Du wolltest ihn nur erschrecken", wiederholte Fors.

Emil nickte.

„Wie hast du das gemacht, als du geschossen hast?", fragte

285 Fors.

Emil sah ihn an. „Ich hab gezielt und abgedrückt. Es war schwer. Die Pistole war schwer und das Abdrücken war auch schwer. Ich hab gedacht, mit ihr stimmt was nicht."

„Sie ist so konstruiert", sagte Fors. „Das Abdrücken muss

290 schwer gehen."

„Wie spät ist es?", fragte Emil und Carin antwortete ihm.

„Auf die hab ich gezielt", fuhr Emil fort, „auf die Uhr."

„Welche Uhr?", fragte Fors.

„Die an der Wand über der Essensausgabe hängt.

295 Jonny stand darunter. Ich hab auf die Uhr gezielt, sie aber nicht getroffen."

„Du hast auf die Uhr gezielt", wiederholte Fors.

„Fünfmal?"

„Ich wollte ihn nur erschrecken."

300 „Aber", sagte Fors, „wie hätte Jonny wissen sollen, dass du es warst, der die Uhr zerschossen hat? Wie sollte er begreifen, dass er nicht mehr gemein zu dir sein sollte?"

„Ich wollte es ihm sagen. Ich wollte ein Loch in die Uhr schießen und irgendwann später wollte ich ihm sagen, dass

305 ich ihn erschießen werde, wenn er noch mal gemein zu mir ist."

„Hatte er etwas Bestimmtes getan, so dass du besonders böse auf ihn warst, als du ihn mit der Pistole erschrecken wolltest?", fragte Carin.

310 „Ja."

„Was?", fragte Carin.

Da fing Emil an zu weinen.

Quelle: Mats Wahl: Kill. Dtv Verlagsgesellschaft mbH & Co.KG, München 11. Auflage 2019, S. 24 – 26, 244 – 245, 281 – 284, 299, 307 – 311

1. Beschreiben Sie in vollständigen Sätzen den Ablauf des Amoklaufs an der Schule.

2. Schildern Sie in eigenen Worten, welche Beweggründe Emil veranlasst haben, zum Amokschützen zu werden.

3. Erklären Sie, welchen seelischen Qualen Emil jahrelang ausgeliefert war. Berücksichtigen Sie auch seinen geistigen Zustand nach der Tat.

4. „Man kann froh sein, dass Jonny nicht noch schlimmer geworden ist – bei dem Vater. Örtengren ist ein schrecklicher Kerl." (Z. 160 ff.)

   Erläutern Sie kurz Gründe, warum Jonny zum Mobbing-Täter geworden ist.

5. „‚Er wollte mich traurig machen!', schrie Emil. ‚Er wollte, dass ich weine. Er hat gelacht, wenn ich geweint hab.' Dann stopfte er sich wieder Geleebonbons in den Mund." (Z. 238 ff.)

   Formulieren Sie fünf unterschiedliche Gedanken, die Fors bei der Befragung von Emil durch den Kopf gehen könnten.

6. Nach dem Verlassen der Jugendpsychiatrie tauschen sich Fors und Carin noch einmal über das Erlebte aus. Schreiben Sie dieses Gespräch vor dem Hintergrund der aktuellen Ereignisse rund um den Amoklauf und Emil als Schützen. Berücksichtigen Sie mindestens drei Aspekte. (mindestens 150 Wörter)

Teil B – Wahlteil

1. Erörterung

Umweltschutz beim Lebensmittelkauf

Erörtern Sie Möglichkeiten und Grenzen, die Sie für Verbraucher/-innen in Bezug auf die Vermeidung von Plastikverpackungen beim täglichen Einkaufen sehen. Verwenden Sie die folgenden Materialien für Ihre Argumentation. Begründen Sie Ihre eigene Meinung.

M1 – Blogbeitrag

#Plastik am 13.09.2019, aktualisiert am 20.01.2020
Zero Waste: Wo gibt es Unverpackt-Läden in Baden-Württemberg?
Mona Walker

1 *Plastikfrei einkaufen? Ja, das geht! Und zwar in einem Unverpackt-Laden. Wie das funktioniert und wo es Läden in Baden-Württemberg gibt, verraten wir dir hier.*
Unverpackt-Laden – wieso, weshalb, warum?
5 In Deutschland produziert jeder Einwohner jährlich 37,4 Kilogramm Plastikmüll – Platz drei im europaweiten Ranking. Ein Weg, um diese Menge zu reduzieren, sind die Unverpackt-Läden. Diese bieten Waren verpackungsfrei an. Ziel ist der Schutz unserer Umwelt, denn es wird auf
10 schädliche Plastikverpackungen verzichtet, um Müll zu reduzieren und Ressourcen zu schonen. Zero Waste heißt die Philosophie, die dahintersteht.
Das Besondere an den Unverpackt-Läden ist die Art und Weise, wie eingekauft wird. Denn in den Unverpackt-
15 Läden füllst du die gewünschte Ware selbst ab. Aus großen

Glasbehältern, sogenannten „Bulk Bins", kannst du Nudeln, Reis, Nüsse, Erbsen, Linsen, Kaffeebohnen und vieles mehr entnehmen. Meist sind sie an Wänden befestigt, du öffnest ein Ventil und schon rieselt die Ware heraus. So wie früher
20 die Kaugummi-Spender im Tante-Emma-Laden.
Um die Waren zu transportieren, bringst du eigene Behälter, zum Beispiel Stofftaschen oder Dosen, mit. Das macht es dir leichter, nur so viel zu kaufen, wie du auch wirklich brauchst.

Wichtig: Denk dran, deinen Behälter auf der Tara-Waage im Laden zu wiegen, bevor du ihn befüllst. Das Gewicht der Dose oder des Glases wird dann an der Kasse abgezogen. So bezahlst du wirklich nur das, was du einkaufen willst.

25 **Ist der Einkauf im Unverpackt-Laden teurer?**
Wer auf Plastikverpackungen verzichten und weniger Müll produzieren will, sollte mit höheren Ausgaben beim Einkauf rechnen. Zwar unterscheiden sich die Lebensmittelpreise in Supermarkt und Unverpackt-Laden nur um wenige Cent
30 voneinander. Bei Artikeln wie Zahnpasta, Shampoo oder Klopapier kann es aber schon mal ins Geld gehen, wie ein Selbstversuch des NDR[1] zeigt. Du solltest aber nie vergessen: Mit dem Einkauf im Unverpackt-Laden unterstützt du die Zero-Waste-Bewegung und tust was für die Umwelt.

35 **Wo finde ich einen Unverpackt-Laden in meiner Nähe?**
2014 wurde der erste Unverpackt-Laden in Kiel gegründet, seitdem hat sich der Trend deutschlandweit ausgeweitet. Inzwischen gibt es hierzulande über 100 Unverpackt-Läden. Allein in Baden-Württemberg sind es aktuell 18 an
40 der Zahl.

NDR[1]: Norddeutscher Rundfunk

Quelle: Mona Walker, in: https://www.aok.de/bw-gesundnah/nachhaltigkeit-und-umwelt/unverpackt-laden-plastikfrei-einkaufen-in-stuttgart-und-region, Seitenaufruf 27.5.2020

M2 – Grafik

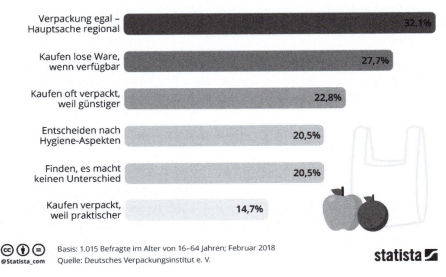

Plastikmüll beim Einkauf vermeiden – so viele tun es

Anteil der Befragten, die verpackte oder lose Ware (Obst, Käse etc.) kaufen

- Verpackung egal – Hauptsache regional: 32,1%
- Kaufen lose Ware, wenn verfügbar: 27,7%
- Kaufen oft verpackt, weil günstiger: 22,8%
- Entscheiden nach Hygiene-Aspekten: 20,5%
- Finden, es macht keinen Unterschied: 20,5%
- Kaufen verpackt, weil praktischer: 14,7%

Basis: 1.015 Befragte im Alter von 16–64 Jahren; Februar 2018
Quelle: Deutsches Verpackungsinstitut e. V.

@Statista_com

statista

Quelle: https://de.statista.com/infografik/13338/plastikmuell-beim-einkauf-vermeiden/, Seitenaufruf 13.5.2020

2. Lyrik

NATURGEDICHT (Reiner Kunze)

1 Die dinge hören nur, wenn du sie rufst
bei ihrem wahren namen

Getäuscht sein will allein
der mensch

5 Er täuscht sich
aus der welt hinaus, die dinge

kennen kein verzeihn

Quelle: Reiner Kunze: Naturgedicht. Aus: ders., lindennacht. gedichte. © S.Fischer Verlag GmbH, Frankfurt am Main 2007

Fertigen Sie zu diesem Text eine Textbeschreibung an. Beachten Sie insbesondere folgende Punkte:

▶ Überschrift in Bezug auf den Inhalt des Gedichts
▶ Kontrast zwischen Menschen und Dingen
▶ Sprachliche Mittel und deren Wirkung
▶ Groß- und Kleinschreibung

Schreiben Sie einen zusammenhängenden, gegliederten Text. Achten Sie auf korrekte Sprache und Rechtschreibung. Beides wird bewertet.

3. Prosa

Achtung vor dem Leben (Robert Zabek)

1 Heute ging ich in die Knie. Und zwar so richtig. Das passiert mir bei Gott nicht oft, aber heute … heute war es soweit. Und es musste auch so sein! Ein herrlicher Tag … Einer der ersten Herbsttage dieses Jahres. Tiefblauer Himmel,
5 vereinzelt ein paar Quellwolken, aber richtig schön warm und nicht ein Hauch von Tristesse[1] am Horizont. Ich war gerade mit dem Fahrrad unterwegs. Entlang der Donau, wieder einmal, auf einem asphaltierten Weg, und weit und breit keine Menschenseele. Freitag, 14:15 … und nur die
10 Natur und ich. Keiner da, der stört, herrlich … muss wohl am 12 Stunden-Tag liegen, mhm. Quiiiiieeeeeeeeetsch! Ich bremse (also … das Quietschen kam nach dem Bremsen, aber egal), und komme zum Stehen. 25 Jahre im Schnitt jeden Tag mehrere Stunden ein Instrument üben, machen
15 sich nun bezahlt. Meine Reaktionszeit dank dadurch veränderter Gehirnphysiologie stark verkürzt … im Sinne von: ich brauchte nur eine halbe oder Viertelsekunde, statt einer Ganzen, zum Reagieren. Sonst wäre sich das wahrscheinlich gar nicht ausgegangen. Gut so! Das Rad steht,
20 meine Beine berühren den Boden. Vor mir … da liegt sie … da kriecht sie. Langsam. Nicht unbeholfen, sondern edel, sachte und einfach nur wunderschön … Eine Raupe … ungefähr so lang wie mein Zeigefinger. Ich sehe mich um,
vergewissere mich, dass niemand kommt, dass keine Gefahr
25 droht. Fast wäre ich über sie drübergefahren. Zum Glück ist nichts passiert. Ich gehe in die Hocke, knie mich auf den warmen Asphalt und sehe ihr zu. Sie scheint ihren Weg zu kennen und steuert intuitiv auf den Rand des Gehwegs zu, wo Löwenzahn, Gänseblümchen und anderweitig saftiges
30 Grün schon auf sie wartet. Ich will sichergehen, dass ihr nichts passiert, bleibe und sorge dafür, dass ihr niemand zu nahekommt. Geschafft … sie schlängelt sich unter ein paar Blätter, beendet ihren Moonwalk[2], so hatten die Bewegungen ihres Körpers nämlich ausgesehen und …
35 ja … liegt halt einfach nur so da. Scheint darüber hinaus nicht wirklich was zu tun. Macht sich keine Sorgen … über Einkommen, Auskommen, Weihnachten, oder Herpes … nein. Sie liegt einfach nur da und irgendwann, vielleicht schon bald, wird sie ihre Flügel ausbreiten und durch die
40 Lüfte schweben. Wow … ich erfreue mich am Anblick dieses schönen Lebewesens. Keine Ahnung, wie und als was genau sie sich entpuppen wird, oder er, als Laie könnte ich gar nicht sagen, dass mir da anatomisch irgendetwas großartig aufgefallen wäre. Egal. Solang dem Schmetterling
45 später kein rüpelhaftes Kind den Flügelstaub dreister- und dummerweise streitig macht, wartet sicher ein schönes

Leben auf den Falter … ihn, oder sie … oder es? Vor unserer Begegnung, und vor dieser schönen Begebenheit, hatte ich daheim, im Fernsehen, im Teletext[3], jedenfalls gelesen, dass
50 heute 12 Kinder bei einem Bombenabwurf in Afghanistan ums Leben gekommen sind. So ist wohl das Leben … heutzutage … oder war's schon immer so … seit es Menschen gibt … denke ich mir … setze mich aufs Fahrrad … und fahre weiter.

[1] Tristesse: Trostlosigkeit, Traurigkeit
[2] Moonwalk: spezieller Tanzschritt
[3] Teletext: auch Videotext: System zur Darstellung von Texten auf dem Fernsehbildschirm

Quelle: Robert Zabek, https://www.e-stories.de/view-kurzgeschichten. phtml?44746#, 5.12.2018

Fertigen Sie eine Textbeschreibung an. Gehen Sie dabei insbesondere auf folgende Punkte ein:

▶ Charakterisierung des Erzählers unter Berücksichtigung der Erzählperspektive
▶ Zeitlicher Rahmen der Geschichte
▶ Sprachstil und Satzbau
▶ Bedeutung der Raupe

Schreiben Sie einen zusammenhängenden, gegliederten Text. Achten Sie auf korrekte Sprache und Rechtschreibung. Beides wird bewertet.

Bearbeitungszeit: 240 Minuten

Teil A – Pflichtteil

A1 – Sachtext

Das kurze Leben der Elektrogeräte (Birgit Amrehn)

1 Kurz nachdem die Garantie abgelaufen ist, gehen viele elektrische Geräte kaputt. Der Verdacht liegt nahe: Hersteller bauen gezielt für den Müll. Doch beweisen lässt sich dies nicht. Fakt ist: Bei der Entwicklung eines Elektrogeräts
5 planen die Hersteller, wie lange es voraussichtlich funktionieren wird. „Haltbarkeit spielt dabei keine Rolle mehr", regt sich Stefan Schridde auf. Seit Jahren kämpft er mit seiner Kampagne „Murks? Nein, danke!" für nachhaltige Produktqualität. Er ist sich sicher: Allzu oft bauen Her-
10 steller absichtlich einen Defekt in das Gerät. Denn wenn der Kunde neu kaufen muss, wird der Umsatz angekurbelt. Fachleute nennen das „geplante Obsoleszenz". Ob fest verbaute Akkus, Kunststoffzahnräder, die sich gegenseitig zerfräsen oder falsch bemessene Kondensatoren
15 – Schridde wird nicht müde, Beispiele von „Murks" zu sammeln. Sein Lieblingsobjekt ist ein Milchaufschäumer eines Markenherstellers. Um das Gehäuse zu öffnen, sind zwar Schrauben vorhanden, doch letztendlich hilft nur zerstörerische Gewalt: Das Gehäuse ist zusätzlich verklebt.
20 Eine Reparatur ist vom Hersteller nicht eingeplant. Bauen die Hersteller solche Schwachstellen also extra ein? Wasserdicht beweisen kann selbst Stefan Schridde es nicht. Doch es gibt einige Indizien. Die meisten wurden bislang bei der Glühbirne gefunden: In den 1940er
25 Jahren flog ein geheimer Zusammenschluss internationaler Glühlampenhersteller auf. In den Akten des sogenannten Phoebuskartells steht es schwarz auf weiß: Die Lebensdauer einer Glühbirne ist auf 1000 Stunden zu begrenzen. Brennt eine Birne länger, wird der Hersteller mit empfindlichen
30 Geldbußen bestraft. Doch weitere Beweise blieben bislang aus. Die Stiftung Warentest stellte vor einigen Jahren zwar fest, dass diverse Produkte unerfreulich kurzlebig sind. Doch ihre Testergebnisse ergaben keinen Rückschluss darauf, dass Hersteller absichtlich Fehlerquellen einbauten.
35 Und auch eine 2016 vom Umweltbundesamt veröffentlichte Studie fand keine Indizien dafür. Zwar plane der Hersteller die Lebensdauer, doch sei er dabei verschiedenen Faktoren unterworfen. Zum Beispiel müsse er möglichst günstig produzieren, um auf dem Markt bestehen zu können. Technik
40 und Material hätten Leistungsgrenzen.
„Ob es geplante Obsoleszenz gibt oder nicht – diese Frage muss gar nicht unbedingt beantwortet werden, um zu wissen, dass wir handeln müssen", sagt Ines Oehme vom Umweltbundesamt „Unser Ziel ist es, dass die Menschen
45 sich auf eine Mindestlebensdauer verlassen können und ihre Geräte so lange wie möglich nutzen. Und dafür müssen wir auf vielen Ebenen die Bedingungen verbessern." Denn eines förderte die von ihr begleitete Studie sehr wohl zu Tage: Elektrogeräte werden immer kürzer genutzt.
50 Besonders der Anteil von Haushaltsgroßgeräten, die bereits in den ersten fünf Jahren kaputt gehen, stieg deutlich an. Doch nicht nur die Hersteller werden in der Studie zur Verantwortung gezogen, sondern auch die Verbraucher. Viele kaufen sich frühzeitig ein neues Gerät, obwohl
55 das alte noch voll funktionsfähig ist. Besonders bei Smartphones und Fernsehern wollen viele die neueste Technologie oder das neueste Modell besitzen. Egal aus welchen Gründen Elektrogeräte kurz genutzt werden, für das Umweltbundesamt ist das unter ökologischen
60 Gesichtspunkten ein Dorn im Auge. Die Herstellung der Produkte verbraucht wertvolle Ressourcen; Schadstoffe und Treibhausgase belasten Umwelt und Klima. Doch was tun? „Wir müssen uns als Gesellschaft darauf einigen, wie lange ein Gerät mindestens halten soll", meint
65 Ines Oehme. „Oder wie lange Ersatzteile vorhanden sein müssen und Software weiter unterstützt werden muss." Bei Staubsaugern regelt das bereits die Ökodesign-Richtlinie. Sie legt fest, dass spätestens ab dem 1. September 2017 der Motor mindestens 500 Stunden durchhalten muss. Das
70 entspricht einer durchschnittlichen Lebensdauer von zehn Jahren. Mit der Ökodesign-Richtlinie ließen sich auch für andere Produktgruppen Mindestanforderungen festlegen, etwa wie lange sie halten müssen oder dass sie zu reparieren sein müssen. Für Stefan Schridde, den „Murks"-Initiator,
75 geht das zu langsam. Er fordert eine Änderung des gesetzlichen Gewährleistungsrechts. Kunden können bisher zwei Jahre lang den Handel für defekte Elektrogeräte haftbar machen. Nach einem halben Jahr müssen sie jedoch nachweisen, dass sie nicht selbst den Defekt verursacht haben.
80 Könnte der Kunde den Handel längere Zeit ohne Nachweis einer Ursache in Haftung nehmen, würde laut Schridde die Qualität automatisch steigen. Und er müsse nicht weiter so viel Murks sammeln.

Quelle nach: https://www.planet-wissen.de/gesellschaft/wirtschaft/konsum/geplante-obsoleszenz-100.html. Stand: 1.4.2020

Textverständnis

1. Prüfen Sie, welche der folgenden Aussagen mit dem Sachtext übereinstimmen.   **3 P**
Notieren Sie entsprechend **trifft zu / trifft nicht zu**.

    a) Ein geheimer Zusammenschluss internationaler Glühlampenhersteller legte in den 1940er Jahren fest, die Lebensdauer einer Glühbirne auf 1000 Stunden zu begrenzen.

    b) Die Stiftung Warentest fand in einer Studie viele Indizien, die beweisen, dass Hersteller absichtlich Fehlerquellen einbauen.

    c) Der Anteil an Haushaltsgeräten, die in den ersten fünf Jahren nicht kaputt gehen, stieg deutlich an.

    d) Viele Konsumenten kaufen sich erst dann ein neues Gerät, wenn das alte nicht mehr funktionsfähig ist.

    e) Unter ökologischen Gesichtspunkten ist die kurze Lebensdauer von Elektrogeräten nicht vertretbar.

    f) Handrührgeräte müssen seit September 2017 eine Laufzeit von mindestens 500 Stunden aufweisen.

2. Erklären Sie den Begriff „geplante Obsoleszenz".   **1 P**

3. Das Umweltbundesamt kritisiert die kurze Lebensdauer aus ökologischen Gesichtspunkten.   **2 P**
Formulieren Sie zwei Gründe dafür. Antworten Sie in vollständigen Sätzen.

4. Erläutern Sie das aktuelle gesetzliche Gewährleistungsrecht.   **1 P**

5. Beschreiben Sie zwei Gründe, warum Elektrogeräte immer kürzer genutzt werden.   **2 P**

6. Begründen Sie, warum laut Stefan Schridde eine Änderung des gesetzlichen Gewährleistungsrechtes automatisch zu einer Qualitätssteigerung führen würde.   **1 P**

Sprachgebrauch

7. Rechtschreibung   **4 P**

Bestimmen Sie die korrekte Schreibweise des unterstrichenen Wortes und benennen Sie die angewandte Rechtschreibstrategie/Rechtschreibregel.

Bsp.: _kommen/komen_: kommen ➜ _Strategie: Schwingen, kom-men_

    a) Ein schneller Defekt bei Kleingeräten ist nichts <u>Überraschendes/überraschendes</u>.

    b) Erste Anzeichen für das drohende Ende der Lebensdauer sind zunehmend laute <u>Gereusche/Geräusche</u> des Gerätes.

    c) Manche Elektrogeräte können bei intensiver Nutzung leicht in <u>Brand/Brant</u> geraten.

    d) Für den Konsumenten ist es am <u>Besten/besten</u>, wenn er ein qualitativ hochwertiges Gerät mit einer langen Lebensdauer kauft.

8. Zeichensetzung   **2 P**

Übertragen Sie die unten stehenden Sätze und setzen. Sie die fehlenden Kommas. Begründen Sie jeweils mit der passenden Kommaregel.

    a) Der Umsatz wird angekurbelt wenn der Kunde neue Geräte kaufen muss.

    b) Smartwatches die technisch schnell veralten sind besonders bei Jugendlichen sehr beliebt.

9. Indirekte Rede   1 P

Formulieren Sie die folgende Aussage in indirekter Rede. Verwenden Sie den Konjunktiv I.

Ines Oehme vom Umweltbundesamt sagt: „Unser Ziel ist es, dass die Menschen sich auf eine Mindestlebensdauer verlassen können […].“ (Z. 44 f.)

10. Tempus   2 P

Bestimmen Sie das Tempus. Verwenden Sie den lateinischen Fachbegriff.

a) Er muss nicht weiter so viel Murks sammeln.

b) In den Akten des sogenannten Phoebuskartells hatte es schwarz auf weiß gestanden.

c) Eine Änderung des gesetzlichen Gewährleistungsrechts wird 2030 bereits umgesetzt worden sein.

d) Der Hersteller hat bewusst Schwachstellen in die Elektrogeräte eingebaut.

11. Aktiv/Passiv   1 P

Formulieren Sie den Satz im Passiv.

Verbraucher kaufen frühzeitig neue Geräte, obwohl die alten noch voll funktionsfähig sind.

12. Wortarten   2 P

Bestimmen Sie die Wortarten der unterstrichenen Wörter und notieren Sie die lateinischen Bezeichnungen.

„Ob (1) es geplante Obsoleszenz gibt (2) oder nicht – diese (3) Frage muss gar nicht unbedingt beantwortet werden, um zu wissen, dass wir (4) handeln müssen.“ (Z. 41 ff.)

13. Feldermodell   2 P

Erstellen Sie eine beschriftete Feldertabelle.
Tragen Sie den folgenden Satz ein, ohne ins Nachfeld zu schreiben:

Ein Elektrogerät sollte eine Mindestlebensdauer haben, weil dies aus ökologischen Gesichtspunkten nachhaltiger ist.

14. Umgang mit Sprache

Erklären Sie die Formulierung: „ein Dorn im Auge“. (Z. 60)

1 P

A2 – Literatur

Gabriele Clima: Der Sonne nach

15. Nennen Sie drei bedeutsame Figuren, denen Dario oder Andy auf ihrer Reise begegnen und erklären Sie kurz deren Bedeutung. **3 P**

16. *„Also, dann hör mir mal gut zu. Du bist nicht der Einzige. Ich sitze auch in einem Rollstuhl.* **4 P**
Seit neun Jahren schon. Hat bloß keiner mitbekommen." (S. 102)

Zeigen Sie auf, warum Dario seine Gesamtsituation so empfindet (vier Aspekte).

17. *„In Ordnung", sagte die Delfrati schließlich. „Tun wir so, als wäre nichts passiert."* **2 P**
Na toll, dachte Dario, das ist genau die Antwort, wie man sie von einem Weichei erwartet. (S. 21)

Nennen Sie zwei Gründe, warum Dario Frau Delfrati in dieser Situation als „Weichei" empfindet.

18. *„Deswegen, Dario, was auch immer du mit Andy gemacht hast, ich möchte nicht, dass du damit* **3 P**
aufhörst." (S. 149)

Erklären Sie, wodurch Dario Andys positive Entwicklung beeinflusst hat (drei Aspekte).

19. Innerer Monolog **13 P**

„Er hatte nur noch einen Gedanken, zu verschwinden, er wollte nur noch von hier weg, weit
weg, einfach abhauen.
Aber abgehauen war er ja schon. Und war hier ‚Am Park' gelandet. Wo es keine Villen gab.
Keine Tore mit goldenen Klingelschildern. Es gab nicht einmal einen Vater." (S. 125)

Stellen Sie in einem inneren Monolog drei weitere Gedanken Darios dar.

(mindestens 200 Wörter)

ODER

19. Tagebucheintrag **13 P**

„Dario sagte nichts, aß nichts, kam tagelang nicht aus seinem Zimmer, monatelang, jahrelang,
wer konnte das schon sagen, wie bemisst man die Zeit, wenn man sich in seinem Zimmer
verkriecht?" (S. 142)

In dieser Situation schreibt Dario einen Tagebucheintrag, in dem er thematisiert, was ihm der gemeinsame Ausflug bedeutet und was er durch Andy gelernt hat. Schreiben Sie diesen Tagebucheintrag.

(mindestens 200 Wörter)

Teil B – Wahlteil

Bearbeiten Sie <u>eine</u> der drei folgenden Aufgaben.   **50 P**

1. Erörterung

> Erörtern Sie, welche Argumente für und gegen ein Verbot von Feuerwerkskörpern sprechen (jeweils mindestens drei Argumente). Verwenden Sie den Text für Ihre Argumentation. Begründen Sie Ihre eigene Meinung. Formulieren Sie einen zusammenhängenden, gegliederten Text.

Debatte über Feuerwerk: Brauchen wir ein Böllerverbot? (Martin Franke)

1 Es ist fast zwölf Monate her, dass die Deutsche Umwelthilfe (DUH) ankündigte, ein Böllerverbot in deutschen Groß- städten mit hoher Feinstaubbelastung durchzusetzen. Not- falls auch vor Gericht. Kurz vor Weihnachten hieß es

5 dann von der Organisation etwas zurückhaltender: „39 Prozent der belasteten Feinstaub-Städte sind für Feuerwerk-Verbotszonen." Städte wie Hamburg, München, Stuttgart und Köln haben Verbotszonen für private Silvester-Knaller in der Innenstadt angekündigt. Auch in Berlin

10 sind Raketen und Böller in der Silvesternacht von 18 Uhr bis 6 Uhr zum ersten Mal nicht nur auf der Partymeile am Brandenburger Tor verboten, sondern auch auf dem nördlichen Alexanderplatz. Die Polizei hat angekündigt, Feuerwerkskörper in den betroffenen Zonen notfalls „mit

15 Zwang" zu beschlagnahmen. In den vergangenen Jahren waren auf dem Alexanderplatz und in Schöneberg immer wieder Rettungskräfte und Polizisten mit Böllern beworfen worden.
Die meisten Deutschen sind aus Umwelt- und Sicher-

20 heitsgründen für ein Verbot von Böllern zu Silvester. Laut einer repräsentativen Befragung des Meinungsforschungs- instituts YouGov mit 2000 Teilnehmern für das „Redaktions Netzwerk Deutschland" befürworten 57 Prozent ein Verbot. 36 Prozent sprechen sich gegen ein Verbot aus,

25 sieben Prozent sind unschlüssig.
Silvesterraketen, Böller und bunte Batterien haben eine lange Tradition. Das Schwarzpulver wurde vor mehr als 1000 Jahren in China erfunden. Im Mittelalter war es den Reichen am feudalen Hofe vorbehalten, um Gäste bei

30 Feierlichkeiten zu unterhalten. Erst im 19. Jahrhundert wurde es der breiten Öffentlichkeit zugänglich gemacht. In den vergangenen Jahren ist der Wirtschaftszweig gewach- sen: Gaben die Menschen in Deutschland 2007 noch 100 Millionen Euro für Feuerwerk aus, waren es 2017 bereits

35 137 Millionen Euro. Dabei ist der Verkauf auf nur drei Tage bis zum 31. Dezember begrenzt. Spannend dürfte sein, ob die Debatte um Klimaschutz die Verkaufszahlen in diesem Jahr nach unten drücken wird, und Hersteller wie Weco und Comet einen Rückgang ihrer Einnahmen zu spüren bekom-

40 men – oder ob Verbraucher das Thema für ein paar Minuten ausblenden.

Eine Gefahr für das eigene Leben kann nicht nur von der eigenen Rakete ausgehen. Jedes Jahr gibt es Berichte über teils schwere Verbrennungen, verstümmelte Hände und

45 verlorenes Augenlicht. All diese Verletzungen wären ver- meidbar, warnen Ärzte immer wieder aufs Neue, zahlreiche Noteinsätze ebenso. Silvesterböller können das Gehör dau- erhaft schädigen. Die Knallkörper erzeugen eine Lautstärke bis zu 120 Dezibel.

50 Ein weiterer Aspekt ist die Umweltverschmutzung. In einer Pressemitteilung der DUH heißt es, dass die Feinstaub- menge, die durch das Feuerwerk zum Jahreswechsel freige- setzt wird, 16 Prozent der jährlich im Straßenverkehr ent- stehenden Menge entspreche. Die Menschen verschmutzen

55 zum Spaß nicht nur die Luft, die sie atmen, sondern auch die Natur in ihrer Nachbarschaft. Raketen und Böller landen ohne Umwege in der Umwelt und bleiben dort teilweise monatelang liegen.
Manche Händler verzichten deswegen bereits auf den

60 Verkauf von Feuerwerkskörpern. Andere verdienen am Silvesterkrach weiter viel Geld: Bei einem Discounter gibt es in diesem Jahr ein sogenanntes Systemfeuerwerk mit 152 Schuss für 50 Euro. Brenndauer: etwas mehr als zwei Minuten. […]

65 Leidtragende der Jahreswende sind auch Tiere: Hunde, Vögel, Waldbewohner. Sie sind diejenigen, die vor dem Fest keine Warnung erhalten und oft auch keinen Rückzugsort haben. In anderen Ländern haben die Tiere es besser, dort wird der Rutsch ins neue Jahr ohne viel Lärm gefeiert:

70 In Spanien kommen die Menschen um Mitternacht zum Beispiel mit einer Tüte Trauben zusammen, in den letzten zwölf Sekunden des Jahres essen die Feiernden jeweils genau zwölf Trauben.
Einzig gegen ein Verbot spricht ein wichtiges Argument: das

75 Verbot selbst. Es wäre die letzte Option des Gesetzgebers, die aber auch in die individuelle Freiheit von Menschen ein- greift. Ein generelles Böllerverbot für die ganze Republik ist zudem unrealistisch, auch wenn es dazu Initiativen und Petitionen gibt. Städte und größere Orte könnten viel eher

80 darüber sprechen und Verbotszonen einrichten.

Quelle: Martin Franke, https://www.faz.net/aktuell/gesellschaft/ menschen/silvester-brauchen-wir-ein-boellerverbot-16552841.html, aktualisiert am 27.12.2019,

2. Textbeschreibung Lyrik

Gagarin[1] (Günter Kunert, 1929 – 2019)

1   Als er durch des Himmels Bläue aufgefahren,
     Schien es, er bewege sich nicht länger fort,
     Und er hänge fest in dieser schwarzen Weite,
     Und die Erde drehe sich vor seinem Fenster dort.

5   Eine unfaßbare Kugel nannte er nun Heimat,
     Und wie nie vorher kam sie ihm plötzlich nah,
     Da er, fern von ihr in den Unendlichkeiten,
     Stumm und reglos auf sie niedersah.

     Und er liebe sie, die sich ihm zeigte,
10 Weil sie doch der Menschen Mutter war,
     Immer noch die Söhne nährend und behausend,
     Aber auch durch sie in tödlicher Gefahr.

     Während seiner Rückkehr zum Planeten
     Ward ihm klar: Die Erde ist nur eins.
15 Die darauf sind, müssen miteinander leben,
     Oder von ihr wird es heißen: Leben keins.

[1] Juri Gagarin: russischer Kosmonaut, umkreiste 1961 als erster Mensch die Erde.

Die Rechtschreibung entspricht nicht den aktuellen Regeln.

Quelle: Kunert, Günter: Der ungebetene Gast. Gedichte, Aufbau Verlag, Berlin/Weimar, 1965

Untersuchen Sie dieses Gedicht und beschreiben Sie dabei folgende Punkte:

▶ Sprachliche Mittel und deren Wirkung
▶ Perspektive, Gedanken und Erkenntnisse des Kosmonauten

Formulieren Sie einen zusammenhängenden, gegliederten Text.

3. Texbeschreibung Prosa

Das Glück (Marion Miller)

1 Sie fasst es nicht, kann es nicht begreifen: 60.000 Mark, sechzig große Scheine. Fünf Richtige und Zusatz: Sie hat richtig getippt. Fünfzehn Jahre lang jeden Freitag Zahlen angekreuzt. Geburtstage, Hochzeitstage, Sterbetage; fünf-
5 zehn Jahre lang geträumt, fünfzehn Jahre gehofft. Sie hält den Brief in gichtigen Händen – ihr Name, der Geldbetrag und „dürfen wir Sie zu Ihrem Gewinn herzlich beglück-wünschen!" Kein Zweifel, sie ist gemeint. Sie hält den Brief ganz fest, spürt Kälte ins Gesicht steigen, legt die
10 Hände vor die Augen, weint. Gestern Rentnerin, gestern arm, gestern gespart, gestern sich nichts geleistet, gestern an vollen Schaufenstern vorbeigehuscht. Nie hatte sie Geld. Und nun dieser Augenblick. Sie zieht das Sonntags-Dunkelblaue an, fährt in die Stadt, will das Glück auf die
15 Probe stellen, Freude kaufen, Sehnsüchte bar bezahlen. Brechende Schaufenster, das Fest der Augen, die Flöte des Rattenfängers: kaufen, dazugehören, Geld ausgeben, glück-lich sein. Die Verkäuferin warnt, dies sei ein teures Kleid, Material, Verarbeitung. Lächeln, sie möchte anprobieren,
20 sie hat Geld. Bitte, gnädige Frau. Das Wort dröhnt in ihren Ohren: gnädige Frau! Zum ersten Mal in ihrem Leben.

Sie kauft das Kleid nicht, der Spiegel hat sie ausgelacht. Sie kauft auch keinen Pelz, der schwarze Wollmantel hält warm, tut es noch ein paar Jahre. Keinen Farbfernseher: ihre
25 Augen sind müde, chronische Bindehautentzündung, tränig von dem, was sie sahen, durch siebzig Jahre. Kein Haus: sie ist allein. Keine Reisen in ferne Märchenländer: sie glaubt nicht mehr an Märchen. Fünf Richtige und Zusatz: was soll das Geld. Fünfzig Jahre früher hätte sie es gebraucht. Ein
30 Haus für die Familie, die Kur für den Mann, den teuren Arzt für das Kind, den warmen Pelz, das schicke Kleid. Nie hat das Geld gereicht. Nun braucht sie keins mehr. Der Schalterbeamte holt den Direktor. Der redet auf sie ein, ob sie sich das auch gut überlegt hat: Geld legt man an, damit
35 es sich vermehrt. Niemand verschenkt Geld, auch nicht an die Kirche. Sie bleibt dabei, sie will das Geld nicht. Schreibt den Scheck, malt mit zittrigen Händen die Riesenzahl, ihren Namen: Zahlen Sie aus meinem Guthaben.

Quelle: Marion Miller: Glück und Sinn, Schulbuch für Ethik, Klett, 1987

Untersuchen Sie diesen Prosatext und beschreiben Sie dabei folgende Punkte:

▶ den Titel und die sprachlichen Mittel in Bezug auf den Inhalt
▶ die Merkmale der Kurzgeschichte belegt an Textbeispielen
▶ die Erkenntnis der Hauptfigur

Formulieren Sie einen zusammenhängenden, gegliederten Text.

Bearbeitungszeit: 240 Minuten

Teil A – Pflichtteil

A1 – Sachtext

Warum die „Jugend von heute" immer die schlechteste ist (Christina Peters)

1 Jede ältere Generation denkt irgendwann, dass es mit der Menschheit nun endgültig bergab geht – und schuld daran ist „die Jugend": faul, respektlos und noch viel mehr. Warum hört dieses Schlechtreden eigentlich nie auf?

5 Sie lieben den Luxus, ärgern die Lehrer und lümmeln herum – mehr als 400 Jahre vor Christus hatte der griechische Denker Sokrates angeblich viel an den jungen Leuten seiner Zeit auszusetzen. „Die Jüngeren stellen sich den Älteren gleich und treten gegen sie auf, in Wort und Tat",
10 moserte dann sein Schüler Platon. Und als Platons Zögling Aristoteles erwachsen war, sah es noch düsterer aus: Er verzweifle an der Zukunft der Zivilisation, wenn er die Jugend sehe, wird der entnervte Philosoph zitiert.

Kritik an der Jugend ist ein uraltes Phänomen. Seit Tau-
15 senden von Jahren bekritteln Erwachsene die junge Generation, fürchten den Verfall der Sitten und waren selbst natürlich viel anständiger als die jungen Leute.

Die Jugend sei heruntergekommen und das Ende der Welt nah, soll angeblich auf einer 4000 Jahre alten Steintafel
20 stehen – in Keilschrift, der ersten menschlichen Schrift überhaupt. Doch was steckt hinter dem Phänomen, dass die Jugend nur allzu gern kritisch beäugt wird?

Heute geht es oft um die sogenannten Millennials: Die 1980er und 1990er Jahrgänge seien faul, selbstmitlei-
25 dig, besessen von Selfies und Superfoods – verhätschelte Narzissten, die glaubten, es gebe 165 Arten geschlechtlicher Identität, stänkert etwa ein britischer Journalist. Und die 29-jährige Autorin Jia Tolentino zählte in einem US-Magazin auf, welche Institutionen ihre Altersgenossen
30 laut Medien schon ruiniert haben sollen: Hotels, Kaufhäuser, die Autoindustrie, die Ehe, das Eigenheim, Türklingeln, Weichspüler und Casinos.

„Vor dem Alten Griechenland war es das Alte Ägypten, davor das Alte Mesopotamien. Es gibt aus vielen antiken
35 Kulturen Belege für diesen Stereotyp der respektlosen jungen Männer", sagt der britische Althistoriker Matthew Shipton. Die antiken Weisheiten tauchen in Zitatenbänden, Pädagogik-Büchern und Internetforen auf. Einige der beliebtesten alten Zitate sind vermutlich falsch überlie-
40 fert, Quellenangaben drehen sich oft im Kreis. Das heiße aber nicht, dass der Eindruck falsch sei, sagt Shipton. Er hat den Zoff zwischen den Generationen im antiken Athen erforscht: „Man findet dort ziemlich viel von dieser Vorstellung, die wir heute auch noch kennen: Alles wird
45 immer schlechter, man lebt in der schlimmsten aller Zeiten und Kinder respektieren ihre Eltern nicht mehr."

Spätestens mit dieser Generation geht es bergab, denkt jede Generation – und das offensichtlich schon seit Menschengedenken. David Finkelhor hat ein Wort dafür
50 erfunden: Juvenoia. Darin stecken die Bestandteile juvenil und Paranoia – das steht für die Angst vor der Jugend und zugleich auch die Angst um die Jugend. „Es geht um die übertriebene Besorgnis vor dem Effekt, den soziale Veränderungen auf Kinder haben", erklärt der Soziologe,
55 der seit Jahrzehnten an der US-Universität New Hampshire über Jugendschutz forscht. „Wir ziehen gerne den Schluss, dass es schlecht um unsere Kinder steht. Und dass das wiederum unserer Gesellschaft schaden wird." […]

Im 20. Jahrhundert sei der Ton in sozialwissenschaftlichen
60 Standardwerken ähnlich, meint Mey: „Es ist häufig ein extrem negativer, defizitärer Blick, immer schon gedacht von der Ziellinie einer etablierten, erwachsenen Person." Der junge Mensch wird als unfertiger Erwachsener gesehen – schlimmstenfalls gefährlich, nie ernstzunehmend.

65 Tatsächlich ist es heute so: Die klassische Generation als Altersgemeinschaft hat weitestgehend ausgedient. Jugendkulturen etwa ließen sich heute überhaupt nicht mehr als solche klassifizieren, berichtet Mey. Es gehe immer weniger um das biologische Alter.

70 „Wir erleben, dass es ungeachtet, welche Jugendszene wir uns anschauen, dort sowohl die 20-Jährigen bis hin zu den 50-Jährigen gibt", sagt Mey. Juvenile Vergemeinschaftungen nennen das die Forscher.

Die althergebrachte Vorstellung von der Abfolge Kindheit,
75 Jugend, Erwachsensein mit Beruf und Familie gelte so nicht mehr, sagt Mey. „Es gibt eine zunehmende Ambivalenz zwischen den Generationen."

Was Jugendkritiker der vergangenen Jahrtausende noch nicht hatten, waren Informationen, wie sie beispielsweise
80 vor drei Jahren die Vermächtnisstudie lieferte. Tausende Menschen in Deutschland, repräsentativ ausgewählt, erzählten Forschern ausführlich von ihren Lebenserfahrungen, den Einstellungen und den Werten, die sie an künftige Generationen weitergeben wollen.

85 Das „Ende der Welt", wie es die Keilschriften einst prophezeiten, werden die Jugendlichen nicht einläuten. Doch es wird eine schleichende Revolution bei Lebensstil, Partnerschaft und Technik geben, schreibt Studienleiterin Jutta Allmendinger vom Wissenschaftszentrum Berlin. „Die
90 Vereinbarkeit von Beruf und anderen Lebensbereichen wird sich verbessern, die Institution der Ehe wird nur ein mögliches Lebensmodell sein, das Internet wird noch viel stärker als heute unser Leben bestimmen."

Quelle nach: Christina Peters, in: https://www.welt.de/wissenschaft/article178647276/Soziologie-Warum-die-Jugend-von-heute-immer-die-schlechteste-ist.html, Stand: 23.06.2021

Textverständnis

1. Prüfen Sie, welche der folgenden Aussagen mit dem Sachtext übereinstimmen. **3 P**
Notieren Sie entsprechend **trifft zu / trifft nicht zu**.

a) Der griechische Denker Sokrates kritisierte bereits 400 Jahre vor Christus die Jugend seiner Zeit.

b) Die 29-jährige Autorin Jia Tolentino beschrieb in einem US-Magazin 165 Arten geschlechtlicher Identität.

c) Aus vielen antiken Kulturen sind Belege für das Vorurteil der respektlosen jungen Männer überliefert.

d) Heute gibt es die traditionelle Abfolge von Kindheit, Jugend und Erwachsensein noch immer.

e) Die Vermächtnisstudie lieferte Informationen von Menschen aus ganz Europa, die ausführlich über ihre Lebenserfahrungen und Einstellungen erzählten.

f) Jutta Allmendinger vom Wissenschaftszentrum Berlin beschreibt eine schleichende Revolution bei Lebensstil, Partnerschaft und Technik.

2. Erklären Sie die folgenden Begriffe: **2 P**

a) Millennials (Z. 23)

b) Juvenoia (Z. 50)

3. Formulieren Sie, wie junge Menschen im 20. Jahrhundert häufig gesehen werden. **1 P**

4. Begründen Sie, warum Jugendkulturen sich heute nicht mehr als solche einteilen lassen. **2 P**

5. Beschreiben Sie, wie sich laut Jutta Allmendinger Lebensmodelle möglicherweise **2 P**
künftig entwickeln.

Sprachgebrauch

6. Rechtschreibung **3 P**

Schreiben Sie die korrekte Schreibweise des unterstrichenen Wortes auf und benennen Sie die angewandte Rechtschreibstrategie/Rechtschreibregel.

a) Laut der älteren Generation kann man dem Verfall der Sitten bei Jugendlichen zusehen/zu sehen.

b) Ständiges Herumnörgeln/herumnörgeln an der jungen Generation hat Tradition.

c) Das „Ende der Welt" werden die Jugendlichen nicht einläuten/einleuten.

7. Zeichensetzung **2 P**

Übertragen Sie die folgenden Sätze und setzen Sie die fehlenden Kommata.
Nennen Sie die Kommaregel, die Sie angewandt haben.

a) Schon in der Antike gab es die Vorstellung dass alles immer schlechter wird.

b) Sokrates hatte viel an den jungen Leuten seiner Zeit auszusetzen sein Schüler Platon teilte diese Kritik.

8. Tempus   2 P

Bestimmen Sie das Tempus. Verwenden Sie den lateinischen Fachbegriff.

a) Kritik an der Jugend ist ein uraltes Phänomen.

b) Er hat den Zoff zwischen den Generationen im antiken Athen erforscht.

c) Tausende Menschen in Deutschland erzählten Forschern ausführlich von ihren Lebenserfahrungen.

d) Die Vereinbarkeit von Beruf und anderen Lebensbereichen wird sich verbessern.

9. Wortarten   2 P

Schreiben Sie mithilfe der Nummerierung „das" und „dass" jeweils korrekt auf den gesonderten Papierbogen. Bestimmen Sie die Wortart.

(1) die Jugend keinen guten Ruf genießt, (2) weiß man seit geraumer Zeit.
(3) Alte Ägypten, (4) als Hochkultur bekannt ist, bediente diese Stereotype ebenso wie andere alte Kulturen.

10. Aktiv/Passiv   1 P

Notieren Sie den folgenden Satz im Passiv.

Die Autorin Jia Tolentino zählt in einem US-Magazin ruinierte Institutionen auf.

11. Indirekte Rede   1 P

Formulieren Sie den Satz in indirekter Rede. Verwenden Sie den Konjunktiv I.

Der britische Althistoriker Matthew Shipton sagt: „Es gibt aus vielen antiken Kulturen Belege für diesen Stereotyp der respektlosen jungen Männer."

12. Satzglieder   2 P

Bestimmen Sie die Satzglieder des folgenden Satzes.

David Finkelhor forscht seit Jahrzehnten an der US-Universität New Hampshire.

13. Synonyme   2 P

Nennen Sie für den unterstrichenen Begriff ein Synonym.

a) Es ist häufig ein extrem negativer, defizitärer Blick, immer schon gedacht von der Ziellinie einer etablierten, erwachsenen Person. (Z. 60 – 63)

b) Seit Tausenden von Jahren bekritteln Erwachsene die junge Generation. (Z. 14 – 16)

c) Kritik an der Jugend ist ein uraltes Phänomen. (Z. 14)

d) Die Institution der Ehe wird nur ein mögliches Modell sein. (Z. 91 f.)

A2 – Literatur

Gottfried Keller: Kleider machen Leute

14. Benennen Sie drei Charaktereigenschaften Strapinskis. Belegen Sie diese mit geeigneten Begebenheiten aus dem Buch. 3 P

15. Nach der Ankunft im Gasthaus „zur Waage" in Goldach wird Strapinski vom Wirt und der Köchin fürstlich bewirtet. Doch er ist besorgt und traut sich nicht, sein Messer zu benutzen. 2 P

Formulieren Sie zwei mögliche Gründe für die Sorgen des Schneiders.

16. Nach der ersten Übernachtung im Gasthaus wandert Strapinski durch Goldach und vor die Tore der Stadt. Hier überlegt er noch mal, seine Reise fortzusetzen und die Stadt unbemerkt zu verlassen. 3 P

Erläutern Sie drei Gedanken Strapinskis in eigenen Worten.

17. Während Nettchen nach der geplatzten Verlobungsfeier in der Kutsche sitzt, denkt sie über ihre Situation nach. 2 P

Legen Sie zwei Gedanken dar, die Nettchen hier durch den Kopf gehen könnten.

18. Tagebucheintrag 15 P

In einem klärenden Gespräch berichtet Wenzel Nettchen aus seinem Leben und erläutert, wie es zu der Verwechslung gekommen ist. Beide entschließen sich zusammenzubleiben. Danach kehrt Nettchen ins Gasthaus „Zum Regenbogen" in ihr Zimmer zurück. Hier schreibt sie einen Tagebucheintrag, in dem sie die erneute Verlobung mit Wenzel begründet sowie ihre Gedanken an dessen Vergangenheit thematisiert.

Schreiben Sie diesen Tagebucheintrag.
(mindestens 250 Wörter)

ODER

18. Innerer Monolog 15 P

Auf dem Verlobungsfest wird Strapinski als armer Schneider entlarvt. Weinend und mit auf den Boden gerichteten Augen verlässt er den Saal.

Schreiben Sie einen inneren Monolog Wenzels.
(mindestens 250 Wörter)

Hanna Jansen: Herzsteine

14. Benennen Sie die Gemeinsamkeiten, die Sam und Enna haben. (vier Aspekte)   **2 P**

15. *„Manchmal hat man's nicht gerade leicht mit einer Mutter, die so … anders ist.*   **3 P**
Oder? […] " (S. 48)

Erklären Sie, welche Gedanken Sam in diesem Moment durch den Kopf gehen könnten.
(drei Aspekte)

16. *„Du musst ihm danken!", flüstert Mum. Sie hat Tränen in den Augen.* (S. 172)   **3 P**

Nennen Sie drei Gründe, warum die Mutter in dieser Situation so gerührt ist.

17. *„Du fehlst mir mehr, als ich dir sagen kann. Das kriegst du heute Schwarz auf Weiß von einem,*   **2 P**
der zwischen allen Stühlen hockt […]. " (S. 144)

Erklären Sie, warum Sam seine gesamte Lebenssituation so empfindet.
(zwei Aspekte)

18. Innerer Monolog   **15 P**

„In ein paar Minuten steigen wir in den Flieger und morgen Früh landen wir in Brüssel. […]"
(S. 190)

Während Sam im Flugzeug sitzt, denkt er über seine Reise nach Ruanda nach. Er überlegt, inwiefern seine Erkenntnisse und Erfahrungen sein Leben sowie die Beziehung zu seinen Eltern verändern könnten.

Schreiben Sie diesen inneren Monolog.
(mindestens 250 Wörter)

ODER

18. Brief   **15 P**

„Ich weiß nicht Sam, das geht mir alles viel zu schnell. Wir haben ja noch ein paar Monate,
um die Sache zu entscheiden. Aber wenn du willst, ruf ich Peter bei Gelegenheit mal an und
frag ihn, was er davon hält. " „Nein danke, Dad … ich glaube, das bespreche ich lieber selbst
mit ihm. " (S. 189)

Stellen Sie in einem Brief von Sam an Peter drei Gründe dar, warum Sam auf Sylt bleiben möchte.
(mindestens 250 Wörter)

Teil B – Wahlteil

Bearbeiten Sie <u>eine</u> der drei folgenden Aufgaben.   **50 P**

1. Erörterung

> Erörtern Sie, welche Argumente für und gegen eine Altersbeschränkung für Minderjährige bei Energy Drinks sprechen (jeweils mindestens drei Argumente). Verwenden Sie die beiliegenden Materialien für Ihre Erörterung und ergänzen Sie eigene Argumente.
> Begründen Sie Ihre Meinung.
> Formulieren Sie einen zusammenhängenden, gegliederten Text.
> Achten Sie auf korrekte Sprache und Rechtschreibung. Beides wird bewertet.

M 1

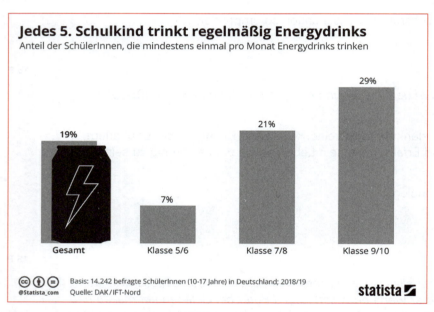

Jedes 5. Schulkind trinkt regelmäßig Energydrinks
Anteil der SchülerInnen, die mindestens einmal pro Monat Energydrinks trinken

Gesamt	Klasse 5/6	Klasse 7/8	Klasse 9/10
19%	7%	21%	29%

Basis: 14.242 befragte SchülerInnen (10-17 Jahre) in Deutschland; 2018/19
Quelle: DAK/IFT-Nord

statista

Quelle: https://de.statista.com/infografik/19245/konsum-von-energydrinks-unter-schulkindern/, Stand: 24.06.2021

M 2

Süßer Kick mit Nebenwirkungen (Anna van Doorn und Jens Eberl)

1 Energy Drinks versprechen die Extra-Portion Leistungsfähigkeit. Vor allem junge Leute geben sich den süßen Kick – mit viel Koffein. Gesundheitliche Probleme können die Folge sein.

5 Felix arbeitet seit 2014 in der Pflege. Der Job in der Nähe von Heilbronn ist hart: viele Nachtschichten, viele Überstunden. Um den Stress zu bewältigen, trinkt Felix jeden Tag Energy Drinks. Schon morgens fängt er damit an. „So wie andere Leute aufstehen und Kaffee trinken, ist
10 mein erstes Getränk ein Redbull", berichtet er. Die größte Menge, die er an einem Tag getrunken habe, seien sieben Dosen gewesen. Damit lag er deutlich über der empfohlenen Höchstmenge.
Für gesunde Erwachsene sei der Konsum von Koffein nur
15 bis zu höchstens 400 mg pro Tag noch unbedenklich, ermittelte die Europäische Behörde für Lebensmittelsicherheit

(ESFA) in einer Studie. In einer typischen 250 ml-Dose eines Energy Drinks stecken aber bereits etwa 80 mg Koffein.
20 Als mögliche Risiken eines übermäßigen Koffeinkonsums listet der Verbraucherzentrale Bundesverband auf: „Nervosität, Schlaflosigkeit, Übelkeit, Kopfschmerzen, Schweißausbrüche, Bluthochdruck, Herzrasen, Wahrnehmungsstörungen, Herz-Rhythmusstörungen oder Kreislaufkollaps."
25 Die Verbraucherzentrale fordert ein Verkaufsverbot an Minderjährige und deutlichere Kennzeichnungspflichten der Inhaltsstoffe.
Felix kennt die Risiken und hat sie auch schon gespürt. Wenn er im Bett liege, merke er dann, dass er nicht ein-
30 schlafen könne. Und er spüre sein Herz: „Wie es schlägt, in der Brust, am Hals. Und man wird so ein bisschen hibbelig, nervös, man bekommt so ein bisschen Schweißausbrüche."

[...]

Ob man bei Energy Drinks von Suchtmitteln sprechen kann,
35 ist umstritten. Aber definitiv enthalten sie Inhaltsstoffe, die
süchtig machen können: Koffein, Zucker, Taurin. [...]
Felix hat sich einen Termin bei dem Kardiologen Tobias
Neumann in Stuttgart geben lassen, um mögliche Folgen
seines hohen Energy-Drinks-Konsums untersuchen zu las-
40 sen. Der Arzt beobachtet beim ersten EKG Auffälligkeiten.
„Der Puls ist ein bisschen beschleunigt. Der ist bei 95
gewesen. Es ist mehr als ein entspannter Puls, den man so
in den sechziger Bereichen ansiedeln würde." Außerdem
gebe es beim Herz-Rhythmus „Stolperer", die man genauer
45 beobachten müsse.
Der Kardiologe steht Energy Drinks kritisch gegenüber.
„Da muss man sich schon Sorgen machen oder fragen: Ist
das für einen so jungen Organismus gut – diese Substanzen,
deren Wechselwirkungen nicht erforscht sind." Der Arzt ist
50 für Altersbeschränkungen – ähnlich wie beim Verkauf von
Alkohol und Produkten mit Nikotin. „Ab einer bestimmten

Konzentration Koffein ist es ein Erwachsenen-Getränk",
sagt er.
Besonders kritisch werde es, wenn man die Energy-Drinks
55 mit Alkohol mische. „Das Koffein ‚maskiert' die Wirkung
des Alkohols. In Studien wurde beobachtet, dass das Gefühl
der Trunkenheit deutlich verringert ist, Müdigkeit und
Erschöpfung werden nicht richtig wahrgenommen. Dies
führt zu einer höheren Risikobereitschaft. So verursachten
60 Studenten in den USA, die Energy Drinks gemischt mit
Alkohol getrunken hatten, doppelt so häufig Autounfälle",
schreibt die Bundesverbraucherzentrale. [...]
Sollte er (Felix) die nächsten 20 Jahre so weitermachen,
dann werde er bestimmt nicht als gesunder Patient in
65 die Praxis zurückkehren. Felix verspricht dem Arzt, sich
Gedanken darüber zu machen – mit klarem Kopf, ohne
Energy Drink.

Quelle nach: Anna van Doorn, Jens Eberl, in:
https://www.tagesschau.de/wirtschaft/verbraucher/energy-drinks-
risiken-gesundheit-aufputschmittel-101.html, Stand: 24.06.2021

2. Textbeschreibung Lyrik

Fahrend in einem bequemen Wagen (Bertolt Brecht, 1937)

1 Auf einer regnerischen Landstraße
Sahen wir einen zerlumpten Menschen bei Nachtanbruch
Der uns winkte, ihn mitzunehmen, sich tief verbeugend.
Wir hatten ein Dach und wir hatten Platz und wir fuhren vorüber
5 Und wir hörten mich sagen, mit einer grämlichen[1] Stimme: nein
Wir können niemand mitnehmen.
Wir waren schon weit voraus, einen Tagesmarsch vielleicht
Als ich plötzlich erschrak über diese meine Stimme
Dies mein Verhalten und diese
10 Ganze Welt.

Bertolt Brecht (1898 – 1956)

[1] grämlich: mürrisch, missmutig

Quelle: Brecht, Bertolt: Die Gedichte. Suhrkamp 2000, Seite 871

Untersuchen Sie dieses Gedicht und beachten Sie in Ihrer Textbeschreibung
folgende Punkte:

▶ Ort, Zeit und Atmosphäre
▶ Verhalten und Motiv des lyrischen Ichs
▶ die Gegenüberstellung von Arm und Reich anhand sprachlicher Mittel

Formulieren Sie einen zusammenhängenden, gegliederten Text.
Achten Sie auf korrekte Sprache und Rechtschreibung. Beides wird bewertet.

3. Textbeschreibung Prosa

Partnerarbeit (Stefanie Dominguez (*1996))

1 Tessa Fuchs war die einzige, die nicht mit ihrem Banknachbarn redete – es gab keinen. Und sie war die einzige, die nicht über den Witz von Simon Bösenecker lachte, weil der Witz wieder einmal auf ihre Kosten ging.

5 „Hey, Tessa! Woher hast du denn die Jacke? Aus der Kleidersammlung?"

Das hatte er sie schon einmal gefragt, damals in der fünften Klasse, aber die anderen lachten trotzdem. Wahrscheinlich hatten sie vergessen, dass der Spruch nur eine Wiederholung

10 war. Tessa hatte es nicht vergessen, auch das Lachen nicht. Sie lachten immer. Sie zuckte zusammen, als sich der Stuhl neben ihr bewegte und beobachtete aus den Augenwinkeln, wie sich jemand darauf niederließ.

Ein Räuspern, das nach dem verstummten Gelächter so

15 furchtbar laut klang. „Maik ist krank, deshalb dachte ich, wir könnten ja heute nebeneinander sitzen?"

Es kam als Frage heraus. Immer stellten sie ihr Fragen.

Tessa schielte zu der Person neben ihr herüber. Die moosgrünen Augen konnten nur Ben Wolf gehören, dem netten,

20 unscheinbaren Jungen aus ihrer Straße. Nicht dass er zu ihr nett war, aber zu den anderen war er es. Zu ihr war niemand nett, die meisten ignorierten sie und das war gut so. Besser als die Witze von Simon und seinen Freunden, aber auch darüber konnte sie mittlerweile hinwegsehen. Sie hätte

25 nicht gedacht, dass Ben auch einer von denen war.

„Lass mich in Ruhe", sagte Tessa und wandte sich wieder ihrem Religionsbuch zu.

„Aber in dem Buch steht, dass wir die Aufgabe mit unserem Partner lösen sollen. Meiner ist krank, du hast keinen, also

30 ... "

„Es ist mir egal, was in dem Buch steht. Du schaffst diese dämliche Aufgabe auch alleine."

Ben schüttelte den Kopf, sodass ihm eine kommaförmige Strähne ins Gesicht fiel. „Ich möchte aber neben dir sitzen."

35 Tessa war versucht, zu schnauben, aber dann hätte man sie nur wieder als Schwein bezeichnet.

Und es dauerte doch immer so lange, bis Simon aufhörte, Nachrichten auf ihrem Tisch zu hinterlassen, wenn er eine neue Beleidigung gefunden hatte.

40 „Tessa", flüsterte Ben und sie erschrak darüber, wie nah er ihr plötzlich war. „Es tut mir leid, wenn ich früher über dich gelacht habe. Lass es mich wiedergutmachen."

Entschlossen rückte sie ein Stück von ihm weg und konzentrierte sich darauf, ihm nicht in die Augen zu blicken. „Ich

45 will kein Mitleid. Und es stört mich nicht, wenn du lachst. Alle lachen."

„So war das doch gar nicht gemeint." Bens Stimme wurde lauter, viel zu laut. Die anderen sahen bereits zu ihnen herüber und Tessa versuchte, weiterhin auf ihr Buch zu starren.

50 „Geh weg. Bitte. Sonst fangen sie wieder an." Ben berührte sie leicht am Arm, aber sie entzog sich seinem Griff. Trotzdem blieb er sitzen und redete weiter, als hätte sie nichts gesagt. „Zeig her, was steht denn da? Hm, okay ... Wir müssen also fünf verschiedene Phasen der Freundschaft

55 festlegen. Die erste ist bestimmt ..." „Das findest du lustig, was?", fuhr sie ihn an. Ihre Unbeherrschtheit würde ihr zwar wieder einige Lacher einbringen, aber sie konnte sich einfach nicht zurückhalten. „Das findest du lustig, oder? Ausgerechnet mit mir über Freundschaft zu reden, wo ich

60 ja so viele Freunde habe!" Tessa stellte sich vor, wie sie ihm das letzte Wort vor die Füße spuckte. Das half, wenn auch nur ein bisschen. Ben hob die Hände und machte große Augen. „Nein, das ... Ich wollte doch nur ... Ich dachte, wir machen das zusammen, als Fuchs und Wolf sozusagen."

65 Der Witz war so erbärmlich, dass Tessa kichern musste. Es war ein leises Kichern, so als wüsste sie nicht, wie Lachen überhaupt funktionierte.

Sie dachte daran, wie die Augen der anderen immer aussahen, wenn sie lachten. Wie die Kieselsteine, die ihr

70 Bruder manchmal sammelte. So blitzend. Ihre Augen sahen bestimmt nicht so aus. Höchstens wie Kieselsteine, die ins Wasser fielen, weil niemand sie mit nach Hause nehmen wollte, nicht einmal ihr Bruder.

„Siehst du, so schlimm bin ich gar nicht", meinte Ben und

75 schob das Buch in die Mitte. Es lag jetzt genau zwischen ihnen. Tessa öffnete den Mund, aber Simon kam ihr zuvor. „Fuchs und Wolf? Benny, flirtest du gerade etwa mit unserer Klassenschönheit?"

Die anderen brachen in Gelächter aus. Es schmerzte in ihren

80 Ohren. Bens Miene war vollkommen ausdruckslos. Er lachte nicht, er zog bloß eine Augenbraue hoch und wandte sich an Simon. „Ja, tue ich, was dagegen?"

Quelle: Stefanie Dominguez: Partnerarbeit, erschienen in: P.A.U.L.D. Oberstufe, S. 52 © Bildungshaus Schulbuchverlage Westermann Schroedel Diesterweg Schöningh Winklers GmbH; Schöningh Verlag, Paderborn 2013

Untersuchen Sie diesen Prosatext und beachten Sie in Ihrer Textbeschreibung folgende Punkte:

▶ Verhalten und Motive der handelnden Figuren
▶ den Konfliktverlauf
▶ sprachliche Mittel und deren Wirkung anhand von Textbeispielen

Formulieren Sie einen zusammenhängenden, gegliederten Text.
Achten Sie auf korrekte Sprache und Rechtschreibung. Beides wird bewertet.

Die Abschlussprüfung

Es gibt in der Mathematik-Prüfung für den Mittleren Abschluss charakteristische Aufgaben, die sich in ähnlicher Form jedes Jahr wiederholen. All diese Aufgaben lassen sich im Wesentlichen den in diesem Trainingsteil dargestellten Themenbereichen zuordnen. Jeder dieser Bereiche ist in vier Teile gegliedert.

1. **Basiswissen**
   Darin finden Sie die wichtigsten Formeln und Gesetze, die als Grundwissen vorausgesetzt werden und zur Lösung der Aufgaben unbedingt erforderlich sind.

2. **Typische Aufgabenstellung**
   So könnte eine Aufgabe aussehen. Sie wird sehr ausführlich, teilweise mit mehreren Lösungswegen, vorgerechnet.

3. **Übungsaufgaben**
   Anhand von mindestens sechs Übungsaufgaben können Sie überprüfen, ob Ihr Grundwissen und Ihre mathematischen Fertigkeiten ausreichen, um alle gestellten Aufgaben zu bearbeiten.

4. **Lösungen** (im separaten Lösungsband)
   Alle Übungsaufgaben werden in leicht nachvollziehbaren Lösungsschritten vorgerechnet. Viele hilfreiche Tipps erleichtern die Lösungsfindung bei ähnlichen Aufgaben.

10 Tipps zum Lösen von Sachaufgaben

1. Lesen Sie den Text genau, eventuell sogar mehrmals durch.

2. Überlegen Sie, ob Sie eine ähnliche Aufgabe schon einmal gelöst haben.

3. Überlegen Sie, was gegeben ist und was gesucht wird.

4. Prüfen Sie, ob alle Größen in der gleichen Einheit angegeben sind.

5. Überlegen Sie, ob eine Skizze oder Tabelle hilfreich sein kann.

6. Denken Sie nach, welche Formeln Sie verwenden können.

7. Zerlegen Sie den Rechenweg in kleine Rechenschritte.

8. Notieren Sie die berechneten Zwischenergebnisse.

9. Machen Sie eine Probe, wenn noch genügend Zeit bleibt.

10. Formulieren Sie das Ergebnis als Antwortsatz.

| TR/FS | Bei Aufgaben mit diesem Symbol dürfen der Taschenrechner und die Formelsammlung benutzt werden. |

Leitidee Zahl – Variable – Operation

1. Zahlterme berechnen

Basiswissen

Bruchrechnung
Addition und Subtraktion

$$\frac{a}{b} \underset{(-)}{+} \frac{c}{d} = \frac{a \cdot d \underset{(-)}{+} c \cdot b}{b \cdot d}$$

Bevor man 2 Brüche addiert (subtrahiert), muss man sie auf den gleichen Nenner bringen.

Multiplikation

$$\frac{a}{b} \cdot \frac{c}{d} = \frac{a \cdot c}{b \cdot d}$$

Division

$$\frac{a}{b} : \frac{c}{d} = \frac{a \cdot d}{b \cdot c}$$

Man teilt durch einen Bruch, indem man mit dem Kehrwert des 2. Bruches multipliziert.

Umwandlungen

Bruch in Dezimalzahl	Dezimalzahl in Bruch
$\frac{3}{5} = \frac{3 \cdot \mathbf{2}}{5 \cdot \mathbf{2}} = \frac{6}{10} = 0{,}6$	$0{,}7 = \frac{7}{10}$
$\frac{5}{4} = \frac{5 \cdot \mathbf{25}}{4 \cdot \mathbf{25}} = \frac{125}{100} = 1{,}25$	$3{,}16 = 3\frac{16}{100}$
$\frac{3}{8} = \frac{3 \cdot \mathbf{125}}{8 \cdot \mathbf{125}} = \frac{375}{1000} = 0{,}375$	$9{,}014 = 9\frac{14}{1000}$

Vorzeichenregeln bei zwei Faktoren

Multiplikation **Division**

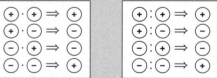

Merkregel
Zwei gleiche Zeichen ergeben plus, zwei verschiedene Zeichen ergeben minus.

Vorzeichenregeln bei mehreren Faktoren

Gerade Anzahl von Minuszeichen ⇒ positives Ergebnis
Ungerade Anzahl von Minuszeichen ⇒ negatives Ergebnis

Beispiel:

$(-2) \cdot (-3) = +6$
$(-2) \cdot (-3) \cdot (-4) = -24$

Basiswissen

Zehnerpotenzen

$10^0 = 1$

$10^1 = 10$

$10^2 = 100$

$10^3 = 1000$

$10^4 = 10\ 000$

$10^5 = 100\ 000$

$10^6 = 1\ 000\ 000$ (eine Million)

$10^9 = 1\ 000\ 000\ 000$ (eine Milliarde)

$10^{12} = 1\ 000\ 000\ 000\ 000$ (eine Billion)

Natürliche Zahlen in Zehnerpotenzschreibweise

$4000 = 4 \cdot 10^3$ $3{,}7 \cdot 10^3 = 3700$

$56\ 000 = 5{,}6 \cdot 10^4$ $6 \cdot 10^5 = 600\ 000$

$9\ 700\ 000 = 9{,}7 \cdot 10^6$ $2{,}9 \cdot 10^7 = 29\ 000\ 000$

$130\ 000\ 000 = 1{,}3 \cdot 10^8$ $7{,}8 \cdot 10^9 = 7\ 800\ 000\ 000$

Typische Aufgabenstellung

Aufgabe 1

Tragen Sie folgende Zahlen in die Zahlengerade ein: $-0{,}5$ $\dfrac{2}{8}$ $\dfrac{3}{4}$ $\dfrac{7}{6}$

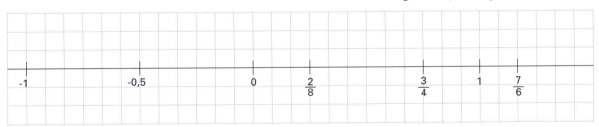

Lösung

Zwischen -1 und 0 sowie zwischen 0 und 1 liegen 12 Kästchen. Also müssen alle Brüche und Dezimalzahlen in Zwölftel umgewandelt werden. Jedes Kästchen entspricht dann einem Zwölftel $\left(\dfrac{1}{12}\right)$.

$-0{,}5 = -\dfrac{5}{10} = -\dfrac{1}{2} = -\dfrac{1 \cdot 6}{2 \cdot 6} = -\dfrac{6}{12}$

$\dfrac{2}{8} = \dfrac{1}{4} = \dfrac{1 \cdot 3}{4 \cdot 3} = \dfrac{3}{12}$

$\dfrac{3}{4} = \dfrac{3 \cdot 3}{4 \cdot 3} = \dfrac{9}{12}$

$\dfrac{7}{6} = \dfrac{7 \cdot 2}{6 \cdot 2} = \dfrac{14}{12} = 1\dfrac{2}{12}$

Jetzt kann man die vier Zahlen in die Zahlengerade eintragen (siehe Zeichnung).

Aufgabe 2

Berechnen Sie: $3,6 - \dfrac{2}{5} + 0,8 - \dfrac{5}{4}$

Lösung

Es gibt zwei Lösungswege.

a) Umwandlung in Dezimalzahlen

$\dfrac{2}{5} = \dfrac{4}{10} = 0,4$ $\qquad\qquad$ $\dfrac{5}{4} = \dfrac{125}{100} = 1,25$

Dann: $3,6 - 0,4 + 0,8 - 1,25 = 2,75 \left(= 2\,\dfrac{3}{4}\right)$

b) Umwandlung in Brüche

$3,6 = 3\,\dfrac{6}{10} = \dfrac{36}{10}$ $\qquad\qquad$ $0,8 = \dfrac{8}{10}$

Dann: $\dfrac{36}{10} - \dfrac{2}{5} + \dfrac{8}{10} - \dfrac{5}{4}$ $\qquad$ } Brüche auf den gleichen Nenner bringen

$= \dfrac{72}{20} - \dfrac{8}{20} + \dfrac{16}{20} - \dfrac{25}{20}$

$= \dfrac{55}{20}$ $\qquad$ } kürzen durch 5

$= \dfrac{11}{4}$

$= 2\,\dfrac{3}{4} \ (= 2,75)$

Übungsaufgaben

Aufgabe 1

Ordnen Sie die folgenden Zahlen nach ihrer Größe. Beginnen Sie mit der kleinsten Zahl.

$1,3 \qquad \dfrac{6}{5} \qquad 1,26 \qquad \dfrac{5}{4}$

Aufgabe 2

Berechnen Sie den Wert der folgenden Terme:

$22 - 10 \cdot \dfrac{1}{2}$ $\qquad\qquad\qquad$ $(22 - 10) \cdot \dfrac{1}{2}$

Die beiden Terme unterscheiden sich nur durch die Klammer. Warum ergeben sich zwei unterschiedliche Ergebnisse?

Aufgabe 3

Geben Sie für die Buchstaben A, B, C und D die entsprechenden Brüche (vollständig gekürzt) und Dezimalzahlen an:

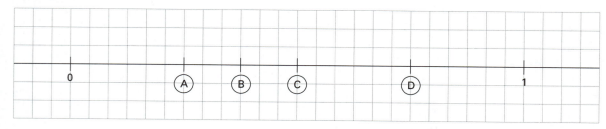

Aufgabe 4

Berechnen Sie $\frac{6}{5} : \frac{3}{4} - \frac{4}{3} \cdot \frac{3}{5}$ und kürzen Sie das Ergebnis so weit wie möglich.

Aufgabe 5

a) Geben Sie die natürlichen Zahlen in Zehnerpotenzschreibweise an.

   2300   680 000   910 000 000

b) Schreiben Sie die Zahlen ohne Komma.

   $4{,}6 \cdot 10^4$ $7{,}2 \cdot 10^7$ $8{,}1 \cdot 10^6$

Aufgabe 6

Berechnen Sie: $\left(-\frac{5}{8}\right) \cdot \left(1{,}2 - \frac{2}{5}\right) + 1{,}5 : \frac{2}{3}$

2. Mit Prozenten und Zinsen umgehen

Basiswissen

Zusammenhang zwischen Brüchen, Dezimalzahlen und Prozentsätzen

$\frac{1}{2} = 1 : 2 = 0,5 = 50\ \%$

$\frac{1}{4} = 1 : 4 = 0,25 = 25\ \%$

$\frac{2}{5} = 2 : 5 = 0,4 = 40\ \%$

$\frac{1}{3} = 1 : 3 = 0,33\ldots = 33,3\ \%$

$\frac{7}{8} = 7 : 8 = 0,875 = 87,5\ \%$

$\frac{3}{50} = 3 : 50 = 0,06 = 6\ \%$

Prozent- und Promillerechnung

G = Grundwert

W = Prozentwert
Promillewert

p = Prozentsatz
Promillesatz

Prozentrechnung

$p\ \% = \frac{p}{100}$

$G = \frac{W \cdot 100}{p}$ $W = \frac{G \cdot p}{100}$ $p = \frac{W \cdot 100}{G}$

Promillerechnung

$p\ ‰ = \frac{p}{1000}$

$G = \frac{W \cdot 1000}{p}$ $W = \frac{G \cdot p}{1000}$ $p = \frac{W \cdot 1000}{G}$

Zinsrechnung

Jahreszinsen

$Z = \frac{K \cdot i \cdot p}{100}$

Monatszinsen

$Z = \frac{K \cdot m \cdot p}{100 \cdot 12}$

Tageszinsen

$Z = \frac{K \cdot t \cdot p}{100 \cdot 360}$

Kapital: K   Zeit: i   (in Jahren)
Zinsen: Z   m   (in Monaten)
Zinssatz: p   t   (in Tagen)

Zinseszinsen

Wenn man ein Kapital anlegt und die Jahreszinsen am Ende jedes Jahres zum Kapital dazugezählt werden, dann erhält man im nächsten Jahr für das Kapital mit den Zinsen erneut Zinsen. Dies nennt man Zinseszins.

Beispiel: Ein Kapital von 2500 € wird zu einem Zinssatz von 0,9 % für 3 Jahre angelegt. Dabei werden die Zinsen jährlich mitverzinst.
Berechnung des Endkapitals nach 3 Jahren:

Jahr	Kapital zu Jahresbeginn in €	Zinsen in € (Z = K · p %)	Kapital am Jahresende in €
1	2500	2500 · 0,009 = 22,50	2522,50
2	2522,50	2522,50 · 0,009 = 22,70	2545,20
3	2545,20	2545,20 · 0,009 = 22,91	2568,11

Das Anfangskapital von 2500 € ist nach 3 Jahren auf 2568,11 € angewachsen.
Alternativ kann man ein Endkapital bei einem Zinssatz von p % auch mit der Zinseszinsformel berechnen. Diese Formel lautet $K_n = K_0 \cdot q^n$. Dabei steht K_0 für das Anfangskapital, q für den Wachstumsfaktor $\left(1 + \frac{p}{100}\right)$, n für die Anzahl an Jahren und K_n für das Endkapital nach n Jahren. Die Formel eignet sich besonders dann, wenn ein Kapital für sehr viele Jahre angelegt wird, weil in diesem Fall eine Tabelle (wie oben) sehr umfangreich wäre.

Beispiel: Ein Kapital von 30 000 € wird zu einem Zinssatz von 1,1 % für 15 Jahre angelegt. Dabei werden die Zinsen mitverzinst. Berechnen Sie das Endkapital.

Lösung

In der Zinseszinsformel sind folgende Angaben gegeben: $K_0 = 30\ 000$; n = 15; $q = \left(1 + \frac{1,1}{100}\right) = 1,011$.

Folglich gilt:
$K_{15} = 30\ 000 \cdot 1,011^{15}$
$K_{15} = 35\ 349,93$
Das Endkapital ist 35 349,93 €.

Basiswissen

Mit der Formel $K_n = K_0 \cdot \left(1 + \dfrac{p}{100}\right)^n$ kann man auch folgende Aufgaben lösen:

1. Gegeben: K_n; p; n; gesucht: K_0
2. Gegeben: K_n; K_0; n; gesucht: p

Beispiel: Ein Anfangskapital von 24 000 € wächst nach 8 Jahren mit Zinseszins auf 26 507,67 € an. Berechnen Sie den Zinssatz p.

Lösung

$$K_n = 26\,507{,}67\ €;\ K_0 = 24\,000\ € ;\ n = 8$$

$$K_n = K_0 \cdot \left(1 + \frac{p}{100}\right)^n$$

$$26\,507{,}67 = 24\,000 \cdot \left(1 + \frac{p}{100}\right)^8 \qquad | : 24\,000$$

$$1{,}1045 = \left(1 + \frac{p}{100}\right)^8 \qquad | \sqrt[8]{}$$

$$\sqrt[8]{1{,}1045} = 1 + \frac{p}{100} \qquad | - 1$$

$$0{,}0125 = \frac{p}{100} \qquad | \cdot 100$$

$$p = 1{,}25\ \%$$

Der Zinssatz beträgt 1,25 %.

Typische Aufgabenstellung

Aufgabe 1

TR/FS

Frau Rossi verdiente im Jahr 2017 pro Monat 2400 €. Anfang 2018 bekam sie eine Gehaltserhöhung von 5 %. Anfang 2019 wurde ihr Gehalt aber wegen Umsatzrückgangs des Unternehmens wieder um 5 % gekürzt.
Frau Rossi denkt: „Dann bekomme ich ja jetzt im Jahr 2019 wieder das gleiche Gehalt wie im Jahr 2017." Hat Frau Rossi recht?

Lösung

Interessanterweise irrt sich Frau Rossi.

Gehalt 2017:   2400 €

Gehalt 2018: $\cdot 5$ $\left(\begin{array}{l} 1\ \% \text{ von } 2400\ € = 24\ € \\ 5\ \% \text{ von } 2400\ € = 120\ € \end{array}\right) \cdot 5$

Also: 2400 € + 120 € = 2520 €

Gehalt 2019: $\cdot 5$ $\left(\begin{array}{l} 1\ \% \text{ von } 2520\ € = 25{,}20\ € \\ 5\ \% \text{ von } 2520\ € = 126\ € \end{array}\right) \cdot 5$

Also: 2520 € – 126 € = 2394 €

Frau Rossi bekommt 2019 ein Monatsgehalt von 2394 €, also 6 € weniger als 2017.

Aufgabe 2

TR/FS

a) Nico legt einen Betrag von 5500 € zu einem Zinssatz von 0,8 % für 200 Tage an. Berechnen Sie, auf welche Summe sein Kapital nach den 200 Tagen angewachsen ist.

b) Ida sieht im Internet den Sparplan einer Bank und möchte ihre Ersparnisse von 24 000 € dort für 3 Jahre anlegen. Berechnen Sie, auf welchen Betrag Idas Kapital nach 3 Jahren mit Zinseszins angewachsen ist.

> **3-Jahres-Sparplan mit attraktiver Verzinsung**
> 1. Jahr: 0,5 %
> 2. Jahr: 0,8 %
> 3. Jahr: 1,2 %

Lösung

a) $Z = \dfrac{K \cdot t \cdot p}{100 \cdot 360} = \dfrac{5500 \text{ €} \cdot 200 \cdot 0,8}{100 \cdot 360} = 24,44 \text{ €}$

5500 € + 24,44 € = 5524,44 €

Nach 200 Tagen ist Nicos Kapital auf 5524,44 € angewachsen.

b)

Jahr	Kapital zu Jahresbeginn in €	Zinsen in € ($Z = K \cdot p$ %)	Kapital am Jahresende in €
1	24 000	24 000 · 0,005 = 120	24 120
2	24 120	24 120 · 0,008 = 192,96	24 312,96
3	24 312,96	24 312,96 · 0,012 = 291,76	24 604,72

Idas Anfangskapital von 24 000 € ist nach 3 Jahren auf 24 604,72 € angewachsen.

Aufgabe 3

TR/FS

22 000 € werden für 10 Jahre zu einem Zinssatz von 0,85 % mit Zinseszins angelegt. Berechnen Sie das Endkapital.

Lösung

$K_0 = 22\,000; \quad n = 10; \quad q = \left(1 + \dfrac{0,85}{100}\right) = 1,0085$

Folglich gilt mit der Zinseszinsformel:

$K_{10} = 22\,000 \cdot 1,0085^{10}$

$K_{10} = 23\,943,17$

Das Endkapital beträgt 23 943,17 €.

Übungsaufgaben

Aufgabe 1

TR/FS

Berechnen Sie jeweils die fehlenden Werte.

	Grundwert G	Prozentwert W	Prozentsatz p
a)	240 €		2,5
b)	800 l	120 l	
c)		45 m²	3

Aufgabe 2

TR/FS

Ein Fahrrad kostet nach einem 25%igen Preisnachlass noch 375 €. Wie teuer war es vor dem Preisnachlass?

Aufgabe 3

TR/FS

Familie Sonnenschein plant eine 2-wöchige Urlaubsreise nach Mallorca. Der Preis pro erwachsener Person beträgt 1600 €. Für die zweijährige Tochter erhalten die Sonnenscheins 75 % Rabatt, für den zwölfjährigen Timo immerhin noch 25 %. Wie teuer wird dieser Urlaub?

Aufgabe 4

TR/FS

Der Schulleiter einer Realschule steckt in der Klemme. Zum zweiten Mal in Folge hat ihm die Stadtverwaltung den Schuletat um 10 % gekürzt. Er muss jetzt mit 55 485 € auskommen.

a) Wie viel Euro hatte er vor 2 Jahren zur Verfügung?

b) Wie hoch ist die prozentuale Kürzung insgesamt?

Aufgabe 5

TR/FS

Berechnen Sie jeweils die Höhe der Zinsen.

	Kapital	Zinssatz	Laufzeit
a)	4000 €	2,8 %	4 Monate
b)	12 500 €	3,2 %	1 Jahr
c)	8600 €	3,5 %	178 Tage

Aufgabe 6

Eine Bank bietet 0,8 % Zinsen für ein Kapital, das bis zu 3 Jahren angelegt wird. Für Anlagen von 4 bis 8 Jahren bietet die Bank über den gesamten Zeitraum 0,9 % Zinsen.

a) Berechnen Sie mithilfe einer Tabelle, auf welches Endkapital ein Anfangskapital von 15 000 € nach 3 Jahren anwächst.

b) Berechnen Sie mithilfe der Zinseszinsformel, auf welches Endkapital ein Anfangskapital von 35 000 € nach 8 Jahren anwächst.

Aufgabe 7

a) Ein Kapital wächst mit Zinseszins nach 6 Jahren bei einem Zinssatz von 1,05 % p. a. auf 19 164,19 € an. Berechnen Sie das Anfangskapital.

b) Ein Anfangskapital von 58 000 € wächst nach 7 Jahren mit Zinseszins auf 63 928,38 € an. Berechnen Sie den jährlichen Zinssatz p.

Aufgabe 8

Kati legt zu Beginn eines Jahres einen Betrag von 9000 € bei einer Bank an, die 0,95 % Zinsen p. a. bietet. Zinsen werden am Ende des Jahres mitverzinst.

▶ Auf welchen Betrag ist das angelegte Geld nach 6 Jahren angewachsen?

▶ Welchen jährlichen Zinssatz müsste die Bank bieten, damit Katis Anfangskapital von 9000 € nach 6 Jahren auf 10 000 € anwachsen würde?

Aufgabe 9

Yagmur legte heute genau vor 7 Jahren 12 500 € zu einem Zinssatz von 1,3 % p. a. an. Die Zinsen wurden in der gesamten Laufzeit jährlich mitverzinst. Heute soll das Endkapital ausgezahlt werden.

▶ Berechnen Sie das heute auszuzahlende Endkapital.
▶ Yagmur legt heute das nach 7 Jahren erzielte Endkapital wiederum bei derselben Bank an. Da mittlerweile das Zinsniveau jedoch deutlich gesunken ist, bietet die Bank ihr für die erneute Anlage einen geringeren jährlichen Zinssatz an. Berechnen Sie diesen Zinssatz, wenn Yagmur mit dem heute angelegten Geldbetrag in 4 Jahren ein Guthaben von 14 000 € erzielen kann.

3. Mit Termen umgehen, die auch Variablen enthalten

Basiswissen

Rechnen mit Klammern

Auflösen von Plusklammern

$+(-a + b - c) = -a + b - c$

Die Zeichen bleiben erhalten!

Auflösen von Minusklammern

$-(-a + b - c) = +a - b + c$

Die Zeichen ändern sich!

Ausklammern

$ab + ac - ad = a(b + c - d)$

Ausmultiplizieren

$a(-b + c - d) = -ab + ac - ad$

Multiplizieren von Summen und Differenzen

$(a + b) \cdot (c - d) = ac - ad + bc - bd$

Binomische Formeln

$(a + b)^2 = a^2 + 2ab + b^2$	1. Binom
$(a - b)^2 = a^2 - 2ab + b^2$	2. Binom
$(a + b) \cdot (a - b) = a^2 - b^2$	3. Binom

Wichtige Rechengesetze

Kommutativgesetz
(Vertauschungsgesetz)
$a + b = b + a$
$a \cdot b = b \cdot a$

Assoziativgesetz
(Verbindungsgesetz)
$a + (b + c) = (a + b) + c$
$a \cdot (b \cdot c) = (a \cdot b) \cdot c$

Distributivgesetz
(Verteilungsgesetz)
$a \cdot (b \pm c) = ab \pm ac$
$\dfrac{b \pm c}{a} = \dfrac{b}{a} \pm \dfrac{c}{a}$

Auflösen von Formeln

In der Mathematik und in vielen anderen Wissenschaften werden zur Berechnung bestimmter Größen oft Formeln verwendet. Dabei ist es häufig notwendig, diese Formeln nach einer bestimmten Variablen aufzulösen.

Beispiel: Die Formel für den Flächeninhalt eines Dreiecks lautet: $A = \dfrac{1}{2} \cdot g \cdot h$, wobei g für die Länge der Grundseite und h für die Länge der zur Grundseite gehörenden Höhe steht. Lösen Sie diese Formel sowohl nach der Variablen g als auch nach der Variablen h auf.

Lösung

Auflösen nach der Variablen g:

$A = \dfrac{1}{2} \cdot g \cdot h \qquad | \cdot 2$

$2A = g \cdot h \qquad | : h$

$\dfrac{2A}{h} = g$

Auflösen nach der Variablen h:

$A = \dfrac{1}{2} \cdot g \cdot h \qquad | \cdot 2$

$2A = g \cdot h \qquad | : g$

$\dfrac{2A}{g} = h$

Typische Aufgabenstellung

Aufgabe 1

Kreuzen Sie den passenden Term an. Von der Zahl 3 wird die Summe einer gedachten Zahl x und 5 abgezogen.

☐ $x + 5 - 3$ ☐ $3 + (x - 5)$ ☐ $3 - (x + 5)$

Lösung

☒ $3 - (x + 5)$

Aufgabe 2

a) Multiplizieren Sie aus und vereinfachen Sie so weit wie möglich.

   $(x + 1) \cdot (5 - 2x) + x(x + 4)$

b) Klammern Sie einen möglichst großen Faktor aus.

   $32a - 24ab$

Lösung

a) $(x + 1) \cdot (5 - 2x) + x(x + 4)$
   $= 5x - 2x^2 + 5 - 2x + x^2 + 4x$
   $= -x^2 + 7x + 5$

b) $32a - 24ab$
   $= 8a(4 - 3b)$

Aufgabe 3

a) Wenden Sie die richtige binomische Formel an und vereinfachen Sie den Term.

   $(3x - 7) \cdot (3x + 7)$ $(a + 5b)^2$ $(3r - 4s)^2$

b) Verwandeln Sie in ein Produkt. Verwenden Sie dafür die richtige binomische Formel.

   $x^2 + 18x + 81$ $64 - b^2$ $a^2 - 12a + 36$

Lösung

a) $(3x - 7) \cdot (3x + 7)$ $(a + 5b)^2$ $(3r - 4s)^2$
   $= (3x)^2 - (7)^2$ $= a^2 + 2 \cdot a \cdot 5b + (5b)^2$ $= (3r)^2 - 2 \cdot 3r \cdot 4s + (4s)^2$
   $= 9x^2 - 49$ $= a^2 + 10ab + 25b^2$ $= 9r^2 - 24rs + 16s^2$

b) $x^2 + 18x + 81$ $64 - b^2$ $a^2 - 12a + 36$
   $= x^2 + 2 \cdot 9 \cdot x + 9^2$ $= 8^2 - b^2$ $= a^2 - 2 \cdot 6 \cdot a + 6^2$
   $= (x + 9)^2$ $= (8 + b)(8 - b)$ $= (a - 6)^2$

Aufgabe 4

Lösen Sie die Formel für die Monatszinsen $Z = \dfrac{K \cdot m \cdot p}{100 \cdot 12}$ nach den Variablen m und p auf.

Lösung

Auflösung nach m:

$Z = \dfrac{K \cdot m \cdot p}{100 \cdot 12}$ 	 | · 1200

$1200 \cdot Z = K \cdot m \cdot p$ 	 | : (K · p)

$\dfrac{1200 \cdot Z}{K \cdot p} = m$

Auflösung nach p:

$Z = \dfrac{K \cdot m \cdot p}{100 \cdot 12}$ 	 | · 1200

$1200 \cdot Z = K \cdot m \cdot p$ 	 | : (K · m)

$\dfrac{1200 \cdot Z}{K \cdot m} = p$

Übungsaufgaben

Aufgabe 1

Die Klassenlehrerin sammelt am Montag von jedem anwesenden Schüler / jeder anwesenden Schülerin 4 € für einen Ausflug ein. An diesem Tag sind aber 3 Schüler/-innen krank.

a) Die Variable x steht für die Gesamtzahl der Schüler/-innen der Klasse (ohne Krankmeldungen). Die Einnahmen der Lehrerin an diesem Tag können dann dargestellt werden durch den Term ...

   ☐ x − 3 · 4   ☐ (x − 3) · 4   ☐ (x − 4) · 3

b) Die Klasse besteht (ohne Krankmeldungen) aus 27 Schüler/-innen.
   Berechnen Sie die Einnahmen der Lehrerin an diesem Montag.

Aufgabe 2

a) Stellen Sie einen Term für den Umfang des Rechtecks auf und vereinfachen Sie anschließend den Term.

b) Berechnen Sie den Umfang des Rechtecks für a = 2,5 cm.

Aufgabe 3

Vereinfachen Sie den Term 6x · 3 − (-2 + 4x) + 5 so weit wie möglich.

Aufgabe 4

a) Multiplizieren Sie aus und vereinfachen Sie so weit wie möglich.
$2(2x + 4y) - 3(x + y)$

b) Klammern Sie einen möglichst großen Faktor aus.
$21xy^2 - 15x^2y$

Aufgabe 5

Verwandeln Sie in ein Produkt. Verwenden Sie dafür die passende binomische Formel.

$a^2 - 8a + 16$ $y^2 - 49$ $x^2 + 22x + 121$

Aufgabe 6

Die Kosten K (in €) einer Taxifahrt werden durch die Formel $K = 3 + 2x + \frac{1}{5}y$ berechnet. Dabei steht x für die gefahrene Strecke (in km) und y für die Wartezeit (in min), in der das Taxi z. B. vor Ampeln, an Stoppschildern oder im Stau stehen muss.

a) Berechnen Sie die Kosten einer Taxifahrt, bei der eine Strecke von 4 km zurückgelegt wird und insgesamt 5 Minuten Wartezeit anfallen.

b) Berechnen Sie die Länge der gefahrenen Strecke bei einer Taxifahrt, die 25 € kostet und bei der eine Wartezeit von insgesamt 10 Minuten anfällt.

c) Lösen Sie die Formel $K = 3 + 2x + \frac{1}{5}y$ nach den Variablen x und y auf.

Aufgabe 7

Wenn man ein Produkt wie zum Beispiel 7 · 76 ohne Taschenrechner ausrechnen soll, rechnet man oft zunächst 7 · 70 (= 490) und dann 7 · 6 (= 42). Die beiden Einzelergebnisse 490 und 42 addiert man schließlich zum Endergebnis 532. Nach welchem allgemeingültigen Rechengesetz darf man solche Produkte mit dieser Strategie berechnen? Geben Sie den Namen des Rechengesetzes sowie das Rechengesetz in allgemeiner Form an.

4. Mit Wurzeln umgehen

Basiswissen

Quadratwurzel

Quadrieren und Wurzelziehen

Wenn man eine Zahl quadriert, multipliziert man die Zahl mit sich selbst.
Beispiele: $3^2 = 3 \cdot 3 = 9$ $(-0,5)^2 = (-0,5) \cdot (-0,5) = 0,25$

Wenn man die (Quadrat-)Wurzel aus einer Zahl zieht, dann sucht man eine andere Zahl, die zweimal mit sich selbst multipliziert die Zahl unter dem Wurzelzeichen ergibt.
Beispiele: $\sqrt{36} = 6$, *denn* $6 \cdot 6 = 6^2 = 36$ $\sqrt{81} = 9$, *denn* $9 \cdot 9 = 9^2 = 81$

Quadratwurzeln können nur aus positiven Zahlen gezogen werden. Oft sind Quadratwurzeln nur näherungsweise mit dem Taschenrechner zu bestimmen, z. B. $\sqrt{10} \approx 3,16$ (auf 2 Nachkommastellen gerundet).

Quadrieren und Wurzelziehen sind sogenannte Umkehroperationen.

Das bedeutet, dass man Quadrieren durch Wurzelziehen einerseits und Wurzelziehen durch Quadrieren andererseits wieder rückgängig machen kann.
Beispiele: $4^2 = 16$, deshalb gilt umgekehrt $\sqrt{16} = \sqrt{4^2} = 4$
     $\sqrt{64} = 8$, deshalb gilt umgekehrt $8^2 = (\sqrt{64})^2 = 64$

Kubikwurzel

Wenn man die Kubikwurzel aus einer Zahl zieht, dann sucht man eine andere Zahl, die dreimal mit sich selbst multipliziert die Zahl unter dem Wurzelzeichen ergibt.
Beispiele: $\sqrt[3]{8} = 2$, *denn* $2 \cdot 2 \cdot 2 = 2^3 = 8$ $\sqrt[3]{125} = 5$, *denn* $5 \cdot 5 \cdot 5 = 5^3 = 125$

Auch Kubikwurzeln sind oft nur näherungsweise mit dem Taschenrechner zu bestimmen, z. B.
$\sqrt[3]{18} \approx 2,62$ (auf 2 Nachkommastellen gerundet).

Rechnen mit Wurzeln

$$\sqrt[2]{a} = \sqrt{a} \quad \text{verkürzte Schreibweise}$$
$$(\sqrt{a})^2 = a$$
$$\sqrt{a} \cdot \sqrt{b} = \sqrt{a \cdot b}$$
$$\frac{\sqrt{a}}{\sqrt{b}} = \sqrt{\frac{a}{b}}$$

Typische Aufgabenstellung

Aufgabe 1

Berechnen Sie.

a) $\sqrt{900} =$ b) $\sqrt{0,81} =$ c) $\sqrt{2,56} =$

d) $\sqrt[3]{1000} =$ e) $\sqrt[3]{0,001} =$ f) $\sqrt[3]{0,027} =$

Lösung

a) 30 b) 0,9 c) 1,6

d) 10 e) 0,1 f) 0,3

Aufgabe 2

TR/FS

a) Zwischen welchen beiden natürlichen Zahlen liegt $\sqrt{55}$? Begründen Sie Ihre Antwort.

b) Geben Sie mithilfe des Taschenrechners die Zahl $\sqrt[3]{46}$ sowohl auf eine als auch auf zwei Nachkommastellen gerundet an.

Lösung

a) Da $7^2 = 49$ und $8^2 = 64$ gilt, muss $\sqrt{55}$ zwischen den Zahlen 7 und 8 liegen.

b) $\sqrt[3]{46} \approx 3,6$ (auf eine Nachkommastelle)
   $\sqrt[3]{46} \approx 3,58$ (auf zwei Nachkommastellen)

Aufgabe 3

Vereinfachen Sie durch teilweises Wurzelziehen.

a) $\sqrt{50} + \sqrt{72}$ b) $\sqrt{147} - \sqrt{98}$ c) $\sqrt{0,64x} + \sqrt{0,81x}$

Lösung

a) $\sqrt{50} + \sqrt{72}$
$= \sqrt{25 \cdot 2} + \sqrt{36 \cdot 2}$
$= \sqrt{25} \cdot \sqrt{2} + \sqrt{36} \cdot \sqrt{2}$
$= 5\sqrt{2} + 6\sqrt{2}$
$= 11\sqrt{2}$

b) $\sqrt{147} - \sqrt{98}$
$= \sqrt{49 \cdot 3} - \sqrt{49 \cdot 2}$
$= \sqrt{49} \cdot \sqrt{3} - \sqrt{49} \cdot \sqrt{2}$
$= 7\sqrt{3} - 7\sqrt{2}$
$= 7(\sqrt{3} - \sqrt{2})$

c) $\sqrt{0,64x} + \sqrt{0,81x}$
$= \sqrt{0,64 \cdot x} + \sqrt{0,81 \cdot x}$
$= \sqrt{0,64} \cdot \sqrt{x} + \sqrt{0,81} \cdot \sqrt{x}$
$= 0,8\sqrt{x} + 0,9\sqrt{x}$
$= 1,7\sqrt{x}$

Aufgabe 4

Multiplizieren Sie aus und vereinfachen Sie anschließend so weit wie möglich.

a) $(\sqrt{3} + \sqrt{5})^2$

b) $5(\sqrt{6} + \sqrt{7})(\sqrt{6} - \sqrt{7})$

c) $(\sqrt{2} - \sqrt{8})^2$

Lösung

a) $(\sqrt{3} + \sqrt{5})^2$
$= (\sqrt{3})^2 + 2\sqrt{3}\sqrt{5} + (\sqrt{5})^2$
$= 3 + 2\sqrt{15} + 5$
$= 8 + 2\sqrt{15}$

b) $5(\sqrt{6} + \sqrt{7})(\sqrt{6} - \sqrt{7})$
$= 5((\sqrt{6})^2 - (\sqrt{7})^2)$
$= 5(6 - 7)$
$= -5$

c) $(\sqrt{2} - \sqrt{8})^2$
$= (\sqrt{2})^2 - 2\sqrt{2}\sqrt{8} + (\sqrt{8})^2$
$= 2 - 2\sqrt{16} + 8$
$= 10 - 2 \cdot 4$
$= 2$

Übungsaufgaben |

Aufgabe 1

TR/FS

Ein Quadrat mit der Seitenlänge s hat den Flächeninhalt 68 m².

a) Geben Sie zunächst an, zwischen welchen beiden natürlichen Zahlen s liegt.

b) Geben Sie s auf zwei Nachkommastellen gerundet an.

Aufgabe 2

TR/FS

Ein Würfel mit der Kantenlänge k hat das Volumen 91 cm³.
Geben Sie k auf eine Nachkommastelle gerundet an.

Aufgabe 3

Kreuzen Sie an. Wenn ich die Zahl 64 zunächst quadriere und aus dem Ergebnis die Wurzel ziehe, erhalte ich ...

☐ das Doppelte von 64   ☐ die Zahl 64   ☐ die Zahl 8

Aufgabe 4

TR/FS

Ein Fernsehbildschirm ist 70 cm breit und 40 cm hoch. Berechnen Sie die Länge der Diagonale bei diesem Bildschirm.

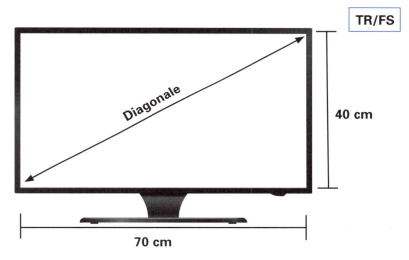

Bildquelle: Anna – Fotolia.com

Aufgabe 5

TR/FS

Welche Zahl ist größer: $\sqrt{10}$ oder $\sqrt[3]{31}$?

Aufgabe 6

Vereinfachen Sie so weit wie möglich.

a) $3\sqrt{3} \cdot (\sqrt{3} + 2) - 6\sqrt{3}$ b) $5\sqrt{8} \cdot 2\sqrt{2}$ c) $\dfrac{8\sqrt{6}}{5\sqrt{24}}$

Aufgabe 7

Vereinfachen Sie so weit wie möglich durch teilweises Wurzelziehen und anschließendes Zusammenfassen.

a) $2\sqrt{75} - 5\sqrt{48}$

b) $-6\sqrt{20} + 3\sqrt{80}$

c) $4\sqrt{18} - 3\sqrt{72} + \sqrt{98}$

Aufgabe 8

Weisen Sie nach, dass die Gleichung gilt.

a) $\dfrac{\sqrt{27} \cdot \sqrt{3}}{\sqrt{45}} = \dfrac{3}{\sqrt{5}}$

b) $\dfrac{\sqrt{24} + \sqrt{54}}{5\sqrt{12}} = \dfrac{1}{\sqrt{2}}$

5. Mit Potenzen umgehen

Basiswissen

Für das Rechnen mit Potenzen sind folgende Regeln wichtig:

$$a^m \cdot a^n = a^{m+n}$$
$$a^m : a^n = a^{m-n}$$
$$a^n \cdot b^n = (a \cdot b)^n$$

$$\frac{a^n}{b^n} = \left(\frac{a}{b}\right)^n$$

$$(a^m)^n = a^{m \cdot n}$$
$$a^1 = a$$
$$a^0 = 1$$

$$a^{-n} = \frac{1}{a^n} \qquad \left(\frac{a}{b}\right)^{-n} = \left(\frac{b}{a}\right)^n$$

$$(-a)^n = a^n, \quad \text{wenn } n \text{ gerade}$$
$$(-a)^n = -a^n, \quad \text{wenn } n \text{ ungerade}$$

Typische Aufgabenstellung

Aufgabe 1

Weisen Sie nach, dass gilt:

$(121 : 11^3) \cdot (44^3 : 4^3) = 121$

Lösung

$(121 : 11^3) \cdot (44^3 : 4^3)$
$= (11^2 : 11^3) \cdot (44 : 4)^3$
$= 11^{2-3} \cdot 11^3$
$= 11^{-1} \cdot 11^3$
$= 11^{-1+3}$
$= 11^2$
$= 121$

Übungsaufgaben

Aufgabe 1

Vereinfachen Sie so weit wie möglich. Geben Sie das Endergebnis ohne Potenzen an.

a) $4^3 \cdot 4^5 \cdot 4^{-6}$

b) $6^4 \cdot 2^4 \cdot \left(\dfrac{1}{4}\right)^4$

c) $\dfrac{6^3}{6^5}$

d) $\dfrac{2{,}5^3}{7{,}5^3}$

e) $(5^{-1})^{-3}$

Aufgabe 2

Weisen Sie nach, dass gilt:

a) $(144 \cdot 12^3) : \left(\dfrac{1}{6}\right)^{-5} = 32$

b) $\dfrac{2^{12} : 4^6}{15^3 \cdot 5^{-3}} = \dfrac{1}{27}$

6. Gleichungen lösen

Basiswissen

Lineare Gleichungen

Um eine lineare Gleichung zu lösen, muss man durch verschiedene Umformungen erreichen, dass die Unbekannte (Variable) zum Schluss ganz allein auf einer Seite der Gleichung steht. Zu den dafür zulässigen Umformungen (auch Äquivalenzumformungen genannt) gehören die Addition, die Subtraktion, die Multiplikation und die Division derselben Zahl oder desselben Terms auf beiden Seiten der Gleichung. Beachten Sie bei den Äquivalenzumformungen die folgende Reihenfolge:

Schritt ①: So weit wie möglich vereinfachen und zusammenfassen
Schritt ②: Zuerst die Umformung mithilfe der Addition bzw. Subtraktion
Schritt ③: Dann die Umformung mithilfe der Multiplikation bzw. Division

Beispiel: Lösen Sie die Gleichung $3(x - 5) = 9 + 12x + 3$.

Lösung

$3(x - 5) = 9 + 12x + 3$	I Klammern auflösen und zusammenfassen
$3x - 15 = 12 + 12x$	I $+ 15$
$3x = 27 + 12x$	I $- 12x$
$-9x = 27$	I $: (-9)$
$x = -3$	

Lineare Gleichungssysteme mit zwei Variablen (LGS)

Bei der rechnerischen Lösung eines linearen Gleichungssystems mit zwei Variablen (LGS) ist es das Ziel, zunächst eine der beiden Gleichungen durch geschickte Umformungen in eine Gleichung mit nur einer Variablen zu überführen. Dafür gibt es drei Lösungsmethoden. Welches Verfahren jeweils geeignet ist, hängt von der speziellen Form des LGS ab.

Gleichsetz(ungs)-verfahren	Beide Gleichungen werden nach der gleichen Variablen aufgelöst und dann gleichgesetzt.
Einsetz(ungs)-verfahren	Eine Gleichung wird nach einer Variablen aufgelöst. Diese setzt man in die andere Gleichung ein.
Additions-verfahren	Beide Gleichungen werden übersichtlich nach Variablen geordnet untereinander geschrieben. Durch geschicktes Multiplizieren müssen bei **einer** Variablen in beiden Gleichungen die gleichen Beizahlen mit **verschiedenen Vorzeichen** stehen.

Ein LGS kann keine Lösung, genau eine Lösung oder unendlich viele Lösungen haben.

Quadratische Gleichungen

Um eine quadratische Gleichung der Form $ax^2 + bx + c = 0$ zu lösen, muss man diese (falls nötig) zunächst durch geeignete Umformungen in die sogenannte Normalform $x^2 + bx + c = 0$ bringen. Dann kann man die Gleichung mit der Lösungsformel lösen:

$$x_{1,2} = -\frac{b}{2} \pm \sqrt{\left(\frac{b}{2}\right)^2 - c}$$

Der Ausdruck $\left(\frac{b}{2}\right)^2 - c$ wird als Diskriminante D einer quadratischen Gleichung bezeichnet. Mithilfe der Diskriminante D kann man ablesen, wie viele Lösungen die Gleichung hat:

Wenn $D > 0$, dann hat die Gleichung zwei verschiedene Lösungen.
Wenn $D = 0$, dann hat die Gleichung genau eine Lösung.
Wenn $D < 0$, dann hat die Gleichung keine Lösung.

Typische Aufgabenstellung

Aufgabe 1

Lösen Sie die Gleichung:

$6 - 2 \cdot (2 + 3x) = -(-x + 5) - 7$

Lösung

$$6 - 2 \cdot (2 + 3x) = -(-x + 5) - 7 \qquad \text{| Klammern auflösen}$$
$$6 - 4 - 6x = x - 5 - 7 \qquad \text{| zusammenfassen}$$
$$-6x + 2 = x - 12 \qquad \text{| } - x$$
$$-7x + 2 = -12 \qquad \text{| } - 2$$
$$-7x = -14 \qquad \text{| } : (-7)$$
$$x = 2$$

Aufgabe 2

Bestimmen Sie die Lösung des folgenden Gleichungssystems.

I $\quad x - 1 = y$

II $\quad 3x + 3 = y$

Lösung

Hier bietet sich das Gleichsetzverfahren an, weil beide Gleichungen schon nach der Variablen y aufgelöst sind.

$$x - 1 = 3x + 3 \qquad \text{| } + 1 \qquad \text{| } - 3x$$
$$-2x = 4 \qquad \text{| } : (-2)$$
$$x = -2$$

$x = -2$ in I: $\quad -2 - 1 = y$
$$y = -3$$
$$\Rightarrow \mathbb{L} = \{(-2 \mid -3)\}$$

Aufgabe 3

Bestimmen Sie die Lösung des folgenden Gleichungssystems.

I $\quad 6x + 12y = 30$

II $\quad 3x + 3y = 9$

Lösung

Hier bietet sich das Additionsverfahren an, weil keine der beiden Gleichungen nach einer Variablen aufgelöst ist.

I $\quad 6x + 12y = 30$
II $\quad 3x + 3y = 9 \qquad \text{| } \cdot (-4)$

III $\qquad -12x - 12y = -36$
I + III $\qquad -6x = -6 \qquad \text{| } : (-6)$
$$x = 1$$

$x = 1$ in I $\quad 6 \cdot 1 + 12y = 30 \qquad \text{| } - 6$
$$12y = 24 \qquad \text{| } : 12$$
$$y = 2$$

$$\Rightarrow \mathbb{L} = \{(1 \mid 2)\}$$

Aufgabe 4

Bringen Sie die quadratische Gleichung zunächst in die Normalform. Lösen Sie die Gleichung anschließend mit der Lösungsformel.

$-2x^2 - 8x = -10$

Lösung

$$-2x^2 - 8x = -10 \qquad | + 10$$
$$-2x^2 - 8x + 10 = 0 \qquad | : (-2)$$
$$x^2 + 4x - 5 = 0$$

Da hier $b = 4$ und $c = -5$, gilt für die Lösungsformel:

$$x_{1,2} = -\frac{4}{2} \pm \sqrt{\left(\frac{4}{2}\right)^2 - (-5)}$$
$$x_{1,2} = -2 \pm \sqrt{4 + 5}$$
$$x_{1,2} = -2 \pm \sqrt{9}$$
$$x_{1,2} = -2 \pm 3$$
$$x_1 = -2 + 3 = 1$$
$$x_2 = -2 - 3 = -5$$

Übungsaufgaben

Aufgabe 1

Lösen Sie die Gleichungen.

a) $4x - (2x - 1) = -(-2 + 15x)$

b) $(24x - 320) : 4 - 8x \cdot 12 = (20x + 22) : 2 - 1$

Aufgabe 2

Lösen Sie das lineare Gleichungssystem mit einem Verfahren, das Ihnen am sinnvollsten erscheint.

a) I $\quad 2x - 4y = -8$
   II $\quad\quad x = y + 5$

b) I $\quad 3x - 1{,}5y = 4{,}5$
   II $\quad 2x - 7y = 15$

Aufgabe 3

Fertigen Sie aus einem 27 cm langen Draht ein gleichschenkliges Dreieck, bei dem ein Schenkel 6 cm länger ist als die Basis. Wie lang müssen Basis und Schenkel sein?

Aufgabe 4

In einem großen Hotel gibt es insgesamt 255 Zimmer (Einzelzimmer und Doppelzimmer) mit 465 Betten. Berechnen Sie die Anzahl der Einzel- und Doppelzimmer.

Aufgabe 5

Geben Sie die Anzahl der Lösungen der Gleichung an.

$2x^2 - 4x + 5 = 0$

Aufgabe 6

Lösen Sie die Gleichung.

$(x - 2)^2 + 10x = 44$

Aufgabe 7

Im rechtwinkligen Dreieck ABC ist eine Kathete 7 cm
länger als die andere.
Wie lang müssen beide Katheten sein, wenn die
Hypotenuse 13 cm lang ist?

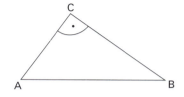

Aufgabe 8

Lösen Sie die Bruchgleichung.

$\dfrac{x + 12}{x} = x - 3$

Aufgabe 9

a) Zeichnen Sie mithilfe der Parabelschablone den Graphen der quadratischen Funktion $y = (x - 3)^2 - 2$ in ein geeignetes Koordinatensystem (1 LE = 1 cm).

b) Lösen Sie die Gleichung $(x - 3)^2 - 2 = 0$ näherungsweise mithilfe des Graphen.

c) Lösen Sie die Gleichung $(x - 3)^2 - 2 = 0$ rechnerisch und vergleichen Sie diese Lösungen mit den Näherungslösungen aus Teilaufgabe b).

Aufgabe 10

a) Zeichnen Sie die beiden Geraden g_1: $y = \dfrac{1}{2}x - 2$ und g_2: $y = -\dfrac{3}{4}x + 4$ in ein geeignetes Koordinatensystem (1 LE = 1 cm).

b) Lösen Sie das lineare Gleichungssystem

I $y = \dfrac{1}{2}x - 2$

II $y = -\dfrac{3}{4}x + 4$

näherungsweise mithilfe der beiden eingezeichneten Geraden g_1 und g_2.

c) Lösen Sie das lineare Gleichungssystem

I $y = \dfrac{1}{2}x - 2$

II $y = -\dfrac{3}{4}x + 4$

rechnerisch und vergleichen Sie diese Lösung mit der Näherungslösung aus Teilaufgabe b).

Leitidee Messen

Berechnungen an Figuren

Auch wenn dies nicht unbedingt von Ihnen erwartet wird, ist es bei den folgenden Figuren hilfreich, die Formeln für den Umfang und den Flächeninhalt (siehe Formelsammlung) auswendig zu lernen:

Quadrat, Rechteck, Parallelogramm, Raute, Trapez, Dreieck und Kreis.

In jedem Fall sollten Sie aber in der Lage sein, die entsprechenden Formeln in einer Formelsammlung zu finden und richtig anzuwenden.

Außerdem sind folgende Formeln für Körperberechnungen wichtig:

Berechnungen an Körpern

Wichtige Formeln

Würfel

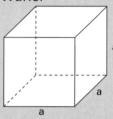

$V = a^3$
$O = 6 \cdot a^2$

Quader

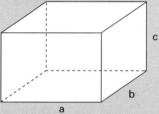

$V = a \cdot b \cdot c$
$O = 2 \cdot (a \cdot b + a \cdot c + b \cdot c)$

Prisma

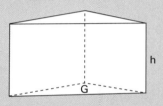

$V = G \cdot h$
$O = 2 \cdot G + M$
$M \triangleq$ Summe der Seitenflächen

Zylinder

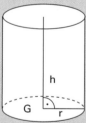

$V = r^2 \pi \cdot h$
$O = 2r^2 \pi + M$
$M = 2r \pi h$ $\Big\} \Rightarrow O = 2r \pi (r + h)$

Pyramide

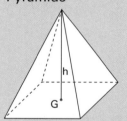

$V = \frac{1}{3} G \cdot h$
$O = G + M$

Kegel

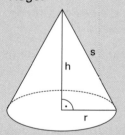

$V = \frac{1}{3} r^2 \pi \cdot h$
$O = r\pi (r + s)$
$s = \sqrt{r^2 + h^2}$
$M = r\pi s$

Kugel

$V = \frac{4}{3} r^3 \pi$
$O = 4r^2 \pi$

Typische Aufgabenstellung

Aufgabe 1

TR/FS

Aus einer kreisförmigen Pappscheibe werden Augen, Nase und Mund herausgeschnitten, um eine Karnevalsmaske herzustellen.
Wie groß ist der Flächeninhalt der Maske (ohne die ausgeschnittenen Teile)?
Wichtig: Die Länge eines Kästchens entspricht in Wirklichkeit 2 cm.

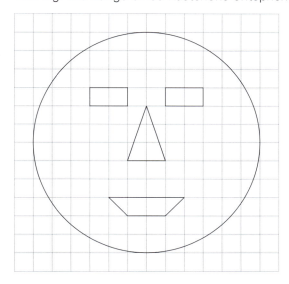

Lösung

Zunächst braucht man den Flächeninhalt der ursprünglichen Pappscheibe. Durch Abzählen der Kästchen (von oben nach unten oder von links nach rechts) erhält man für den Radius der Scheibe:
r = 6 Kästchen = 12 cm
Also ist der Flächeninhalt der Scheibe:

$$A_S = \pi \cdot r^2 = 3,14 \cdot (12 \text{ cm})^2 = 452,16 \text{ cm}^2$$

Nun muss man die Flächeninhalte der ausgeschnittenen Figuren berechnen. Es handelt sich dabei um 2 gleich große Rechtecke, ein Dreieck und ein Trapez.

Rechtecke:

Jedes dieser Rechtecke hat den Flächeninhalt:
$A_R = a \cdot b$
$A_R = 1 \text{ Kästchen} \cdot 2 \text{ Kästchen}$
$A_R = 2 \text{ cm} \cdot 4 \text{ cm}$
$A_R = 8 \text{ cm}^2$

Damit haben die beiden Rechtecke zusammen den doppelten Flächeninhalt, also:

$2 \cdot A_R = 2 \cdot 8 \text{ cm}^2 = 16 \text{ cm}^2$

Dreieck:

Das Dreieck hat 2 Kästchen als Grundseite und 3 Kästchen als Höhe.

$$A_D = \frac{c \cdot h_c}{2}$$

$$A_D = \frac{2 \text{ Kästchen} \cdot 3 \text{ Kästchen}}{2}$$

$$A_D = \frac{4 \text{ cm} \cdot 6 \text{ cm}}{2}$$

$$A_D = 12 \text{ cm}^2$$

Trapez:

Das Trapez hat eine Höhe von 1 Kästchen. Die beiden gegenüberliegenden parallelen Seiten sind 2 Kästchen und 4 Kästchen lang.

$$A_T = \frac{a + c}{2} \cdot h$$

$$A_T = \frac{2 \text{ Kästchen} + 4 \text{ Kästchen}}{2} \cdot 1 \text{ Kästchen}$$

$$A_T = \frac{4 \text{ cm} + 8 \text{ cm}}{2} \cdot 2 \text{ cm}$$

$$A_T = \frac{12 \text{ cm}}{2} \cdot 2 \text{ cm}$$

$$A_T = 6 \text{ cm} \cdot 2 \text{ cm}$$

$$A_T = 12 \text{ cm}^2$$

Damit kann man nun den Flächeninhalt der Maske berechnen:

$$A_{Maske} = A_S - 2 \cdot A_R - A_D - A_T$$

$$A_{Maske} = 452{,}16 \text{ cm}^2 - 16 \text{ cm}^2 - 12 \text{ cm}^2 - 12 \text{ cm}^2$$

$$A_{Maske} = 412{,}16 \text{ cm}^2$$

Aufgabe 2

TR/FS

Eine zylindrische Säule hat ein Volumen von 7 m³ und eine Höhe von 8 m.

a) Wie groß ist ihre Grundfläche?

b) Wie groß ist die Mantelfläche der Säule?

Lösung

a) $V = $ Grundfläche $\cdot$ Körperhöhe

$$V = G \cdot h_K$$

$$G = \frac{V}{h_K}$$

$$G = \frac{7 \text{ m}^3}{8 \text{ m}} = 0{,}875 \text{ m}^2$$

Die Grundfläche beträgt 0,875 m².

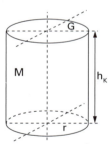

b) Die abgewickelte Mantelfläche eines Zylinders hat die Form eines Rechtecks.
Der Umfang der Grundfläche entspricht der Länge des Rechtecks, die Körperhöhe h_K entspricht der Breite des Rechtecks.

$$u = d \cdot \pi$$

Da der Durchmesser nicht bekannt ist, muss er aus dem Flächeninhalt der Grundfläche errechnet werden.

$A = r^2 \cdot \pi \qquad d = 2 \cdot r$	oder	$M = 2 \cdot r \cdot \pi \cdot h_K$
$r^2 = \frac{A}{\pi}$		$M = 2 \cdot 0{,}53 \text{ m} \cdot \pi \cdot 8 \text{ m}$
$r = \sqrt{\frac{A}{\pi}} = \sqrt{\frac{0{,}875}{\pi}} \approx 0{,}53 \text{ m}$		$M = 26{,}64 \text{ m}^2$
$d = 2 \cdot r$		Die Mantelfläche beträgt 26,64 m².
$d = 2 \cdot 0{,}53 \text{ m} \approx 1{,}06 \text{ m}$		

$$u = d \cdot \pi = 1{,}06 \text{ m} \cdot \pi = 3{,}33 \text{ m}$$

$$A_{Rechteck} = a \cdot b = 8 \text{ m} \cdot 3{,}33 \text{ m} = 26{,}64 \text{ m}^2$$

Aufgabe 3

TR/FS

a) Ein Kegel mit dem Radius r = 4 cm hat das Volumen V = 100,5 cm³. Berechnen Sie die Höhe des Kegels.

b) Eine Kugel hat einen Oberflächeninhalt O = 615,75 cm². Berechnen Sie das Volumen der Kugel.

Lösung

a) $\quad V = \frac{1}{3} \cdot r^2 \cdot \pi \cdot h$

$\quad 100,5 = \frac{1}{3} \cdot 4^2 \cdot \pi \cdot h$

$\quad 100,5 = \frac{1}{3} \cdot 16 \cdot \pi \cdot h \qquad | \cdot 3$

$\quad 301,5 = 16 \cdot \pi \cdot h \qquad | : 16$

$\quad 18,84 = \pi \cdot h \qquad\qquad | : \pi$

$\qquad h = 6$

Die Höhe des Kegels beträgt 6 cm.

b) Bestimmung des Radius r mithilfe der Formel für den Oberflächeninhalt:

$\qquad O = 4 \cdot r^2 \cdot \pi$

$\quad 615,75 = 4 \cdot r^2 \cdot \pi \qquad | : 4$

$\quad 153,94 = r^2 \cdot \pi \qquad\quad | : \pi$

$\qquad r^2 = 49 \qquad\qquad | \sqrt{\ }$

$\qquad\ r = 7$

Der Radius beträgt 7 cm.

Bestimmung des Volumens:

$V = \frac{4}{3} \cdot r^3 \cdot \pi$

$V = \frac{4}{3} \cdot 7^3 \cdot \pi$

$V = 1436,8$

Das Volumen beträgt 1436,8 cm³.

Übungsaufgaben

Aufgabe 1

Durch ein rechteckiges Rasenstück mit den Maßen a = 20 m und b = 8 m soll ein kleiner gepflasterter Weg der Breite x = 1,50 m angelegt werden. Berechnen Sie den Inhalt der Fläche, die danach noch mit Rasen bedeckt ist.

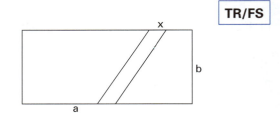

Aufgabe 2

Die Fahrbahn eines Kreisverkehrs soll neu geteert werden. Der Innenkreis des Kreisverkehrs ist mit Rasen bedeckt. Die Rasenfläche hat einen Radius von 1,7 m. Die Fahrbahn ist 2,80 m breit.
Berechnen Sie die Fläche der zu teerenden Fahrbahn.

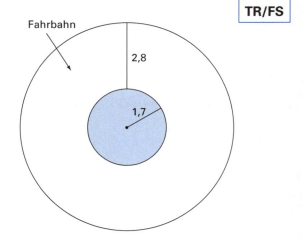

Aufgabe 3

Ein rechteckiger Garten besteht aus zwei Rasenflächen, einem Weg zu einer gepflasterten Fläche für Gartenmöbel und einem kleinen Teich. Berechnen Sie die Gesamtfläche, die in diesem Garten mit Rasen bedeckt ist.

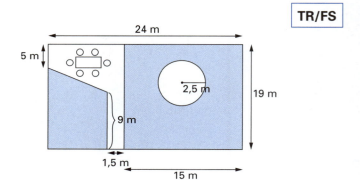

Aufgabe 4

Ein kreisförmiges Blumenbeet mit d = 36 m soll in 6 gleich große Kreissektoren aufgeteilt werden.
In jedem Sektor (Ausschnitt) setzt der Landschaftsgärtner andere Blumen ein.
Berechnen Sie den Flächeninhalt eines Kreissektors.

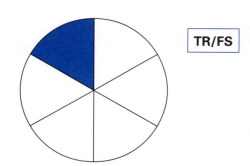

Aufgabe 5

TR/FS

Die Tunnelöffnung einer stillgelegten Bahnstrecke soll vollständig mit großen Holzbrettern zuge-nagelt werden, damit dort spielende Kinder nicht in Gefahr geraten. Die Öffnung besteht aus einem Rechteck und einem darüberliegenden Halbkreis. Von der höchsten Stelle der Öffnung bis zum Boden sind es 5 Meter. Die Breite der Öffnung beträgt unten am Boden 6 Meter. Wie viel m² Holz werden hier insgesamt benötigt?

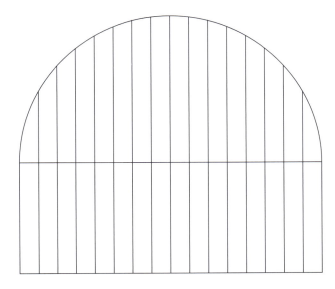

Zeichnung nicht maßstabsgetreu

Aufgabe 6

TR/FS

Berechnen Sie die Kantenlänge eines Würfels, dessen Oberfläche 37,5 cm² beträgt.

Aufgabe 7

TR/FS

Die Mantelfläche eines 5 cm hohen Zylinders hat den Flächeninhalt M = 94,25 cm².
Berechnen Sie das Volumen des Zylinders.

Aufgabe 8

TR/FS

Die abgebildeten Körper haben alle gleich große Grundflächen. Welche der 3 Pyramiden hat das gleiche Volumen wie der Würfel?

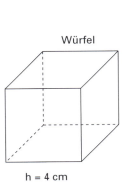
Würfel
h = 4 cm

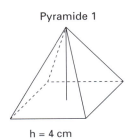
Pyramide 1
h = 4 cm

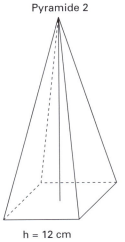
Pyramide 2
h = 12 cm

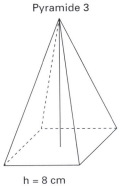
Pyramide 3
h = 8 cm

(2)

Aufgabe 9

Berechnen Sie das Volumen und die Oberfläche des symmetrischen Körpers. Alle Angaben in mm.

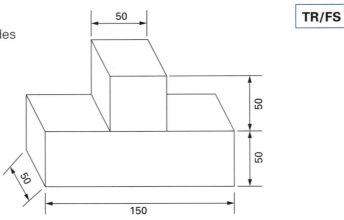

TR/FS

Aufgabe 10

Ein Weinglas-Hersteller will ein von seinem Designer neu entworfenes Glas in verschiedenen Farben einfärben. Dabei soll der obere Teil des Glases in Pink eingefärbt werden, allerdings nur von außen, nicht von innen. Der untere Teil des Glases ist von allen Seiten geschlossen und soll vollständig in Blau eingefärbt werden. Berechnen Sie die Flächeninhalte der beiden einzufärbenden Oberflächen.

TR/FS

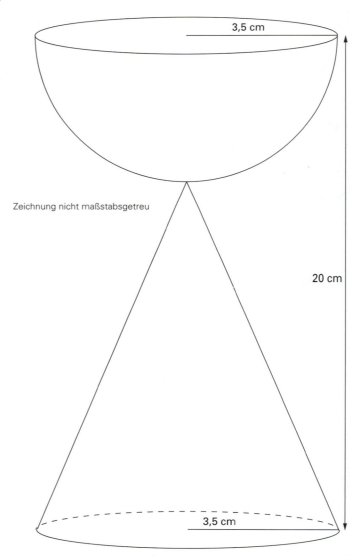

Zeichnung nicht maßstabsgetreu

Aufgabe 11

TR/FS

Aus einer Halbkugel aus Holz mit dem Radius 5 cm wird ein Kegel herausgefräst.
Die Schnittfläche der Halbkugel ist zugleich die Grundfläche des Kegels. Die Kegelspitze liegt
exakt auf der Oberfläche der Halbkugel. Berechnen Sie das Volumen des Restkörpers.

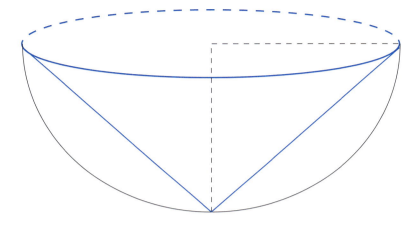

Aufgabe 12

TR/FS

Der obere Teil eines Cocktailglases hat die Form eines Kegels mit einer
Höhe von 14 cm und einer oberen Öffnung von 7,5 cm Durchmesser.
Überprüfen Sie, ob ein solches Glas ein Fassungsvermögen von 0,2 l hat.

Aufgabe 13

TR/FS

Magida will für ihre Freundin zum Geburtstag eine quadratische Pyramide aus Schokolade
kaufen. Diese ist 8 cm hoch und hat eine Seitenlänge von 7 cm. Berechnen Sie das Volumen
der Pyramide und geben Sie an, wie schwer diese ist. (Dichte von Schokolade: $1,28 \frac{g}{cm^3}$)

Aufgabe 14

TR/FS

Berechnen Sie die Fläche in cm².

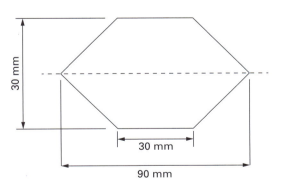

Zeichnung nicht maßstabsgerecht

Leitidee Raum und Form

1. Dreiecke untersuchen

Besondere Dreiecke

1. gleichschenklig

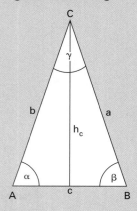

▶ Zwei Seiten sind gleich lang: a = b
▶ Zwei Winkel sind gleich groß: α = β
▶ Die Höhe h_c halbiert die Grundseite c.

2. gleichseitig

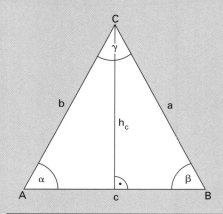

▶ Alle drei Seiten sind gleich lang: a = b = c
▶ Alle drei Winkel sind 60°: α = β = γ = 60°
▶ Jede Höhe halbiert die jeweils gegenüber-
   liegende Seite.

3. rechtwinklig

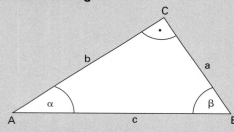

▶ Ein Winkel ist 90°.
▶ Die anderen beiden Winkel ergänzen sich zu 90°:
   α + β = 90°

4. stumpfwinklig

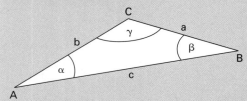

▶ Ein Winkel ist größer als 90°: hier ist γ > 90°
▶ Die Summe der anderen beiden Winkel ist kleiner als 90°:
   α + β < 90°

5. spitzwinklig

▶ Alle drei Winkel sind kleiner als 90°.

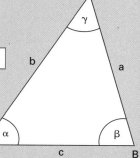

Basiswissen

Winkelsummensatz für Dreiecke

In jedem Dreieck ergibt die Summe aller drei Winkel 180°: $\alpha + \beta + \gamma = 180°$

Die vier Grundkonstruktionen für Dreiecke

Bei der Konstruktion von Dreiecken unterscheidet man vier Grundkonstruktionen. Bei jeder dieser vier Grundkonstruktionen sind jeweils 3 Werte (Seitenlängen oder Winkel) des Dreiecks gegeben. Wenn eine dieser vier Grundkonstruktionen vorliegt, ist das Dreieck eindeutig konstruierbar. Das bedeutet, dass man bei jeder der vier Grundkonstruktionen immer deckungsgleiche Dreiecke konstruiert, die in allen drei Seitenlängen und allen drei Winkelweiten übereinstimmen.

Grundkonstruktion 1: SSS

Von einem Dreieck sind alle drei Seitenlängen (hier: a, b und c) gegeben. Das Dreieck ist eindeutig konstruierbar.

Beispiel:

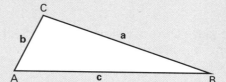

Grundkonstruktion 2: SWS

Von einem Dreieck sind zwei Seitenlängen (hier: a und c) und die Winkelweite des eingeschlossenen Winkels (hier: β) gegeben. Das Dreieck ist eindeutig konstruierbar.

Beispiel:

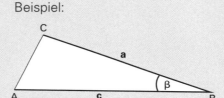

Grundkonstruktion 3: WSW

Von einem Dreieck sind eine Seitenlänge (hier: b) und zwei Winkel (hier: α und γ) gegeben. Das Dreieck ist eindeutig konstruierbar.

Beispiel:

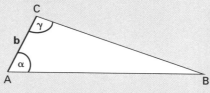

Grundkonstruktion 4: SSW

Von einem Dreieck sind zwei Seitenlängen (hier: b und c) und ein Winkel (hier: γ) gegeben. Dabei liegt der gegebene Winkel der größeren der beiden Seitenlängen gegenüber. Das Dreieck ist eindeutig konstruierbar.

Beispiel:

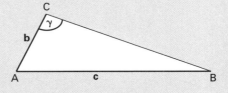

Konstruierbarkeit von Dreiecken

Man kann mithilfe bestimmter allgemeiner Eigenschaften von Dreiecken entscheiden, ob ein Dreieck aus gegebenen Werten konstruierbar ist oder nicht.

Basiswissen

Erster Fall:
Ein Dreieck ist nur dann konstruierbar, wenn die Summe zweier Seitenlängen größer ist als die dritte Seitenlänge.
Beispiel: Aus den Seitenlängen a = 4 cm, b = 7 cm und c = 2 cm kann man kein Dreieck konstruieren, weil die Summe der Seitenlängen a und c (4 cm + 2 cm = 6 cm) kleiner ist als die dritte gegebene Seitenlänge (b = 7 cm).

Zweiter Fall:
Ein Dreieck ist nur dann konstruierbar, wenn gilt: $\alpha + \beta + \gamma = 180°$
Beispiel: Aus den Angaben a = 4 cm, β = 85° und γ = 97° kann man kein Dreieck konstruieren, weil die Summe der beiden gegebenen Winkelweiten 85° + 97° = 182° und damit größer als 180° ist.

Typische Aufgabenstellung

Aufgabe 1

Verbinden Sie jedes Dreieck mit der richtigen Bezeichnung. Von jedem Dreieck darf nur eine einzige Verbindungslinie ausgehen.

rechtwinklig   gleichseitig   stumpfwinklig   gleichschenklig   spitzwinklig

Lösung

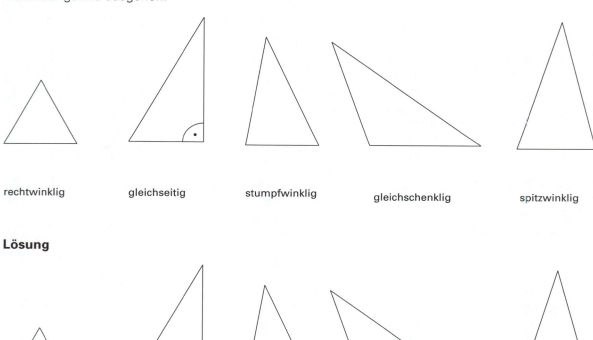

rechtwinklig   gleichseitig   stumpfwinklig   gleichschenklig   spitzwinklig

Aufgabe 2

Geben Sie an, nach welcher der vier Grundkonstruktionen man aus folgenden Stücken eindeutig ein Dreieck konstruieren kann.

α = 50°; β = 62°; c = 3 cm

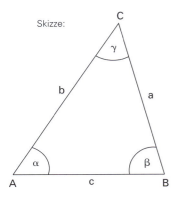

Lösung

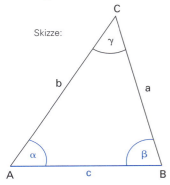

Die gegebenen Werte entsprechen der Grundkonstruktion WSW.

Übungsaufgaben|

Aufgabe 1

Berechnen Sie die fehlenden Winkelweiten ohne abzumessen.

a)

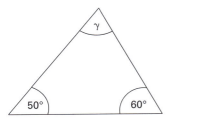

b)

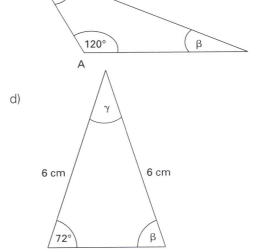

c)

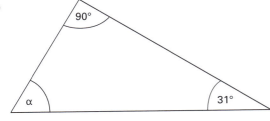

d)

Aufgabe 2

Welche der vier Grundkonstruktionen liegt bei den
gegebenen Stücken eines Dreiecks vor?
Schreiben Sie die richtige Zahl (1; 2; 3; 4) neben die
gegebenen Stücke.

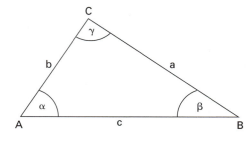

1: SSS **2: SWS** **3: WSW** **4: SSW**

☐ $\alpha = 87°$; $c = 7$ cm; $\beta = 42°$ ☐ $a = 6$ cm; $b = 4$ cm; $\alpha = 68°$

☐ $\alpha = 53°$; $b = 3$ cm; $c = 5$ cm   ☐ $a = 4$ cm; $b = 3$ cm; $c = 2$ cm

Aufgabe 3

Nennen Sie sowohl die Form des Dreiecks ABC
als auch die Formen der Teildreiecke ADC und DBC.

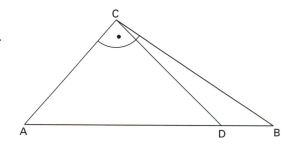

Aufgabe 4

Begründen Sie, warum aus den gegebenen Stücken kein Dreieck konstruiert werden kann.

a) $\alpha = 91°$; $c = 4$ cm; $\beta = 89°$

b) $a = 9$ cm; $b = 5$ cm; $c = 3$ cm

Aufgabe 5

Konstruieren Sie ein rechtwinkliges Dreieck mit $b = 6$ cm, $c = 4$ cm und $\alpha = 90°$.

2. Vierecke untersuchen

1. Eigenschaften spezieller Vierecke

Quadrat

- ▶ Alle vier Seiten sind gleich lang.
- ▶ Jeweils zwei gegenüberliegende Seiten sind parallel.
- ▶ Alle vier Winkel sind 90° groß.
- ▶ Die beiden Diagonalen schneiden sich rechtwinklig.
- ▶ Die beiden Diagonalen halbieren sich gegenseitig.

Rechteck

- ▶ Jeweils zwei gegenüberliegende Seiten sind gleich lang.
- ▶ Jeweils zwei gegenüberliegende Seiten sind parallel.
- ▶ Alle vier Winkel sind 90° groß.
- ▶ Die beiden Diagonalen halbieren sich gegenseitig.

Parallelogramm

- ▶ Jeweils zwei gegenüberliegende Seiten sind gleich lang.
- ▶ Jeweils zwei gegenüberliegende Seiten sind parallel.
- ▶ Jeweils gegenüberliegende Winkel sind gleich groß.
- ▶ Die beiden Diagonalen halbieren sich gegenseitig.

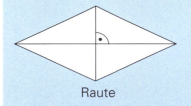

Raute

- ▶ Alle vier Seiten sind gleich lang.
- ▶ Jeweils zwei gegenüberliegende Seiten sind parallel.
- ▶ Jeweils gegenüberliegende Winkel sind gleich groß.
- ▶ Die beiden Diagonalen halbieren sich gegenseitig.
- ▶ Die beiden Diagonalen schneiden sich rechtwinklig.

gleichschenkliges Trapez

- ▶ Ein Paar gegenüberliegender Seiten ist gleich lang.
- ▶ Ein Paar gegenüberliegender Seiten ist parallel.
- ▶ Die an den beiden parallelen Seiten anliegenden Winkel sind jeweils gleich groß.

Drachen

- ▶ Jeweils zwei Seiten sind gleich lang.
- ▶ Ein Paar gegenüberliegender Winkel ist gleich groß.
- ▶ Die beiden Diagonalen schneiden sich rechtwinklig.
- ▶ Eine Diagonale wird von der anderen halbiert.

Basiswissen

2. Die Winkelsumme im Viereck

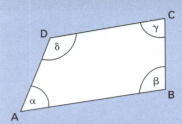

In jedem Viereck beträgt die Summe aller vier Innenwinkel 360°.
$\alpha + \beta + \gamma + \delta = 360°$

Typische Aufgabenstellung

Aufgabe 1

Schreiben Sie den Buchstaben der zutreffenden Aussage in das Kästchen.

A: Beide Paare gegenüberliegender Seiten sind parallel zueinander.
Alle vier Seiten sind gleich lang.

B: Die beiden Diagonalen schneiden sich rechtwinklig, aber nur eine der beiden Diagonalen wird durch den Schnittpunkt halbiert.

C: Ein Paar gegenüberliegender Seiten ist parallel, das andere Paar gegenüberliegender Seiten ist nicht parallel.

D: Beide Paare gegenüberliegender Seiten sind parallel zueinander. Die Diagonalen schneiden sich nicht rechtwinklig.

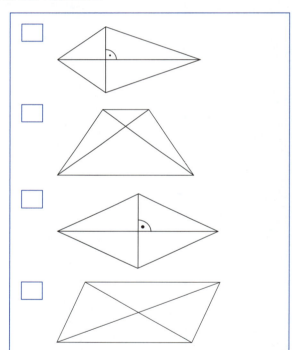

Lösung

 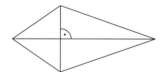

 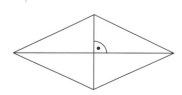

Übungsaufgaben|

Aufgabe 1

Geben Sie alle speziellen Vierecke an, für die die Aussage richtig ist.

a) Beide Paare gegenüberliegender Winkel sind gleich groß.

b) Die beiden Diagonalen stehen senkrecht aufeinander.

c) Es gibt zwei Paare gleich großer Winkel, aber nicht alle vier Winkel sind gleich groß.

Aufgabe 2

Berechnen Sie die Größe der fehlenden Winkel.

a) Parallelogramm

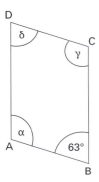

b) Gleichschenkliges Trapez

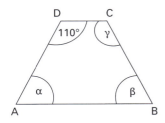

3. Winkelweiten erschließen

Basiswissen

Scheitel- und Nebenwinkel

Wenn sich zwei Geraden schneiden, entsteht ein Scheitel mit vier Winkeln.

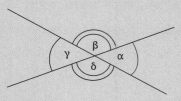

Jeweils gegenüberliegende Winkel heißen **Scheitelwinkel**. Sie haben dieselbe Winkelweite. Es gilt also:

$\alpha = \gamma$ und $\beta = \delta$

Jeweils nebeneinanderliegende Winkel heißen **Nebenwinkel**. Nebenwinkel haben die Summe 180°. Es gilt also:

$\alpha + \beta = 180°$ und $\beta + \gamma = 180°$ und $\gamma + \delta = 180°$ und $\delta + \alpha = 180°$

Stufen- und Wechselwinkel

Wenn zwei parallele Geraden von einer weiteren Gerade geschnitten werden, entstehen gleich große Winkel.

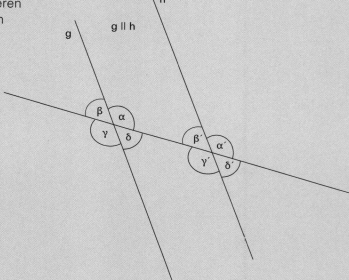

Liegen die Winkel „gestuft" auf derselben Seite der beiden parallelen Geraden, heißen sie **Stufenwinkel**. Stufenwinkel haben dieselbe Winkelweite. Es gilt also:

$\alpha = \alpha'$ und $\beta = \beta'$ und $\gamma = \gamma'$ und $\delta = \delta'$

Liegen die Winkel „im Seitenwechsel" auf verschiedenen Seiten der beiden parallelen Geraden, heißen sie **Wechselwinkel**. Wechselwinkel haben dieselbe Winkelweite. Es gilt also:

$\alpha = \gamma'$ und $\beta = \delta'$ und $\gamma = \alpha'$ und $\delta = \beta'$

Basiswissen

Der Satz des Thales

Wenn ein Eckpunkt C eines Dreiecks ABC auf einem über dem Mittelpunkt der Strecke $\overline{AB}$ geschlagenen Halbkreisbogen liegt, dann hat das Dreieck bei C einen rechten Winkel. Dies gilt für jeden Punkt C_1, C_2, C_3 ... auf dem Halbkreisbogen. Der Halbkreisbogen wird auch Thaleskreis genannt.

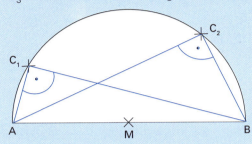

Typische Aufgabenstellung

Aufgabe 1

Bestimmen Sie alle Innenwinkel (α, β, γ, δ) des (nicht gleichschenkligen) Trapezes ABCD. Begründen Sie kurz jeden Lösungsschritt.

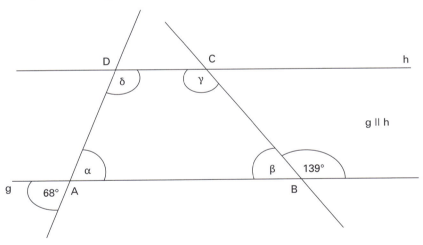

Skizze nicht maßstabsgetreu

Lösung

Es sind viele verschiedene Lösungswege möglich. Einer dieser Lösungswege wird hier exemplarisch dargestellt.

1. $\alpha = 68°$ (Begründung: Scheitelwinkel)
2. $\beta = 180° - 139° = 41°$ (Begründung: Nebenwinkel)
3. $\gamma = 139°$ (Begründung: Wechselwinkel)
4. $\delta = 360° - \alpha - \beta - \gamma = 360° - 68° - 41° - 139° = 112°$ (Begründung: Winkelsumme im Viereck)

Aufgabe 2

Überprüfen Sie mithilfe des Thalessatzes, ob das Dreieck ABC rechtwinklig ist. Begründen Sie Ihre Entscheidung.

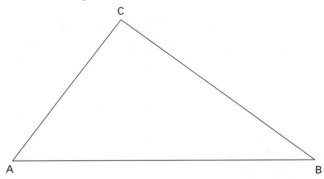

Lösung

Man zeichnet den Mittelpunkt M der Strecke $\overline{AB}$ ein. Dann zeichnet man einen Halbkreis um M mit dem Radius $\overline{AM}$. Da der Punkt C auf diesem Halbkreis liegt, ist das Dreieck nach dem Satz des Thales rechtwinklig.

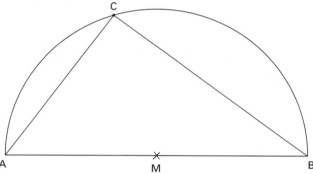

Übungsaufgaben

Aufgabe 1

Bestimmen Sie α und β. Begründen Sie kurz jeden Lösungsschritt.

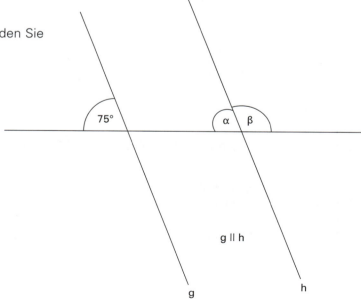

Aufgabe 2

Bestimmen Sie α, β und γ. Begründen Sie kurz jeden Lösungsschritt.

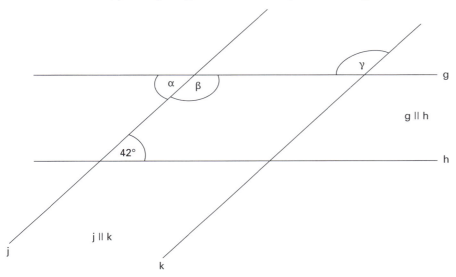

Aufgabe 3

Tragen Sie alle zur Zeichnung passenden Winkelpaare in die Tabelle ein. Ein Beispiel ist bereits vorgegeben.

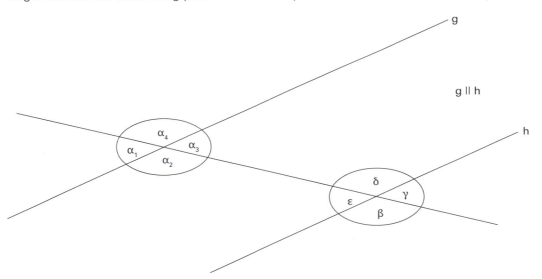

Wechselwinkel	Stufenwinkel	Scheitelwinkel
	α_1 und ε	

Aufgabe 4

Bestimmen Sie α, β und γ. Begründen Sie kurz jeden Lösungsschritt.

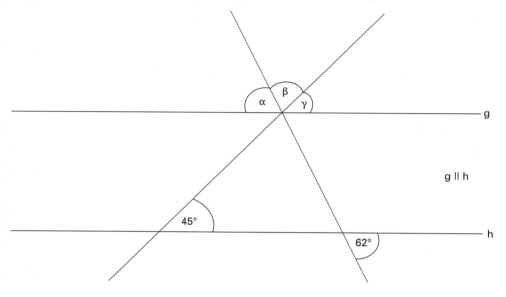

Aufgabe 5

Überprüfen Sie mithilfe des Thalessatzes, welche der Dreiecke ABC_1, ABC_2, ABC_3 und ABC_4 rechtwinklig sind und welche nicht.

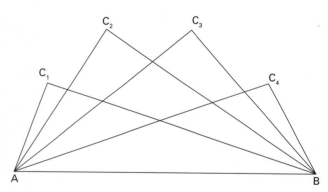

Aufgabe 6

Bestimmen Sie β und γ, ohne diese Winkel abzumessen. Begründen Sie kurz jeden Lösungsschritt.

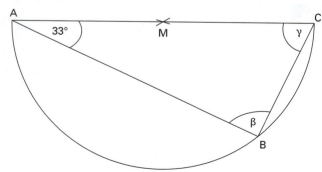

4. Ortslinien konstruieren

Basiswissen

1. Die Höhen in einem Dreieck zeichnen

In einem Dreieck gibt es drei Höhen.
Jede Höhe verläuft von einem Eckpunkt
des Dreiecks bis zur gegenüberliegenden
Seite, auf der die Höhe senkrecht steht.
Die Höhen werden mit h_a, h_b und h_c bezeichnet.

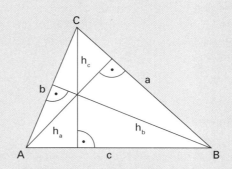

Die Höhen eines Dreiecks kann man mit dem Geodreieck einzeichnen. Will man z. B. die Höhe h_c einzeichnen, legt man das Geodreieck so auf das Dreieck ABC, dass der Punkt C exakt an der Längsseite
des Geodreiecks liegt und diese Längsseite des Geodreiecks gleichzeitig senkrecht auf der Seite c steht.
Die anderen beiden Höhen h_a und h_b werden entsprechend gezeichnet.
Manchmal muss man die entsprechende Seite verlängern, um eine Höhe einzeichnen zu können. Die
folgende Grafik zeigt an einem Beispiel, wie Sie die drei Höhen einzeichnen können.

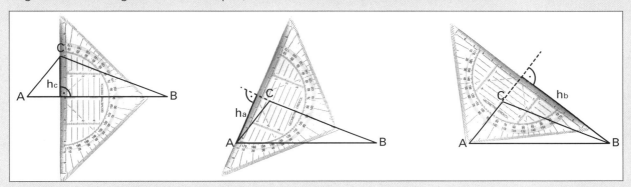

2. Die Mittelsenkrechte einer Strecke zeichnen

Die Mittelsenkrechte einer Strecke $\overline{AB}$
geht durch den Mittelpunkt der Strecke
und steht auf ihr senkrecht. Die Mittelsenkrechte wird mit $m_{\overline{AB}}$ bezeichnet.

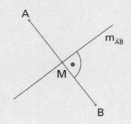

Die Mittelsenkrechte einer Strecke $\overline{AB}$
kann man mit dem Geodreieck einzeichnen.
Zunächst bestimmt man durch Abmessen
der Strecke $\overline{AB}$ deren Mittelpunkt M.
Dann legt man das Geodreieck so auf die
Strecke $\overline{AB}$, dass der Punkt M exakt an der
Längsseite des Geodreiecks liegt und diese
Längsseite des Geodreiecks gleichzeitig
senkrecht auf der Strecke $\overline{AB}$ steht.

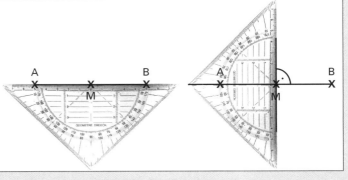

Basiswissen

3. Die Winkelhalbierende eines Winkels zeichnen

Die Winkelhalbierende eines Winkels geht durch den Scheitel des Winkels und halbiert dessen Winkelweite. Je nachdem, welchen Winkel die Winkelhalbierende halbiert, wird sie mit w_α, w_β, w_γ etc. bezeichnet.

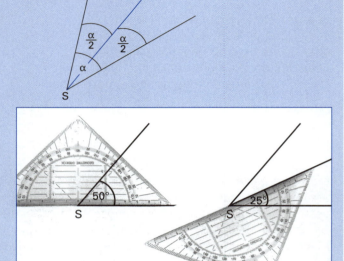

Um die Winkelhalbierende w_α eines Winkels α zu zeichnen, bestimmt man zunächst durch Abmessen die Weite des Winkels α und teilt diese Winkelweite durch 2. Dann legt man das Geodreieck so auf den Winkel α, dass man die zuvor berechnete Winkelweite ($\alpha : 2$) als freien Schenkel einzeichnen kann.

Typische Aufgabenstellung

Aufgabe 1

Übertragen Sie das Dreieck in Ihr Heft und zeichnen Sie die drei Höhen h_a, h_b und h_c ein.

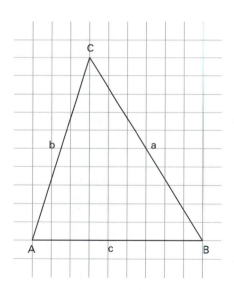

Lösung

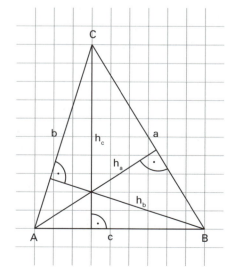

Aufgabe 2

Zeichnen Sie sowohl die Mittelsenkrechte $m_{\overline{AC}}$ als auch die Winkelhalbierende w_α ein.

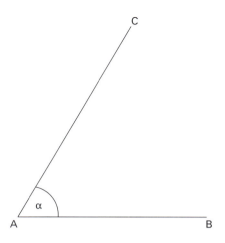

Lösung

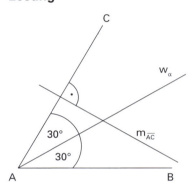

Übungsaufgaben

Aufgabe 1

Zeichnen Sie die drei Winkelhalbierenden w_α, w_β und w_γ ein. Was beobachten Sie?

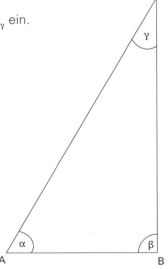

Aufgabe 2

Zeichnen Sie die drei Mittelsenkrechten
$m_{\overline{AB}}$, $m_{\overline{AC}}$ und $m_{\overline{BC}}$ ein. Was beobachten Sie?

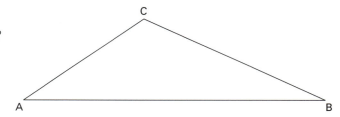

Aufgabe 3

a) Konstruieren Sie ein gleichschenkliges Dreieck ABC mit a = b = 7 cm und c = 5 cm.

b) Zeichnen Sie die Höhe h_c in das Dreieck ein.

c) Die Höhe h_c teilt die Strecke $\overline{AB}$ in zwei Teilstrecken. Messen Sie die Länge dieser Teilstrecken. Was beobachten Sie?

5. Körper zeichnerisch darstellen

Basiswissen

Schrägbilder und Netze von Körpern

1. Schrägbild und Netz eines Würfels

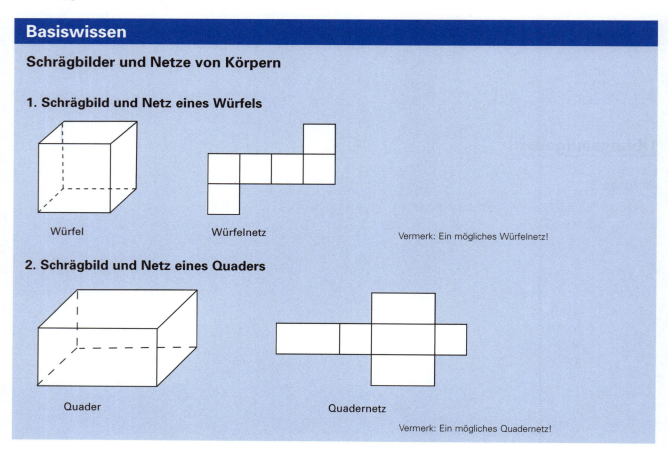

Würfel   Würfelnetz   Vermerk: Ein mögliches Würfelnetz!

2. Schrägbild und Netz eines Quaders

Quader   Quadernetz

Vermerk: Ein mögliches Quadernetz!

Basiswissen

3. Schrägbild und Netz eines Zylinders

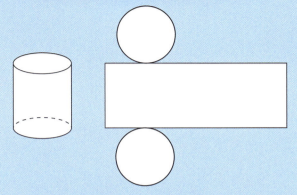

4. Schrägbild und Netz eines (Dreiecks-)Prismas

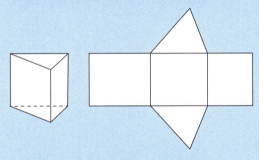

5. Schrägbild und Netz einer (quadratischen) Pyramide

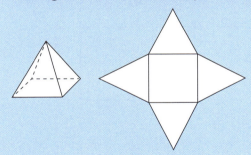

Typische Aufgabenstellung

Aufgabe 1

Zeichnen Sie ein Netz des Quaders.

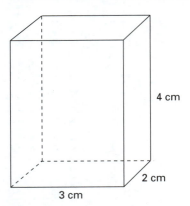

4 cm

2 cm

3 cm

Lösung

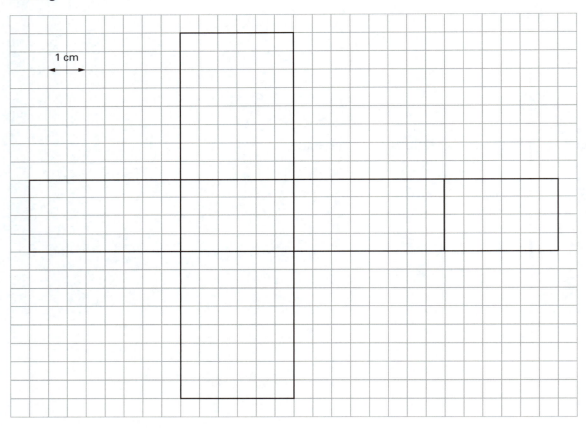

1 cm

Übungsaufgaben

Aufgabe 1

Schreiben Sie den jeweiligen Namen des zugehörigen Körpers unter das Netz.

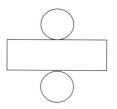 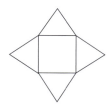 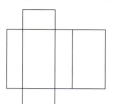 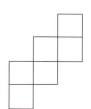 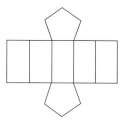

Aufgabe 2

Übertragen Sie das unvollständige Netz einer quadratischen Pyramide in Ihr Heft und vervollständigen Sie das Netz.

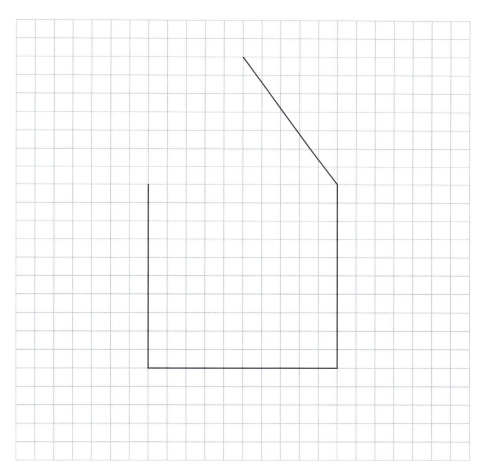

6. Mit Strahlensätzen und Ähnlichkeit arbeiten

Basiswissen

1. Vergrößern und Verkleinern von Figuren

Wenn man eine Figur maßstäblich vergrößert oder verkleinert, dann gilt:

▶ alle Seitenlängen werden mit demselben Faktor $k = \dfrac{\text{Seitenlänge der Bildfigur}}{\text{Seitenlänge der Originalfigur}}$ multipliziert,

▶ k < 1 bedeutet: Figur wird verkleinert,

▶ k > 1 bedeutet: Figur wird vergrößert,

▶ alle zusammengehörenden Winkelweiten der Originalfigur und der Bildfigur sind gleich groß.

2. Ähnliche Figuren

Zwei durch Verkleinern oder Vergrößern entstandene Figuren sind ähnlich.

Originalfigur
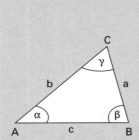

Bildfigur
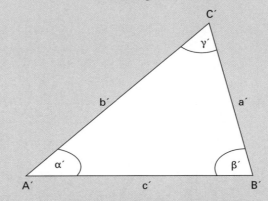

Das Bilddreieck (rechts) ist aus dem Originaldreieck (links) dadurch entstanden, dass alle drei Seitenlängen um denselben Faktor 2 vergrößert wurden. Die beiden Dreiecke sind also ähnlich.

Für ähnliche Figuren gilt:

▶ Die Längenverhältnisse zusammengehörender Seiten sind gleich groß. Für die beiden Dreiecke oben bedeutet dies z. B.: $k = \dfrac{a'}{a} = \dfrac{b'}{b} = \dfrac{c'}{c} = 2$.

▶ Zusammengehörende Winkel sind gleich groß. Für die beiden Dreiecke oben bedeutet dies z. B.: $\alpha = \alpha'$; $\beta = \beta'$; $\gamma = \gamma'$

Speziell für Dreiecke gilt:
Zwei Dreiecke sind ähnlich,

▶ wenn sie in zwei Winkeln übereinstimmen (WW),

▶ wenn die drei zusammengehörenden Seiten jeweils dasselbe Längenverhältnis ergeben (VVV).

Basiswissen

3. Strahlensätze

Wenn die Schenkel eines Winkels mit dem Scheitel S von zwei parallelen Geraden geschnitten werden, spricht man von einer Strahlensatzfigur.

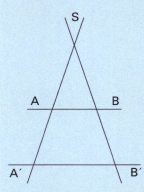

Aus einer Strahlensatzfigur können zwei Strahlensätze abgeleitet werden:

1. Strahlensatz: $\dfrac{\overline{SA'}}{\overline{SA}} = \dfrac{\overline{SB'}}{\overline{SB}}$

2. Strahlensatz: $\dfrac{\overline{A'B'}}{\overline{AB}} = \dfrac{\overline{SA'}}{\overline{SA}}$ und $\dfrac{\overline{A'B'}}{\overline{AB}} = \dfrac{\overline{SB'}}{\overline{SB}}$

Typische Aufgabenstellung

Aufgabe 1

TR/FS

a) Begründen Sie, warum die beiden Dreiecke ähnlich sind.

b) Berechnen Sie bei dem kleinen Dreieck die Längen der Seiten $\overline{EF}$ und $\overline{FD}$.

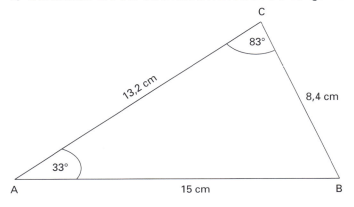 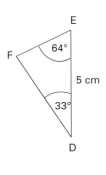

Zeichnungen nicht maßstabsgetreu

Lösung

a) Berechnung der jeweils fehlenden Winkel bei den Dreiecken:

Großes Dreieck:
Der Winkel bei B hat die Größe 180° − 33° − 83° = 64°.

Kleines Dreieck:
Der Winkel bei F hat die Größe 180° − 33° − 64° = 83°.
Damit stimmen beide Dreiecke in allen drei Winkelweiten überein. Sie sind also ähnlich.

b) Aus der Lage der Winkel im kleinen Dreieck kann man die jeweils zusammengehörenden Seiten der beiden ähnlichen Dreiecke ablesen:

Zur Seite $\overline{AB}$ gehört die Seite $\overline{DE}$.

Zur Seite $\overline{AC}$ gehört die Seite $\overline{DF}$.

Zur Seite $\overline{BC}$ gehört die Seite $\overline{EF}$.

Berechnung des Verkleinerungsfaktors k aus den zusammengehörenden Seiten $\overline{AB}$ und $\overline{DE}$:

$$k = \frac{\overline{DE}}{\overline{AB}} = \frac{5}{15} = \frac{1}{3}$$

Berechnung der Seitenlängen $\overline{EF}$ und $\overline{FD}$:

$$\overline{EF} = k \cdot \overline{CB}$$

$$\overline{EF} = \frac{1}{3} \cdot 8{,}4$$

$$\overline{EF} = 2{,}8$$

$$\overline{FD} = k \cdot \overline{AC}$$

$$\overline{FD} = \frac{1}{3} \cdot 13{,}2$$

$$\overline{FD} = 4{,}4$$

Für die Längen der Seiten $\overline{EF}$ und $\overline{FD}$ gilt folglich: $\overline{EF} = 2{,}8$ cm und $\overline{FD} = 4{,}4$ cm

Aufgabe 2

Das Dreieck ABC ist gleichschenklig mit der Basis $\overline{AB} = 6$ cm. Ferner gilt: $\overline{EB} = 5$ cm; $\overline{CD} = 4$ cm
Berechnen Sie die Länge der Strecke $\overline{DE}$.

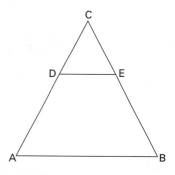

$$\overline{DE} \parallel \overline{AB}$$

Zeichnung nicht maßstabsgetreu

Lösung

Da das Dreieck ABC gleichschenklig ist, ist auch das dazu ähnliche Dreieck DEC gleichschenklig. Also gilt $\overline{CE} = \overline{CD} = 4$ cm. Damit ist $\overline{CB} = \overline{CE} + \overline{EB} = 4$ cm + 5 cm = 9 cm. Es handelt sich hier um eine Strahlensatzfigur. Deshalb gilt nach dem 2. Strahlensatz:

$$\frac{\overline{DE}}{\overline{AB}} = \frac{\overline{CE}}{\overline{CB}}$$

$$\frac{\overline{DE}}{6} = \frac{4}{9} \qquad | \cdot 6$$

$$\overline{DE} = \frac{4}{9} \cdot 6$$

$$\overline{DE} = \frac{8}{3}$$

Die Strecke $\overline{DE}$ hat eine Länge von etwa 2,7 cm.

Übungsaufgaben

Aufgabe 1

Entscheiden Sie, ob die Dreiecke ähnlich sind, ohne Winkel oder Seitenlängen abzumessen. Begründen Sie Ihre Entscheidung.

a)

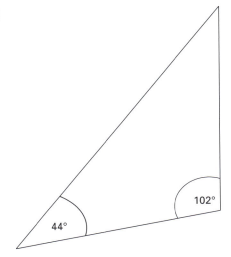
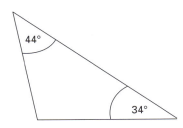

b) **TR/FS**

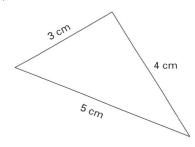
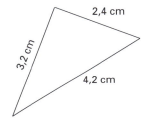

Aufgabe 2

Das Dreieck ABC mit a = 15 cm; b = 12 cm und c = 7,5 cm und das Dreieck A′B′C′ mit b′ = 4 cm sind ähnlich. Berechnen Sie den Faktor k sowie die fehlenden Seitenlängen a′ und c′.

Aufgabe 3 **TR/FS**

Elif und ihr kleiner Bruder Hamza gehen auf einem Wanderweg von einem Startpunkt S stetig bergauf. Nach 5 Minuten ist Elif 210 m auf dem Wanderweg gelaufen und hat dabei 14 Höhenmeter geschafft. Zur gleichen Zeit hat ihr kleiner Bruder nur 12 Höhenmeter geschafft.

a) Markieren Sie in der Zeichnung die Strecke, die Hamza auf dem Wanderweg nach 5 Minuten zurückgelegt hat.

b) Berechnen Sie die Länge der in a) markierten Strecke.

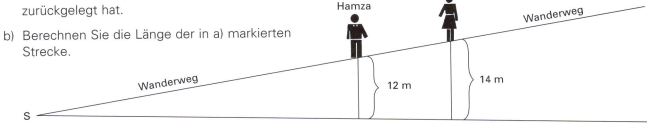

Aufgabe 4

Die Grafik zeigt eine Strahlensatzfigur. Dabei gilt für die Geraden y und z: y ‖ z. Kreuzen Sie alle richtigen Verhältnisgleichungen an.

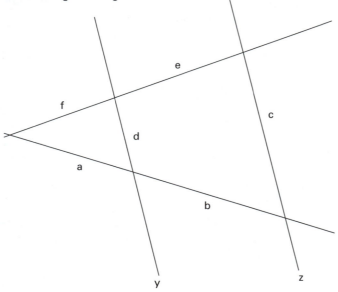

☐ $\dfrac{f + e}{c} = \dfrac{f}{d}$ ☐ $\dfrac{f}{a} = \dfrac{e}{b}$ ☐ $\dfrac{a + b}{a} = \dfrac{f + e}{e}$

☐ $\dfrac{a}{a + b} = \dfrac{f}{e + f}$ ☐ $\dfrac{d}{c + d} = \dfrac{a}{a + b}$ ☐ $\dfrac{d}{a} = \dfrac{c}{a + b}$

Aufgabe 5

Die Zeichnung zeigt den Querschnitt eines hochmodernen Bürogebäudes.
Der Querschnitt hat die Form eines gleichschenkligen Dreiecks, dessen Schenkel jeweils 40 m lang sind. Das Gebäude hat sechs gleich hohe Stockwerke und ein nicht bewohnbares Dachgeschoss, das an seiner höchsten Stelle 6 m hoch ist. Berechnen Sie, wie hoch jedes der sechs Stockwerke ist. In der Zeichnung ist die Höhe eines Stockwerks mit x bezeichnet.

7. Den Satz des Pythagoras anwenden

Basiswissen

Der Satz des Pythagoras gilt im rechtwinkligen Dreieck. Der Satz besagt, dass das Quadrat der Hypotenuse genauso groß ist wie die Summe der Quadrate der beiden Katheten.

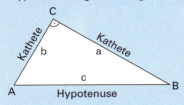

Es gilt: $a^2 + b^2 = c^2$

Den Satz des Pythagoras verwendet man unter anderem bei den folgenden Problemstellungen:
1. In einem rechtwinkligen Dreieck, von dem nur zwei Seitenlängen bekannt sind, kann man die dritte Seitenlänge berechnen.
2. In einem Dreieck mit drei bekannten Seitenlängen kann man überprüfen, ob das Dreieck rechtwinklig ist oder nicht.

Typische Aufgabenstellung

Aufgabe 1

TR/FS

Gegeben ist ein rechtwinkliges Dreieck ABC. Es gilt $\gamma = 90°$.

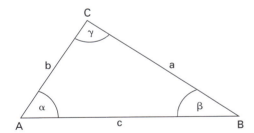

Berechnen Sie die fehlende Seitenlänge im rechtwinkligen Dreieck.

a) $a = 4$ cm; $b = 5$ cm

b) $b = 2$ cm; $c = 9$ cm

c) $a = 3$ cm; $c = 8$ cm

Lösung

a) $a = 4$ cm; $b = 5$ cm

$a^2 + b^2 = c^2$
$4^2 + 5^2 = c^2$
$16 + 25 = c^2$
$c^2 = 41 \qquad | \sqrt{}$
$c = \sqrt{41}$
$c = 6,4$ cm

b) $b = 2$ cm; $c = 9$ cm

$a^2 + b^2 = c^2$
$a^2 + 2^2 = 9^2$
$a^2 + 4 = 81 \qquad | -4$
$a^2 = 77 \qquad | \sqrt{}$
$a = \sqrt{77}$
$a = 8,8$ cm

c) $a = 3$ cm; $c = 8$ cm

$a^2 + b^2 = c^2$
$3^2 + b^2 = 8^2$
$b^2 + 9 = 64 \qquad | -9$
$b^2 = 55 \qquad | \sqrt{}$
$b = \sqrt{55}$
$b = 7,4$ cm

Übungsaufgaben

Aufgabe 1

Überprüfen Sie, ob das Dreieck rechtwinklig ist.

a) a = 5 cm; b = 12 cm; c = 13 cm

b) a = 1 cm; b = 2 cm; c = 3 cm

Aufgabe 2

Geben Sie für die folgenden rechtwinkligen Dreiecke jeweils die Gleichung nach dem Satz des Pythagoras an.

a)   b)   c)   d)   e)

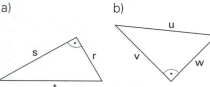   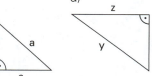   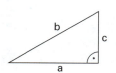

Aufgabe 3

Berechnen Sie im Dreieck ABC zunächst die Höhe h_c und anschließend die Seitenlänge b.

TR/FS

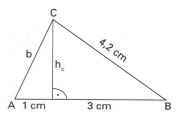

Aufgabe 4

Berechnen Sie die Länge der Raumdiagonale e eines Quaders mit $\overline{AB}$ = 10 cm, $\overline{BC}$ = 5 cm, $\overline{CG}$ = 6 cm.

TR/FS

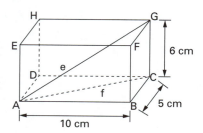

Aufgabe 5

Erkan möchte sich einen neuen Fernseher kaufen. Dieser soll eine Bildschirmdiagonale von 94 cm und eine Breite von 78,9 cm haben. Berechnen Sie die Bildschirmfläche.

TR/FS

8. Trigonometrische Längenverhältnisse erkennen und nutzen

Basiswissen

Trigonometrische Berechnungen am rechtwinkligen Dreieck

Sinus, Kosinus und Tangens

Durch Seitenverhältnisse in einem rechtwinkligen Dreieck werden der Sinus, der Kosinus und der Tangens eines Winkels berechnet:

$$\sin(\alpha) = \frac{\text{Gegenkathete}}{\text{Hypotenuse}} \qquad \sin(\alpha) = \frac{a}{c} \qquad \sin(\beta) = \frac{b}{c}$$

$$\cos(\alpha) = \frac{\text{Ankathete}}{\text{Hypotenuse}} \qquad \cos(\alpha) = \frac{b}{c} \qquad \cos(\beta) = \frac{a}{c}$$

$$\tan(\alpha) = \frac{\text{Gegenkathete}}{\text{Ankathete}} \qquad \tan(\alpha) = \frac{a}{b} \qquad \tan(\beta) = \frac{b}{a}$$

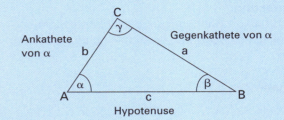

Wissenschaftliche Taschenrechner verfügen über die drei Tasten [sin], [cos] und [tan]. Mit ihnen kann man zu einem gegebenen Winkel α die entsprechenden Seitenverhältnisse $\sin(\alpha)$, $\cos(\alpha)$ und $\tan(\alpha)$ bestimmen. Mit einem Taschenrechner kann man auch umgekehrt zu einem gegebenen Seitenverhältnis den dazugehörigen Winkel bestimmen. Dazu muss man die Umkehrfunktionstasten von sin, cos und tan verwenden. Bei den meisten Taschenrechnern sind dies die Tasten [sin⁻¹], [cos⁻¹] und [tan⁻¹].

Beispiele:
1. Gegeben ist der Winkel $\alpha = 53°$. Mit dem Taschenrechner ergibt sich dann:
   $\sin(53°) \approx 0,8$
   $\cos(53°) \approx 0,6$
   $\tan(53°) = 1,33$
2. Gegeben ist das Seitenverhältnis $\sin(\alpha) = 0,95$. Mit dem Taschenrechner kann man den zugehörigen Winkel α bestimmen:
   $\alpha = \sin^{-1}(0,95) \approx 71,8°$

Typische Aufgabenstellung

Aufgabe 1

TR/FS

Berechnen Sie $\sin(\alpha)$, $\cos(\alpha)$ und $\tan(\alpha)$ im rechtwinkligen Dreieck ABC und bestimmen Sie anschließend den Winkel α.

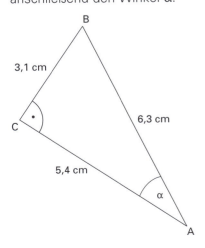

Lösung

$\sin(\alpha) = \dfrac{3,1}{6,3} = 0,49$

$\cos(\alpha) = \dfrac{5,4}{6,3} = 0,86$

$\tan(\alpha) = \dfrac{3,1}{5,4} = 0,57$

Bestimmung des Winkels α:
Z. B.: $\alpha = \sin^{-1}(0,49) = 29,3°$

Anmerkung:

Aufgrund von Rundungsungenauigkeiten können sich bei der Bestimmung des Winkels α leicht abweichende Werte ergeben, je nachdem, ob man α mithilfe von $\sin^{-1}$, $\cos^{-1}$ oder $\tan^{-1}$ bestimmt.

Aufgabe 2

TR/FS

Ermitteln Sie die Winkel α und γ sowie die Länge der Seite x mithilfe trigonometrischer Berechnungen.

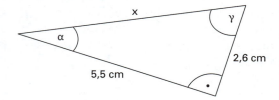

Lösung

1. $\tan(\alpha) = \dfrac{2,6}{5,5} = 0,47$

   $\alpha = \tan^{-1}(0,47) = 25,2°$

2. $\sin(\alpha) = \dfrac{2,6}{x}$

   $\sin(25,2°) = \dfrac{2,6}{x}$ $| \cdot x$

   $\sin(25,2°) \cdot x = 2,6$ $| : \sin(25,2°)$

   $x = 6,1$

Die Länge der Seite x beträgt 6,1 cm.

3. $\tan(\gamma) = \dfrac{5,5}{2,6} = 2,1$

   $\gamma = \tan^{-1}(2,1) = 64,5°$

Anmerkung:

Aufgrund von Rundungsungenauigkeiten bei der Bestimmung der Winkel α und γ ergibt die Winkelsumme im Dreieck mit diesen ausgerechneten Werten für α und γ nicht exakt 180°.

Übungsaufgaben

Aufgabe 1

Kreuzen Sie für das gegebene Dreieck alle richtigen trigonometrischen Seitenverhältnisse an.

=	$\frac{a}{b}$	$\frac{c}{a}$	$\frac{a}{c}$	$\frac{c}{b}$
$\sin(\alpha)$				
$\cos(\alpha)$				
$\tan(\alpha)$				
$\sin(\gamma)$				
$\cos(\gamma)$				
$\tan(\gamma)$				

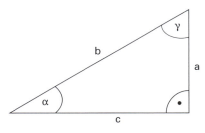

Aufgabe 2

TR/FS

Berechnen Sie alle fehlenden Winkel und Seitenlängen im Dreieck.

a)

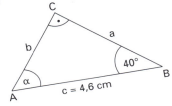

b)

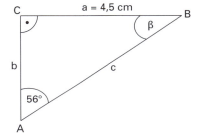

c)

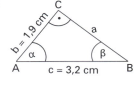

Aufgabe 3

TR/FS

Berechnen Sie die Höhe h_c und die Seitenlänge b.

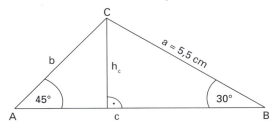

Aufgabe 4

TR/FS

Der Quader hat die Maße $\overline{AB}$ = 8 cm; $\overline{BC}$ = 6 cm; $\overline{BF}$ = 5 cm. Berechnen Sie die Winkel α und β sowie die Länge der Raumdiagonale $\overline{AG}$.

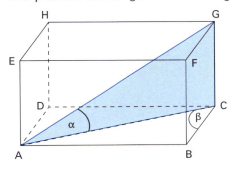

Leitidee Funktionaler Zusammenhang

1. Funktionale Zusammenhänge erfassen, darstellen und nutzen

Basiswissen

Funktionale Zusammenhänge können durch Tabellen, Diagramme, Graphen oder Texte dargestellt werden. Aus den Darstellungen können Sie verschiedene Informationen und Sachverhalte (wie z. B. größte und kleinste Werte, Zunahmen und Abnahmen von Werten etc.) ablesen.

Beispiel: Ein Messgerät misst im Winter alle 30 Minuten an einer bestimmten Stelle die Schneehöhe. Die Tabelle zeigt die Aufzeichnungen des Gerätes an einem bestimmten Tag von 9:00 Uhr bis 16:00 Uhr.

Uhrzeit	9:00	9:30	10:00	10:30	11:00	11:30	12:00	12:30	13:00	13:30	14:00	14:30	15:00	15:30	16:00
Schnee-höhe in cm	4	5	5	5	5	5	7	9	8	7	11	15	15	15	16

Um sich die Entwicklung der Schneehöhe besser „bildlich" vorstellen zu können, kann man den zugehörigen Graphen zeichnen.

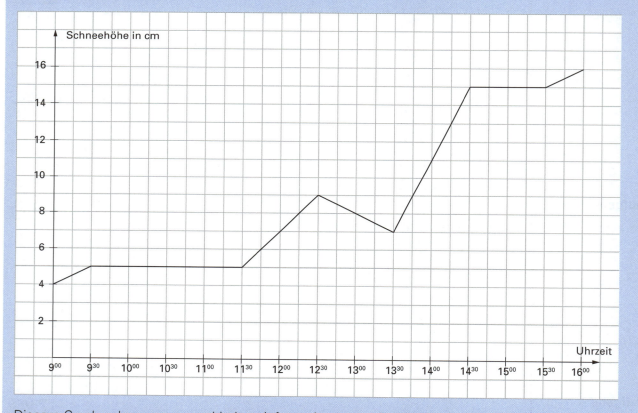

Diesem Graphen kann man verschiedene Informationen und Sachverhalte entnehmen:

1. Schneehöhen zu bestimmten Zeitpunkten ablesen:

   Beispiele: Der Schnee ist um 9:00 Uhr 4 cm, um 12:00 Uhr 7 cm, um 14:00 Uhr 11 cm und um 16:00 Uhr 16 cm hoch.

Basiswissen

2. Größte und kleinste Werte ablesen:

   Um 9:00 Uhr ist die Schneehöhe mit 4 cm am kleinsten und um 16:00 Uhr ist die Schneehöhe mit 16 cm am größten.

3. Zeiträume ablesen, in denen sich die Schneehöhe nicht verändert oder zunimmt:

   Beispiele: In den Zeiträumen 9:00 Uhr bis 9:30 Uhr, 11:30 Uhr bis 12:30 Uhr, 13:30 Uhr bis 14:30 Uhr und 15:30 Uhr bis 16:00 Uhr steigt der Graph an. Das bedeutet, dass die Schneehöhe in diesen Zeiträumen zunimmt. In diesen Zeiträumen hat es vermutlich geschneit.
   In den Zeiträumen 9:30 Uhr bis 11:30 Uhr und 14:30 Uhr bis 15:30 Uhr verläuft der Graph parallel zur Zeit-Achse (x-Achse). Das bedeutet, dass die Schneehöhe in diesen Zeiträumen konstant bleibt. In diesen Zeiträumen hat es vermutlich nicht geschneit.

4. Zeiträume ablesen, in denen die Schneehöhe abnimmt:

   Im Zeitraum von 12:30 Uhr bis 13:30 Uhr fällt der Graph. Das bedeutet, dass die Schneehöhe in diesem Zeitraum abnimmt. In diesem Zeitraum ist vermutlich ein Teil des Schnees getaut. Dies könnte auf eine (erhöhte) Sonneneinstrahlung und / oder eine Erhöhung der Temperatur in diesem Zeitraum hinweisen.

Typische Aufgabenstellung

Aufgabe 1

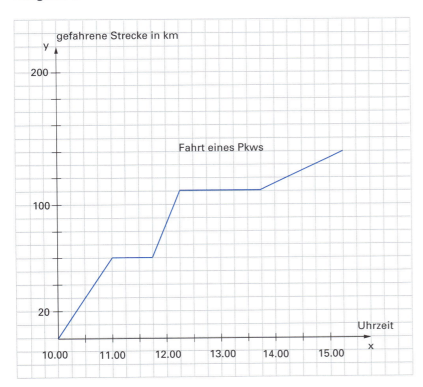

a) Wie viele Kilometer fährt der Pkw insgesamt?

b) Wie viele Minuten macht der Fahrer insgesamt Pause?

c) Wann hat der Pkw die höchste Geschwindigkeit in $\frac{km}{h}$?

Lösung

a) Er fährt insgesamt 140 km.

b) Er macht Pause von 11.00 Uhr bis 11.45 Uhr = 45 min und von 12.15 Uhr bis 13.45 Uhr = 90 min. Der Fahrer macht insgesamt 135 Minuten Pause.

c) Der Pkw fährt am schnellsten von 11.45 Uhr bis 12.15 Uhr, weil der Graph in diesem Bereich am steilsten verläuft.

Aufgabe 2

Die vier Gefäße sind vollkommen mit Wasser gefüllt. Aus einer Öffnung an der untersten Stelle wird das Wasser abgelassen.

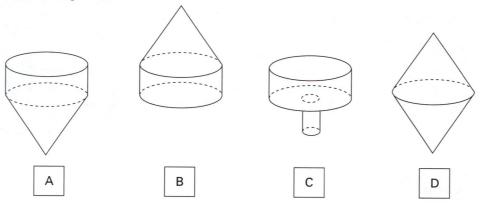

Welche Grafik stellt den Entleerungsvorgang am genauesten dar?
Ordne den Buchstaben die richtige Ziffer zu!

x-Achse: Zeit (t)   y-Achse: Wasserhöhe im Gefäß (h)

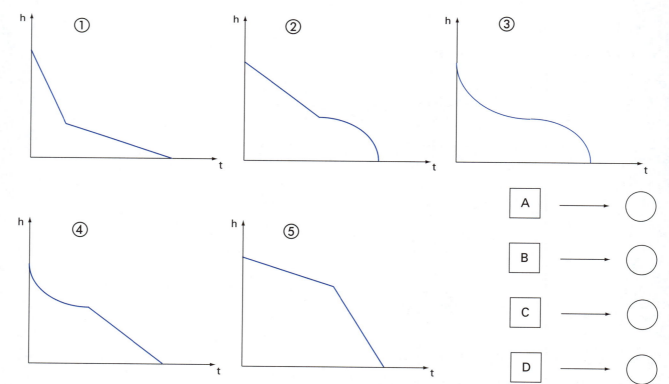

Lösung

Es muss zugeordnet werden:

A → ②   Zuerst wird der Zylinder leer, die Höhe nimmt linear ab, dann wird der Kegel leer, wobei die Wasserhöhe immer schneller abnimmt.

B → ④   Zuerst wird der Kegel leer, die Wasserhöhe nimmt immer langsamer ab. Dann wird der Zylinder leer, die Wasserhöhe nimmt linear ab.

C → ⑤   In beiden Zylindern nimmt die Wasserhöhe linear ab. Der obere Zylinder ist größer, also nimmt dort die Wasserhöhe langsamer ab als im unteren Zylinder.

D → ③   Im oberen Kegel nimmt die Wasserhöhe immer langsamer ab, im unteren Kegel immer schneller.

Die Grafik ① passt zu keinem der vier Gefäße.

Übungsaufgaben

Aufgabe 1

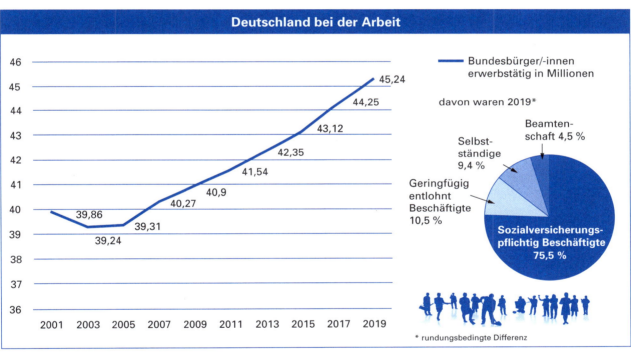

Daten entnommen: Bundesagentur für Arbeit, Stand: September 2020

Beantworten Sie die Aufgaben anhand der oben abgebildeten Graphen.

a) Geben Sie jeweils das Jahr an, in dem die wenigsten bzw. die meisten Bundesbürger/-innen erwerbstätig waren.

b) Erklären Sie, in welchem Zeitintervall der Anstieg der Erwerbstätigkeit am stärksten war.

c) Berechnen Sie die Anzahl der Bundesbürger/-innen, die im Jahr 2019 als Beamt/-innen tätig waren.

d) Erläutern Sie, was mit der Angabe „rundungsbedingte Differenz" unter dem Kreisdiagramm gemeint ist.

Aufgabe 2

Die Grafik zeigt den zeitlichen Ablauf einer Wanderung von zwei Personen A und B.

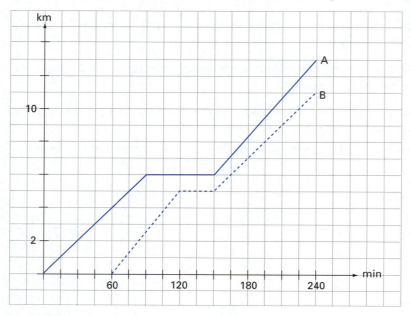

a) Wie viele Kilometer ist jeder gelaufen?

b) Wie lange macht jeder Wanderer Pause?

c) Wie lange sind beide Wanderer unterwegs?

d) Geben Sie die reine Laufzeit (also ohne die Pause) der beiden Wanderer in Stunden an.

Aufgabe 3

Eine Fluglinie setzt nur Flugzeuge des gleichen Typs ein. Dieser Flugzeugtyp bietet Platz für 180 Fluggäste. Das folgende Schaubild zeigt, wie viel Gewinn die Fluglinie pro verkauftem Ticket im Durchschnitt macht in Abhängigkeit davon, wie viele Tickets für einen Flug insgesamt verkauft werden.

a) Ermitteln Sie aus dem Graphen, wie viele Tickets die Airline verkaufen muss, um einen Gewinn von 125 € pro verkauftem Ticket zu erwirtschaften.

b) Wie viele Tickets muss die Airline mindestens verkaufen, um die Gewinnzone zu erreichen?

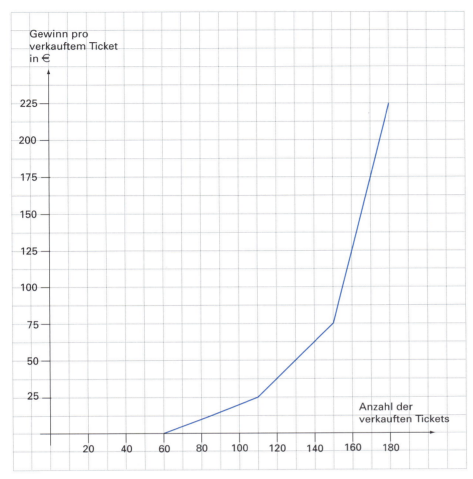

Aufgabe 4

3 Vasen werden mit Wasser gefüllt.

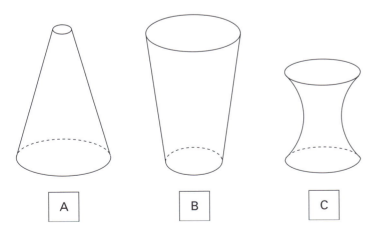

Die folgenden 3 Graphen zeigen, wie die Wasserhöhe in den 3 Vasen in Abhängigkeit von der Zeit steigt. Welcher Graph gehört zu welcher Vase?

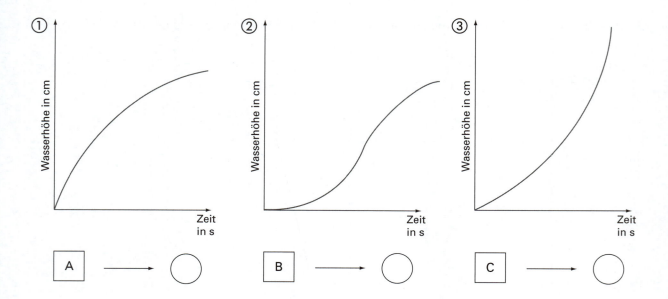

Aufgabe 5

Beim professionellen Triathlon müssen die Sportler/-innen nacheinander je eine gewisse Strecke ① schwimmen, ② Rad fahren, ③ laufen.
Welches Schaubild entspricht am besten einem wirklichen Triathlon? Begründen Sie.

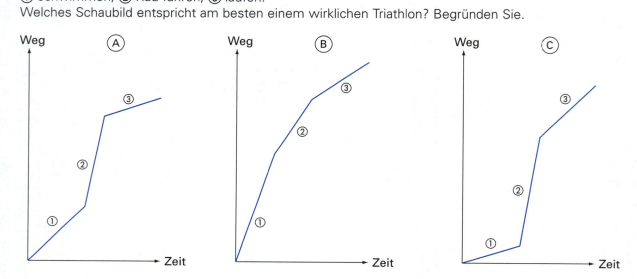

2. Proportionalität und Antiproportionalität erkennen und nutzen

Basiswissen

Ist eine Größe von einer anderen Größe abhängig, so spricht man von einer Zuordnung.
Die zwei wichtigsten Zuordnungen in der Wirklichkeit sind proportionale und antiproportionale Zuordnungen.

Proportionale Zuordnungen

① Je mehr von Größe A, desto mehr von Größe B.
   Je weniger von Größe A, desto weniger von Größe B.
② Verdoppelt (verdreifacht, ...) man A, verdoppelt (verdreifacht, ...) sich B.
   Halbiert (drittelt, ...) man A, halbiert (drittelt, ...) sich B.
③ Beispiel
   Je mehr Liter Benzin man tankt, desto mehr muss man bezahlen.

Antiproportionale Zuordnungen

① Je mehr von Größe A, desto weniger von Größe B.
   Je weniger von Größe A, desto mehr von Größe B.
② Verdoppelt (verdreifacht, ...) man A, halbiert (drittelt, ...) sich B.
   Halbiert (drittelt, ...) man A, verdoppelt (verdreifacht, ...) sich B.
③ Beispiel
   Je schneller man fährt, desto weniger Zeit braucht man, um anzukommen.

Typische Aufgabenstellung

Aufgabe 1

TR/FS

Der Eintritt für einen Zoo kostet 12,50 € für Erwachsene und 7,50 € für Kinder.
Eine Familienkarte kostet 45 €, egal mit wie vielen Kindern man kommt.
Wie wird sich Familie Jovanovic (2 Erwachsene, 3 Kinder) entscheiden?

Lösung

Bei den Einzelkarten liegt offensichtlich eine proportionale Zuordnung vor (je mehr Karten, desto teurer).

2 Erwachsene + 3 Kinder
= 2 · 12,50 € + 3 · 7,50 €
= 25 €   + 22,50 €
= 47,50 €

Familie Jovanovic wird die Familienkarte kaufen.

Aufgabe 2

TR/FS

Der ICE-Sprinter-Zug fährt im Durchschnitt 150 $\frac{km}{h}$. Er braucht für die Strecke Köln – München genau 4 Stunden. Ein klassischer IC-Zug fährt im Durchschnitt 100 $\frac{km}{h}$. Wie lange braucht dieser IC von Köln nach München?

Lösung

Je langsamer man fährt, desto mehr Zeit braucht man, um anzukommen. Es liegt also eine Antiproportionalität vor:

$$
\begin{array}{l}
: 3 \text{ (dritteln)} \\
\\
\cdot 2 \text{ (verdoppeln)}
\end{array}
\left(
\begin{array}{l}
150 \, \dfrac{km}{h} \triangleq 4 \text{ Stunden} \\
50 \, \dfrac{km}{h} \triangleq 12 \text{ Stunden} \\
100 \, \dfrac{km}{h} \triangleq 6 \text{ Stunden}
\end{array}
\right)
\begin{array}{l}
\cdot 3 \text{ (verdreifachen)} \\
\\
: 2 \text{ (halbieren)}
\end{array}
$$

Der klassische IC braucht also 6 Stunden von Köln nach München.

Übungsaufgaben

Aufgabe 1

TR/FS

Welches Angebot ist günstiger?

Angebot A	Angebot B
3 kg Waschmittel 4,50 €	10 kg Waschmittel 12,00 €

Aufgabe 2

TR/FS

Bei einer monatlich stattfindenden Lotterie wird der zu gewinnende Betrag (3000 €) immer auf die Anzahl der Gewinner/-innen aufgeteilt. Folgende Tabelle zeigt die Anzahl der Gewinner/-innen und den jeweiligen Gewinn, den jeder Gewinner / jede Gewinnerin in den letzten Monaten bekam.

	März	April	Mai	Juni
Anzahl der Gewinner/-innen	1	10	15	
Gewinn (in €) je Gewinner/-in		300	200	150

Ergänzen Sie die zwei fehlenden Angaben.

Aufgabe 3

TR/FS

Marcel soll aus zubereitetem Teig Pfannkuchen backen. Aus 1,5 kg Teigmenge erhält er 24 Pfannkuchen.
Wenn er 4,5 kg Teig verarbeitet, wie viele Pfannkuchen erhält er dann?

Aufgabe 4

TR/FS

Louis kauft sich 3 Tafeln Nugatschokolade (0,77 € pro Tafel) und 2 Tafeln Vollmilchschokolade (0,69 € pro Tafel). Er gibt der Dame an der Kasse einen 5-Euro-Schein. Wie viel Wechselgeld bekommt er zurück?

Aufgabe 5

TR/FS

5 Holzfäller brauchen insgesamt 15 Stunden, um ein Waldstück abzuholzen. Wie lange würden 3 Holzfäller brauchen?

3. Mit linearen Funktionen umgehen

Basiswissen

1. Graph einer linearen Funktion

Lineare Funktionen haben die Funktionsgleichung $y = mx + c$. Der Graph einer linearen Funktion ist eine Gerade. Aus der Funktionsgleichung kann man die Steigung m und den y-Achsenabschnitt c der Geraden ablesen.

Beispiel:

Der Graph der linearen Funktion mit der Funktionsgleichung $y = \frac{3}{4}x - 2$ ist eine Gerade mit der Steigung $\frac{3}{4}$ und dem y-Achsenabschnitt -2. Mithilfe dieser beiden Werte kann man die Gerade direkt zeichnen:

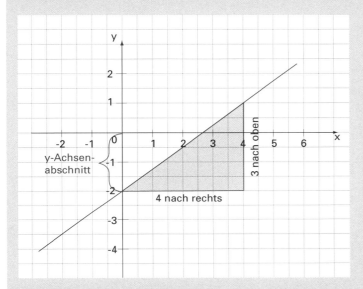

Um diese Gerade einzuzeichnen, nutzt man den y-Achsenabschnitt -2, um zum Punkt $(0 \mid -2)$ zu gehen. Von diesem Punkt aus geht man nun 4 Einheiten (Nenner von $\frac{3}{4}$) nach rechts und 3 Einheiten (Zähler von $\frac{3}{4}$) nach oben. Dadurch ergibt sich das Steigungsdreieck und man kann die Gerade einzeichnen.

2. Gegenseitige Lage zweier Geraden untersuchen

Wenn zwei Geradengleichungen der Form g_1: $y = m_1 \cdot x + c_1$ und g_2: $y = m_2 \cdot x + c_2$ gegeben sind, kann man die beiden Geraden auf ihre gegenseitige Lage untersuchen. Dabei unterscheidet man zueinander parallele und zueinander senkrechte Geraden:

Parallele Geraden

$$g_1 \parallel g_2 \Leftrightarrow m_1 = m_2$$

Senkrechte Geraden

$$g_1 \perp g_2 \Leftrightarrow m_1 = -\frac{1}{m_1}$$
$$\text{bzw.}$$
$$m_1 \cdot m_2 = -1$$

Typische Aufgabenstellung

Gegeben sind die Punkte A, B, C, D und die Gerade g_2:

A (-2 | 1), B (2 | 2), C (1,5 | -1), D (0,5 | 5), g_2: $y = \frac{1}{5}x - 2,5$

Aufgabe 1

Bestimmen Sie die Gleichung der Geraden g_1, die durch die Punkte A und B verläuft.

Lösung

Zuerst wird die Steigung m berechnet:

$m = \frac{2-1}{2+2}$

$m = \frac{1}{4}$

g_1: $y = \frac{1}{4}x + c$

Jetzt wird einer der beiden Punkte A oder B eingesetzt:

$B \in g_1$: $2 = \frac{1}{4} \cdot 2 + c$

$\qquad\qquad 2 = \frac{1}{2} + c \qquad |-\frac{1}{2}$

$\qquad\qquad \frac{3}{2} = c$

$\qquad\qquad c = 1,5 \quad \Rightarrow g_1$: $y = \frac{1}{4}x + 1,5$

Aufgabe 2

Zeichnen Sie A, B, C, g_1 und g_2 in ein Koordinatensystem.

Lösung

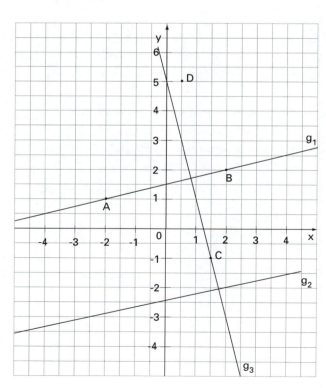

Aufgabe 3

Überprüfen Sie, ob g_2 parallel zu g_1 ist.

Lösung

$m_1 = \dfrac{1}{4} \qquad m_2 = \dfrac{1}{5} \qquad \Rightarrow \quad m_1 \neq m_2$

$\Rightarrow g_1$ und g_2 sind nicht zueinander parallel.

Aufgabe 4

Bestimmen Sie die Gleichung von g_3, für die gilt:
$g_3 \perp g_1$ und $C \in g_3$. Zeichnen Sie g_3 in das Koordinatensystem.

Lösung

$m_1 = \dfrac{1}{4} \qquad \Rightarrow \qquad m_3 = -4$

$g_3: y = -4x + c$

C in g_3 eingesetzt:

$-1 = -4 \cdot (1{,}5) + c$
$-1 = -6 + c \qquad\qquad | + 6$

$c = 5 \qquad \Rightarrow \qquad g_3: y = -4x + 5$

Aufgabe 5

Überprüfen Sie durch Zeichnung und Rechnung, ob der Punkt D auf g_3 liegt.

Lösung

Zeichnerische Lösung:
Der eingezeichnete Punkt D liegt offensichtlich nicht auf g_3.

Rechnerische Lösung:
Einsetzen der Koordinaten des Punktes D in die Geradengleichung von g_3 ergibt:
$5 = -4 \cdot 0{,}5 + 5$
$5 = -2 + 5$
$5 = 3$

Dies ist eine falsche Aussage. Also folgt, dass D nicht auf g_3 liegt.

Übungsaufgaben

Aufgabe 1

a) Bestimmen Sie die Gleichungen der drei Geraden g_1, g_2, g_3.

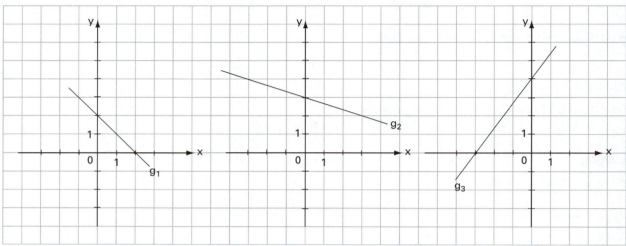

b) Zeichnen Sie die Geraden in das nebenstehende Koordinatensystem.

g_4: $y = 0{,}2x + 2$

g_5: $y = -2$

g_6: $y = -0{,}75x - 1$

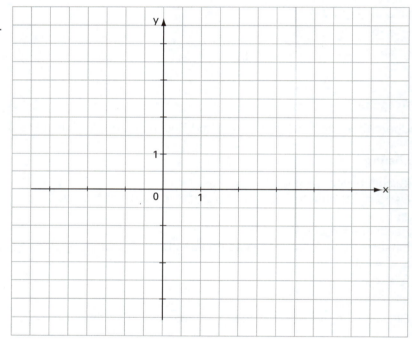

Aufgabe 2

Bestimmen Sie die Steigung der Geraden durch die Punkte:

a) A (-4 | -1)   B (1,5 | -4)

b) C (0,5 | -2)   D (8 | -1,5)

Aufgabe 3

Eine Gerade g verläuft durch die Punkte P_1 (-4 | -1) und P_2 (1 | 0,5). Bestimmen Sie die Gleichung der Geraden g.

Aufgabe 4

Untersuchen Sie, welche der Geraden g_1, g_2, g_3, g_4, g_5 und g_6 jeweils zueinander parallel oder zueinander senkrecht liegen.

g_1: $y = \frac{2}{5}x - 3$ g_2: $y = -4x + 6$ g_3: $y = 0{,}4x + 5$

g_4: $y = 0{,}25x - 2$ g_5: $y = -2{,}5x - 3$ g_6: $y = \frac{1}{4}x + 4$

Aufgabe 5

Die Änderung der Länge einer Kerze nach dem Anzünden wird durch die lineare Funktion mit der Gleichung
$y = -0{,}2x + 8$ (x in min; y in cm) beschrieben.
Beschreiben Sie, welche Bedeutung die Werte -0,2 und 8 im Sachzusammenhang haben.

Aufgabe 6

g_1: $y = -\frac{3}{4}x + 1$, A (1 | 4), B (-1 | -3), C (-2 | $\frac{5}{2}$)

g_2: $y = \frac{1}{4}x - 1$

a) Überprüfen Sie durch Rechnung, ob C auf g_1 liegt.

b) Bestimmen Sie die Gleichung der Geraden h mit h ∥ g_1 und A ∈ h.

c) Bestimmen Sie die Gleichung der Geraden l mit l ⊥ g_1 und B ∈ l.

d) Bestimmen Sie die Koordinaten des Schnittpunkts S der beiden Geraden g_1 und g_2.

e) Zeichnen Sie A, B, C, S, g_1, g_2, h, und l in ein Koordinatensystem.
   x-Achse: 1 cm ≙ 1 Längeneinheit (LE)
   y-Achse: 1 cm ≙ 1 Längeneinheit (LE)

Aufgabe 7

Gegeben sind die Punkte A (2 | -3) und B (-4 | 5). Geben Sie die Gleichung der Geraden an, die durch die Punkte A und B verläuft.

4. Mit quadratischen Funktionen umgehen

Basiswissen

Der Graph einer quadratischen Funktion ist eine **Parabel.**

1. Quadratische Funktionen mit der Funktionsgleichung y = ax² + c
Der Summand c gibt die Verschiebung in y-Richtung an. Der Scheitelpunkt hat die Koordinaten S (0 | c).
Der Faktor a wirkt sich auf die **Form und die Öffnung** der Parabel aus.

Für a > 0: Parabel nach oben geöffnet Für 0 < a < 1: breiter als Normalparabel Für a > 1: schmaler als Normalparabel	Für a < 0: Parabel nach unten geöffnet Für -1 < a < 0: breiter als Normalparabel Für a < -1: schmaler als Normalparabel

Beispiel: Die Parabel $y = \frac{1}{4}x^2 - 1$ ist eine nach oben geöffnete Parabel. Sie ist breiter als die Normalparabel ($y = x^2$).

Beispiel: Die Parabel $y = -3x^2 + 2$ ist eine nach unten geöffnete Parabel. Sie ist schmaler als die Normalparabel ($y = x^2$).

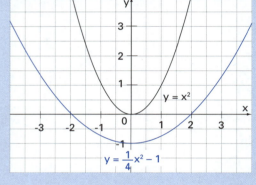

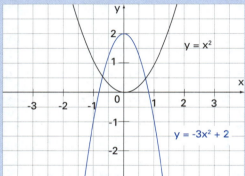

Basiswissen

2. Quadratische Funktionen mit der Funktionsgleichung $y = (x - d)^2 + e$

Diese quadratische Funktionsgleichung wird die **Scheitelform** genannt. Der Scheitelpunkt hat die Koordinaten S (d I e). Der Graph ist eine verschobene Normalparabel, die symmetrisch zur Achse x = d ist. Für die Verschiebungen gilt:

Der Wert **d** stellt die **Verschiebung in x-Richtung** dar.

Der Wert **e** stellt die **Verschiebung in y-Richtung** dar.

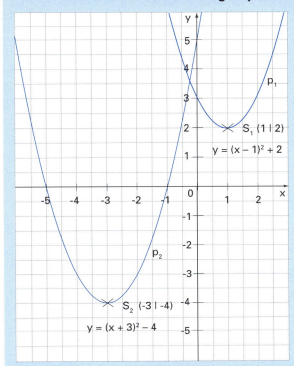

Das Schaubild zeigt die beiden Parabeln p_1: $y = (x - 1)^2 + 2$ und p_2: $y = (x + 3)^2 - 4$.

Die Parabel p_1 ist eine um 1 nach rechts und um 2 nach oben verschobene Normalparabel mit dem Scheitelpunkt S_1 (1 I 2).

Die Parabel p_2 ist eine um 3 nach links und um 4 nach unten verschobene Normalparabel mit dem Scheitelpunkt S_2 (-3 I -4).

3. Von der Normalform zur Scheitelform einer Parabelgleichung

Um die Normalform einer Parabelgleichung in die Scheitelform zu überführen, muss man das Verfahren der quadratischen Ergänzung anwenden.

Beispiel:

Gegeben ist eine Parabel p mit der Funktionsgleichung $y = x^2 - 10x + 3$

Umformung in Scheitelform mithilfe der quadratischen Ergänzung:

$y = x^2 - 10x + 3$

$y = x^2 - 10x + (5)^2 - (5)^2 + 3$

$y = (x - 5)^2 - 25 + 3$

$y = (x - 5)^2 - 22$

Der Scheitelpunkt von p ist S (5 I -22). Die Scheitelform der Parabelgleichung von p ist also:

p: $y = (x - 5)^2 - 22$

Basiswissen

4. Gemeinsame Punkte einer Parabel und einer Geraden

Zwei Schnittpunkte	Ein Berührpunkt	Kein Schnittpunkt
$p \cap g = \{A; B\}$	$p \cap g = \{B\}$	$p \cap g = \{\}$

Die zugehörige quadratische Gleichung $x^2 + bx + c = 0$ hat		
zwei Lösungen Diskriminante $D > 0$	eine Lösung Diskriminante $D = 0$	keine Lösung Diskriminante $D < 0$

Typische Aufgabenstellung

Aufgabe 1

Gegeben sind die Parabeln p_1, p_2, p_3, p_4, p_5 und p_6. Kreuzen Sie in der Tabelle alle zutreffenden Aussagen an und ergänzen Sie die Koordinaten des Scheitelpunkts.

$p_1: y = x^2 + 1{,}5$ $p_2: y = -\dfrac{2}{5}x^2 - 3$ $p_3: y = -\dfrac{5}{3}x^2 + 4$

$p_4: y = -x^2 - 6$ $p_5: y = 2x^2 + 5$ $p_6: y = 0{,}9x^2$

	Öffnung der Parabel		Form der Parabel im Vergleich zur Normalparabel		Koordinaten des Scheitelpunkts
	nach oben	nach unten	breiter	schmaler	
p_1					
p_2					
p_3					
p_4					
p_5					
p_6					

Lösung

	Öffnung der Parabel		Form der Parabel im Vergleich zur Normalparabel		Koordinaten des Scheitelpunkts
	nach oben	nach unten	breiter	schmaler	
p_1	X				(0 I 1,5)
p_2		X	X		(0 I -3)
p_3		X		X	(0 I 4)
p_4		X			(0 I -6)
p_5	X			X	(0 I 5)
p_6	X		X		(0 I 0)

Aufgabe 2

a) Zeichnen Sie die Parabel p: $y = -\frac{1}{2}x^2 + 2{,}5$ in ein geeignetes Koordinatensystem.

TR/FS

b) Berechnen Sie die Schnittpunkte der Parabel p mit der Geraden g: $y = x + 1$.

Lösung

a) Der Scheitelpunkt ist S (0 I 2,5).

Wertetabelle:

x	-3	-2	-1	1	2	3
y	-2	0,5	2	2	0,5	-2

Zeichnung:

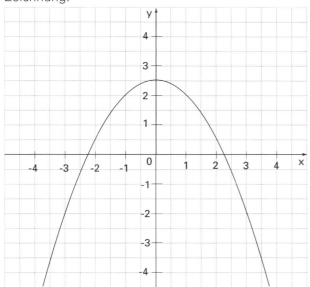

b) Gleichsetzen der Geradengleichung und der Parabelgleichung ergibt:

$$-\frac{1}{2}x^2 + 2{,}5 = x + 1 \qquad | - x \quad | - 1$$

$$-\frac{1}{2}x^2 - x + 1{,}5 = 0 \qquad | \cdot (-2)$$

$$x^2 + 2x - 3 = 0 \qquad | \text{ Lösungsformel}$$

$$x_{1,2} = -\frac{2}{2} \pm \sqrt{\left(\frac{2}{2}\right)^2 - (-3)}$$

$$x_{1,2} = -1 \pm \sqrt{1 + 3}$$

$$x_{1,2} = -1 \pm \sqrt{4}$$

$$x_{1,2} = -1 \pm 2$$

$$x_1 = -1 + 2 = 1$$
$$x_2 = -1 - 2 = -3$$

Einsetzen der beiden gefundenen Lösungen x_1 und x_2 in die Geradengleichung ergibt:
$$y_1 = x_1 + 1 = 1 + 1 = 2$$
$$y_2 = x_2 + 1 = -3 + 1 = -2$$

Damit gilt für die beiden Schnittpunkte: A (1 | 2) und B (-3 | -2)

Übungsaufgaben

Aufgabe 1

Ordnen Sie jeder Parabelbeschreibung alle möglichen Funktionsgleichungen zu. Verbinden Sie dafür zusammengehörende Kärtchen.

Die Parabel ist nach unten geöffnet und breiter als die Normalparabel. Ihr Scheitelpunkt liegt unterhalb der x-Achse.	$y = -2x^2 + 5$
	$y = -\frac{1}{2}x^2 + 7$
Die Parabel ist nach unten geöffnet und schmaler als die Normalparabel. Ihr Scheitelpunkt liegt oberhalb der x-Achse.	$y = -\frac{3}{4}x^2 - 6$
	$y = 0{,}8x^2 + 4$
Die Parabel ist nach oben geöffnet und breiter als die Normalparabel. Ihr Scheitelpunkt liegt oberhalb der x-Achse.	$y = 1{,}2x^2 - 0{,}5$
	$y = -0{,}1x^2 - 0{,}1$
	$y = \frac{1}{4}x^2 + 1$
Die Parabel ist nach oben geöffnet und schmaler als die Normalparabel. Ihr Scheitelpunkt liegt unterhalb der x-Achse.	$y = \frac{4}{3}x^2 - 2$

Aufgabe 2

Ordnen Sie jeder Parabel die zugehörige Funktionsgleichung zu. Tragen Sie dazu den Namen der Parabel hinter der jeweiligen Funktionsgleichung ein.

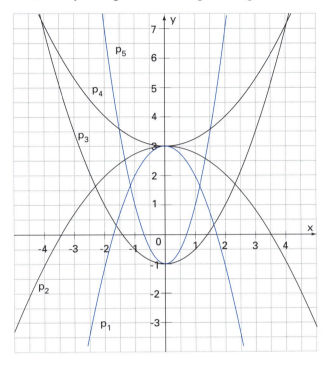

$y = 0,5x^2 - 1$ _____ $y = 0,25x^2 + 3$ _____ $y = -x^2 + 3$ _____

$y = -0,25x^2 + 3$ _____ $y = 2x^2 - 1$ _____

Aufgabe 3

TR/FS

Berechnen Sie die Schnittpunkte der Parabel p: $y = -3x^2 + 8$ mit der Geraden g: $y = -3x - 10$.

Aufgabe 4

TR/FS

Geben Sie an, wie viele Schnittpunkte die Parabel p: $y = 2x^2 + 3$ und die Gerade g: $y = 8x - 5$ haben.

Aufgabe 5

Verbinden Sie jeweils ein Kärtchen auf der linken Seite mit einem passenden Kärtchen auf der rechten Seite.

Die Parabel $y = x^2 - 3$ geht aus der Normalparabel durch …	… eine Spiegelung an der x-Achse und eine anschließende Verschiebung um 3 Einheiten nach unten hervor.
Die Parabel $y = -3x^2$ geht aus der Normalparabel durch …	… eine Verschiebung um 3 Einheiten nach unten hervor.
Die Parabel $y = -x^2 - 3$ geht aus der Normalparabel durch …	… eine Spiegelung an der x-Achse und eine anschließende Verschiebung um 3 Einheiten nach oben hervor.
Die Parabel $y = -x^2 + 3$ geht aus der Normalparabel durch …	… eine Streckung mit dem Faktor 3 hervor.
Die Parabel $y = 3x^2$ geht aus der Normalparabel durch …	… eine Spiegelung an der x-Achse und eine anschließende Streckung mit dem Faktor 3 hervor.

Aufgabe 6

Gegeben sind die Funktionsgleichungen der Parabeln p_1, p_2, p_3, p_4, p_5 und p_6. Kreuzen Sie in der Tabelle alle zutreffenden Aussagen an.

p_1: $y = (x - 4)^2 + 3$ p_2: $y = -\frac{1}{4}x^2 + 3$ p_3: $y = -4x^2$

p_4: $y = (x + 3)^2 - 4$ p_5: $y = 3x^2 - 3$ p_6: $y = \frac{1}{3}x^2$

	Öffnung der Parabel		Form der Parabel im Vergleich zur Normalparabel		Der Scheitelpunkt dieser Parabel ist gegenüber dem Scheitelpunkt der Normalparabel verschoben nach			
	nach oben	nach unten	breiter	schmaler	links	rechts	oben	unten
p_1								
p_2								
p_3								
p_4								
p_5								
p_6								

Aufgabe 7

Geben Sie zu jeder Parabelbeschreibung eine (mögliche) Funktionsgleichung an.

a) Die Parabel p_1 ist nach unten geöffnet und ist schmaler als die Normalparabel. Ihr Scheitelpunkt liegt oberhalb der x-Achse.

b) Die Parabel p_2 ist nach oben geöffnet und ist breiter als die Normalparabel. Ihr Scheitelpunkt liegt unterhalb der x-Achse.

c) Die Parabel p_3 hat dieselbe Form und Öffnung wie die Normalparabel. Die Parabel p_3 entsteht durch eine Verschiebung der Normalparabel um 2 Einheiten nach oben und um 7 Einheiten nach links.

d) Die Parabel p_4 hat dieselbe Form und Öffnung wie die Normalparabel. Die Parabel p_4 hat den Scheitelpunkt S (9 | 0).

Aufgabe 8

Eine Parabel hat die Funktionsgleichung $y = x^2 + 3x - 7$. Bestimmen Sie die Scheitelform der Funktionsgleichung und geben Sie anschließend die Koordinaten des Scheitelpunkts an.

Aufgabe 9

Ein 24 cm langer Draht soll zu einem Rechteck geformt werden. Bestimmen Sie durch Rechnung, wie groß man die Länge und die Breite wählen muss, damit das Rechteck den größtmöglichen Flächeninhalt hat. Wie groß ist dieser Flächeninhalt?

5. Die Sinusfunktion und ihr Graph

Basiswissen

In rechtwinkligen Dreiecken ist der Sinus eines Winkels α nur für Winkel zwischen 0° und 90° sinnvoll festzulegen. Im Einheitskreis kann man den Sinus eines Winkels α jedoch für alle Winkel zwischen 0° und 360° sinnvoll festlegen. Der Zusammenhang eines Winkels α im Intervall [0°; 360°] und dem zugehörigen Sinuswert, also sin(α), kann als Funktion, der sogenannten **Sinusfunktion**, dargestellt werden. Ihre Funktionsgleichung lautet: $y = \sin(\alpha)$. Der Graph der Sinusfunktion wird auch **Sinuskurve** genannt.

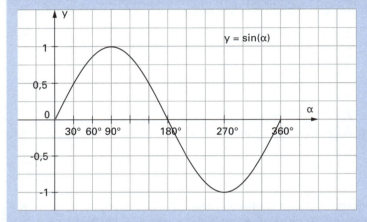

An der Sinuskurve kann man verschiedene Dinge ablesen, z. B.:
► für welche Winkel der Sinuswert 0 oder 1 oder -1 ist,
► für welche Winkelintervalle der Sinuswert positiv bzw. negativ ist,
► dass die Sinusfunktion immer für zwei verschiedene Winkel denselben Wert hat
  (Sonderfall: den Wert 0 hat die Sinusfunktion sogar für drei verschiedene Winkel.)

Um die verschiedenen Winkel zu finden, für die die Sinusfunktion denselben Wert hat, kann man die folgenden allgemeingültigen Beziehungen verwenden:
$\sin(180° - \alpha) = \sin(\alpha)$
$\sin(180° + \alpha) = \sin(360° - \alpha)$

Typische Aufgabenstellung

Aufgabe 1

a) Tragen Sie die Sinuswerte in die Tabelle ein:
   sin(85°); sin(200°); sin(177°); sin(354°); sin(10°); sin(360°); sin(275°); sin(92°); sin(180°)

positiver Wert					
Wert = 0					
negativer Wert					

b) Geben Sie für die ersten beiden Sinuswerte aus der Liste in Teilaufgabe a) jeweils den zweiten Winkel an, der denselben Sinuswert hat.

Lösung

a)

positiver Wert	sin(85°)	sin(177°)	sin(10°)	sin(92°)	
Wert = 0	sin(360°)	sin(180°)			
negativer Wert	sin(200°)	sin(354°)	sin(275°)		

b) $\sin(85°) = \sin(180° - 85°) = \sin(95°)$; der zweite Winkel ist 95°.
$\sin(200°) = \sin(180° + 20°) = \sin(360° - 20°) = \sin(340°)$; der zweite Winkel ist 340°.

Übungsaufgaben

Aufgabe 1

Geben Sie aus dem Intervall [100°; 200°]
▶ drei verschiedene Winkel mit positivem Sinuswert,
▶ drei verschiedene Winkel mit negativem Sinuswert,
▶ alle Winkel mit 0 als Sinuswert an.

Aufgabe 2

Geben Sie den zweiten Winkel an, der denselben Sinuswert hat.

a) $\sin(94°)$ b) $\sin(168°)$ c) $\sin(227°)$ d) $\sin(341°)$ e) $\sin(11°)$

Aufgabe 3

TR/FS

Ermitteln Sie mit dem Taschenrechner, für welchen (auf eine Nachkommastelle gerundeten) Winkel die Gleichung gilt.
Bestimmen Sie anschließend den zweiten Winkel, für den die Gleichung ebenfalls gilt.

a) $\sin(\alpha) = 0{,}75$ b) $\sin(\alpha) = \dfrac{\sqrt{3}}{2}$

Leitidee Daten und Zufall

1. Daten erfassen und darstellen

Diagramme (Säulen-, Balken-, Kreisdiagramme) und graphische Darstellungen dienen dazu, Sachverhalte übersichtlicher und anschaulicher zu gestalten und zu verdeutlichen.

Einerseits muss man die Aussagekraft einer Tabelle, eines Graphen, eines Diagramms usw. erkennen, um mit diesen „bildhaften" Informationen Berechnungen ausführen zu können. Andererseits muss man Informationen mit ausführlichen Texten in knapper, übersichtlicher Form in Tabellen und Diagrammen darstellen können.

Als Grundlage für die exemplarische Erstellung der oben genannten verschiedenen Diagramme und grafischen Darstellungen sollen hier die Ergebnisse einer Klassenarbeit dienen:

Note	1	2	3	4	5	6
Anzahl	2	5	7	3	2	1

Streifendiagramm:

Balkendiagramm:

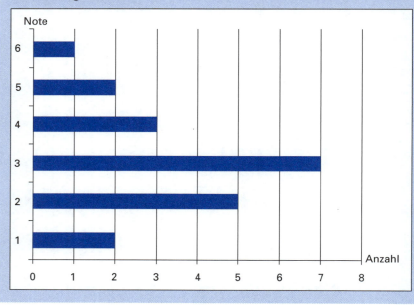

Basiswissen

Säulendiagramm:

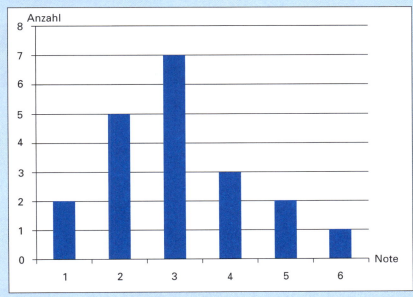

Kreisdiagramm:

Beim Kreisdiagramm muss man zunächst die Anteile (in Prozent) und mit deren Hilfe die zugehörigen Mittelpunktswinkel für die einzelnen Noten berechnen.

Note	1	2	3	4	5	6
Anteil (in Prozent)	$\frac{2}{20} = 10\ \%$	$\frac{5}{20} = 25\ \%$	$\frac{7}{20} = 35\ \%$	$\frac{3}{20} = 15\ \%$	$\frac{2}{20} = 10\ \%$	$\frac{1}{20} = 5\ \%$
Mittelpunktswinkel	$0,1 \cdot 360°$ $= 36°$	$0,25 \cdot 360°$ $= 90°$	$0,35 \cdot 360°$ $= 126°$	$0,15 \cdot 360°$ $= 54°$	$0,1 \cdot 360°$ $= 36°$	$0,05 \cdot 360°$ $= 18°$

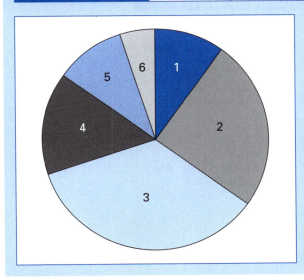

Typische Aufgabenstellung

Aufgabe 1

Bevölkerungsstand und -entwicklung der Kontinente und der Welt					
		Einwohner (Millionen)			
	Kontinent/Jahr	1950	2000	2010	2050
1	**Nordamerika** (ohne Mexiko)	172	319	352	448
2	**Lateinamerika** (= Süd- und Mittelamerika) und Karibik	167	521	589	729
3	**Afrika**	227	819	1033	1998
4	**Europa** (ohne Türkei, mit asiatischem Teil der Russischen Föderation)	547	727	733	691
5	**Asien**	1403	3698	4167	5231
6	**Ozeanien** (einschließlich Australien)	13	31	36	51
	Welt gesamt	2529	6115	6910	9148

Quelle: nach United Nations World Population Prospects, The 2008 Revision.

a) Stellen Sie den Bevölkerungsstand der Kontinente im Jahr 2000 in einem geeigneten Diagramm dar. | TR/FS |

b) Vergleichen Sie die Bevölkerungsentwicklung von Europa und Asien, indem Sie diese in einem geeigneten Diagramm darstellen. | TR/FS |

Lösung

a) Es wird zur Darstellung des Bevölkerungsstands das Kreisdiagramm gewählt, weil sich mit diesem die Anteile (Bevölkerung der einzelnen Kontinente) von einem Ganzen (Weltbevölkerung) besonders gut veranschaulichen lassen.

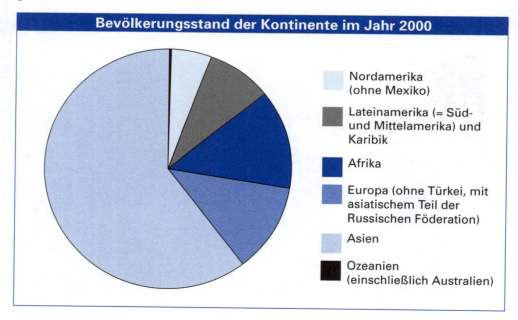

Bevölkerungsstand der Kontinente im Jahr 2000

- Nordamerika (ohne Mexiko)
- Lateinamerika (= Süd- und Mittelamerika) und Karibik
- Afrika
- Europa (ohne Türkei, mit asiatischem Teil der Russischen Föderation)
- Asien
- Ozeanien (einschließlich Australien)

b) Es wird zur Darstellung der Bevölkerungsentwicklung das Liniendiagramm gewählt, weil dieses sich besonders gut für die Darstellung von zeitabhängigen Daten eignet.

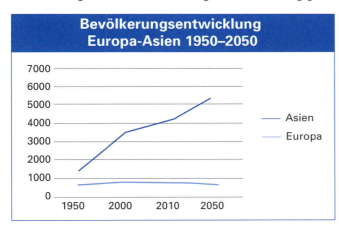

Aufgabe 2

TR/FS

Schüler/-innen einer 10. Jahrgangsstufe in Böblingen wählen eine/-n Jahrgangssprecher/-in. Es haben sich 5 Schüler/-innen zur Wahl gestellt. Die Wahl brachte folgendes Ergebnis:

Yasmin: 40   Lisa: 7   Dennis: 63   Hannah: 22   Marvin: 48

a) Bestimmen Sie die relativen Häufigkeiten, d. h. die prozentualen Anteile aller Stimmen.

b) Begründen Sie, welches der folgenden Kreisdiagramme die Daten der Befragung richtig darstellt.

A
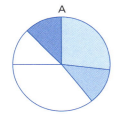
B
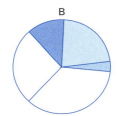
C
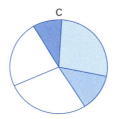

Lösung

a)

Name	Yasmin	Lisa	Dennis	Hannah	Marvin
Anzahl der Stimmen (absolute Häufigkeit)	40	7	63	22	48
Relative Häufigkeit	$\frac{40}{180}$ $= 22,\overline{22}$ %	$\frac{7}{180}$ $= 3,\overline{88}$ %	$\frac{63}{180}$ $= 35$ %	$\frac{22}{180}$ $= 12,\overline{22}$ %	$\frac{48}{180}$ $= 26,\overline{66}$ %

Das Diagramm B stellt die Befragung richtig dar, weil die Gradzahlen passen.

b)

Name	Yasmin	Lisa	Dennis	Hannah	Marvin
Relative Häufigkeit	$22,\overline{22}$ %	$3,\overline{88}$ %	35 %	$12,\overline{22}$ %	$26,\overline{66}$ %
Gradzahl	79,99°	13,97°	126°	43,99°	95,98°

Übungsaufgaben

Aufgabe 1

Katja sollte die Altersstruktur der Schüler/-innen ihrer Schule in einem Säulendiagramm darstellen. Sie gibt ihrem Lehrer das folgende Diagramm ab:

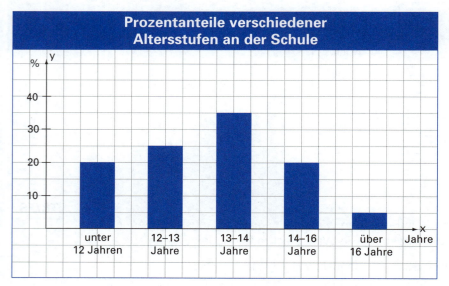

a) Der Lehrer schaut sich das Diagramm an und sagt nach einiger Zeit: „Da hast du aber einen Fehler gemacht." Finden Sie den Fehler? Begründen Sie Ihre Antwort.

b) Korrigieren Sie den größten Wert und stellen Sie die Altersstruktur in einem Kreisdiagramm dar.

TR/FS

Aufgabe 2

TR/FS

Die Tabelle zeigt den jeweils schwersten Vertreter einer bestimmten Tierart zusammen mit dem jeweiligen Durchschnittsgewicht in Tonnen.

Tierart	Vertreter	Gewicht
Schlangen	Anakonda	0,3 t
Reptilien	Lederschildkröte	0,7 t
Bären	Polarbär	1 t
Wirbellose Tiere	Riesenkalmar	1,8 t
Knochenfische	Mondfisch	2,2 t
Robben	See-Elefant	3,5 t

(3)

Stellen Sie diese Daten in einem Säulendiagramm dar. Überlegen Sie sich dabei zunächst eine geeignete Einheit für die Hochachse (y-Achse).

Aufgabe 3

TR/FS

Bei einer Umfrage unter 6000 Realschüler/-innen nach ihrem Lieblingsfach ist folgendes prozentuales Ergebnis herausgekommen:

Mathe	Englisch	Deutsch	Sport	Sonstige Fächer
12 %	15 %	10 %	40 %	

a) Ergänzen Sie die Prozentangabe für „sonstige Fächer" und stellen Sie danach diese Daten als Kreisdiagramm dar.

b) Wie viele der 6000 Schüler/-innen haben Sport als Lieblingsfach angegeben?

Aufgabe 4

In der Abschlussklasse einer Realschule wurde unter den 24 Schülern/-innen eine Umfrage nach ihren Berufswünschen durchgeführt. Jeder der Befragten hat genau eine Stimme abgegeben.

a) Vervollständigen Sie sowohl die Tabelle als auch das Säulendiagramm.

Berufsfeld	Handwerk	Einzel-handel	Industrie	Gesund-heitswesen	Bau-gewerbe	Transport-wesen	Sonstige
Anzahl	5		2		2		3

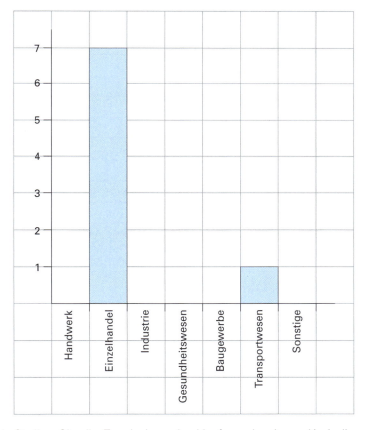

b) Stellen Sie die Ergebnisse der Umfrage in einem Kreisdiagramm dar.

c) Ist die Aussage wahr, falsch oder können Sie dies mit den vorliegenden Angaben nicht entscheiden?

	Wahr	Falsch	Nicht entscheidbar
A In der Klasse sind 10 Schülerinnen und 14 Schüler.			
B Mehr als ein Drittel der Befragten bevorzugt den Einzelhandel.			
C Ein Sechstel der Befragten bevorzugt das Gesundheitswesen.			
D Niemand möchte Schaffner bei der Deutschen Bahn werden.			
E Über 20 % der Befragten bevorzugen das Handwerk.			

2. Daten ordnen und auswerten

Basiswissen

In der beschreibenden Statistik werden Daten nach verschiedenen Kriterien geordnet und ausgewertet, um sich einen schnelleren Überblick über die wesentlichen Merkmale der Daten zu verschaffen. Diese Merkmale werden auch statistische Kenngrößen genannt.

Statistische Kenngrößen		
Absolute Häufigkeit:	Anzahl, wie oft ein bestimmter Wert auftritt	
Relative Häufigkeit:	$\dfrac{\text{Absolute Häufigkeit}}{\text{Gesamtzahl aller Werte}}$	
Rangliste:	Liste mit geordneten Daten	
Modalwert:	Wert, der am häufigsten vorkommt	
Arithmetisches Mittel:	$\dfrac{\text{Summe der Einzelwerte}}{\text{Anzahl der Einzelwerte}}$	
Zentralwert (Median):	ungerade Anzahl	gerade Anzahl
	von Daten einer Rangliste	
	Wert, der in der Mitte steht	arithmetisches Mittel aus den beiden in der Mitte stehenden Werten
Maximalwert und Minimalwert:	größter bzw. kleinster Wert	
Spannweite:	Bereich, in dem die Ergebnisse liegen (Differenz zwischen dem größten und kleinsten Wert)	
Boxplot:	In einem Boxplot werden die folgenden statistischen Kenngrößen einer Datenmenge veranschaulicht: Minimalwert, unteres Quartil, Zentralwert (Median), oberes Quartil, Maximalwert	
Unteres Quartil:	Wert halbiert die untere Hälfte der geordneten Datenmenge	
Oberes Quartil:	Wert halbiert die obere Hälfte der geordneten Datenmenge	

Typische Aufgabenstellung

Aufgabe 1

Bei den Bundesjugendspielen 2019 wurden die Zeiten beim 100-m-Lauf der Klasse 9b durch den Sportlehrer Herr Sprinter notiert.

Bundesjugendspiele: 100-m-Lauf		
lfd. Nr.	Vorname	Zeit
1	Markus	15,2
2	Franziska	14,3
3	Kolya	14,3
4	Kevin	13,9
5	Omar	15,5
6	Paul	14,6
7	Celine	15,3
8	Sarah	14,6
9	Nico	14,9
10	Chantal	14,8
11	Sabrina	15,6
12	Artur	14,8
13	Niklas	15,1
14	Roxana	14,9
15	Noah	14,9
16	Kira	15,2
17	Sebastian	14,7
18	Rico	15,0
19	Maria	14,5
20	Tim	15,1
21	Adem	15,3
22	Nils	14,8
23	Jan	15,0
24	Selma	15,2
25	Jasna	14,9

a) Wie groß ist die Spannweite?

b) Wie lauten der Zentralwert und der Modalwert?

c) Ermitteln Sie den arithmetischen Mittelwert.

d) Zeichnen Sie zu den Aufzeichnungen des Herrn Sprinter einen Boxplot (Kastenschaubild).

Lösung

a) Daten nach der Zeit in aufsteigender Reihenfolge ordnen:

Bundesjugendspiele: 100-m-Lauf sortiert		
lfd. Nr.	Vorname	Zeit
4	Kevin	13,9
2	Franziska	14,3
3	Kolya	14,3
19	Maria	14,5
6	Paul	14,6
8	Sarah	14,6
17	Sebastian	14,7
22	Nils	14,8
10	Chantal	14,8
12	Artur	14,8
9	Nico	14,9
15	Noah	14,9
25	Jasna	14,9
14	Roxana	14,9
18	Rico	15,0
23	Jan	15,0
13	Niklas	15,1
20	Tim	15,1
1	Markus	15,2
16	Kira	15,2
24	Selma	15,2
7	Celine	15,3
21	Adem	15,3
5	Omar	15,5
11	Sabrina	15,6

Werte aus Tabelle ablesen:
x_{min} = kleinster Wert = 13,9 Sek.
x_{max} = größter Wert = 15,6 Sek.

Spannweite $W = x_{max} - x_{min} = 15,6 - 13,9 = 1,7$ Sek.

b) Die Anzahl der Werte ist ungerade. Der mittlere Wert ist der Zentralwert. Er beträgt 14,9 Sek.
Der Modalwert m ist der Wert, der in einer Stichprobe am häufigsten auftritt.
m = 14,9

c) Der Mittelwert errechnet sich aus:

$\bar{x} = \dfrac{\text{Summe aller Werte}}{\text{Anzahl der Werte}}$

$\bar{x} = \dfrac{372,4}{25} = 14,89$ Sek.

d) **BOXPLOT**

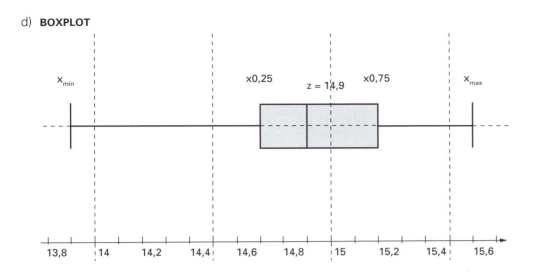

Übungsaufgaben

Aufgabe 1

In einer Klassenarbeit gab es folgende Ergebnisse:

Note	1	2	3	4	5	6
Anzahl	5	3	11	10	2	2

Berechnen Sie den Notendurchschnitt.

Aufgabe 2

Nach 15-maligem Würfeln wurden folgende Häufigkeiten notiert:

	Absolute Häufigkeit	Relative Häufigkeit		
		Bruch	Dezimalzahl	Prozent
⚀				0
⚁			0,2	
⚂	2			
⚃		$\frac{1}{3}$		
⚄	4			
⚅	1			

Berechnen Sie die fehlenden Werte in den Kästchen.

Aufgabe 3

Lucy hat beim Erstellen einer Rangliste einen Wert vergessen.

12   15   ☐   23   28   30   34   34   40

a) Bestimmen Sie die Spannweite d.

b) Berechnen Sie den Zentralwert.

c) Welche Zahlen könnten im Platzhalter stehen?

d) Lucy kann den arithmetischen Mittelwert nicht errechnen.
   Können Sie ihr helfen?

Aufgabe 4

Die nachfolgende Tabelle zeigt den Luftdruckverlauf eines Monats (August) in Heidelberg, und zwar für jeden Tag den Maximalwert, gemessen in hPa.

| Luftdruck in Heidelberg in hPa | |
| Luftdruck in hPa | |
Datum	max
01.08.	1019
02.08.	1020
03.08.	1018
04.08.	1014
05.08.	1012
06.08.	1011
07.08.	1006
08.08.	1007
09.08.	1020
10.08.	1023
11.08.	1013
12.08.	1010
13.08.	1010
14.08.	1009
15.08.	1019
16.08.	1019

| Luftdruck in Heidelberg in hPa | |
| Luftdruck in hPa | |
Datum	max
17.08.	1018
18.08.	1018
19.08.	1003
20.08.	1022
21.08.	1019
22.08.	1020
23.08.	1020
24.08.	1015
25.08.	1016
26.08.	1012
27.08.	1015
28.08.	1017
29.08.	1015
30.08.	1015
31.08.	1015

a) Wie groß ist die Spannweite?

b) Wie groß ist jeweils der Zentral- und der Modalwert?

c) Errechnen Sie den arithmetischen Mittelwert. Notieren Sie Ihre Rechnung.

d) Zeichnen Sie zu den ermittelten Werten den Boxplot für den maximalen Luftdruck.

Aufgabe 5

TR/FS

Eine Journalistin, die über die Gefahren der Glücksspielsucht schreiben möchte, braucht dafür statistisches Datenmaterial. Sie befragt deshalb an einem Samstagabend Menschen, die aus dem Spielcasino herauskommen, nach der Summe, die sie an dem Abend verspielt oder gewonnen haben. Gewinne schreibt die Journalistin nicht auf. Nach 10 Personen mit Verlusten hört sie auf.

Person	1	2	3	4	5	6	7	8	9	10
Verlust (in €)	85	25	50	15 000	35	20	95	35	55	220

a) Berechnen Sie das arithmetische Mittel und den Zentralwert aller Verluste.

b) Die Journalistin verwendet das arithmetische Mittel (siehe a)) in ihrem Artikel als Beweis für die Gefahren der Spielsucht. Warum ist dieser „Beweis" statistisch nicht besonders überzeugend? Geben Sie mindestens zwei verschiedene Gründe an.

Aufgabe 6

In der 10. Jahrgangsstufe einer Realschule wird am Ende eines Schuljahrs eine anonyme Umfrage durchgeführt. Die Schüler/-innen sollen angeben, wie viele kostenpflichtige Nachhilfestunden sie im zu Ende gehenden Schuljahr in Mathematik insgesamt bekommen haben.
Die Boxplots zeigen die Ergebnisse der Umfrage. Boxplot 1 zeigt die Ergebnisse für die Mädchen und Boxplot 2 für die Jungen der Jahrgangsstufe.

Boxplot 1: Mädchen

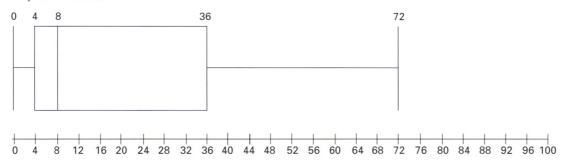

Boxplot 2: Jungen

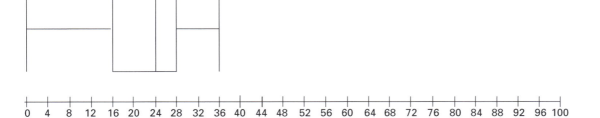

a) Kreuzen Sie an, welche Aussagen wahr, falsch oder nicht entscheidbar sind.

	Wahr	Falsch	Nicht entscheidbar
Mindestens ein Viertel der Mädchen hat höchstens 4 Nachhilfestunden bekommen.			
Mehr Jungen als Mädchen haben überhaupt keine Nachhilfe bekommen.			
Mindestens 50 % der Jungen haben mehr als 28 Nachhilfestunden bekommen.			
Mehr als die Hälfte der Mädchen hat die höchste von den Jungen angegebene Anzahl an Nachhilfestunden überschritten.			
Exakt 50 % der Jungen haben mindestens 16 und höchstens 28 Nachhilfestunden bekommen.			
Mindestens drei Viertel der Mädchen hat höchstens 36 Nachhilfestunden bekommen.			

b) Entscheiden Sie, ob die folgenden allgemeinen Vergleiche zwischen den Mädchen und den Jungen nur auf der Basis der Boxplots haltbare statistische Schlussfolgerungen sind oder nicht. Begründen Sie Ihre Entscheidung.

▶ „Der Anteil an Befragten, die keine oder nur recht wenige Nachhilfestunden bekommen haben, ist unter den Mädchen höher als unter den Jungen."

▶ „Es gibt weniger Jungen als Mädchen, die sehr viele Nachhilfestunden in Mathematik benötigten."

3. Wahrscheinlichkeiten verstehen und berechnen

Basiswissen

Bei der Berechnung von Wahrscheinlichkeiten müssen Sie folgende Begriffe und Verfahren beherrschen:

Wahrscheinlichkeit	
Ergebnis:	möglicher Ausgang eines Zufallsexperiments
Ergebnismenge, Ergebnisraum Ω:	Menge aller möglichen Ergebnisse eines Zufallsexperiments
Ereignis E:	beliebige Teilmenge der Ergebnismenge
	Ergebnisse, die eine bestimmte Eigenschaft erfüllen, nennt man Ereignisse.
Gegenereignis $\overline{E}$:	Das Gegenereignis tritt ein, wenn das Ereignis nicht eintritt.
Wahrscheinlichkeit P(E): (Laplace-Experiment)	Haben bei einem Zufallsexperiment alle Ergebnisse die gleiche Wahrscheinlichkeit, dann gilt: $$P(E) = \frac{\text{Anzahl der für E günstigen Ergebnisse}}{\text{Anzahl der möglichen Ergebnisse}}$$ Es gilt stets: $0 \leqq P(E) \leqq 1$

Mehrstufiges Zufallsexperiment:
(Darstellung im Baumdiagramm)

$\boxed{A}$, $\boxed{B}$, ... $\boxed{M}$ nennt man **Knoten**.

Knotenregel:	Die Summe der Wahrscheinlichkeiten aller Zweige, die von einem Knoten ausgehen, hat stets den Wert 1. Beispiel: P(G) + P(H) + P(J) = 1
1. Pfadregel: (Produktregel)	Die Wahrscheinlichkeit eines Ergebnisses ist das Produkt der Wahrscheinlichkeiten entlang eines Pfades. Beispiel: P(CK) = P(C) · P(K)
2. Pfadregel: (Summenregel)	Die Wahrscheinlichkeit eines Ereignisses ist die Summe der Ergebnisse der Pfade, die zu diesem Ereignis führen. Beispiel: P(AF, BG, CK) = P(AF) + P(BG) + P(CK)

Basiswissen

Erwartungswert

Um den Erwartungswert bei einem Glücksspiel zu berechnen, kann man folgendermaßen vorgehen:

1. Man schreibt alle möglichen Werte (W) der Gewinne und die jeweils zugehörigen Wahrscheinlichkeiten (P(W)) für diese Gewinne in einer geordneten Form auf. Eine mögliche geordnete Form des Aufschreibens ist zum Beispiel eine Tabelle, in die die Werte der Gewinne und ihre Wahrscheinlichkeiten eingetragen werden.
2. Man multipliziert jeden Gewinnwert (W) mit der zugehörigen Wahrscheinlichkeit (P(W)), addiert alle Einzelprodukte und subtrahiert den Einsatz des Glücksspiels. Das Ergebnis dieser Rechnung ist der Erwartungswert E:

$$E = P(W_1) \cdot W_1 + P(W_2) \cdot W_2 + P(W_3) \cdot W_3 + \dots + P(W_n) \cdot W_n - \text{Spieleinsatz}$$

Wenn der **Erwartungswert gleich Null** ist, dann handelt es sich bei dem Glücksspiel um ein **faires Spiel**.

Wenn der Erwartungswert negativ ist, dann erzielt der Betreiber / die Betreiberin des Spiels durchschnittlich Gewinn.

Wenn der Erwartungswert positiv ist, dann erzielt der Spieler / die Spielerin des Spiels durchschnittlich Gewinn.

Der durchschnittliche Gewinn entspricht in beiden Fällen dem Erwartungswert.

Beispiel:

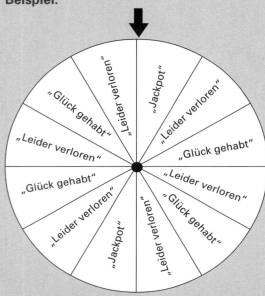

Für ein Glücksspiel mit dem Glücksrad wird bei einmaligem Drehen des Rades der folgende Gewinnplan festgelegt. Der Spieleinsatz ist 1,70 €. Berechnen Sie den Erwartungswert und erläutern Sie dessen Bedeutung.

Ereignisse	„Glück gehabt"	„Jackpot"	„Leider verloren"
Gewinn (W)	1,80 €	6,00 €	0 €

Lösung

Ereignisse	„Glück gehabt"	„Jackpot"	„Leider verloren"
Gewinn (W)	1,80 €	6,00 €	0 €
P(W)	$\frac{4}{12}$	$\frac{2}{12}$	$\frac{6}{12}$
P(W) · W	$\frac{4}{12} \cdot 1{,}80\ € = 0{,}60\ €$	$\frac{2}{12} \cdot 6{,}00\ € = 1{,}00\ €$	$\frac{6}{12} \cdot 0\ € = 0\ €$
E	$(0{,}60\ € + 1{,}00\ € + 0\ €) - 1{,}70\ € = -0{,}10\ €$		

Der **Erwartungswert** beträgt -0,10 €. Das bedeutet, dass der Betreiber / die Betreiberin des Glücks-spiels durchschnittlich 0,10 € Gewinn erzielt.

Typische Aufgabenstellung

Aufgabe 1

TR/FS

In einer Urne sind 3 rote, 2 blaue und 1 gelbe Kugel. In einem zweistufigen Zufallsversuch wird jeweils eine Kugel gezogen und nach dem Ziehen wieder zurückgelegt. Zeichnen Sie ein Baum-diagramm für den zweistufigen Versuch.

Lösung

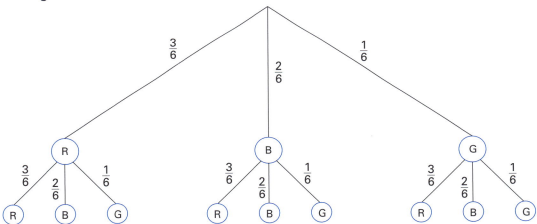

Aufgabe 2

Mit welcher Wahrscheinlichkeit erhält man zweimal eine blaue Kugel?

Lösung

$P(BB) = \frac{2}{6} \cdot \frac{2}{6} = \frac{4}{36} = \frac{1}{9}$ $\Rightarrow$ Die Wahrscheinlichkeit beträgt $\frac{1}{9}$.

Aufgabe 3

Wie groß ist die Wahrscheinlichkeit, zwei gleichfarbige Kugeln zu ziehen?

Lösung

$$P(RR, BB, GG) = P(RR) + P(BB) + P(GG)$$

$$= \frac{3}{6} \cdot \frac{3}{6} + \frac{2}{6} \cdot \frac{2}{6} + \frac{1}{6} \cdot \frac{1}{6}$$

$$= \frac{9}{36} + \frac{4}{36} + \frac{1}{36}$$

$$= \frac{14}{36} = \frac{7}{18}$$

Die Wahrscheinlichkeit $P = \frac{7}{18}$.

$$\frac{7}{18} = 0,3888\ldots$$

$$= \frac{39}{100} \quad \Rightarrow \text{Die Wahrscheinlichkeit beträgt 39 \%.}$$

Übungsaufgaben |

Aufgabe 1

Lena würfelt, Jonas wirft eine Münze.

Jonas behauptet: „Es ist wahrscheinlicher, mit zweimaligem Werfen einer Münze zweimal „Zahl" zu erhalten, als mit einem Wurf mit dem Würfel eine „Sechs" zu würfeln."
Hat Jonas recht? Begründen Sie Ihre Entscheidung.

Aufgabe 2

Wie groß ist die Wahrscheinlichkeit, beim einmaligen Entnehmen einer Kugel eine Primzahl zu erhalten?

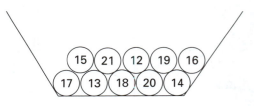

Aufgabe 3

In einer Lostrommel sind noch 3 Hauptgewinne (H), 2 Trostpreise (T) und 5 Nieten (N).
Leonard kauft zwei Lose. Wie groß ist die Wahrscheinlichkeit, dass er einen Hauptgewinn und einen Trostpreis zieht?

Aufgabe 4

TR/FS

Herr und Frau Weller fliegen mit ihren beiden Kindern in den Urlaub.
In dem mit 180 Passagieren voll besetzten Flugzeug wird eine Verlosung durchgeführt, bei der
die Flugbegleiter zufällig zwei Plätze (z. B. 12A und 27D) als Gewinner auswählen, die als
Belohnung kostenlose Bordverpflegung erhalten. Vervollständigen Sie das zugehörige Baumdiagramm und berechnen Sie die Wahrscheinlichkeit, dass kein Mitglied von Familie Weller ausgewählt wird.
(W = Mitglied von Familie Weller; $\overline{W}$ = kein Mitglied von Familie Weller)

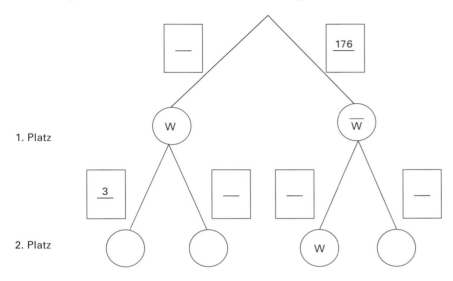

Aufgabe 5

TR/FS

Katharina darf zweimal hintereinander das Glücksrad drehen. Sie gewinnt einen Preis, wenn
der Zeiger mindestens einmal auf einem Vokal stehen bleibt. Berechnen Sie die Wahrscheinlichkeit dafür, dass Katharina einen Preis gewinnt.

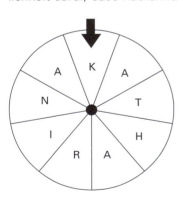

Aufgabe 6

Auf einer Kirmes bietet ein Budenbesitzer folgendes Spiel an. Das Glücksrad darf bei einer Spielrunde zweimal gedreht werden. Bei jedem einzelnen Drehen des Rades ist nur von Interesse, ob es auf einer positiven Zahl stehen bleibt oder nicht. Für jede positive Zahl erhält der Spieler 2 €, für eine negative erhält er nichts ausbezahlt. Der Spieler muss pro Spielrunde (also für das zweimalige Drehen) vor Beginn des Spiels 1,70 € Einsatz bezahlen.

a) Berechnen Sie den Erwartungswert des Gewinns pro Spielrunde aus der Sicht des Budenbesitzers.

b) Der Budenbesitzer rechnet für die nächste, viertägige Kirmes mit ungefähr 5000 Spielrunden.
   Geben Sie an, wie viel Gesamtgewinn er bei dieser Kirmes in etwa erwarten kann.

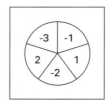

Aufgabe 7

Beim Roulette kann als Ergebnis eine der Zahlen 0 bis 36 einschließlich erscheinen.

Bildquelle: Vector Tradition – Fotolia.com

▶ Geben Sie alle möglichen Ergebnisse an, die Primzahlen sind. Berechnen Sie die Wahrscheinlichkeit für eine Primzahl.
▶ Berechnen Sie die Wahrscheinlichkeit für eine von Null verschiedene Zahl, die durch 8 teilbar ist.

Für ein Glücksspiel mit dem Spieleinsatz 2,50 € wird bei diesem Roulette der folgende Gewinnplan festgelegt. Berechnen Sie den Erwartungswert.

Ereignisse	Primzahl	Eine durch 8 teilbare Zahl	Restliche Ereignisse
Gewinn	3,00 €	10,00 €	Kein Gewinn

Der Gewinn für das Ereignis „Primzahl" soll so verändert werden, dass das Glücksspiel fair wird. Alle anderen Werte bleiben unverändert. Berechnen Sie, wie hoch der Gewinn für „Primzahl" sein müsste.

Teil A1

<u>Hinweis:</u> In Teil A1 (10 Punkte) sind alle Aufgaben zu bearbeiten.

<u>Zugelassene Hilfsmittel:</u> Parabelschablone, Zeichengeräte

Aufgabe 1

Weisen Sie nach, dass gilt:

$(16^5 \cdot 16) : (64 \cdot 8^4) = 2^6$

Aufgabe 2

Aleyna malt ein fortlaufendes Muster aus kleinen Kreisen. Wie viele Kreise muss sie beim 14. Muster malen? Begründen Sie Ihre Lösung.

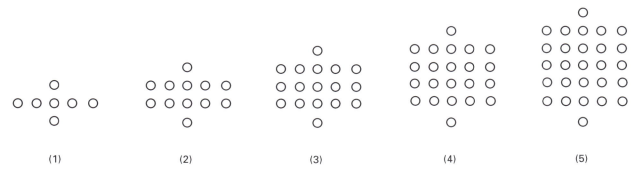

Aufgabe 3

Ein Kreis K_1 hat den Radius $r_1 = 4$ cm, ein anderer Kreis K_2 hat den Radius $r_2 = 6$ cm.
Berechnen Sie, um wie viel Prozent der Flächeninhalt von K_2 größer ist als der Flächeninhalt von K_1.

Berechnen Sie den prozentualen Anteil des Umfangs von K_1 am Umfang von K_2.

Aufgabe 4

In einer Schale (A) befinden sich eine blaue, zwei rote und eine weiße Kugel. In einer anderen Schale (B) befinden sich eine blaue, eine rote und zwei weiße Kugeln. Zur Schale B wird noch eine weitere Kugel hinzugefügt, sodass danach beim Ziehen jeweils einer Kugel aus Schale A und anschließend aus Schale B folgende Wahrscheinlichkeit gilt:
$P(\text{rot; weiß}) = \dfrac{4}{20}$

Die zur Schale B zusätzlich hinzugefügte Kugel hat eine der drei Farben Weiß, Rot oder Blau. Entscheiden Sie, welche Farbe diese Kugel haben kann. Begründen Sie Ihre Entscheidung.

Aufgabe 5

Gegeben ist eine Strahlensatzfigur.

▶ Ergänzen Sie den fehlende Nenner im zweiten Bruch.

$$\frac{\overline{EB}}{\overline{AB}} = \frac{\overline{CD}}{}$$

▶ Begründen Sie, dass man die obige Verhältnisgleichung auch allein mithilfe trigonometrischer Seitenverhältnisse herleiten kann.

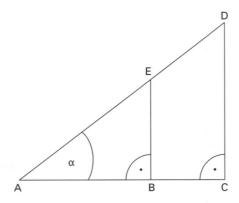

Aufgabe 6

Gegeben sind das Schrägbild und das Netz eines Quaders. Die blau markierte Fläche ist die Bodenfläche des Quaders. Auf dem Schrägbild befindet sich der Streckenzug ABCDE, der auf der Oberfläche des Quaders eingezeichnet ist. Die Punkte B, C, D und E halbieren die Strecken, auf denen sie sich jeweils befinden.

Übertragen Sie den Streckenzug ABCDE in das abgebildete Netz des Quaders.

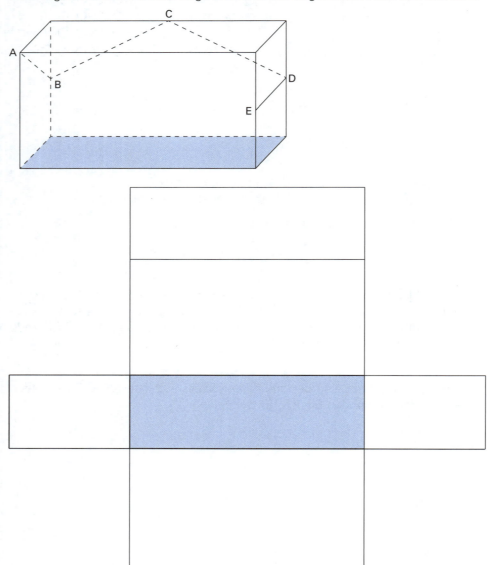

Aufgabe 7

Abgebildet ist die Parabel p_1: $y = 2x^2 - 3$.
Zeichnen Sie mit der Parabelschablone die
Parabeln p_2: $y = x^2 - 1$ und p_3: $y = -x^2 - 4$
in dieses Koordinatensystem ein.

Beschreiben Sie für die Parabeln p_1, p_2 und p_3
jeweils die Öffnung, die Form im Vergleich zur
Normalparabel und die Lage des Scheitelpunktes
(oberhalb oder unterhalb der x-Achse).

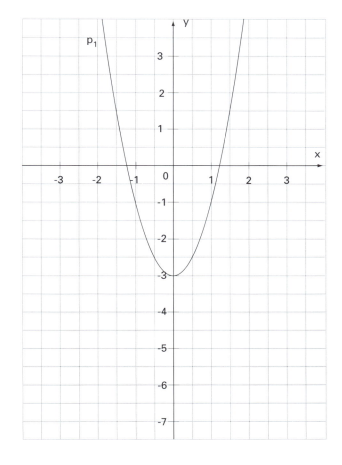

Teil A2

Hinweis: In Teil A2 (20 Punkte) sind alle Aufgaben zu bearbeiten.

Zugelassene Hilfsmittel: Formelsammlung, wissenschaftlicher Taschenrechner
(nicht programmierbar), Parabelschablone, Zeichengeräte

Aufgabe 1

Von einem gleichschenkligen Trapez ABCD sind die Koordinaten der Punkte A (-2 | -2), B (6 | -2) und
C (4 | 4) gegeben.

▶ Zeichnen Sie die Punkte in ein Koordinatensystem (1 LE = 1 cm) und bestimmen Sie die Koordinaten des
   Punktes D.
▶ Berechnen Sie die Innenwinkel des Trapezes.
▶ Berechnen Sie den Flächeninhalt des Trapezes.
▶ Berechnen Sie die Länge der Diagonale $\overline{AC}$.

Aufgabe 2

Die nicht maßstabsgetreue Skizze zeigt die Achsenschnittfläche durch einen zusammengesetzten Rotationskörper.

a) Berechnen Sie das Volumen des Gesamtkörpers.

b) Berechnen Sie das Maß des Öffnungswinkels des Kegels.

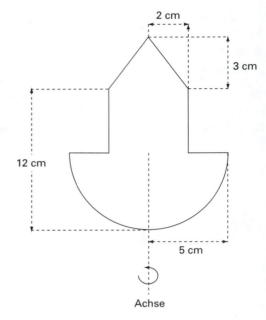

Skizze nicht maßstabsgetreu

Aufgabe 3

Die Parabel p hat die Funktionsgleichung $y = 0{,}5x^2 - 1{,}5$.
Legen Sie im Bereich $-5 \leq x \leq 5$ für alle ganzzahligen x-Werte eine Wertetabelle der Funktion an und skizzieren Sie die Parabel p anschließend in ein Koordinatensystem.

Eine Gerade g hat die Steigung 4 und verläuft durch den Punkt P (2 | -1,5).
Berechnen Sie die Koordinaten aller Schnittpunkte von p und g.

Aufgabe 4

Die Grafik zeigt die Entwicklung des Wertes, den eine Unze Gold im Laufe von 5 Jahren jeweils am Jahresende erzielte. Der Wert für das dritte Jahr ist leider nicht mitgedruckt worden. Es ist aber bekannt, dass der prozentuale Wertverlust vom Ende des 2. Jahres zum Ende des 3. Jahres genau so hoch war wie die prozentuale Wertsteigerung vom Ende des 1. Jahres zum Ende des 2. Jahres.

Berechnen Sie den Wert für das Ende des 3. Jahres und zeichnen Sie ihn in das Diagramm ein.

Ermitteln Sie, welchen Zinssatz eine Bank anbieten müsste, damit (inklusive Zinseszins) der gleiche Wertzuwachs (von 1342,61 € auf 1432,89 €) über vier Jahre erzielt würde wie bei der Unze Gold.

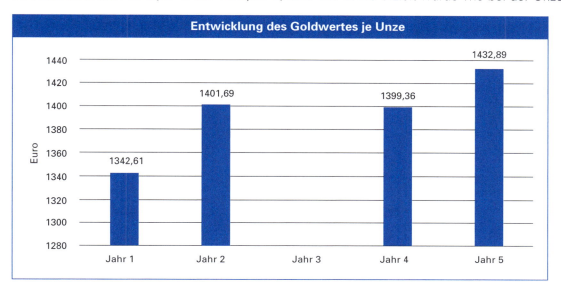

Aufgabe 5

Eine Schachtel enthält 15 Kärtchen. Jedes Kärtchen ist mit einem der Buchstaben A, B oder C bedruckt. Es werden nacheinander zwei Kärtchen ohne Zurücklegen gezogen.

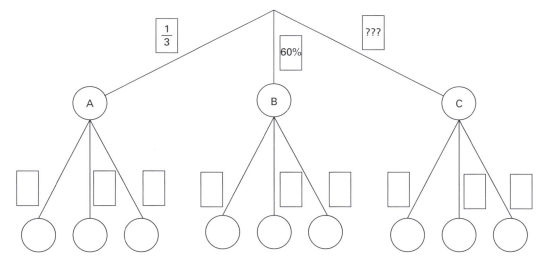

▶ Berechnen Sie im abgebildeten Ausschnitt des Baumdiagramms die fehlende Angabe für das erste gezogene Kärtchen. Geben Sie an, wie viele Kärtchen sich zu Beginn jeweils mit dem Buchstaben A, B oder C in der Schachtel befinden.

▶ Vervollständigen Sie das Baumdiagramm und berechnen Sie die Wahrscheinlichkeit, beim Ziehen der zwei Kärtchen genau ein Kärtchen mit dem Buchstaben C zu ziehen.

Nun werden drei zusätzliche Kärtchen in die Schachtel gelegt, jeweils ein Kärtchen mit einem A, einem B und einem C. Ist die Wahrscheinlichkeit, beim zweimaligen Ziehen ohne Zurücklegen genau ein Kärtchen mit einem C zu ziehen, nun kleiner oder größer als zuvor? Begründen Sie durch Rechnung.

Aufgabe 6

Cora führt in ihrer 10. Klasse eine Umfrage durch. Ihre Mitschüler/-innen sollen angeben, wie viele verschiedene Social-Media-Apps sie auf ihrem Smartphone installiert haben. Cora hat die Ergebnisse der Umfrage in einem Diagramm zusammengefasst. Cora selbst ist nicht Teil der Umfrageergebnisse.

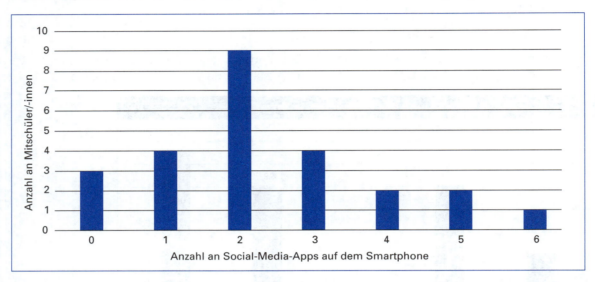

Geben Sie die Kennwerte (Minimum, unteres Quartil q_u, Zentralwert, oberes Quartil q_o und Maximum) an und erstellen Sie damit einen Boxplot, der diese Häufigkeitsverteilung darstellt.

In Coras Klasse gibt es (ohne Cora selbst) 14 Mädchen und 11 Jungen. Bei der Auswertung der Umfrage fällt ihr auf, dass die Ergebnisse bei den Mädchen und Jungen recht unterschiedlich ausfallen. Der abgebildete Boxplot stellt das Umfrageergebnis nur für die Mädchen der Klasse dar.

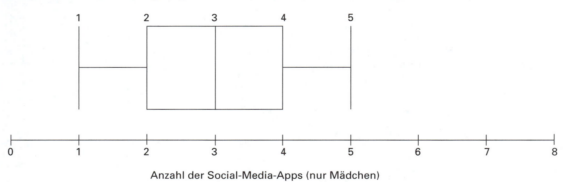

Anzahl der Social-Media-Apps (nur Mädchen)

Kreuzen Sie in der Tabelle die richtigen Antworten an.

	Wahr	Falsch	Nicht entscheidbar
Alle Mädchen haben mindestens eine App installiert.			
Genau die Hälfte der Mädchen hat mindestens drei Apps installiert.			
Weniger als 25 % der Mädchen haben höchstens zwei Apps installiert.			
Die von den Mädchen am häufigsten genannte Anzahl an Apps ist drei.			

Wenn Cora die Anzahl der auf ihrem eigenen Smartphone installierten Social-Media-Apps zu dem Umfrageergebnis der Mädchen hinzufügt, ändert sich der Boxplot der Mädchen. Geben Sie zwei mögliche App-Anzahlen für Cora an, die eine Änderung des Boxplots bewirken.
Begründen Sie Ihre Auswahl.

Teil B

<u>Hinweis:</u> In Teil B (20 Punkte) sind zwei der drei Aufgaben zu bearbeiten.

<u>Zugelassene Hilfsmittel:</u> Formelsammlung, wissenschaftlicher Taschenrechner (nicht programmierbar), Parabelschablone, Zeichengeräte

Aufgabe 1

a)

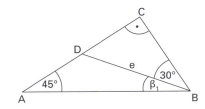

Weisen Sie nach, dass gilt:

Flächeninhalt des Dreiecks $\triangle$ ABC $= \dfrac{3}{8} e^2$

b) Eine Stahlbrücke (siehe Abbildung) hat eine Spannweite von 100 m und eine Höhe von 30 m. Die beiden außen liegenden Innenstützen haben einen waagerechten Abstand von 50 m.

Bildquelle: © wion – Fotolia.com

▶ Weisen Sie durch eine Rechnung nach, dass eine mögliche Funktionsgleichung des Parabelbogens lautet:

$y = -0{,}012x^2 + 30$

▶ Wie lang sind die beiden außen liegenden Innenstützen der Brückenkonstruktion?

Aufgabe 2

a) Ein Kegel aus purem Gold hat einen Grundkreis mit dem Radius 7 cm und eine Höhe von 8 cm. Von dem Kegel ist bekannt, dass er 7922,7 g wiegt. Berechnen Sie, wie viel 1 cm³ Gold wiegt.

Eine Kugel aus Aluminium hat ein Volumen von 293,7 cm³. Berechnen Sie den Radius der Kugel. 1 cm³ Aluminium wiegt 2,7 g. Bestimmen Sie, wie viele Aluminiumkugeln nötig sind, um dasselbe Gewicht zu erreichen wie das des Goldkegels.

b) Geben Sie die Funktionsgleichung der abgebildeten Parabel p_1 an und lesen Sie die Koordinaten der beiden Schnittpunkte N_1 und N_2 der Parabel p_1 mit der x-Achse ab.

Die Parabel p_1 schneidet die Parabel p_2: $y = x^2 - 4x + 4$ in den Punkten P und Q. Berechnen Sie die Koordinaten der Punkte P und Q. Zeichnen Sie anschließend die Parabel p_2 in das Koordinatensystem ein.

Die Punkte N_1, N_2 und der Scheitelpunkt S_1 von p_1 bilden ein Dreieck. Berechnen Sie den Flächeninhalt dieses Dreiecks $N_1N_2S_1$.

Ein Punkt T bewegt sich im Bereich $0 \leq x \leq 2$ auf der Parabel p_2. Berechnen Sie die Koordinaten von T, wenn das Dreieck N_1N_2T einen Flächeninhalt von 4,5 Flächeneinheiten haben soll.

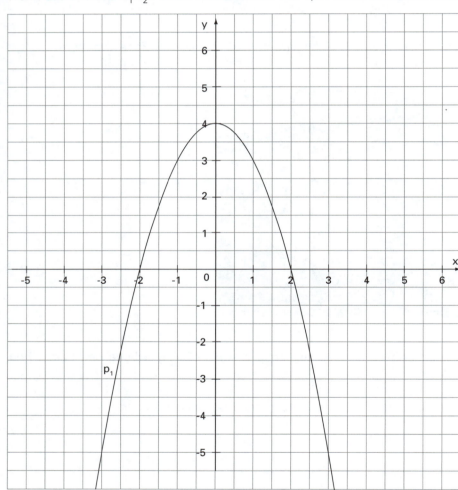

Aufgabe 3

a) Eine verschobene Normalparabel p_1 verläuft durch den Punkt P (-5 | 2). Eine andere, nach unten geöffnete, zur y-Achse symmetrische Parabel p_2 schneidet p_1 im Punkt Q (1 | 2).

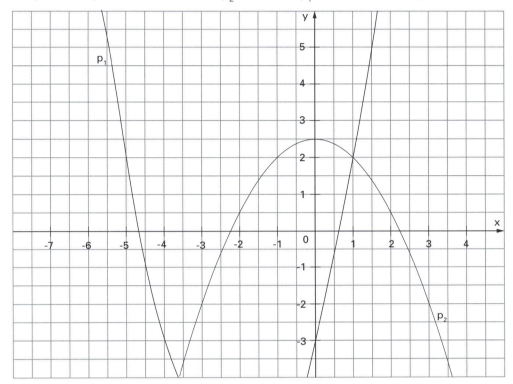

Bestimmen Sie die Gleichungen der beiden Parabeln in der Scheitelform und geben Sie jeweils den Scheitelpunkt an.

Die beiden Schnittpunkte von p_2 mit der x-Achse, der Schnittpunkt von p_2 mit der y-Achse und der Schnittpunkt von p_1 mit der y-Achse bilden ein Viereck. Geben Sie an, um welches spezielle Viereck es sich handelt, und berechnen Sie den Flächeninhalt dieses Vierecks.

b) Für ein Glücksspiel werden die abgebildeten Spielkarten ausgewählt, gemischt und dann verdeckt auf den Tisch gelegt.

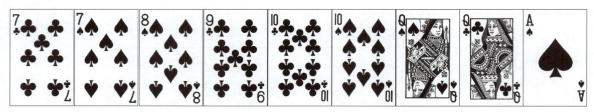

Es werden zwei Karten gleichzeitig gezogen. Dabei werden nur die Ereignisse „Zahl" (Z), „Dame" (D) und „Ass" (A) betrachtet. Ergänzen Sie die Wahrscheinlichkeiten am Baumdiagramm dieses Zufallsversuchs.

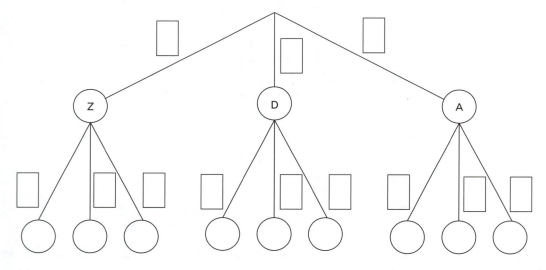

Der Spieleinsatz beträgt 2,50 €. Berechnen Sie den Erwartungswert für den angegebenen Gewinnplan und erläutern Sie die Bedeutung dieses Erwartungswertes für den Betreiber des Spiels.

Ereignis	Beide Karten mit Zahlen	Beide Karten mit Damen	Eine Karte ist ein Ass und die andere eine Dame	Restliche Ereignisse
Gewinn	4,00 €	9,00 €	6,00 €	Kein Gewinn

Der Gewinn für das Ereignis „Beide Karten mit Zahlen" soll so verändert werden, dass das Glücksspiel fair wird. Alle anderen Werte bleiben unverändert. Berechnen Sie, wie hoch der Gewinn für „Beide Karten mit Zahlen" sein müsste.

Bearbeitungstipps

Teil A1

1. Berücksichtigen Sie die Potenzgesetze. Beachten Sie die generellen Vorfahrtsregeln beim Vereinfachen von Termen: Potenzrechnung vor Klammern; Klammern vor Punktrechnung; Punktrechnung vor Strichrechnung.

2. Finden Sie eine Gesetzmäßigkeit: Aus wie vielen Einzelobjekten (hier: Kreisen) besteht das erste Muster? Wie viele dieser Objekte kommen vom ersten zum zweiten Muster, vom zweiten zum dritten Muster usw. jeweils hinzu?

3. Sie benötigen für diese Aufgabe die Formeln für den Flächeninhalt eines Kreises ($A = \pi \cdot r^2$) sowie für den Umfang eines Kreises ($u = 2 \cdot \pi \cdot r$). Setzen Sie sowohl in die Formel für den Flächeninhalt als auch für den Umfang der beiden Kreise die jeweiligen angegebenen Radien ein und vereinfachen Sie das Ergebnis jeweils so weit wie möglich. Lassen Sie die Zahl π als Symbol stehen und führen alle weiteren Rechnungen (z. B. das Kürzen von Brüchen) mit dem Symbol π weiter. Zur Bestimmung der prozentualen Anteile können Sie die Grundformel der Prozentrechnung $W = G \cdot p\,\%$ oder den Dreisatz verwenden.

4. Beachten Sie, dass sich die gegebene Wahrscheinlichkeit $P(\text{rot; weiß}) = \frac{4}{20}$ auf ein Zufallsexperiment bezieht, bei dem die zusätzliche Kugel bereits in Schale B liegt, bevor jeweils eine Kugel aus den beiden Schalen gezogen wird. Berechnen Sie für jeden möglichen Fall (die zusätzliche Kugel ist weiß, rot oder blau) einzeln die Wahrscheinlichkeit $P(\text{rot; weiß})$, um die Werte zu vergleichen. Beachten Sie, dass es auch mehrere verschiedene Lösungen geben kann.

5. Verwenden Sie für die erste Teilaufgabe die Strahlensätze. Für die zweite Teilaufgabe sollten Sie sich klarmachen, dass hier zwei rechtwinklige Dreiecke abgebildet sind, in denen z. B. in Bezug auf den Winkel α trigonometrische Seitenverhältnisse gelten.

6. Orientieren Sie sich an der blauen Bodenfläche, um sich vorzustellen, welche der (insgesamt sechs) Flächen des Quaders im Schrägbild jeweils welcher Fläche im Netz entspricht. Weil der Quader zur Herstellung des Netzes entlang einiger Kanten aufgeschnitten werden müsste, tragen Sie die inneren Punkte (aber nicht Anfangs- und Endpunkt) des Streckenzugs, die auf diesen „Schneidekanten" liegen, im Netz jeweils an zwei verschiedenen Stellen ein.

7. Beim Zeichnen der Parabeln p_2 und p_3 müssen Sie beachten, dass beide im Vergleich zur Normalparabel in y-Richtung verschoben sind und p_3 zudem noch gespiegelt ist. Bei der Beschreibung der drei Parabeln müssen Sie folgende Unterscheidungen beachten: Öffnung (nach oben/nach unten) und Form (schmaler/breiter als die Normalparabel).

Teil A2

1. Beachten Sie, um die Koordinaten des Punktes D zu bestimmen, dass das Trapez gleichschenklig sein soll. Die Innenwinkel können Sie mithilfe trigonometrischer Berechnungen sowie der Winkelsumme im Viereck bestimmen. Beachten Sie, dass im gleichschenkligen Trapez bestimmte Paare von Innenwinkeln gleich groß sind. Zeichnen Sie zur Berechnung des Flächeninhalts die Höhe des Trapezes ein. Lesen Sie alle in der Flächeninhaltsformel für ein Trapez benötigten Streckenlängen aus der Zeichnung ab und setzen sie in die Formel ein. Bezeichnen Sie den Lotfußpunkt der Höhe des Trapezes z. B. mit H und verwenden Sie zur Berechnung der Diagonale den Satz des Pythagoras im Dreieck AHC.

2. Überlegen Sie, welche drei Teilkörper bei der Rotation entstehen. (Einer ist ein Kegel.) Lesen Sie die Strecken-längen entweder ab oder erschließen Sie sich diese mithilfe der Skizze. Setzen Sie sie in die Formeln zur Berechnung der Volumen der drei Teilkörper ein. Der Öffnungswinkel des Kegels kann mithilfe einer trigonometrischen Berechnung ermittelt werden. Beachten Sie dabei, dass die Schnittfläche des Kegels ein gleichschenkliges Dreieck ist.

3. Die Wertetabelle liefert Ihnen die Koordinaten von genügend Punkten der Parabel, um diese einzeichnen zu können. Die Parabelschablone können Sie leider nicht verwenden, da die Parabel breiter ist als die Normalparabel. Zur Bestimmung der Gleichung der Geraden g sollten Sie sich klarmachen, was m in der allgemeinen Geradengleichung $y = mx + c$ bedeutet. Den Wert für c können Sie mithilfe einer Punktprobe mit dem Punkt P bestimmen. Um die Schnittpunkte von p und g zu berechnen, müssen Sie die beiden Funktionsgleichungen gleichsetzen und die daraus entstehende quadratische Gleichung mit einer geeigneten Methode lösen. Die dadurch gefundenen x-Werte müssen Sie noch in eine der beiden Ausgangsgleichungen einsetzen, um die entsprechenden y-Koordinaten der Schnittpunkte zu ermitteln.

4. Berechnen Sie den prozentualen Wertzuwachs vom Ende des ersten zum Ende des zweiten Jahres. Dieser Prozentsatz entspricht dem Wertverlust vom zweiten zum dritten Jahr. Für beide Rechenschritte können Sie entweder die Grundformel der Prozentrechnung $W = G \cdot p\,\%$ oder den Dreisatz verwenden. Für die zweite Teilaufgabe benötigen Sie die Zinseszinsformel $K_n = K_0 \cdot q^n$.

Bearbeitungstipps

5. Beachten Sie, dass bei einem Baumdiagramm die Summe der Einzelwahrscheinlichkeiten eines Knotens immer 1 ergibt. Die Anzahl der einzelnen Buchstaben-Kärtchen ergibt sich aus der Gesamtzahl aller Kärtchen (15) und den zuvor berechneten Einzelwahrscheinlichkeiten für den ersten Zug. Zur Berechnung der Wahrscheinlichkeit, genau ein „C" zu ziehen, addieren Sie alle Wahrscheinlichkeiten der zugehörigen Pfade im Baumdiagramm. Nach Hinzufügen der drei Kärtchen ändern sich alle Einzelwahrscheinlichkeiten im Baumdiagramm. Notieren Sie im gegebenen Baumdiagramm die neuen Einzelwahrscheinlichkeiten an den Pfaden.

6. Welche allgemeinen Aussagen kann man aus den fünf Kennwerten (Minimum, q_u, Zentralwert, q_o und Maximum) jedes Boxplots schließen und welche nicht? Dabei bedeutet „nicht entscheidbar": Der Boxplot alleine liefert zu wenig Informationen, um eindeutig entscheiden zu können, ob die Aussage wahr oder falsch ist.

Teil B

1. a) Beachten Sie, dass in allen Berechnungen und Termumformungen die Variable e erhalten bleibt, da ihr Wert nicht bekannt ist. Stellen Sie die Formel für den Flächeninhalt des Dreiecks ABC auf. Beachten Sie dabei, dass ABC ein rechtwinkliges Dreieck ist. Die in der Formel enthaltenen Streckenlängen können danach z. B. mithilfe trigonometrischer Berechnungen ermittelt werden. Setzen Sie die gefundenen Terme für die benötigten Streckenlängen in die Formel für den Flächeninhalt des Dreiecks ABC ein und vereinfachen Sie diesen Term so weit wie möglich.

b) Überlegen Sie, wo bei der Modellierung der Brücke in der zugehörigen quadratischen Funktion die x-Achse, die y-Achse sowie der Ursprung des Koordinatensystems liegen könnten. Anschließend können Sie die allgemeine Funktionsgleichung $y = ax^2 + c$ aufstellen, wobei sich der Wert für c direkt aus der Modellierung ergibt. Um den Wert für a zu ermitteln, sollten Sie eine Punktprobe mit einem Punkt der Parabel (der nicht der Scheitel ist) durchführen. Die Spannweite der Brücke hilft Ihnen, die Koordinaten eines solchen Punktes zu bestimmen. Um die Länge der außen liegenden Innenstützen zu berechnen, sollten Sie beachten, dass diese beiden Stützen aus Symmetriegründen jeweils den gleichen Abstand von der (modellierten) y-Achse haben. Wenn Sie nun diese Innenstützen in Ihre (modellierte) Grafik einzeichnen, können Sie mithilfe einer weiteren Punktprobe die Länge der Innenstützen berechnen.

2. a) Berechnen Sie das Volumen des Goldkegels mithilfe der entsprechenden Formel und mithilfe einer geeigneten Division das Gewicht für 1 cm³ Gold. Den Radius der Aluminiumkugel berechnen Sie mithilfe der Formel für das Volumen einer Kugel. Um die Anzahl an benötigten Aluminiumkugeln zu bestimmen, sollten Sie zunächst berechnen, wie viel eine Aluminiumkugel wiegt. Vergleichen Sie dieses Gewicht mit dem Gewicht eines Goldkegels.

b) Es handelt sich um eine nach oben verschobene und nach unten geöffnete Normalparabel. Die Schnittpunkte mit der x-Achse sind abzulesen. Die Schnittpunkte von p_1 und p_2 erhält man durch Gleichsetzen der beiden Parabelgleichungen und anschließendes Lösen dieser quadratischen Gleichung. Die gefundenen x-Werte müssen noch in eine der Parabelgleichungen eingesetzt werden, um die y-Koordinaten der Schnittpunkte zu bestimmen. Um p_2 einzeichnen zu können, muss die gegebene Normalform ihrer Gleichung in die Scheitelform umgeformt werden. Dies geht entweder durch quadratische Ergänzung oder hier auch mithilfe einer binomischen Formel. Die für den Flächeninhalt des Dreiecks benötigten Streckenlängen können aus der Grafik abgelesen werden. Bei dem „wandernden" Punkt T ist dessen y-Koordinate gleichzeitig jeweils die Höhe des „wandernden" Dreiecks. Wenn Sie diese y-Koordinate z. B. als Variable y in der Formel für den Flächeninhalt des „wandernden" Dreiecks stehen lassen, können Sie mithilfe des gegebenen Flächeninhalts von 5 FE den Wert für y und die zugehörige x-Koordinate des Punktes T bestimmen.

3. a) Da p_1 durch die Punkte P (-5 | 2) und Q (1 | 2) verläuft, die beide dieselbe y-Koordinate haben, muss die x-Koordinate des Scheitels von p_1 exakt in der Mitte zwischen den x-Koordinaten von P und Q liegen. Anschließend kann nach einer Punktprobe die Scheitelform von p_1 aufgestellt werden. Die Scheitelform von p_2 kann mithilfe des abzulesenden Scheitels, der Öffnung der Parabel sowie der abzulesenden (breiteren) Form der Parabel im Vergleich zur Normalparabel bestimmt werden. Da die y-Achse die Symmetrieachse von p_2 ist, kann man an der Grafik erkennen, um welches spezielle Viereck es sich handelt. Nach Berechnung der Koordinaten der Schnittpunkte von p_2 mit der x-Achse kann der Flächeninhalt des speziellen Vierecks mithilfe der entsprechenden Formel berechnet werden.

b) Es handelt sich um ein zweistufiges Zufallsexperiment ohne Zurücklegen. Für den Erwartungswert berechnen Sie die Wahrscheinlichkeiten der drei Ereignisse, für die ein Gewinn erzielt werden kann. Anschließend können Sie mit der bekannten Formel unter Berücksichtigung des Spieleinsatzes den Erwartungswert ausrechnen. Für ein faires Spiel muss dieser Gewinn des Ereignisses „Beide Karten mit Zahlen" mit einer Variablen (z. B. x) bezeichnet, der Erwartungswert mit der üblichen Formel berechnet und gleich 0 gesetzt werden. Die dadurch entstehende Gleichung muss nach x aufgelöst werden.

Teil A1 (Pflichtteil)

<u>Hinweis:</u> Es sind alle Aufgaben (10 Punkte) zu bearbeiten.

<u>Zugelassene Hilfsmittel:</u> Zeichengeräte, inklusive Parabelschablone

Aufgabe 1

1,5 P

a) Auf der Mantelfläche der quadratischen Pyramide ist ein Streckenzug eingezeichnet. Auf welchem der vier abgebildeten Netze wird der Streckenzug richtig dargestellt?

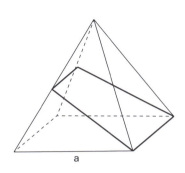

(A)

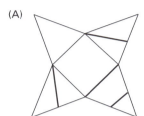

(B)

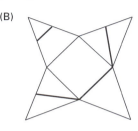

(C)

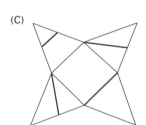

(D)

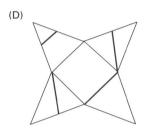

b) Die Grundkante a der quadratischen Pyramide ist 5 cm lang.
   Die Körperhöhe h beträgt 6 cm.
   Berechnen Sie das Volumen der quadratischen Pyramide.

Aufgabe 2

1,5 P

Lösen Sie die Gleichung.

$(x - 3)(x + 5) + 7 = 8(x - 2)$

Aufgabe 3

2 P

In einem Behälter liegen gelbe, rote und blaue Kugeln.
Insgesamt sind es sechs Stück.
Kim zieht ohne hinzuschauen zwei Kugeln gleichzeitig.
Im Baumdiagramm sind zwei Wahrscheinlichkeiten angegeben.

a) Ergänzen Sie in den beiden leeren Feldern die Wahrscheinlichkeitsangaben.

b) Wie groß ist die Wahrscheinlichkeit, dass Kim zwei rote Kugeln zieht?

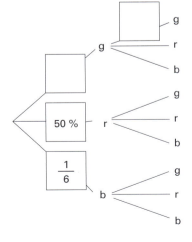

Aufgabe 4   2 P

a) Sechs Funktionsgleichungen – drei Graphen
   Welche Funktionsgleichung gehört zu welchem Graphen?

   (1) $y = -3x + 3$

   (2) $y = -\frac{1}{2}x^2 + 3$

   (3) $y = x^2 - 4x + 3$

   (4) $y = 3x + 3$

   (5) $y = x^2 + 4x + 3$

   (6) $y = -\frac{1}{4}x^2 + 3$

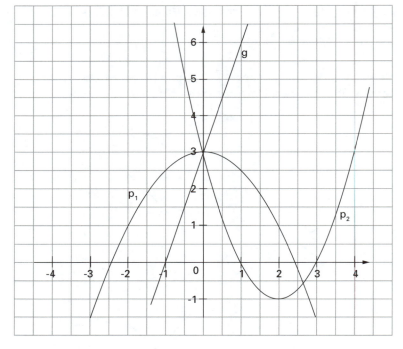

b) Die Gerade h hat die Funktionsgleichung $y = -\frac{1}{2}x + 2$.
   Zeichnen Sie die Gerade h in das abgebildete Koordinatensystem.

Aufgabe 5   1 P

Weisen Sie nach, dass gilt:

$$\frac{10^6}{5^4 \cdot 5^2} : 2^4 = 4$$

Aufgabe 6   1 P

Johannes legt drei Muster mit quadratischen Kärtchen.

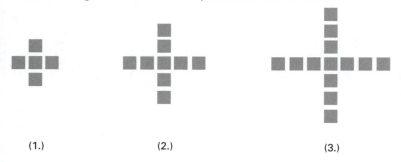

(1.)   (2.)   (3.)

Er behauptet: „Das 10. Muster besteht aus 43 Kärtchen."
Hat Johannes Recht?
Begründen Sie Ihre Aussage.

Aufgabe 7

1 P

Ordnen Sie jedem Kreisdiagramm die passende Aussage zu.
Tragen Sie den Buchstaben in das Kästchen ein.

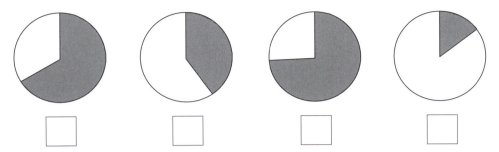

(A) Drei Viertel der Schülerinnen und Schüler kommen im Winter mit dem Bus zur Schule.

(B) 15 % der Schülerinnen und Schüler besuchen die Klassenstufe 10.

(C) 200 von 300 Schülerinnen und Schülern haben Geschwister.

(D) 40 % der Schülerinnen und Schüler fahren im Sommer mit dem Fahrrad zur Schule.

Teil A2 (Pflichtteil)

<u>Hinweis:</u> In Teil A2 sind alle Aufgaben (20 Punkte) zu bearbeiten.

<u>Zugelassene Hilfsmittel:</u> Zeichengeräte, Formelsammlung, inklusive Parabelschablone, wissenschaftlicher Taschenrechner (nicht programmierbar)

Aufgabe 1   3,5 P

Das gleichschenklige Dreieck ABC und das Quadrat ADEF überdecken sich teilweise.

Es gilt:
$\overline{BD}$ = 10,0 cm
β = 67,0°
$\overline{AC}$ = $\overline{BC}$

Berechnen Sie den Umfang des Dreiecks GEC.

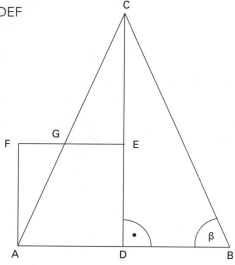

Aufgabe 2   3,5 P

Ein Kunstwerk setzt sich aus einer Halbkugel und einem Kegel zusammen.

Es gilt:
s = 3,7 m
h_{ges} = 5,1 m
α = 72,0°

▶ Berechnen Sie den Oberflächeninhalt des zusammengesetzten Körpers.

Dieses Kunstwerk soll mit Farbe angestrichen werden. Eine 1-Liter-Farbdose reicht für 10 m².

▶ Wie viele Dosen müssen gekauft twerden?

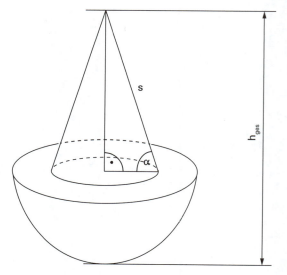

Aufgabe 3

3,5 P

Die beiden Glücksräder werden gedreht. Wenn sie stehen bleiben, erkennt man im Sichtfenster eine zweistellige Zahl. Die Abbildung zeigt die Zahl 43.

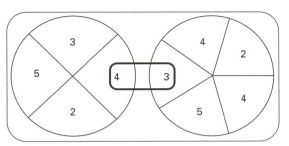

Mit welcher Wahrscheinlichkeit ist im Sichtfenster

▶ eine Zahl mit zwei gleichen Ziffern zu sehen?

▶ eine durch 12 teilbare Zahl zu sehen?

▶ höchstens einmal die Ziffer 4 zu sehen?

Aufgabe 4

3 P

Immer mehr Menschen kaufen im Internet ein. Die Grafik zeigt die Umsatzentwicklung des Onlinehandels in Deutschland.

▶ Um wie viel Prozent ist der Umsatz des Onlinehandels von 2016 bis 2019 insgesamt gestiegen?

Das Kreisdiagramm zeigt die Umsatzanteile verschiedener Bereiche am Gesamtumsatz des Onlinehandels im Jahr 2017.

▶ Wie hoch war der Umsatz (in Euro) für den Bereich „Freizeit und Hobby"?

Laut einer Untersuchung entfielen im Jahr 2017 allein 53,0 % des Bereichs „Elektronik" auf den Onlinehandel mit Smartphones.

▶ Wie viele Euro wurden nach dieser Untersuchung im Onlinehandel für Smartphones ausgegeben?

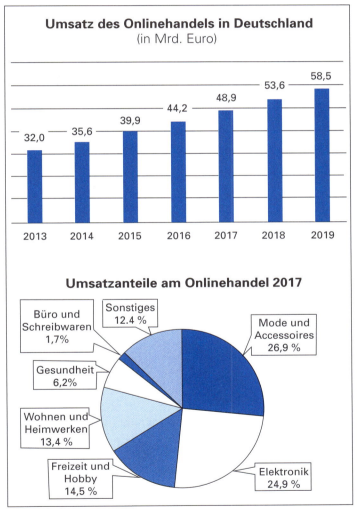

Quelle: HDE Handelsverband Deutschland
https://einzelhandel.de/presse/zahlenfaktengrafiken/861-online-handel/1889-e-

Aufgabe 5   3 P

Die Parabel p hat die Funktionsgleichung $y = x^2 - 6x + 10$.
Eine Gerade g besitzt die Steigung m = -2.
Sie geht durch den Scheitelpunkt S der Parabel p.

▶ Berechnen Sie die Koordinaten des zweiten Schnittpunkts Q der Parabel p mit der Geraden g.

Die Gerade h verläuft senkrecht zur Geraden g und geht durch den Punkt Q.

▶ Berechnen Sie die Funktionsgleichung der Geraden h.

Aufgabe 6   3,5 P

Im Rahmen einer Umfrage wurden 25 Männer und 25 Frauen getrennt voneinander befragt,
wie viele Stunden sie pro Woche lesen.
Die Ergebnisse dieser Befragungen sind in den beiden Boxplots dargestellt.

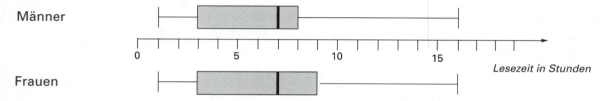

Außerdem sind die Ergebnisse der Befragungen in den beiden Säulendiagrammen abgebildet,
wobei das Diagramm (2) unvollständig ist.

▶ Welcher Boxplot gehört zu Diagramm (1)? Begründen Sie mit Hilfe der Kennwerte.

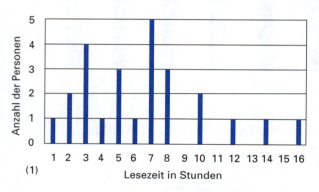

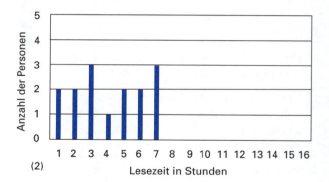

Der andere Boxplot gehört zu Diagramm (2). Hier fehlen Säulen von 8 bis 16 Stunden Lesezeit.

▶ Ergänzen Sie mögliche Säulen im Diagramm (2) für die Werte von 8 bis 16 Stunden Lesezeit
mit Hilfe des zugehörigen Boxplots.

Finn behauptet: „Über die Hälfte der Männer liest 7 Stunden oder mehr pro Woche."

▶ Hat Finn Recht? Begründen Sie.

Teil B (Wahlteil)

Hinweis: In Teil B sind zwei der vier Aufgaben zu bearbeiten.

Zugelassene Hilfsmittel: Zeichengeräte, inklusive Parabelschablone, Formelsammlung, wissenschaftlicher Taschenrechner (nicht programmierbar)

Aufgabe 1

a) Gegeben sind das rechtwinklige Dreieck ABC und das gleichschenklige Dreieck ADE.

Es gilt:

$\overline{AB} = 13,2$ cm

$\alpha = 55,0°$

$\overline{CE} = 8,0$ cm

$\overline{AE} = \overline{DE}$

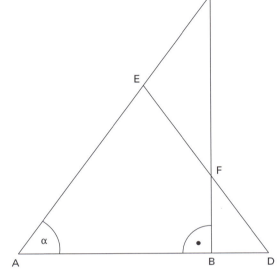

▶ Berechnen Sie die Länge von $\overline{DF}$.

▶ Berechnen Sie den Umfang des Vierecks ABFE.

5 P

b) Die Punkte A (1 | -8) und B (3 | -8) liegen auf einer nach oben geöffneten verschobenen Normalparabel p.

▶ Geben Sie die Funktionsgleichung der Parabel p in der Normalform $y = x^2 + bx + c$ an.

Die Schnittpunkte der Parabel p mit der x-Achse und die Punkte A und B bilden ein Viereck.

▶ Berechnen Sie den Flächeninhalt dieses Vierecks.

Die Geraden g und h verlaufen jeweils auf den Diagonalen des Vierecks. Sie schneiden sich im Punkt Q.

▶ Berechnen Sie die Koordinaten des Schnittpunktes Q.

5 P

Aufgabe 2

a) Der Punkt A (-4 | -1) liegt auf der Parabel p_1 mit der Funktionsgleichung $y = x^2 + bx + 7$.
   Die Gerade g schneidet die Parabel p_1 im Punkt A und im Scheitelpunkt S_1.

   ▶ Berechnen Sie die Funktionsgleichungen der Parabel p_1 und der Geraden g.

   Durch Spiegelung des Scheitelpunkts S_1 an der y-Achse entsteht der Punkt S_2.
   S_2 ist der Scheitelpunkt einer nach oben geöffneten verschobenen Normalparabel p_2.

   ▶ Geben Sie die Funktionsgleichung von p_2 in der Form $y = x^2 + bx + c$ an.

   Der Schnittpunkt der Geraden g mit der y-Achse ist der Scheitelpunkt S_3 der Parabel p_3.
   Die Parabel p_3 der Form $y = ax^2 + c$ geht außerdem durch die Scheitelpunkte S_1 und S_2.

   ▶ Berechnen Sie die Funktionsgleichung der Parabel p_3.   **5 P**

b) In einer quadratischen Pyramide liegt
   das gleichschenklige Dreieck EFS.

   Es gilt:

   $\overline{AB} = \overline{EF} = 12{,}6$ cm
   $\alpha = 72{,}0°$
   $\overline{EF} \parallel \overline{AC}$

   ▶ Berechnen Sie den Flächeninhalt des
     Dreiecks EFS.

   ▶ Berechnen Sie das Volumen der quadratischen
     Pyramide.

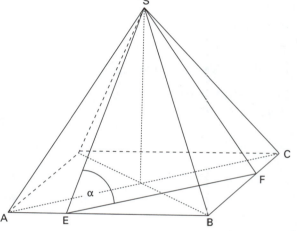

                                                                              5 P

Aufgabe 3

a) Zehn gleich große Karten sind mit vier verschiedenen Symbolen (Handball, Radfahren, Laufen, Fußball) bedruckt. Sie sind nach den vier Symbolen in Stapeln sortiert (siehe Abbildung).
Die Karten werden gemischt und verdeckt auf den Tisch gelegt. Sie werden für ein Glücksspiel eingesetzt.
Dabei werden zwei Karten gleichzeitig gezogen. Für das Spiel wird der abgebildete Gewinnplan geprüft.

▶ Berechnen Sie den Erwartungswert.

Der Veranstalter möchte langfristig pro Spiel einen Erlös von 0,50 € erzielen.

▶ Wie hoch muss dann der Gewinn für „🏃 und ⚽" sein, wenn alles andere unverändert bleibt?

Bildquelle: www.pixabay.com

Ereignis	Gewinn
zweimal 🏃	9,00 €
🏃 und ⚽	6,00 €
🚴 und ⚽	3,00 €
andere Ereignisse	kein Gewinn
Einsatz pro Spiel: 1,00 €	

5 P

b) Die Flugbahn eines Speers ist nahezu parabelförmig.
Der Abwurfpunkt A liegt 1,80 m über der Abwurflinie.
Der Speer erreicht nach 20 m, in horizontaler Richtung von der Abwurflinie gemessen, seine maximale Höhe von 9,80 m.

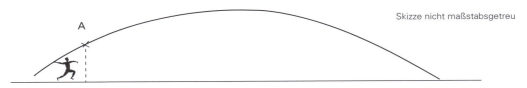

Skizze nicht maßstabsgetreu

▶ Berechnen Sie eine mögliche Funktionsgleichung der Flugkurve des Speers.

▶ Wie weit fliegt der Speer?

Ein zweiter Wurfversuch kann mit der Funktionsgleichung $y = -\frac{1}{30}x^2 + 13$ beschrieben werden.
Die Wurfweite beträgt 38,15 m.

▶ Geben Sie die Höhe dieses Abwurfpunktes an.

5 P

Aufgabe 4

a) Die Gerade g und die verschobene Normalparabel p gehen durch die beiden Punkte A (2 | 3) und B (6 | 11).
   Der Punkt C (4 | y_c) liegt auf der Parabel p.
   Die Gerade h steht senkrecht auf g und geht durch C.
   Die Gerade h schneidet die beiden Koordinatenachsen in den Punkten P und Q.

   Berechnen Sie die Koordinaten von P und Q.   **5 P**

b) Ein DIN-A4-Blatt hat die Eckpunkte A, B, C und D.
   Die Punkte M_1 und M_2 halbieren die Seitenlängen des DIN-A4-Blatts.
   Das DIN-A4-Blatt wird wie abgebildet gefaltet. Der Punkt A wird zu A´ und liegt nach dem Falten auf M_1.
   Der Punkt C wird zum Punkt C´. Die beiden Papierkanten stoßen entlang von $\overline{M_1F}$ aneinander.

   Berechnen Sie die Flächeninhalte des Dreiecks EM_1D und des Vierecks $FBM_2C´$.

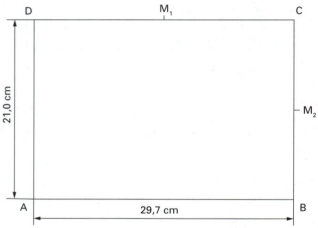
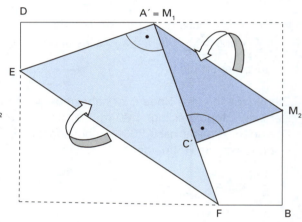

                                                                                 5 P

Bearbeitungstipps

Teil A1 (Pflichtteil)

1. a) Beachten Sie bei der Auswahl, dass der Streckenzug an einer der Seiten der Grundfläche beginnt und dann bis zur Mitte der gegenüberliegenden Pyramidenfläche endet. Orientieren Sie sich auch an der Steigung des Streckenzuges bei der Auswahl.
    b) Verwenden Sie die Volumenformel der Pyramide.

2. Zuerst Klammerausdrücke, dann nach x auflösen. Verwenden Sie anschließend die p-q-Formel der Quadratischen Gleichung zur Lösung.

3. a) Überlegen Sie, welche Regel in der 1. Stufe des Versuchs gilt. Die Summe aller Wahrscheinlichkeiten beträgt immer 100%.
    b) Überlegen Sie, welche Regel in der 2. Stufe des Versuchs gilt.

4. a) Lineare Funktion: Beachten Sie bei der Auswahl die Steigung und die Nullstellen der Funktion. Parabel: Orientierung nach Öffnung der Parabel und Lage (Normalparabel oder verschobene Parabel).
    b) Zum Einzeichnen benötigt man nur 2 Punkte der Geraden. Verwenden Sie die Schnittstellen mit den Koordinatenachsen dafür.

5. Beachte die Grundregeln der Arithmetik. Sie können auch alle Zahlen in Faktoren zerlegen und durch Kürzen das Ergebnis überprüfen.

6. Bei Betrachtung der Muster erkennt man eine Gemeinsamkeit. Achten Sie auf die Anzahl der Kärtchen in den Kreuzarmen und leiten Sie daraus einen Lösungsansatz ab.

7. Beachten Sie bei der Auswahl: Der Mittelpunktswinkel von 360° (Vollkreis) entspricht 100 % oder ein Ganzes!

Teil A2 (Pflichtteil)

1. Es gibt hierzu mehrere Lösungsansätze. Berechnen Sie zuerst die Seite CD. Dazu kann man eine der trigonometrischen Funktionen verwenden. Im nächsten Schritt können Sie für das gesuchte Dreieck die restlichen Seiten berechnen. Einmal mit den trigonometrischen Funktionen (Winkelfunktionen) und/oder dem Lehrsatz des Pythagoras.

2. Berechnen Sie zuerst anhand der gegebenen Daten die Kegelhöhe (trigonometrischen Funktionen). Dann den Kegelradius (Winkelfunktionen/Lehrsatz vom Pythagoras). Anschließend den Kugelradius. Vergessen Sie bei der Oberflächenberechnung nicht, die Grundfläche unberücksichtigt zu lassen!

3. Erstellen Sie als erstes ein Baumdiagramm für diesen 2-stufige-Laplace-Versuch und tragen Sie die Wahrscheinlichkeiten an. Bedenken Sie, dass die Summe aller Wahrscheinlichkeiten je Stufe immer 100 % beträgt. Im nächsten Schritt überlegen Sie, wie oft das gesuchte Merkmal auftritt und welche Regel zur Berechnung zum Ansatz kommt.

4. Entnehmen Sie für die Fragestellungen die entsprechenden Werte aus dem Säulendiagramm. Überlegen Sie, welcher Wert der jeweilige Grundwert ist und wenden Sie die richtige Prozentrechenformel an.

5. Berechnen Sie zuerst die Scheitelpunktkoordinaten x_s und y_s und dann die Funktionsgleichung der Geraden. Verwenden Sie zur Berechnung der Koordinatenpunkte für Q die p-q-Formel. Die Steigung der Gerade h lässt sich aus der Steigung der Gerade g errechnen.

6. Um eine Zuordnung der Boxplot zu Diagramm 1 vornehmen zu können, müssen Sie zuerst die Rangliste aufstellen. Benutzen Sie dazu die Angaben aus dem Diagramm 1.
    Aus der Rangliste lassen sich die Angaben aus dem Boxplot vergleichen und der richtige Boxplot zum Diagramm zuordnen. Zur Diagrammergänzung (Diagramm 2) sollte man ebenfalls eine Rangliste aufstellen. Anhand derer lässt sich das Diagramm dann mit möglichen Daten vervollständigen.
    Auch die abschließende Fragestellung lässt sich mit der Rangliste beantworten, indem man die Anzahl der Männer mit gleich oder mehr als 7 Lesestunden abzählt.

Teil B (Wahlteil)

1. a) Berechnen Sie zuerst die Seiten AC und BC mit Hilfe der trigonometrischen Funktionen. Das Dreieck ADE ist ein gleichschenkliges Dreieck. Entsprechend lassen sich die Winkel im Dreieck schnell ermitteln. Ausgehend von diesen Daten lassen sich nun alle Seiten des Dreiecks ADE mit Hilfe der trigonometrischen Funktionen bzw. mit dem Lehrsatz vom Pythagoras errechnen. Sind die Seiten bekannt, lassen sich daraus die gesuchte Seite DF und der Umfang des Vielecks berechnen.
    b) Beide vorgegebenen Punkte A und B liegen auf der Parabel und erfüllen die Bedingung der Funktionsgleichung. Um die Funktionsgleichung zu errechnen, setzt man die Koordinatenpunkte in die

Bearbeitungstipps

Funktionsgleichung in der Form $y = x^2 + bc + c$ ein. Damit erhält man ein Gleichungssystem mit 2 Unbekannten. Indem man beide Funktionen gleichsetzt und ausmultipliziert kann man in 2 Schritten die Komponenten b und c ermitteln. Ist die Funktion bekannt, kann man nun die Schnittpunkte mit der x- und y-Achse errechnen. Damit sind auch die Strecken des Viereck bekannt, um den Flächeninhalt berechnen zu können (Flächenformel des Trapezes). Im nächsten Schritt ermitteln Sie die Funktion der Geraden g und h. Dazu errechnen Sie zuerst die Steigungen der Geraden (Punkte A, B, x1, x2 sind bekannt). Danach lassen sich die Achsenabschnitte der Geraden ermitteln. Um die Koordinaten des Punktes Q heraus zu finden, verwenden Sie die Gleichsetzungsmethode

2. a) Durch Einsetzen der Koordinatenwerte von Punkt A lässt sich die Funktionsgleichung aufstellen. Da es sich um eine verschobene Normalparabel handelt, errechnen Sie anschließend die Scheitelpunktkoordinaten x_s und y_s. Damit sind nun 2 Schnittpunkte der Geraden g mit der Parabel p_1 gegeben. Mit diesen Angaben können Sie jetzt die Steigung errechnen und anschließend die Funktionsgleichung aufstellen. Die gespiegelte Parabel p_2 unterscheidet sich von der Parabel p_1 nur im Verschiebungsfaktor!
Die Parabel p_3 geht durch die 3 Punkte S_1, S_2, S (0 I 4). S (0 I 4) ist der Scheitelpunkt von p_3 und der Schnittpunkt der Geraden g mit der y-Achse. Durch Einsetzen der Koordinatenwerte der Punkte S_1 und S_2 in die Funktionsgleichung von p_3 in der angegebenen Form errechnen Sie den Streckungsfaktor a.

   b) Um den Flächeninhalt des Dreiecks EFS errechnen zu können, muss man zuerst die Dreieckshöhe bestimmen. Dazu teilen Sie das Dreieck in 2 gleichgroße rechtwinklige Dreiecke mit der Kathetenseite von der halben Strecke $\overline{EF}$. Dann errechnen Sie die Höhe mittels der trigonometrischen Funktionen. Anschließend wenden Sie zur Flächenberechnung die Flächenformel für das Dreieck an.
Zur Volumenberechnung der Pyramide benötigen Sie die Körperhöhe. Die Neigung der Pyramidenseiten zur Grundfläche sind mit dem Winkel α gegeben. Mittels der trigonometrischen Formeln kann man jetzt die Körperhöhe errechnen und anschließend mit der Volumenformel der Pyramide das Volumen.

3. a) Es handelt sich um ein zweistufiges Laplace-Experiment. Um den Erwartungswert berechnen zu können, sollten Sie sich das Baumdiagramm mit den Wahrscheinlichkeiten aufzeichnen. Mit der entsprechenden Formel lässt sich dann daraus der Erwartungswert berechnen. Auch die Lösung der Frage nach der Gewinnhöhe leitet sich daraus direkt ab.

   b) Ausgehend vom Scheitelwert der Flugkurve kann der Streckungsfaktor a und der Verschiebungsfaktor b durch Einsetzen der Koordinatenwerte in die Scheitelpunktform der Parabelfunktion ermittelt werden. Nach Ermittlung des Auftreffpunktes (Schnittpunkt mit der x-Achse) ist auch die Flugweite berechnet. Mit Hilfe der p-q-Formel lassen sich beim zweiten Wurfversuch die Schnittpunkte auf der x-Achse errechnen. Wenn Sie die errechnete Spanne mit der Wurfweite abziehen, bekommen Sie den x-Wert für die Abwurfhöhe. Mit diesem Wert, eingesetzt in die Parabelfunktion, lässt sich die Abwurfhöhe bestimmen.

4. a) Im 1. Schritt berechnen Sie die Steigung der Geraden g und anschließend die Funktionsgleichung. Im 2. Schritt wird die Parabelfunktion p bestimmt. Es handelt sich um eine verschobene Normalparabel. D. h. keine Streckung/Stauchung der Parabel (Faktor a = 0) vorhanden. Es sind 2 Punkte der Parabel bekannt (Punkt A und B).
Stellen Sie für jeden der beiden Punkte die Funktionsgleichung auf. Wenden Sie das Subtraktionsverfahren zur Eliminierung der Unbekannten c ein. Anschließend ermitteln Sie den Wert für c durch Einsetzen der errechneten Werte in einer der beiden Funktionswerte. Zum Schluss müssen noch die Koordinatenpunkte für Punkt P und Q ermittelt werden. Beachten Sie dabei die Gesetzmäßigkeiten, die für zwei orthogonale Geraden zutreffen. Berechnen Sie zuerst die Steigung für h und bestimmen Sie dann die Funktionsgleichung. Mit dieser können die Schnittpunkte durch die x-Achse (Punkt P) und y-Achse (Punkt Q) bestimmt werden.

   b) Berechnung des Flächeninhalts des Dreieck EM_1D:
Zuerst berechnen Sie den Winkel bei M_1 (Winkel α) mittels der trigonometrischen Funktionen aus den Strecken $\overline{CM_2}$ und $\overline{CM_1}$. Wenn Sie vom gestreckten Winkel (180°) den verdoppelten Winkel α + rechtem Winkel abziehen, erhalten sie den Winkel bei A'. Da die Strecke $\overline{A'D}$ bekannt ist, lassen sich jetzt auch die Strecken $\overline{DE}$ und $\overline{A'E}$ mit den trigonometrische Funktionen bzw. dem Lehrsatz vom Pythagoras berechnen. Damit sind alle Angaben zur Flächenberechnung des Dreiecks bekannt.
Berechnung des Flächeninhalts des Vielecks FBM_2C:
Zur Fläche des Vielecks kommen wir, wenn wir von der Gesamtfläche des DIN-A4-Blatts alle anderen Dreieckflächen abziehen. Dazu benötigen Sie noch den Winkel zwischen den Seiten AF und EF (Winkel γ). Den erhalten Sie, wenn Sie von dem Vollwinkel (360°) des Viereck ADA'F alle bekannten Winkel abziehen und halbieren. Mit dem Winkel γ und unter Einsatz der trigonometrischen Funktionen kann man die Dreieckseiten vom Dreieck AFE berechnen.

Teil A1 (Pflichtteil)

Hinweis: Es sind alle Aufgaben (10 Punkte) zu bearbeiten.

Zugelassene Hilfsmittel: Zeichengeräte, inklusive Parabelschablone

Aufgabe 1   1,5 P

Vervollständigen Sie die Gleichungen.

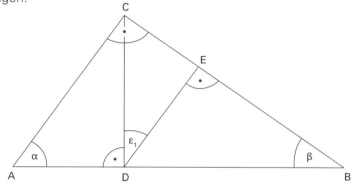

a) $\sin \alpha = \dfrac{\boxed{}}{\overline{AB}}$

b) $\boxed{} = \dfrac{\overline{DE}}{\overline{BE}}$

c) $\cos \varepsilon_1 = \dfrac{\boxed{}}{\boxed{}}$

Aufgabe 2   1,5 P

Eine quadratische Pyramide mit der Grundkante a = 6 cm und der Körperhöhe h = 4 cm wird vollständig mit Wasser gefüllt.

a) Berechnen Sie das Volumen der Wassermenge.

b) Die Wassermenge wird in ein quadratisches Prisma umgefüllt.
   Die Grundkante des quadratischen Prismas beträgt 4 cm.

   Wie hoch steht das Wasser im Prisma?

Aufgabe 3   1,5 P

Ein Glücksrad mit vier gleich großen Feldern ist
weiß, schwarz und grau gefärbt.
Es wird zweimal nacheinander gedreht.

Berechnen Sie die Wahrscheinlichkeit des Ereignisses.

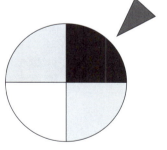

a) P(zweimal weiß)

b) P(grau und schwarz)

Aufgabe 4   1,5 P

Welcher der drei Boxplots gehört zur abgebildeten Rangliste?
Begründen Sie mithilfe der Kennwerte.

Rang	1	2	3	4	5	6	7	8	9	10	11	12	13
Gewicht (in kg)	20	30	30	40	50	80	90	100	110	120	150	160	180

(A)

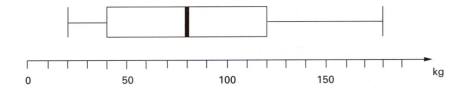

(B)

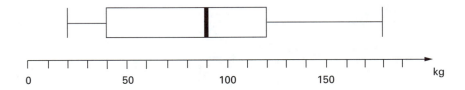

(C)

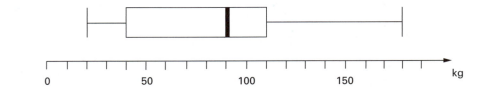

Aufgabe 5

1,5 P

Berechnen Sie den Term.

$58 \cdot 10^4 + 42 \cdot 10^4$

Kreuzen Sie das zum Ergebnis zugehörige Zahlwort an.

☐ 1 Million   ☐ 10 Millionen   ☐ 1 Milliarde

Aufgabe 6

1 P

Emma legt Muster aus Kärtchen.
Die ersten drei Muster hat sie bereits gelegt.

(1.)   (2.)   (3.)

a) Geben Sie die Anzahl der Kärtchen für das 7. Muster an (n = 7).

b) Eine der folgenden Formeln kann zur Berechnung der Anzahl der Kärtchen bei allen
    Mustern verwendet werden.

    Welche Formel sollte Emma auswählen?

    | $s = 3n - 2$ | $s = n^2$ | $s = n^2 + n - 2$ |

    → n gibt die Stelle des jeweiligen Musters an.
    → s ist die Summe der einzelnen Kärtchen.

Aufgabe 7   1,5 P

Ein Paar Sportschuhe kostet 120 €.
Im Rahmen einer Rabattaktion wird der Preis um 30 % reduziert.
Anschließend wird der reduzierte Preis nochmals um 20 % gesenkt.

Liam behauptet: „Die Sportschuhe kosten somit nur noch die Hälfte des ursprünglichen Preises."

Hat Liam Recht?
Begründen Sie Ihre Entscheidung durch Rechnung oder Argumentation.

Teil A2 (Pflichtteil)

Hinweis: Es sind alle Aufgaben (20 Punkte) zu bearbeiten.

Zugelassene Hilfsmittel: Zeichengeräte, inklusive Parabelschablone, Formelsammlung,
wissenschaftlicher Taschenrechner (nicht programmierbar)

Aufgabe 1   4 P

Im rechtwinkligen Dreieck ABC gilt:

$\overline{AC}$ = 9,5 cm

$\quad\alpha$ = 40,0°

$\overline{BC} = \overline{BD}$

Berechnen Sie den Umfang des
Dreiecks ADC.

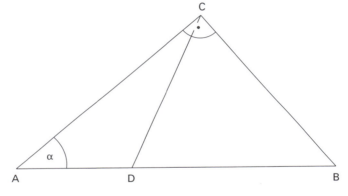

Aufgabe 2   3,5 P

1000 Wachskugeln werden eingeschmolzen.
Sie haben jeweils einen Radius von 1,5 cm.
Mit diesem eingeschmolzenen Wachs werden
quadratische Pyramiden gegossen.
Dazu wird die abgebildete Gussform verwendet.
Diese wird vollständig mit Wachs gefüllt.

Es gilt:

a_w = 10,0 cm (Grundkante Würfel)
$\quad s$ = 9,0 cm
$\quad t$ = 1,0 cm

Wie viele solcher Pyramiden können mit dem
eingeschmolzenen Wachs gegossen
werden?

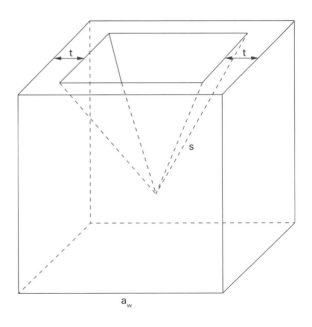

Aufgabe 3   3 P

Lösen Sie die Gleichung.

$(x + 2)(x - 4) - x = 2(x - 3)^2 - 12$

Aufgabe 4   3,5 P

Das Schaubild zeigt den Ausschnitt einer verschobenen Normalparabel p.

▶ Bestimmen Sie die Funktionsgleichung von p.

Die Wertetabelle gehört zur Parabel p.

x	-3	-2	-1	0
y				

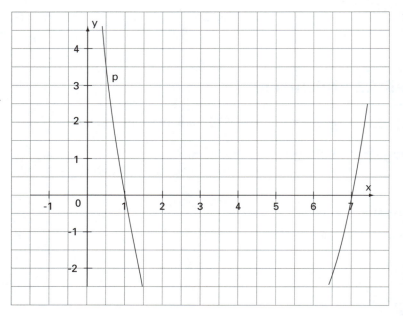

▶ Ergänzen Sie die fehlenden y-Werte in der Wertetabelle.

Die Gerade g mit der Funktionsgleichung y = -2x + 2 schneidet die Parabel p in den Punkten A und B.

▶ Berechnen Sie die Koordinaten der Schnittpunkte A und B.

Aufgabe 5   3 P

Die Klasse 5c verkauft Lose beim Schulfest.
Es gibt folgende Gewinne: 12 Fußbälle und 8 Basketbälle.
Die restlichen 80 Lose sind Nieten.

Francesca möchte zwei Lose ziehen.

Wie groß ist die Wahrscheinlichkeit, dass sie

▶ zwei Nieten zieht?

▶ einen Fußball und einen Basketball gewinnt?

Aufgabe 6

3 P

Die Paketzustellungen in Deutschland haben in den letzten Jahren zugenommen.
Im Schaubild ist diese Entwicklung dargestellt.

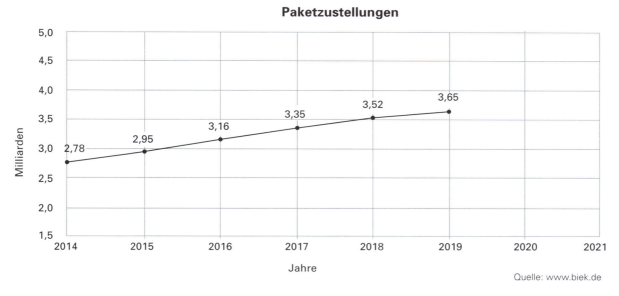

Paketzustellungen

Quelle: www.biek.de

▶ Um wie viel Prozent haben die Paketzustellungen von 2014 bis 2019 insgesamt zugenommen?

Der Dienstleister DHL hatte im Jahr 2019 einen Anteil von 57,0 % an den gesamten Zustellungen.

▶ Wie viele Pakete wurden von DHL im Jahr 2019 zugestellt?

Im Jahr 2020 nahm die Anzahl der Paketzustellungen um 9,7 % zu.
Im darauffolgenden Jahr 2021 stieg die Anzahl der Paketzustellungen um 12,5 %.

▶ Tragen Sie die Werte für 2020 und 2021 in das oben abgebildete Diagramm ein.

Teil B (Wahlteil)

Hinweis: Es sind zwei der vier Aufgaben (20 Punkte) zu bearbeiten.

Zugelassene Hilfsmittel: Zeichengeräte, inklusive Parabelschablone, Formelsammlung, wissenschaftlicher Taschenrechner (nicht programmierbar)

Aufgabe 1

a) Im Quadrat ABCD liegen die beiden gleichschenkligen Dreiecke ABF und DEF.

Es gilt:

$\overline{AB}$ = 14,0 cm

$\overline{AF}$ = 12,0 cm

$\overline{AF}$ = $\overline{BF}$

$\overline{EF}$ = $\overline{DF}$

▶ Berechnen Sie den Flächeninhalt des Dreiecks AFE.

▶ Berechnen Sie den Winkel ε.

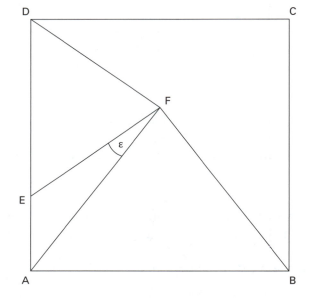

5 P

b) Die Gerade g hat die Funktionsgleichung $y = x + 2$.
Die Parabel p_1 hat die Funktionsgleichung $y = -x^2 + 8$.
Die Parabel p_1 schneidet die Gerade g in den Punkten P und Q.

▶ Berechnen Sie die Koordinaten der Schnittpunkte P und Q.

Durch die beiden Schnittpunkte P und Q verläuft die verschobene nach oben geöffnete Normalparabel p_2.

▶ Berechnen Sie die Koordinaten des Scheitelpunkts S_2 von p_2.

Robin behauptet: „Das Dreieck mit den Punkten P, Q und S_2 ist rechtwinklig."

▶ Hat Robin Recht? Begründen Sie Ihre Antwort rechnerisch.

5 P

Aufgabe 2

a)

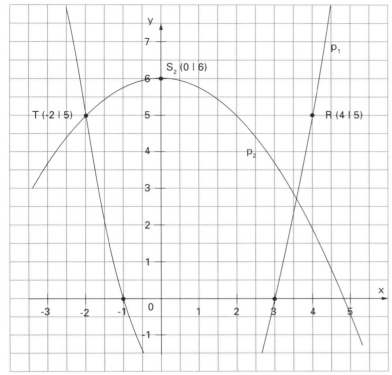

Das Schaubild zeigt Ausschnitte der verschobenen Normalparabel p_1 und der nach unten geöffneten Parabel p_2.

▶ Bestimmen Sie die Funktionsgleichungen der beiden Parabeln.
Entnehmen Sie dazu geeignete Werte aus dem Schaubild.

Die Gerade g verläuft durch die beiden Scheitelpunkte S_1 und S_2.

▶ Berechnen Sie die Funktionsgleichung von g.

Die Gerade h verläuft senkrecht zu g und geht durch den Punkt R (4 | 5).

▶ Berechnen Sie die Funktionsgleichung von h.

▶ Geben Sie die Funktionsgleichung einer weiteren verschobenen nach oben geöffneten Normalparabel p_3 an, die keine Punkte mit p_1 und p_2 gemeinsam hat.

5 P

b)

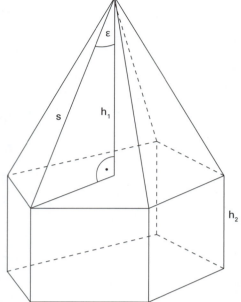

Ein zusammengesetzter Körper besteht aus einem regelmäßigen Fünfecksprisma mit aufgesetzter regelmäßiger fünfseitiger Pyramide.

Es gilt:

s = 12,6 cm
s = 33,0°
h_2 = 5,6 cm (Höhe Prisma)

Berechnen Sie den Oberflächeninhalt des zusammengesetzten Körpers.   **5 P**

Aufgabe 3

a) In einem Gefäß liegen acht Kugeln, die rot, blau und gelb gefärbt sind.
   Es werden zwei Kugeln ohne Zurücklegen gezogen.

   ▶ Wie groß ist die Wahrscheinlichkeit, zwei gleichfarbige Kugeln zu ziehen?

   Die Kugeln werden für ein Gewinnspiel eingesetzt.
   Dazu wird nebenstehender Gewinnplan geprüft.

   ▶ Berechnen Sie den Erwartungswert.

   Der Veranstalter des Gewinnspiels möchte seinen Gewinn pro Spiel auf lange Sicht verdoppeln.

   ▶ Wie hoch müsste dann der Gewinn für „eine gelbe und eine blaue Kugel" sein, wenn alles andere unverändert bleibt?

Ereignis	Gewinn
zwei gleichfarbige Kugeln	4,00 €
eine gelbe und eine blaue Kugel	10,00 €
Einsatz: 2,50 € pro Spiel	

5 P

b) Das Foto zeigt ein „Tiny House". Die Vorderseite des Hauses ist annähernd parabelförmig. Die maximale Höhe des Hauses beträgt 3,00 m. Am Boden ist es 2,70 m breit.

▶ Berechnen Sie eine mögliche Funktionsgleichung für die parabelförmige Außenkante des Hauses.

Die 2,00 m hohe Eingangstür befindet sich mittig auf der Vorderseite des Hauses. Am oberen Ende der Eingangstür befindet sich ein Vordach, das von Außenkante zu Außenkante reicht.

▶ Berechnen Sie die Länge dieses Vordachs.

In 1,00 m Höhe hat der Türrahmen eine waagrechte Entfernung von 0,70 m zu den Außenkanten.

▶ Berechnen Sie den Flächeninhalt der Tür.

Bildquelle: https://tiny-houses.de

5 P

Aufgabe 4

a) Die Parabel p_1 hat die Funktionsgleichung $y = x^2 - 8x + 12$.
Die verschobene nach oben geöffnete Normalparabel p_2 hat den Scheitelpunkt S_2 (1 | -7).

▶ Berechnen Sie die Koordinaten des Schnittpunkts Q_1 der beiden Parabeln p_1 und p_2.

Die Parabel p_1 schneidet die x-Achse in den Punkten N_1 und N_2.

▶ Berechnen Sie die Koordinaten von N_1 und N_2.

Die Punkte N_1, N_2 und Q_1 bilden ein Dreieck.

▶ Berechnen Sie den Flächeninhalt des Dreiecks $N_1Q_1N_2$.

Der Punkt Q_1 bewegt sich auf der Parabel p_2 unterhalb der x-Achse.
Dadurch entsteht der Punkt Q_2 und somit das Dreieck $N_1Q_2N_2$.

▶ Für welche Lage von Q_2 wird der Flächeninhalt des Dreiecks am größten?

▶ Berechnen Sie diesen maximalen Flächeninhalt.

5 P

b) Das regelmäßige Sechseck und das gleichschenklige Dreieck ABC haben die Seite $\overline{AB}$ gemeinsam.

Es gilt:

$\overline{AB}$ =12,4 cm

▶ Berechnen Sie den Umfang des Dreiecks ABC.

Tom behauptet: „Der Flächeninhalt des Sechsecks ist dreimal so groß wie der Flächeninhalt des Dreiecks ABC."

▶ Hat Tom Recht?
Begründen Sie Ihre Antwort durch Rechnung oder Argumentation.

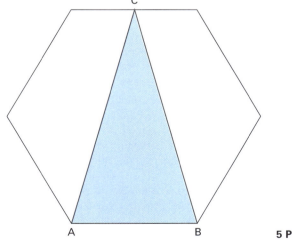

5 P

5 P

Bearbeitungstipps

Teil A1 (Pflichtteil)

1. Suchen Sie zunächst Dreiecke heraus, in denen die gegebenen Seiten bzw. Winkel liegen. Suchen Sie darin einen rechten Winkel, um Gegenkathete, Ankathete und Hypotenuse in Bezug zum jeweiligen Winkel zu finden. Kennzeichnen Sie gegebenenfalls farbig.

2. a) Verwenden Sie die Volumenformel der Pyramide.

   b) Verwenden Sie die Volumenformel des Prismas. Setzen Sie das Volumen der in a) berechneten Pyramide ein und formen Sie nach h um.

3. Überlegen Sie, welche Pfadregeln für das zweistufige Experiment „zwei Mal nacheinander drehen" gelten. Skizzieren Sie ein Baumdiagramm. Beachten Sie bei b), dass das Ereignis (g und s) durch zwei Ereignisse, nämlich (erst g, dann s) und (erst s, dann g) erzielt werden kann.

4. Die Kennwerte sind: x_{min}, x_{max}, q_u, q_o und z. Berechnen Sie diese Werte aus der Rangliste (Tabelle). Beachten Sie bei q_u und q_o, dass 25 % der Werte kleiner oder gleich q_u bzw. 75 % der Werte kleiner oder gleich q_o sein müssen. Entnehmen Sie die Kenngrößen den einzelnen Boxplotts und überprüfen Sie die Übereinstimmungen mit Ihren errechneten Werten.

5. Verwenden Sie die Rechenregeln für Potenzen. Schreiben Sie das errechnete Ergebnis auf. Setzen Sie ggf. Punkte nach jeweils drei Dezimalstellen.

6. a) Überlegen Sie, an welchen Stellen Kärtchen beim Übergang zum nächsten Muster hinzukommen. Skizzieren Sie ggf. die Muster (4), (5), (6) und (7) und zählen Sie die Kärtchen.

   b) Überprüfen Sie die gegebenen Formeln in den Mustern, am besten beginnend bei Muster 3.

7. Berechnen Sie die Preise der Sportschuhe nach der ersten und zweiten Preisreduzierung. Vergleichen Sie mit dem Preis, der entsprechend Liams Behauptung herauskommen würde.
   oder
   Argumentieren Sie mit den jeweiligen Grundwerten, auf die sich die Reduzierungen beziehen.

Teil A2 (Pflichtteil)

1. Zur Berechnung des Umfangs wird noch die Länge der Strecken CD und AD benötigt. Suchen Sie rechte Winkel, um den Satz des Pythagoras anwenden oder die trigonometrischen Zusammenhänge verwenden zu können. Überprüfen Sie auch, ob Dreiecke gleichschenklig oder gleichwinklig sind. Kennzeichnen Sie Strecken und Winkel in der Abbildung auf dem Arbeitsblatt, wenn vorher geübt, am besten farbig.

2. Auch bei dieser Aufgabe hilft eine Skizze in der Abbildung auf dem Aufgabenblatt.
   Berechnen Sie zunächst das Gesamtvolumen der Wachskugeln. Berechnen Sie dann das Volumen der quadratischen Pyramide in der Gussform. Zur Verwendung der Volumenformel der Pyramide muss noch der Mittelpunkt der quadratischen Grundfläche der Pyramide und die Höhe der Pyramide berechnet werden. Für beide Berechnungen können Sie den Satz des Pythagoras verwenden.
   Beachten Sie, dass beim Vergleich der Volumina der Kugel und der Pyramide nur eine ganzzahlige Pyramidenanzahl angegeben werden darf. Hierbei muss auf jeden Fall abgerundet werden, damit keine unvollständige Pyramide entsteht.

3. Achten Sie auf der linken Seite auf die Rechenregeln des Ausmultiplizierens. Setzen Sie auf der rechten Seite beim Ausrechnen des Binoms Klammern, damit sich die 2 vor dem quadratischen Term auf den kompletten ausgerechneten Term bezieht.
   Formen Sie so um, dass eine Gleichungsseite Null ist und wenden Sie die pq-Formel an.

4. Lesen Sie aus der Abbildung Punkte, durch die die Parabel verläuft, ab. Am einfachsten ist es, wenn man die Nullstellen verwendet. Verwenden Sie die Parabelgleichung einer Normalparabel $y = x^2 + px + q$. Durch Einsetzen dieser Punkte in die Normalparabelgleichung erhalten Sie ein Gleichungssystem mit zwei Variablen. Die Lösung des Gleichungssystems liefert p und q und damit die gesuchte Gleichung.
   Setzen Sie die in der Tabelle vorgegebenen Werte in die Gleichung ein, erhalten Sie die fehlenden y-Werte in der Tabelle.
   Schnittpunkte erhalten Sie durch Gleichsetzen der Funktionsgleichungen. Hier setzen Sie die Geradengleichung mit der Parabelgleichung gleich. Es ergibt sich eine quadratische Gleichung, die sich wieder mithilfe der pq-Formel lösen lässt. Sie erhalten zwei Werte x_1 und x_2, die Sie in die Geradengleichung einsetzen können. Sie erhalten dann die dazugehörenden y-Koordinaten.

5. Zur Lösung der Aufgabe ist es notwendig, einen Wahrscheinlichkeitsbaum aufzustellen. Wählen Sie dabei geeignete Abkürzungen für die Ereignisse. Zu beachten ist, dass die Summe der Wahrscheinlichkeiten immer 1 ergeben muss. Wenden Sie die Pfadregel für zweistufige Zufallsexperimente an. Berücksichtigen Sie, dass nach

Bearbeitungstipps

dem ersten Ziehen nur noch 99 Lose zu ziehen sind. Achten Sie darauf, dass Sie einen Fußball (F) und einen Basketball (B) gewinnen, wenn Sie zunächst (F) und dann (B) ziehen und wenn sie (B) und dann (F) ziehen.

6. Entweder verwenden Sie zur Lösung Dreisatzrechnung oder die Formeln für das Prozentrechnen (Formelsammlung). In beiden Fällen muss man zunächst die Ausgangswerte (Paketzustellungen 2014 und Paketzustellungen 2019) aus der Grafik ablesen.
   Für den zweiten Teil der Aufgabe ist 57 % vom abgelesenen Wert zu berechnen.
   Im dritten Teil ist ein Ablesen von Werten nicht möglich, die Werte müssen jetzt rechnerisch gefunden werden. Beachten Sie, dass Sie die errechneten Werte jeweils dem Wert des Vorjahres hinzufügen müssen.

Teil B (Wahlteil)

1. a) Für die Lösung dieser Aufgabe gibt es eine Reihe von Möglichkeiten. Zunächst müssen Sie sich gründlich in der Abbildung der Aufgabenstellung orientieren. Suchen Sie rechte Winkel, prüfen Sie, ob Dreiecke gleichseitig oder gleichschenklig sind. Markieren Sie dies in der Zeichnung. Wählen Sie Bezeichnungen für einzufügende Punkte. Schauen Sie, wo Sie mit Hilfe des Satzes des Pythagoras oder trigonometrischer Zusammenhänge fehlende Größen bestimmen können.
   Für die Fläche des Dreiecks AFE benötigen Sie eine Grundseite und eine dazugehörende Höhe. Als Grundseite können Sie $\overline{AE}$ wählen, die dazugehörende Höhe ist dann der Abstand des Punktes F von Seite $\overline{AD}$ des Quadrates. Diese Höhe liegt außerhalb des Dreiecks.
   Da das Dreieck ABF gleichschenklig ist, wird $\overline{AB}$ durch die Höhe durch F halbiert. Daraus lässt sich der Abstand des Punkte F von der Seite $\overline{AD}$ des Quadrates bestimmen. Den Abstand des Punktes F von der Seite AB können Sie dann im gleichschenkligen Dreieck mithilfe des Satzes des Pythagoras berechnen. Damit erhalten Sie auch den Abstand des Punktes F zur Seite $\overline{CD}$. Dieser ist genausolang wie die Hälfte von $\overline{ED}$. Subtrahieren Sie von der Länge der Seite des Quadrates zweimal die Länge von $\overline{ED}$, so erhalten Sie die Länge von $\overline{AE}$.
   Mithilfe der Flächenformel erhalten Sie dann den gesuchten Flächeninhalt.
   Die Parallele zur Strecke $\overline{AB}$ durch F bildet mit F ein rechtwinkliges Dreieck. Zwei Seitenlängen sind bekannt, nämlich die von $\overline{AF}$ und der Abstand von F zur Seite $\overline{AD}$. ε ist ein Teilwinkel mit Scheitelpunkt F dieses Dreiecks. Die Größe des Gesamtwinkels von der oben genannten Parallelen durch F zur Seite $\overline{AF}$ und die Größe des Winkels von der Parallelen zu Seite $\overline{EF}$ lassen sich mit Hilfe trigonometrischer Zusammenhänge berechnen. Subtrahieren Sie diese Winkelgrößen voneinander, so erhalten Sie die Größe des Winkels ε.

   b) Die x-Koordinaten der Schnittpunkte P und Q ermitteln Sie durch Gleichsetzen der Geradengleichung mit der quadratischen Gleichung. Die Lösung der Gleichung erhalten Sie mithilfe der pq-Formel. Setzen Sie die errechneten x-Koordinaten in die Geradengleichung ein, um die y-Koordinaten zu erhalten.
   Setzen Sie nun P und Q in die Gleichung einer Normalparabel ein. Sie erhalten ein Gleichungssystem, dessen Lösung die Gleichung von p_2 liefert. Um den Scheitelpunkt dieser Parabel zu erhalten, muss die Gleichung noch in die Scheitelpunktform umgewandelt werden. Dazu verfährt man, wie in der Formelsammlung angegeben.

2. a) Beachten Sie, dass p_1 eine Normalparabel ist. Durch Einsetzen der abgelesenen Punkte in die Normalparabelgleichung $y = x^2 + px + q$ erhalten Sie ein Gleichungssystem, dessen Lösung p und q angibt. Durch Umformen in die Scheitelpunktform erhalten Sie den Scheitelpunkt S_1. Die Parabel p_2 ist keine Normalparabel. Hier ist die allgemeine Parabelgleichung $y = ax^2 + bx + c$ zu verwenden. Weil aber der Scheitelpunkt dieser Parabel auf der y-Achse liegt, gibt es keine Verschiebung in x-Richtung und Sie können die Gleichung auf $y = ax^2 + c$ vereinfachen. Durch Einsetzen von T und S_2 entsteht ein Gleichungssystem, dessen Lösung die Gleichung von p_2 angibt.
   Setzen Sie die Punkte S_1 und S_2 in eine Geradengleichung $y = mx + n$ ein, so erhalten Sie nach Lösung des Gleichungssystems die gesuchte Geradengleichung.
   Für senkrechte Geraden gilt: $m_1 \cdot m_2 = -1$. Durch Umstellen nach m_2 erhalten Sie die Steigung von h und durch Einsetzen des Punktes R die Gleichung von h.
   Die gesuchte weitere, nach oben geöffnete Normalparabel muss einen Scheitelpunkt S_3 besitzen, der senkrecht über dem Scheitelpunkt S_2 von p_1 liegt. Wählen Sie also für S_3 die gleiche x-Koordinate wie bei S_2. Verschieben Sie den Scheitelpunkt S_3 so weit nach oben, dass es keine Schnittpunkte mit p_2 gibt.

   b) Wichtig ist, dass das zugrundeliegende Fünfeck regelmäßig ist, dadurch können Sie die Flächen der Pyramide in gleichschenklige Dreiecke aufteilen. Ergänzen Sie zunächst die Abbildung der Aufgabe um benötigte Punkte und beschriften Sie. Berechnen Sie nun die Dreiecke der Seitenfläche der Pyramide. Bestimmen Sie die Höhe der Pyramide h_1. Im entsprechenden rechtwinkligen Dreieck sind s und der Winkel ε gegeben, die Längen aller anderen Strecken erhalten Sie, indem Sie die trigonometrischen Funktionen

Bearbeitungstipps

anwenden. Die Dreiecke der Grundflächen haben einen Mittelpunktwinkel von 360° : 5 = 72°. Halbieren Sie die Grundflächendreiecke, sodass 10 rechtwinklige Dreiecke entstehen. Bei diesen können Sie dann zunächst die halbe Kantenlänge der Seiten des Fünfecks und schließlich die Länge der Kanten bestimmen. Verwenden Sie den Satz des Pythagoras, um die Höhe der Seitenflächendreiecke zu bestimmen. Daraus errechnen Sie den Flächeninhalt dieser Dreiecke und daraus die Mantelfläche der Pyramide.

Die Außenfläche des Prismas lässt sich leicht mithilfe der Flächenformel für Rechtecke bestimmen, denn die eine Rechteckseite ist gegeben, die andere Seite haben Sie oben berechnet.

Es fehlt noch die Flächenberechnung des Fünfecks als Grundfläche. Hierzu können Sie die Längen der im oberen Fünfeck vorher schon bestimmten Längen verwenden. Um den Satz des Pythagoras anwenden zu können, haben Sie oben schon die fünf gleichschenkligen Dreiecke halbiert, deren Fläche sich mit der Flächenformel für Dreiecke berechnen lassen. Vergessen Sie nicht 10 dieser Dreiecke zu berücksichtigen. Der gesuchte Flächeninhalt ergibt sich aus $M_{Pyramide} + M_{Prisma} + A$ Grundfläche.

3. a) Zunächst ist ein Wahrscheinlichkeitsbaum zu zeichnen. Beachten Sie, dass es sich um ein Zufallsexperiment „Ziehen ohne zurücklegen" handelt, was die Grundgesamtheit nach dem ersten Ziehen in jedem Ast verändert. Nach den Pfadregeln können Sie die gefragten Wahrscheinlichkeiten berechnen.

Den Erwartungswert erhalten Sie, indem Sie alle Wahrscheinlichkeiten mit dem jeweiligen Gewinn aus dem Gewinnplan multiplizieren, zusammenaddieren und den Spieleinsatz subtrahieren.

Für eine Verdopplung des Gewinns durch eine Veränderung beim Gewinn eines Ereignisses führen Sie dort eine Variable (x) ein. Für den Erwartungswert setzen Sie den verdoppelten, oben errechneten Erwartungswert ein. Die Auflösung der Gleichung nach x gibt dann den neuen Gewinn an, der erzielt werden müsste.

b) Legen Sie ein geeignetes Koordinatensystem fest. Dieses sollte auf dem Boden des „Tiny House" liegen mit dem Ursprung in der Mitte der Tür. Aus den angegebenen Werten erhalten Sie dann Werte für die Nullstellen und den Scheitelpunkt der Parabel. Bei dieser Festlegung befindet sich der Scheitelpunkt auf der y-Achse, die allgemeine Parabelgleichung $y = ax^2 + bx + c$ vereinfacht sich deshalb zu $y = ax^2 + c$. Durch Einsetzen der Nullstellen erhalten Sie ein Gleichungssystem, durch dessen Lösung Sie die Parabelgleichung erhalten.

Das Vordach lässt sich mithilfe einer zur x-Achse (Erdboden) parallelen Gerade in der Höhe der Eingangstür beschreiben. Errechnen Sie den Schnitt dieser Gerade mit der Parabel. Die x-Koordinaten geben die Länge des Vordachs bis zur Mitte des Hauses an. Verdoppeln Sie und Sie erhalten die gesuchte Länge.

Ebenfalls mithilfe einer parallelen Gerade, jetzt in der Höhe 1, können Sie die Schnittpunkte mit der Parabel berechnen. Reduzieren Sie die x-Koordinaten dieser Schnittpunkte, um die gegebene Entfernung von 0,70 m, um die Breite der Türe zu erhalten. Die Höhe der Türe ist gegeben. Mit der Flächenformel für Rechtecke erhalten Sie dann den Flächeninhalt der Tür.

4. a) Da es sich bei p_2 um eine Normalparabel handelt, lässt sich die Gleichung von p_2 durch den gegebenen Scheitelpunkt bestimmen. Den Schnittpunkt erhalten Sie durch Gleichsetzen.

Die Nullstellen N_1 und N_2 erhält man mithilfe der pq-Formel.

Für die Berechnung des Dreiecks $N_1Q_1N_2$ benutzen Sie die Flächenformel für Dreiecke. Der Abstand der Nullstellen ist die Differenz der x-Koordinaten, die Höhe ist die y-Koordinate von Q_1.

Zur besseren Orientierung zur möglichen Lage des Punktes P_2 fertigt man sich eine große Skizze an. Dort zeichnet man mögliche Dreiecke ein. Man erkennt dann, dass alle möglichen Dreiecke die gleiche Grundseite haben. Sie können schlussfolgern, dass der Flächeninhalt nur von der Länge der Höhe abhängt. Überlegen Sie, wann die Höhe am größten wird.

Sie haben im vorhergehenden Schritt ermittelt, wann die Höhe des Dreiecks am größten ist. Somit können Sie die Länge der Höhe unmittelbar angeben. Die Grundseite des Dreiecks liegt auf der x-Achse, die Länge kann auch ermittelt werden. Die Flächenformel für Dreiecke gibt Ihnen dann das Ergebnis an.

b) Zuerst zeichnen Sie den Punkt M als Mittelpunkt des Sechsecks ein. Damit lässt sich das Sechseck in sechs kongruente, gleichseitige Dreiecke einteilen. Da die Länge der Seite $\overline{AB}$ gegeben ist, haben alle Dreieckseiten diese Länge. Die Größe aller Winkel im gleichseitigen Dreieck beträgt 60°. Die Höhe des Dreiecks ABM ist die Strecke vom Mittelpunkt der Seite $\overline{AB}$ bis zum Punkt M. Diese Höhe können Sie mithilfe des Satzes des Pythagoras oder mithilfe Trigonometrischer Zusammenhänge berechnen. Der Abstand des Punktes C von der Seite $\overline{AB}$ ist dann das Doppelte dieser Höhe. Dies ist dann auch die Länge der Höhe des Dreiecks ABC und somit können Sie die Seitenlänge von AB berechnen. Da ABC gleichschenklig ist, entspricht die Länge von $\overline{AC}$ der Länge von $\overline{BC}$. Nun können Sie die Längen der Seiten des Dreiecks ABC addieren und erhalten den Umfang.

Mit der oben berechneten Höhe des Dreiecks ABC und der Grundseite AB können Sie den Flächeninhalt von ABC berechnen. Für den Flächeninhalt des Sechsecks berechnen Sie den Flächeninhalt eines der gleichseitigen Dreiecke. Hier wählen Sie die Seite AB als Grundseite. Die Höhe des Dreiecks ABM ist die Strecke vom

Bearbeitungstipps

Mittelpunkt der Seite $\overline{AB}$ bis zum Punkt M. Errechnen Sie den Flächeninhalt des Dreiecks und multiplizieren Sie mit 6, um den Flächeninhalt des Sechsecks zu bestimmen. Vergleichen Sie die Flächeninhalte rechnerisch, indem Sie diese durcheinander dividieren.

oder

Vergleichen Sie die Größen der Dreiecke ABM und ABC. Beide Dreiecke haben die gleiche Grundseite $\overline{AB}$. Die Höhe von ABC ist doppelt so groß wie die Höhe von ABM. Überlegen Sie nun, wie viele der Dreiecke ABC dem Flächeninhalt des Sechsecks entsprechen.

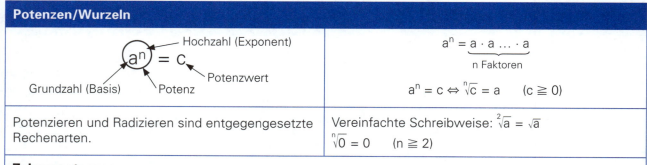

Formelsammlung

Grundrechenarten

Addition	Subtraktion
$a + b = c$	$a - b = c$
Summand + Summand = Summe	Minuend − Subtrahend = Differenz

Multiplikation	Division
$a \cdot b = c$	$a : b = c$
Faktor · Faktor = Produkt	Dividend : Divisor = Quotient

Wichtige Rechengesetze

Kommutativgesetz (Vertauschungsgesetz)	Assoziativgesetz (Verbindungsgesetz)	Distributivgesetz (Verteilungsgesetz)
$a + b = b + a$ $a \cdot b = b \cdot a$	$a + (b + c) = (a + b) + c$ $a \cdot (b \cdot c) = (a \cdot b) \cdot c$	$a \cdot (b \pm c) = ab \pm ac$ $\dfrac{b \pm c}{a} = \dfrac{b}{a} \pm \dfrac{c}{a}$

Bruchrechnen

Erweitern	Kürzen	Addition/Subtraktion	Multiplikation/Division
$\dfrac{a}{b} = \dfrac{a \cdot c}{b \cdot c}$	$\dfrac{a}{b} = \dfrac{a : c}{b : c}$	$\dfrac{a}{c} \pm \dfrac{b}{c} = \dfrac{a \pm b}{c} \quad c \neq 0$	$\dfrac{a}{b} \cdot \dfrac{c}{d} = \dfrac{a \cdot c}{b \cdot d}; \quad \dfrac{a}{b} : \dfrac{c}{d} = \dfrac{a}{b} \cdot \dfrac{d}{c} = \dfrac{a \cdot d}{b \cdot c} \quad c, d \neq 0$

Rechnen mit Klammern

Auflösen von Plusklammern	Auflösen von Minusklammern
$+(-a + b - c) = -a + b - c$	$-(-a + b - c) = +a - b + c$
Die Rechenzeichen bleiben erhalten!	Die Rechenzeichen ändern sich!

Ausklammern	Ausmultiplizieren
$ab + ac - ad = a(b + c - d)$	$a(-b + c - d) = -ab + ac - ad$

Multiplizieren von Summen und Differenzen

$(a + b) \cdot (c - d) = ac - ad + bc - bd$

Potenzen/Wurzeln

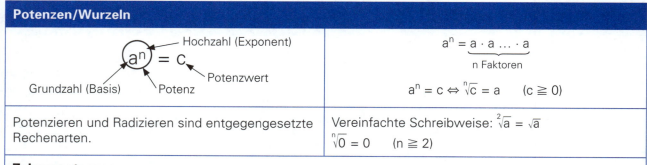

Grundzahl (Basis) — $a^n = c$ — Hochzahl (Exponent), Potenzwert, Potenz

$a^n = \underbrace{a \cdot a \ldots \cdot a}_{n \text{ Faktoren}}$

$a^n = c \Leftrightarrow \sqrt[n]{c} = a \qquad (c \geqq 0)$

Potenzieren und Radizieren sind entgegengesetzte Rechenarten.	Vereinfachte Schreibweise: $\sqrt[2]{a} = \sqrt{a}$ $\sqrt[n]{0} = 0 \qquad (n \geqq 2)$

Zehnerpotenzen

$10^0 = \qquad 1$
$10^1 = \qquad 10$ $10^{-1} = 0{,}1$ (1 Zehntel)
$10^3 = \qquad 1000$ (1 Tausend) $10^{-2} = 0{,}01$ (1 Hundertstel)
$10^6 = 1\,000\,000$ (1 Million) $10^{-3} = 0{,}001$ (1 Tausendstel)

Maßeinheiten

Längenmaße

1 km = 1000 m
$\qquad$ 1 m = 10 dm = 100 cm = 1000 mm
$\qquad\qquad$ 1 dm = 10 cm = 100 mm
$\qquad\qquad\qquad$ 1 cm = 10 mm

Hohlmaße

1 hl = 100 l $\qquad\qquad$ 1 l = 1 dm^3
$\qquad$ 1 l = 1000 ml $\qquad$ 1ml = 1 cm^3

Flächenmaße

1 km^2 = 100 ha
$\qquad$ 1 ha = 100 a
$\qquad\qquad$ 1 a = 100 m^2

1m^2 = 100 dm^2
$\qquad$ 1 dm^2 = 100 cm^2
$\qquad\qquad$ 1 cm^2 = 100 mm^2

Gewichtsmaße

1 t = 1000 kg
$\qquad$ 1 kg = 1000 g
$\qquad\qquad$ 1 g = 1000 mg

Raummaße/Hohlmaße

1 m^3 = 1000 dm^3
$\qquad$ 1 dm^3 = 1000 cm^3
$\qquad\qquad$ 1 cm^3 = 1000 mm^3

Zeitmaße

1 Tag = 24 h
$\qquad$ 1 h = 60 min
$\qquad\qquad$ 1 min = 60 s

Runden

Die Stelle rechts von der Rundungsstelle ist entscheidend.
Ist die Ziffer der entscheidenden Stelle eine
▶ 0, 1, 2, 3 oder 4 wird abgerundet.
▶ 5, 6, 7, 8 oder 9 wird aufgerundet.

Erläuterungen für Abkürzungen

A: Flächeninhalt
A_G: Flächeninhalt der Grundfläche
V: Volumen
O: Oberflächeninhalt
M: Mantelflächeninhalt
e, f: Länge der Flächendiagonalen

d: Länge der Raumdiagonale
s: Länge der Mantellinie
h: Höhe
r: Radius
u: Umfang

Flächenberechnung

Quadrat

$A = a \cdot a$
$A = a^2$
$u = 4 \cdot a$

Parallelogramm

$A = a \cdot h$
$u = 2 \cdot a + 2 \cdot b$

Trapez

$A = \dfrac{a + c}{2} \cdot h$
$A = m \cdot h$
$u = a + b + c + d$

Rechteck

$A = a \cdot b$
$u = 2 \cdot a + 2 \cdot b$

Dreieck

$A = \dfrac{c \cdot h_c}{2}$
$\quad = \dfrac{b \cdot h_b}{2} = \dfrac{a \cdot h_a}{2}$
$u = a + b + c$

Raute

$A = \dfrac{e \cdot f}{2}$
$u = 4 \cdot a$

Drachen

$A = \dfrac{e \cdot f}{2}$
$u = 2 \cdot (a + b)$
$\quad = 2a + 2b$

Kreis

$A = \pi \cdot r^2$
$A = \dfrac{\pi}{4} \cdot d^2$
$u = 2 \cdot \pi \cdot r$
$u = \pi \cdot d$
$d = 2 \cdot r$

Eigenschaften von Dreiecken und Vierecken

Winkel im Dreieck

Winkelsumme
$\alpha + \beta + \gamma = 180°$

Satz des Pythagoras

$c^2 = a^2 + b^2$

Winkel im Viereck

Winkelsumme
$\alpha + \beta + \gamma + \delta = 360°$

Körperberechnung

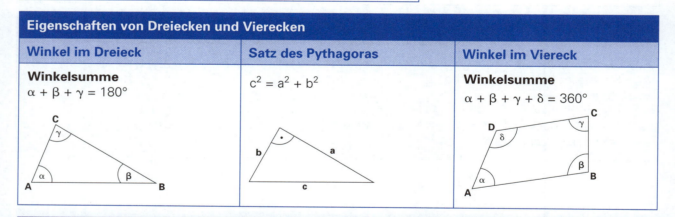

Würfel

$V = a \cdot a \cdot a$
$V = a^3$
$O = 6 \cdot a^2$

Quader

$V = a \cdot b \cdot c$
$O = 2 \cdot a \cdot b + 2 \cdot b \cdot c + 2 \cdot a \cdot c$

Säule (Prisma)

$V = A_G \cdot h$
$O = 2 \cdot A_G + M$

Pyramide	Zylinder
$V = \frac{1}{3} \cdot A_G \cdot h$ $O = A_G + M$ $O = a \cdot (a + 2 \cdot h_s)$ $M = 2 \cdot a \cdot h_s$ 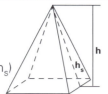	$V = A_G \cdot h$ $V = \pi \cdot r^2 \cdot h$ $O = 2 \cdot A_G + M$ $O = 2 \cdot \pi \cdot r \cdot (r + h)$ $M = 2 \cdot \pi \cdot r \cdot h$
Kugel	**Gerader Kreiskegel**
$V = \frac{4}{3} \cdot \pi \cdot r^3$ $O = 4 \cdot \pi \cdot r^2$ 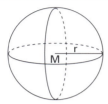	$V = \frac{1}{3} \cdot \pi \cdot r^2 \cdot h$ $O = \pi \cdot r \cdot (r + s)$ $s = \sqrt{r^2 + h^2}$ $M = r \cdot \pi \cdot s$ 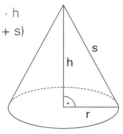

Prozent- und Promillerechnung

G = Grundwert   W = Prozentwert   p = Prozentsatz
                  Promillewert   Promillesatz

Prozentrechnung	Promillerechnung
$p\,\% = \frac{p}{100}$	$p‰ = \frac{p}{1000}$
$G = \frac{W \cdot 100}{p}$ $W = \frac{G \cdot p}{100}$ $p = \frac{W \cdot 100}{G}$	$G = \frac{W \cdot 1000}{p}$ $W = \frac{G \cdot p}{1000}$ $p = \frac{W \cdot 1000}{G}$

Zinsrechnung

Jahreszinsen	**Monatszinsen**	**Tageszinsen**	Kapital: K Zeit: i (in Jahren)
$Z = \frac{K \cdot i \cdot p}{100}$	$Z = \frac{K \cdot m \cdot p}{100 \cdot 12}$	$Z = \frac{K \cdot t \cdot p}{100 \cdot 360}$	Zinsen: Z m (in Monaten) Zinssatz: p t (in Tagen)

Zinseszinsrechnung

K_n = Endkapital $q = 1 + \frac{p}{100}$
K_0 = Anfangskapital
n = Anzahl Jahre $K_n = K_0 \cdot q^n$
q = Zinsfaktor
p = Zinssatz (%) $= K_0 \cdot \left(1 + \frac{p}{100}\right)^n$

Lineare Gleichungssysteme mit zwei Variablen

$\left| \begin{array}{l} a_1 x + b_1 y = c_1 \\ \wedge\ a_2 x + b_2 y = c_2 \end{array} \right.$ Lösung mit dem **Einsetz-, Gleichsetz-** oder **Additionsverfahren**

Quadratische Gleichungen

Allgemeine Form

$$ax^2 + bx + c = 0$$

Normalform

$$x^2 + px + q = 0$$

Lösungs-
formeln $\longrightarrow$ $x_{1,2} = -\dfrac{p}{2} \pm \sqrt{\left(\dfrac{p}{2}\right)^2 - q}$

Diskriminante $D = \left(\dfrac{p}{2}\right)^2 - q$

$D > 0 \;\Rightarrow\;$ zwei Lösungen
$D = 0 \;\Rightarrow\;$ eine Lösung
$D < 0 \;\Rightarrow\;$ keine Lösung

Winkel

Nebenwinkel

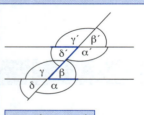

$$\alpha + \beta = 180°$$

Scheitelwinkel

$$\alpha = \gamma,\; \beta = \delta$$

Stufenwinkel

$g_1 \| g_2$

$$\begin{aligned}\alpha = \alpha' \quad \gamma = \gamma'\\ \beta = \beta' \quad \delta = \delta'\end{aligned}$$

Wechselwinkel

$$\begin{aligned}\alpha = \gamma' \quad \gamma = \alpha'\\ \beta = \delta' \quad \delta = \beta'\end{aligned}$$

Strahlensätze

1. Strahlensatz

$$\frac{\overline{SA_1}}{\overline{SC_1}} = \frac{\overline{SA_2}}{\overline{SC_2}}$$

$$\frac{\overline{SA_1}}{\overline{SB_1}} = \frac{\overline{SA_2}}{\overline{SB_2}}$$

2. Strahlensatz

$$\frac{\overline{SA_1}}{\overline{SC_1}} = \frac{\overline{A_1A_2}}{\overline{C_1C_2}}$$

$$\frac{\overline{SA_1}}{\overline{SB_1}} = \frac{\overline{A_1A_2}}{\overline{B_1B_2}}$$

$C_1C_2 \| A_1A_2$

$A_1A_2 \| B_1B_2$

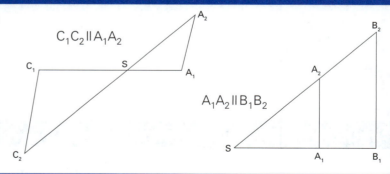

Flächensatz am rechtwinkligen Dreieck

Satz des Pythagoras

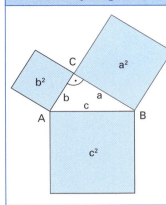

$$a^2 + b^2 = c^2$$

a, b: Katheten   c: Hypotenuse

In jedem rechtwinkligen Dreieck ist
die Summe der beiden
Kathetenquadrate so groß wie
das Hypotenusenquadrat.

Trigonometrie

Winkelfunktionen am Einheitskreis

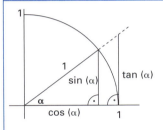

Besondere Werte

α	0°	30°	45°	60°	90°
sin (α)	0	$\frac{1}{2}$	$\frac{1}{2}\sqrt{2} = 0{,}71$	$\frac{1}{2}\sqrt{3} = 0{,}87$	1
cos (α)	1	$\frac{1}{2}\sqrt{3} = 0{,}87$	$\frac{1}{2}\sqrt{2} = 0{,}71$	$\frac{1}{2}$	0
tan (α)	0	$\frac{1}{3}\sqrt{3} = 0{,}58$	1	$\sqrt{3} = 1{,}73$	nicht definiert

Berechnungen am rechtwinkligen Dreieck

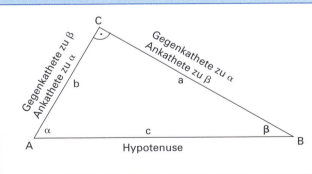

$$\sin(\alpha) = \left(\frac{a}{c}\right) \quad \Leftrightarrow \quad \frac{\text{Gegenkathete}}{\text{Hypotenuse}} \quad \Leftrightarrow \quad \sin(\beta) = \frac{b}{c}$$

$$\cos(\alpha) = \frac{b}{c} \quad \Leftrightarrow \quad \frac{\text{Ankathete}}{\text{Hypotenuse}} \quad \Leftrightarrow \quad \cos(\beta) = \frac{a}{c}$$

$$\tan(\alpha) = \frac{a}{b} \quad \Leftrightarrow \quad \frac{\text{Gegenkathete}}{\text{Ankathete}} \quad \Leftrightarrow \quad \tan(\beta) = \frac{b}{a}$$

Zuordnungen

Direkte Proportionalität	Antiproportionalität
Die Quotienten einander zugeordneter Zahlen sind gleich:	Die Produkte einander zugeordneter Zahlen sind gleich:
$\dfrac{y}{x} = k \qquad y \sim x \qquad (x, k \neq 0)$	$x \cdot y = k \qquad y \sim \dfrac{1}{x} \qquad (x, k \neq 0)$
(k Proportionalitätsfaktor)	(k Proportionalitätsfaktor)
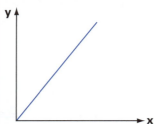	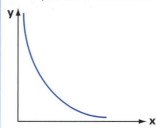
Alle Punkte liegen auf einer Geraden durch den Ursprung.	Alle Punkte liegen auf einer Kurve, die sich an die Koordinatenachsen anschmiegt.

Funktionen

Lineare Funktion (Gerade)

$$g: y = mx + c \qquad\qquad m = \frac{y_2 - y_1}{x_2 - x_1} \qquad\qquad c = \text{y-Achsenabschnitt}$$

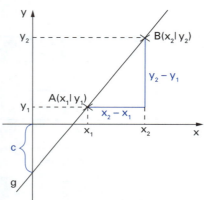

Parallele und senkrechte Geraden

$$g_1 \parallel g_2 \ \Rightarrow \ m_1 = m_2$$

$$g_1 \perp g_2 \ \Rightarrow \ m_2 = -\frac{1}{m_1}$$
$$\text{oder } m_1 \cdot m_2 = -1$$

Quadratische Funktionen

Quadratische Funktionen mit der Funktionsgleichung $y = ax^2 + c$

Der Summand c gibt die Verschiebung des Scheitelpunkts in y-Richtung an. Der Scheitelpunkt hat die Koordinaten S (0 | c). **Der Faktor a** wirkt sich auf die **Form und die Öffnung** der Parabel aus. Er kann dabei eine Spiegelung und eine Streckung der Normalparabel bewirken.

Für a > 0: Parabel nach oben geöffnet	Für a < 0: Parabel nach unten geöffnet
Für 0 < a < 1: breiter als Normalparabel	Für -1 < a < 0: breiter als Normalparabel
Für a > 1: schmaler als Normalparabel	Für a < -1: schmaler als Normalparabel

Beispiel: Die Parabel $y = \frac{1}{4}x^2 - 1$ ist eine nach oben geöffnete Parabel. Sie ist breiter als die Normalparabel ($y = x^2$). Ihr Scheitelpunkt S (0 | -1) liegt unterhalb der x-Achse.

Beispiel: Die Parabel $y = -3x^2 + 2$ ist eine nach unten geöffnete Parabel. Sie ist schmaler als die Normalparabel ($y = x^2$). Ihr Scheitelpunkt S (0 | 2) liegt oberhalb der x-Achse.

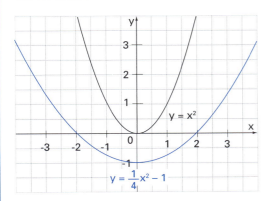

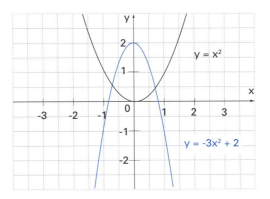

Quadratische Funktionen mit der Funktionsgleichung $y = (x - d)^2 + e$

Diese quadratische Funktionsgleichung wird die **Scheitelform** genannt. Der Scheitelpunkt hat die Koordinaten S (d | e). Der Graph ist eine verschobene Normalparabel, die symmetrisch zur Achse x = d ist. Für die Verschiebungen gilt:
Der Wert **d** stellt die **Verschiebung in x-Richtung** dar.
Der Wert **e** stellt die **Verschiebung in y-Richtung** dar.

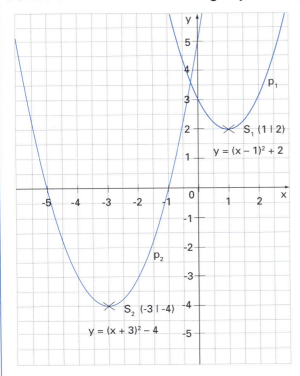

Das Schaubild zeigt die beiden Parabeln p_1: $y = (x - 1)^2 + 2$ und p_2: $y = (x + 3)^2 - 4$.
Die Parabel p_1 ist eine um 1 nach rechts und um 2 nach oben verschobene Normalparabel mit dem Scheitelpunkt S_1 (1 | 2).
Die Parabel p_2 ist eine um 3 nach links und um 4 nach unten verschobene Normalparabel mit dem Scheitelpunkt S_2 (-3 | -4).

Von der Normalform zur Scheitelform einer Parabelgleichung

Um die Normalform einer Parabelgleichung in die Scheitelform zu überführen, muss man das Verfahren der quadratischen Ergänzung anwenden.

Beispiel:

Gegeben ist eine Parabel p mit der Funktionsgleichung $y = x^2 - 10x + 3$

Umformung in Scheitelform mithilfe der quadratischen Ergänzung:

$y = x^2 - 10x + 3$

$y = x^2 - 10x + (5)^2 - (5)^2 + 3$

$y = (x - 5)^2 - 25 + 3$

$y = (x - 5)^2 - 22$

Der Scheitelpunkt von p ist S (5 | -22). Die Scheitelform der Parabelgleichung von p ist also:

p: $y = (x - 5)^2 - 22$

Beschreibende Statistik

Grundbegriffe

Urliste: ungeordnete Sammlung von statistischen Daten

Rangliste: der Größe nach geordnete Urliste

Strichliste: Hilfsmittel, um die Häufigkeit des Auftretens bestimmter Ereignisse zu ermitteln

Kennwerte einer Liste mit n Werten x_1, x_2, ..., x_n

Minimum x_{min} (Min)	Maximum x_{max} (Max)
kleinster Wert der Datensammlung	größter Wert der Datensammlung
Spannweite d	**häufigster Wert m (Modalwert)**
Differenz zwischen größtem und kleinstem Wert der Sammlung $d = x_{max} - x_{min}$	Dies ist der am häufigsten auftretende Wert. Es kann mehrere geben.
Arithmetisches Mittel	**Median (Zentralwert)**
Mittelwert $\bar{x}$ der Datenreihe x_1, ..., x_n berechnet sich aus: $\bar{x} = \dfrac{x_1 + x_2 + \ldots + x_n}{n}$	In einer der Größe nach geordneten Reihe mit n Daten hat der Median z die Eigenschaft, dass 50 % der Werte darüber und 50 % der Werte darunter liegen. $z = x_{\frac{n+1}{2}}$ für ungerades n $z = \dfrac{1}{2}\left(x_{\frac{n}{2}} + x_{\frac{n}{2}+1}\right)$ für gerades n

Quartile	Boxplot

Quartile teilen eine Rangliste in vier Teile.
unteres Quartil q_u = 25 % aller Werte sind kleiner oder gleich q_u.
    = Median der Werte der unteren Datenhälfte
Zentralwert z: siehe Median
oberes Quartil q_o = 75 % aller Werte sind kleiner oder gleich q_o.
    = Median der Werte der oberen Datenhälfte
Quartilabstand q: Differenz zwischen oberem und unterem Quartil
$q = q_o - q_u$
	Der Boxplot ist ein Diagramm, mit dem die Verteilung einer Datensammlung dargestellt wird.
	Die Kennwerte x_{min}, x_{max}, q_u, q_o und z bestimmen den Boxplot. In der Box selbst liegen mindestens 50 % aller Daten.

Wahrscheinlichkeitsrechnung

Zufallsversuch

Vorgang, bei dem genau eines von mehreren möglichen Ergebnissen eintritt

Ereignis

Alle Ergebnisse eines Zufallsversuchs, die eine bestimmte Eigenschaft besitzen
Ein unmögliches Ereignis kann bei keinem Versuch auftreten.
Ein sicheres Ereignis tritt bei jedem Versuch auf.

Laplace-Versuch

Zufallsversuch, bei dem alle Ergebnisse gleich wahrscheinlich sind (z. B. Münzwurf)
Die Wahrscheinlichkeit P für das Ereignis E berechnet sich aus:

$$P(E) = \frac{\text{Anzahl der günstigen Ergebnisse}}{\text{Anzahl der möglichen Ergebnisse}}$$

Gegenereignis

Alle Ergebnisse, die nicht günstig für E sind, ergeben das Gegenereignis $\overline{E}$.

$P(\overline{E}) = 1 - P(E)$

Mehrstufige Zufallsversuche

Solche Zufallsversuche lassen sich in einem Baumdiagramm darstellen. Dabei kann ein Ergebnis als Pfad veranschaulicht werden. Die Wahrscheinlichkeiten lassen sich mithilfe von Produkt- und Summenregel berechnen:

1. Pfadregel (Produktregel)
Die Wahrscheinlichkeit eines Pfades ergibt sich aus dem Produkt der Wahrscheinlichkeiten entlang des Pfades.
$P(E) = p_1 \cdot p_2$

2. Pfadregel (Summenregel)
Die Wahrscheinlichkeit eines zusammengesetzten Ereignisses ist gleich der Summe der Einzelwahrscheinlichkeiten.
$P(E) = P(E_1) + P(E_2) = p_1 \cdot p_2 + q_1 \cdot q_2$

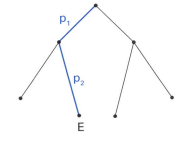

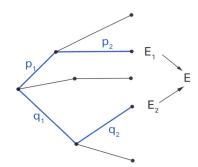

Erwartungswert

Um den Erwartungswert bei einem Glücksspiel zu berechnen, kann man folgendermaßen vorgehen:

1. Man schreibt alle möglichen Werte (W) der Gewinne und die jeweils zugehörigen Wahrscheinlichkeiten (P(W)) für diese Gewinne in einer geordneten Form auf. Eine mögliche geordnete Form des Aufschreibens ist zum Beispiel eine Tabelle, in die die Werte der Gewinne und ihre Wahrscheinlichkeiten eingetragen werden.

2. Man multipliziert jeden Gewinn-Wert (W) mit der zugehörigen Wahrscheinlichkeit (P(W)), addiert alle Einzelprodukte und subtrahiert den Einsatz des Glücksspiels. Das Ergebnis dieser Rechnung ist der Erwartungswert E:

$$E = P(W_1) \cdot W_1 + P(W_2) \cdot W_2 + P(W_3) \cdot W_3 + \ldots + P(W_n) \cdot W_n - \text{Spieleinsatz}$$

Wenn der **Erwartungswert gleich Null** ist, dann handelt es sich bei dem Glücksspiel um ein **faires Spiel**.

Wenn der Erwartungswert negativ ist, dann erzielt der Betreiber / die Betreiberin des Spiels durchschnittlich Gewinn.

Wenn der Erwartungswert positiv ist, dann erzielt der Spieler / die Spielerin des Spiels durchschnittlich Gewinn.

Der durchschnittliche Gewinn entspricht in beiden Fällen dem Erwartungswert.

Die Abschlussprüfung

Die schriftliche Abschlussprüfung in Englisch ist stets ähnlich aufgebaut. Folgende Teile sind Bestandteil der Prüfung:

A – Listening Comprehension

In diesem Teil hören Sie unterschiedliche Audioaufnahmen, z. B. ein Gespräch oder eine Reportage. Anschließend werden Sie in unterschiedlichen Aufgabentypen nach den Inhalten gefragt (alle Hördateien zum Download unter www.pauker.de/rs_bw_muster).

B – Text-based Tasks

In diesem Teil sollen Sie einen Text lesen, erschließen und schließlich inhaltliche Fragen dazu beantworten.

C – Use of Language

Hier wird in unterschiedlichen Formaten geprüft, wie gut Sie mit der englischen Sprache umgehen können. Die Aufgaben orientieren sich an dem vorangegangenen Text und prüfen Ihre Grammatik- und Wortschatzkenntnisse.

D – Writing

In Teil D der Prüfung müssen Sie eigene Texte nach vorgegebenen Kriterien formulieren. Der Umfang der Schreibaufgabe ist unterschiedlich. Sie müssen in der Lage sein, sowohl kreative als auch sachbezogene Texte zu verfassen.

E – Interpreting

Bei dieser Aufgabe vermitteln Sie in zweisprachigen Kommunikationssituationen Informationen adressatengerecht und sinngemäß an Personen der jeweils anderen Sprache. Der Austausch findet sowohl aus der Zielsprache ins Deutsche als auch umgekehrt statt. Entscheidend ist dabei die Weitergabe der wichtigen Informationen.

A – Listening Comprehension

Erklärung

Die Listening Comprehension ist ein neues Aufgabenformat in der Abschlussprüfung. Dabei bilden monologische und dialogische Hörsequenzen die Grundlage für unterschiedliche Aufgabenstellungen zur Überprüfung des Hörverständnisses. Mögliche Aufgabentypen sind:

▶ die Überprüfung von Aussagen/Behauptungen (true/false)
▶ die Zuordnung von Informationen zu vorgegebenen Kategorien
▶ die Identifizierung von Aussagen
▶ das Beenden von Satzanfängen

Für das Überprüfen des Hörverständnisses wird in der Prüfung ein digitaler Datenträger bereitgestellt. Die Prüfungszeit für Teil A beträgt bei allen Abschlüssen 30 Minuten und es werden mehrere Audiobeiträge gehört.

Die Vorbereitung

Meistens liegen die größten Probleme beim Hörverstehen darin, sich auf die unterschiedlichen Aussprachen, Akzente und Sprechgeschwindigkeiten einzustellen. Es ist deswegen sehr sinnvoll, dass Sie Ihre Ausdauer und Konzentrationsfähigkeit beim Hören gezielt und über einen längeren Zeitraum regelmäßig trainieren. Zum Glück gibt es für das „Einhören" in die englische Sprache eine große Auswahl an Möglichkeiten:

▶ DVDs und Streamingdienste bieten Ihre englischsprachigen Lieblingsfilme oder Serien oft auch in der englischen Originalversion an; schauen Sie diese doch mal auf Englisch an (zum Einstieg können Sie auch noch die englischen Untertitel zur Unterstützung benutzen; von einer Mischung aus englischer Sprache und deutschen Untertiteln ist dringend abzuraten).
▶ Im Internet finden Sie eine riesige Anzahl an interessanten und spannenden Radiosendern oder Podcasts aus den USA, England oder Australien. Auch englische Hörspiele und Hörbücher können Sie im Netz finden.
Nutzen Sie diese Möglichkeiten!

In der Prüfung

Die wichtigste Regel bei den Hörverstehensaufgaben ist: Keep calm and don't panic! Also, Ruhe bewahren und immer daran denken, dass Sie jeden Text ZWEIMAL hören werden. Lesen Sie sich die Aufgabenstellung immer gut durch und prüfen Sie, ob es schon naheliegende Antwortmöglichkeiten oder bestimmte Signalwörter gibt, auf die Sie beim Hören besonders achten können.

Typische Aufgabenstellung

**You will hear a conversation about weekend activities. Listen and answer questions 1 – 5.
You will hear the conversation twice.**

Hörtext

Weekend Activities

Girl: So Stan, have you got any plans for the weekend?
Boy: Hi Julia, yeah, my mates and I are going to this activity centre in the mountains.
Girl: Oh, yeah?
Boy: You can do all kinds of things there. It's a new centre; it sounds great. We're going to go dirtboarding …
Girl: What's that?
Boy: It's like skateboarding or snowboarding. You have a board, or deck, to stand on and wheels. They're pretty strong because you go down rough mountain tracks on them. Steep, rough mountain tracks.
Girl: Sounds a bit risky. Have you done it before?
Boy: No, but I've done similar things. Anyway, we're also going to go canyoning. Before you ask, that's when you jump and swim down a river canyon. You have to use ropes and special equipment. And maybe we'll go wildwater rafting too.
Girl: Phew. That sounds far too difficult to me.

Boy: They have lots of other things that you can do, too. Like zip-wiring, you know, when you ride along a wire through the trees or down a mountain.

Girl: Go down a mountain on a wire!

Boy: It's really easy, and exciting too. You just have to hold on and enjoy the ride. Or there's bungee jumping.

Girl: Jump off a bridge on a long elastic band! Me? You've got to be joking! Anyway, I'm going away this weekend too, thank you for asking.

Boy: I was going to ask. So where are you going?

Girl: Paris! I'm so excited!

Boy: Paris, wow!

Girl: Yeah, it'll be brilliant! We're going to do all the sights, like go up the Eiffel Tower and take a boat along the River Seine and see the old parts of the city. It looks so beautiful in the photos. And then there are all the art galleries. You know how much I like art. I can't wait to go round the Louvre and see all those famous paintings.

Boy: I think the famous impressionist paintings are somewhere else, aren't they.

Girl: Yeah, I know, they're in the Musée d'Orsay. We're going to go there, too. And then I want to go to the Rodin Museum and see that famous statue, you know, The Thinker. And of course, being in Paris, we'll have to go shopping. Or window shopping, at least. And then there's the restaurants. Just think, French food!

Boy: You've got a lot planned for one weekend.

Girl: Oh, we're going for four days, actually.

Boy: Oh, four days, very nice. And who are you going with?

Girl: Oh, just a friend.

1. **Tick the correct ending to finish the sentences. There is only one correct answer in each sentence.**

Dirtboards are pretty strong because …	A	☐	… most dirtboard riders are really heavy.
	B	☐	… you often jump from one mountain track to another.
	C	☒	… you go down rough mountain tracks on them.

Zip-wiring means that …	A	☐	… you climb up a mountain with a wire around your waist.
	B	☒	… you ride along a wire through the trees or down a mountain.
	C	☐	… you ride along a wire through wildwater or rivers.

The girl can't wait to go round the Louvre …	A	☐	… and see the famous statue 'The Thinker'.
	B	☒	… and see all those famous paintings.
	C	☐	… and see the famous Impressionist paintings.

Lösung

▶ C – Dirtboards are pretty strong because you go down rough mountain tracks on them.

▶ B – Zip-wiring means that you ride along a wire through the trees or down a mountain.

▶ B – The girl can't wait to go round the Louvre and see all those famous paintings.

2. **Take notes to fill in the table.**

a)	definition of canyoning	
b)	number of days the girl will spend in Paris	4 days
c)	name three sights in Paris	~~Rodin~~ Rodin museum, Eiffel tower Louvre, Rodin

Lösung

a) to jump and swim down a river canyon
b) 4 days
c) Eiffel Tower, Louvre, Rodin Museum

3. **Write the correct name (Julia, Stan) next to the statement. Be careful, one statement does not fit.**

a)	Go down a mountain on a wire!	Julia
b)	You just have to hold on and enjoy the ride.	Stan
c)	I take a boat along the coast.	Julia
d)	Oh, just a friend.	

Lösung

a) Julia
b) Stan
c) neither (of the two)
d) Julia

4. Take notes to complete the cluster by adding missing facts.

activities in the activity centre
▶ *dirtboarding*
▶ a) *canyoning*
▶ b) ~~al~~ ~~rawan~~
      bungee jumping

activities in Paris
▶ *visiting the Louvre*
▶ *go to the Eiffel Tower*
▶ c) *go to museum*

weekend activities

things Julia wouldn't do
▶ d) *bungee jump*
▶ e) *dirtboarding*

Lösung

a) bungee jumping
b) canyoning (zip-wiring)
c) go to the Rodin Museum (go to a restaurant, boat trip)
d) dirtboarding
e) bungee jumping (zip-wiring)

5. Decide whether the following statements are true or false.

	true	false
a) Julia is going to take a boat along the River Seine to see the old parts of the city.	x	
b) Stan has done dirtboarding a lot of times already.		x
c) I think the famous impressionist paintings are in the Louvre.		x

Übungsaufgaben

You will hear a discussion about zoos. Listen and answer questions 1 – 5.
You will hear the recording twice.
(QR-Code rechts – Aufgaben Seite 284)

Discussion: Are Zoos a Good Thing?

Presenter: Good morning everybody here on Radio Zero. Today is January the 2nd. On today's show, we'd like to have a fresh talk on a rather dusty topic: zoos. They are a hugely popular attraction for adults and children. But are zoos a good thing? Yes or No?
And with me today are Jonas, Ida and Simon. Let's go straight into the discussion – does anyone of you boycott zoos?

Ida: Yes! I do.

Presenter: And what about you, Jonas?

Jonas: No, no … I am not. I like going there.

Presenter: And you, Simon?

Simon: Well, I don't boycott zoos, I sometimes go there for different reasons, but I think that we don't need zoos anymore.

Presenter: Ida, since when and why do you boycott zoos?

Ida:	Well, I think I was about 19 when I realized that going to the zoo means that you are actually paying people to do harm to animals. Every ticket supports the zoo and animals suffer physically and mentally by being enclosed. Even if they have a lot of space and freedom it is different from their natural habitats. Since I realized that I couldn't go to a zoo anymore.
Presenter:	You said that enclosed animals suffer physically and mentally. What happens to the animals?
Ida:	Well, capturing animals in the wild causes much suffering by splitting up families and moving them to different places. The result is that animals become distressed and mentally ill. Some zoos make animals behave unnaturally as some sort of entertainment. For example, marine parks often force dolphins and whales to perform tricks.
Presenter:	Are zoos better than marine parks?
Simon:	In a way yes, because, normally, a zoo doesn't force animals to do tricks but that doesn't mean that zoos are good environments for animals. Animals that live in zoos, circuses or marine parks die decades earlier than their wild relatives, and … you won't believe that … some animals are so depressed they even try to commit suicide.
Presenter:	What? That sounds terrible. I have never heard of that. Jonas, why do you think zoos are good?
Jonas:	First of all, I think, by bringing animals and people together, zoos have the potential to educate the public and inspire people to protect animals and their habitats.
Ida:	That's crazy, how does watching animals in cages inspire people to protect them and their environment?
Jonas:	There are zoos that provide a safe environment for animals which have been treated badly in circuses, or pets which have been abandoned. And second, zoos also gather important information about animal behaviour and how to treat illnesses.
Simon:	Exactly, that's why I sometimes go to the zoo. I want to see and watch exotic animals. It's educational and you can learn a lot in zoos.
Ida:	Oh, come on! You can learn a lot about animals online or by watching documentaries. Hello! It's the 21st century, we don't have to put animals in cages anymore, we can learn about anything anytime online. In HD!
Simon:	That's true and that's why I said at the beginning that we don't need zoos anymore. Today, most of the people go there to be entertained or to have a nice walking atmosphere not to learn about the animals.
Jonas:	I disagree. There are still people who go to a zoo and want to learn everything about the animals and they want to see them in reality, not online.
Presenter:	What about endangered species? Why can we find these animals in zoos? Shouldn't they be in the wild?
Jonas:	No, particularly endangered species should receive help. In the wild, they have difficulty in finding mates and breeding, and they might also be threatened by natural enemies like predators or by poachers[1]. A good zoo will help these species to live and breed in a safe environment.
Simon:	That's a good point and sometimes zoo-bred animals can be released into the wild to repopulate.
Ida:	That is very naive. The majority of zoo-bred animals are not released into the wild, they are sold to other zoos or in some cases to circuses. The worst thing I've ever heard was that some animals are sold to hunting ranches where people are willing to pay a lot of money to kill an animal for sport.
Presenter:	Hang on a minute. Before we continue our discussion it's time for a short break. Thank you so far and we'll be right back after the break …

[1] poacher: Wilderer

(1)

1. Tick the correct ending to finish the sentences.

a) | Zoos are … | A | ☒ | … a hugely popular attraction for adults and children. |
|---|---|---|---|
| | B | ☐ | … less popular nowadays because of the Internet. |
| | C | ☐ | … the best place to learn about animals and their behaviour. |

b)	Simon thinks that ...	A	☐	... boycotting zoos is the best thing one can do.
		B	☒	... we don't need zoos anymore.
		C	☐	... going to the zoo is a very important family activity.

c)	Ida won't go to a zoo anymore because ...	A	☐	... she doesn't like the smell of animals.
		B	☐	... she doesn't want to pay for the ticket.
		C	☒	... she doesn't want to support people who harm animals.

d)	One of the reasons zoo animals become distressed is because ...	A	☐	... they do not get enough food and water.
		B	☒	... they are separated from their families.
		C	☐	... they often have to move to another zoo.

e)	In marine parks ...	A	☐	... animals are treated better than in zoos.
		B	☒	... animals have to perform tricks to entertain people.
		C	☐	... whales and dolphins live longer than in the wild.

f)	Some animals are so depressed that ...	A	☒	... they try to kill themselves.
		B	☐	... they sleep all the time.
		C	☐	... they won't eat anymore.

g)	Endangered animals kept in zoos ...	A	☐	... have difficulty in finding a mate and breeding.
		B	☒	... receive help to live and breed in a safe environment.
		C	☐	... are used for scientific research.

h)	Sometimes, zoo-bred animals ...	A	☒	... can be released into the wild to repopulate.
		B	☐	... become very famous attractions.
		C	☐	... are sold as pets.

2. **True or false? Decide whether the following statements are true or false.**

	true	false
a) Simon thinks that we don't need zoos anymore.		✗
b) Captured animals will stay in their families and will be moved to the same zoo.		✗
c) Everyone agrees that marine parks are better than zoos.		✗
d) Zoos have the potential to educate the public and might inspire people to protect animals and their habitats.	✗	
e) Today, some people only go to zoos to have a nice walking atmosphere.	✗	
f) The majority of zoo-bred animals are released into the wild.		✗

3. Take notes to fill the table.

a)	why Ida boycotts zoos	every ticket supports zoos to harm animals
b)	two reasons why zoo animals suffer	go to another place, moved away from their families
c)	two ways in which zoos help animals	they help animals who have been treated bad, the get informations to heal
d)	one good alternative to zoos	documentaries

4. Who says it? Write the correct name (presenter, Jonas, Ida, Simon) next to the statement. One statement does not fit.

a)	I don't boycott zoos, I sometimes go there for different reasons, but I think that we don't need zoos anymore.	Simon
b)	No, no … I am not. I like going there.	Jonas
c)	You said that enclosed animals suffer physically and mentally.	Presenter
d)	Hello! It's the 21st century, we don't have to put animals in cages anymore.	Ida
e)	There is no difference between zoos, marine parks and circuses.	

5. Take notes to complete the cluster by adding missing facts.

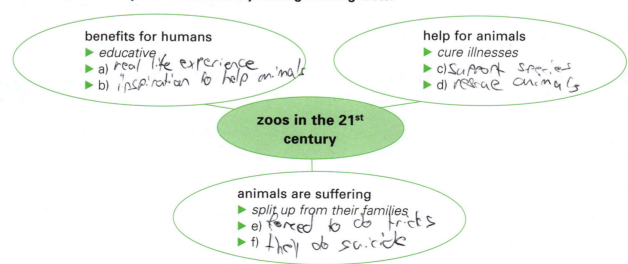

benefits for humans
- *educative*
- a) real life experience
- b) inspiration to help animals

help for animals
- *cure illnesses*
- c) support species
- d) rescue animals

zoos in the 21st century

animals are suffering
- *split up from their families*
- e) forced to do tricks
- f) they do suicide

B – Text-based Tasks

Typische Aufgabenstellung

Is It True That "Fifa 20" Is a License to Print Money?

1   The "Fifa" release will hit shelves[1] on 27 September – and its success is guaranteed. Every football fan feverishly awaits the start of the new season in summer.

But for many, one question might be even more pressing: "What new features does the latest "Fifa" video game from the US company EA Sports have?" Gamers young and old await the game's release with great anticipation each year. With each new
5   release, the programmers further improve the gameplay.

[…] Since you always want to play with the current players and teams, the game basically sells itself. Adding to its popularity is the rise of professional e-sport events. Many Bundesliga teams now have their own e-teams as well. In August, the German gamer MoAuba from Werder Bremen became the latest "Fifa" world champion. Today, "Fifa" dominates the market.

But it wasn't always like that. The series used to be a head-to-head race with the Japanese "Pro Evolution Soccer" series. Back
10   then, those who liked action generally preferred "Fifa", while realism fans swore by "PES". Now, both series try to reproduce the game as realistically as possible, which is why the licenses for leagues, teams and players, now play the biggest role for buyers today. While "PES" allows you to control only a few original players and teams such as Barcelona, Arsenal and, most recently, Bayern Munich, "Fifa" has the authentic licenses for everything – even the national teams.

Although EA pays enormous licence fees, it knows that its sales will more than compensate[2] for the cost.

[1] to hit shelves: in den Regalen stehen
[2] to compensate: ausgleichen, entschädigen

Adapted from: https://www.handelsblattmachtschule.de/fileadmin/Images/Newcomer/nc55/Newcomer_Ausgabe_55_englisch.pdf, Seitenaufruf am 14.05.2020

(2)

1. Match the headings with the parts of the text. There is one more heading than you need.

1)	PES – greater, bigger, better!	a) lines 1 – 2
2)	What's new?	b) lines 3 – 5
3)	Good investment	c) lines 6 – 8
4)	New FIFA is coming soon	d) lines 9 – 13
5)	PES vs. FIFA	e) line 14
6)	New developments – rising popularity	

Lösung

2) – b); 3) – e); 4) – a); 5) – d); 6) – c)

2. Finish the following sentences using the information from the text.

a) Each year, gamers await the game's …

release

b) The rise of professional e-sports events is …

Adding to its popularity

c) The biggest role for buyers today play the …

licese for leugues teams and players

Lösung

a) release with great anticipation.
b) adding to its popularity.
c) licenses for leagues, teams and players.

3. Decide whether the following statements are right, wrong or not in the text.

	right	wrong	not in the text
a) The German gamer MoAuba from Borussia Dortmund became world champion.		x	
b) 'PES' only has a few licensed players and teams.	x		
c) Since 2019, Schalke 04 has been the official partner of 'PES'.			x

4. Answer the questions in complete sentences by using the information from the text.

a) Why does the game basically sell itself?

Itsdkiksf, Because the players want to play with the current player base

b) How did 'FIFA' manage to win the head-to-head competition against 'PES'?

Fifa has the authentic license for everything.

c) Why does EA pay the enormous license fees?

They pay enormous, because they have every license.

Lösung

a) The gamers always want to play with the current players and teams.
b) 'FIFA' now, like 'PES', tries to reproduce the game as realistically as possible and owns almost all the licenses.
c) EA knows that it is worth it. The sales will compensate for the costs.

5. Finding information.

Find <u>three</u> reasons why 'Fifa' basically sells itself.

▶ *The game gets better*
▶ *The players want the new players in the new teams, if they switched.*
▶ *The players want to play with the current player base*

Mögliche Lösung

▶ each release offers an improved gameplay
▶ you always want to play with current players and teams
▶ professional e-teams increase its popularity

Übungsaufgaben

Text 1

Star Wars and the Hero Myth

1 Critics of the 2015 film *Star Wars: Episode VII – The Force Awakens* have called the film unoriginal and predictable because the story so closely mirrors the very first Star Wars film in 1977. But, in fact, both films follow a structure that predates[1] all Hollywood films, that of the 'hero myth'[2]. That's because director George Lucas based Star Wars on the ideas in Joseph Campbell's 1949 book, *The Hero with a Thousand Faces*. […]

5 In his book, Campbell analyses myths[3] from all over the world to describe the 'monomyth' – a pattern[4] that you can see in myths from every culture. In short, a hero sets off from home on a journey, where he overcomes obstacles[5] and defeats enemies to return with a prize. It's a tale that has been told for thousands of years, from the Ancient Greeks with *The Odyssey* to JK Rowling's Harry Potter books.

George Lucas was one of the early film directors to directly base his story on the 17 stages of the hero's journey. Typically, the
10 hero starts the story living an ordinary life, but something happens that calls them to an adventure that changes everything. At the beginning of *Star Wars*, Luke lives an ordinary life with his aunt and uncle, repairing robots. When he finds Princess Leia's message to Obi-Wan Kenobi inside the robot R2D2, it is 'the call to adventure' that starts the hero on his journey.

[…] The next stage consists of passing tests, fighting enemies and meeting friends as the hero prepares to face their biggest challenge. For Luke the mentor[6] is, of course, Obi-Wan, the friends are Han Solo and the robots R2D2 and C3PO and the enemy
15 is Darth Vader inside the special world of the Death Star.

Next, the hero overcomes obstacles on the way to facing their greatest challenge. There often comes a moment when they face death or loss and that experience gives them the strength to finally defeat the enemy. Luke loses his mentor when he sees Darth Vader kill Obi-Wan, which helps him find the strength he needs later on. When heroes succeed, they return from the special world, changed by their experiences forever. Luke's change comes when he remembers Obi-Wan saying, 'Use the force', and
20 he uses it to help him aim[7] his laser into the heart of the Death Star. Luke takes his first steps to becoming a Jedi, and the hero myth restarts in *The Return of the Jedi*, except this time his mentor is Yoda.

[1] to predate: vordatieren
[2] hero myth: Heldensage
[3] myth: Sage, Mythos
[4] pattern: Muster (hier: Erzählmuster)
[5] obstacle: Hindernis
[6] mentor: Lehrer
[7] to aim: zielen

Adapted from: https://learnenglish.britishcouncil.org/skills/reading/upper-intermediate-b2/star-wars-and-the-hero-myth, Seitenaufruf am 14.05.2020

1. Finish the following sentences using the information from the text.

a) Star Wars is based on the ideas …

from Joseph Campbells 1949 book

b) Luke finds the strength he needs when …

he experiences a loss.

c) When heroes return home after a successful journey, they …

are changed by the experience forever

2. Decide whether the following statements are right, wrong or not in the text.

	right	wrong	not in the text
a) The critics loved the film 'Star Wars The Force Awakens'.		X	
b) At the beginning of the 'hero myth', the hero is always a normal person who lives a normal life.	X		
c) Luke finds a message from Obi-Wan inside the robot C3PO.		X	
d) Obi-Wan tells Luke that he should ask Yoda how to destroy the Death Star.			X
e) At the end, Luke takes his first step to becoming a Jedi and the story restarts in 'The Return of the Jedi'.	X		

3. Answer the questions in complete sentences by using the information from the text.

a) Why do the critics call the film unoriginal and predictable?

The story so closely mirrors the first movie

b) What is a 'monomyth'?

Myths described from all over the world

c) What do 'Harry Potter', 'The Odyssey' and 'Star Wars' have in common?

It has the hero myth

Text 2

Robot Teachers

1 If you think of the jobs robots could never do, you would probably put doctors and teachers at the top of the list. It's easy to imagine robot cleaners and factory workers, but some jobs need human connection and creativity. But are we underestimating[1] what robots can do? In some cases, they already perform better than doctors at diagnosing illness. Also, some patients might feel more comfortable sharing personal information with a machine than with a person. Could there be a place for robots in

5 education after all?

British education expert Anthony Seldon thinks so. And he even has a date for the robot takeover of the classroom: 2027. He predicts robots will do the main job of transferring information and teachers will be like assistants. Intelligent robots will read students' faces, movements and maybe even brain signals. Then they will adapt the information to each student. It's not a popular opinion and it's unlikely robots will ever have empathy[2] and the ability to really connect with humans like another

10 human can.

One thing is certain, though. A robot teacher is better than no teacher at all. In some parts of the world, there aren't enough teachers and 9 – 16 per cent of children under the age of 14 don't go to school. That problem could be partly solved by robots because they can teach anywhere and won't get stressed, or tired, or move somewhere for an easier, higher-paid job.

Those negative aspects of teaching are something everyone agrees on. Teachers all over the world are leaving because it is a

15 difficult job and they feel overworked. Perhaps the question is not 'Will robots replace teachers?' but 'How can robots help teachers?' Office workers can use software to do things like organise and answer emails, arrange meetings and update calendars. Teachers waste a lot of time doing non-teaching work, including more than 11 hours a week marking homework. If robots could cut the time teachers spend marking homework and writing reports, teachers would have more time and energy for the parts of the job humans do best.

[1] to underestimate: unterschätzen
[2] empathy: Einfühlungsvermögen

Adapted from: https://learnenglish.britishcouncil.org/skills/reading/intermediate-b1/robot-teachers, Seitenaufruf am 27.5.2020

1. Match the headings with the parts of the text. There is one more heading than you need.

1)	Robots take over classrooms	a)	lines 1 – 2
2)	Dangerous robots	b)	lines 2 – 5
3)	Robots are underestimated	c)	lines 6 – 10
4)	Teachers need robots for non-teaching work	d)	lines 11 – 13
5)	Job robots can or cannot do	e)	lines 14 – 19
6)	A need for robot teachers		

2. Finish the following sentences using the information from the text.

a) Some people might feel more comfortable sharing …

personal information with a machine than with a person

b) In 2027, teachers might become assistants because …

robots will do the main job of transferring information

c) Robots will never be able to really connect with humans because …

it is unlikely that robots will ever have empathy

3. **Answer the questions in complete sentences by using the information from the text.**

   a) According to Anthony Seldon, what skills will intelligent robots have in 2027?

      They will be able to read students faces

   b) Why are teachers all over the world leaving their jobs?

      They leave because they feel overworked

   c) How can robots help teachers?

      They do the not teaching work.

4. **Finding information.**

   State three reasons why teachers feel overworked.

   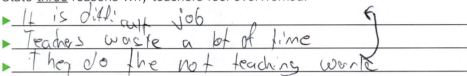

   ▸ *It is difficult job*

   ▸ *Teaches waste a lot of time*

   ▸ *They do the not teaching work*

Text 3

A Burning Question

Coal is a hot topic among politicians, businesses and environmental associations. [...] Why is that?
Michael Koch, Institute of Economic Education at Oldenburg

1 The electricity from the socket comes from different sources: wind, the sun, natural gas, nuclear power, but mostly coal. Lignite (brown coal) offers some particular advantages: There is a lot of it in Germany, so we do not have to rely on other countries for supply. And since it is relatively easy to mine, electricity from coal is cheap. But there is also a huge drawback: The combustion[1] of lignite emits large quantities of carbon dioxide (CO_2) and contributes significantly to climate change. Since Germany is
5 lagging behind[2] the internationally agreed climate protection targets, the medium-term goal is to stop burning coal completely. Due to a clash of interests, however, this isn't as easy as you might think. On the one hand, environmentalists want to quit coal as soon as possible. [...] On the other hand, there are the power plant operators, their employees and the governments of those federal states where coal mining plays an important economic role – particularly North-Rhine-Westphalia, Brandenburg, Saxonia and Saxony-Anhalt. In addition, many companies worry that they may have to pay much more for electricity in the
10 future. This would jeopardize[3] their position in international competition.
   To work towards a solution, the German government set up a coal commission with representatives from the various interest groups in June 2018. It presented its proposals in January: a gradual phase-out that would be completed by 2038 at the latest, with most power plants being shut down by 2022. The federal states that mine coal would receive 40 billion euros in aid from the government to restructure their local economies – as other industries will have to settle in those areas to replace the jobs
15 that will be lost. The plan also provides compensation for energy companies.
   The reactions have been mixed. Some think the plan takes too long, for others the compromise is too expensive. Now, it's up to the politicians to decide.

[1] combustion – Verbrennung (hier: von Kohle)
[2] to lag behind – hinterherhinken, zurückbleiben
[3] to jeopardize – gefährden, in Gefahr bringen, aufs Spiel setzen

Adapted from: Michael Koch, in: Handelsblatt newcomer, 03-04 2019, #53, S. 1

1. **Decide whether the following statements are right, wrong or not in the text.**

a) Using coal as an energy source has also disadvantages.

b) Germany was one of the first states to achieve the climate protection targets.

c) Companies do not want to pay more for electricity.

d) Many new industries have promised to settle in the federal states affected by the phase-out.

e) The restruction of local economies will be completed by 2038.

right	wrong	not in the text
X		
	X	
X		
		X
		X

2. **Finish the following sentences using the information from the text.**

a) The combustion of lignite ...

much CO2

b) Higher electricity prices would jeopardize ...

the position of the companies in competition

c) The gradual phase-out would be completed ...

by 2038 at latest

3. **Answer the questions in complete sentences by using the information from the text.**

a) Why is electricity from coal so cheap?

Beca It is cheap because it's easy to mine

b) What are environmentalists demanding?

Environmetalist demand to quit coal as fast as possib

c) How does the government plan to help the federal states that mine coal?

They are paying 40 million euros to restructure their local ecomomier

4. **Finding information.**

Find examples for two supporting measures in order to restructure the local economies of coal-mining federal states.

► The energy companies will receive compensation

► _____

C – Use of Language

Bei den Aufgaben zum Wortschatz müssen Sie häufig **Synonyme** und **Antonyme** finden und **Wörter** erklären. Außerdem sollen Sie beweisen, dass Sie die sprachlichen Mittel auch in komplexeren Zusammenhängen verwenden können. Das bedeutet, dass von Ihnen erwartet wird, sowohl den Wortschatz und die grammatischen Strukturen anzuwenden als auch selbstständig Fragen zu bilden.

Wortschatzübungen

Beliebte Übungen zum Prüfen des Wortschatzes sind: **Lückentexte**, das **Finden von Synonymen** oder **Antonymen** und **Worterklärungen**. Sie sollen also zeigen, dass Sie im Laufe Ihrer Schulzeit viele Wörter, Definitionen und Redewendungen gelernt haben und dass Sie diese auch anwenden und schreiben können.

Grammatik

Zur Prüfung Ihrer Grammatikkenntnisse müssen Sie Wörter unterschiedlicher Wortarten in ihren entsprechenden Formen in einen Lückentext eintragen oder ganze Sätze in die richtige Reihenfolge bringen. Typische Aufgaben sind: die Zeitformen von Verben bestimmen, Personalpronomen oder Adjektive einsetzen und durcheinandergeratene Sätze ordnen.

In der Prüfung

Die Übungen in diesem Teil beziehen sich auf die Texte aus Teil B. Am besten fangen Sie immer mit den Aufgaben an, die Ihnen leichtfallen. Lesen Sie die Arbeitsanweisungen sorgfältig durch. Bei den Wortschatzübungen unterscheiden sich manche Wörter teilweise nur durch einen Buchstaben, zum Beispiel „though" und „through". Sie bekommen dadurch aber eine ganz andere Bedeutung; hier gilt es, besonders aufzupassen.

Falls Ihnen ein Wort nicht gleich einfällt, überlegen Sie, ob Sie ein anderes kennen, das fast dasselbe bedeutet. Bei Lückentexten sollten Sie zunächst den ganzen Text lesen, sodass Sie wissen, worum es geht. Dann fällt es Ihnen leichter, das entsprechende Wort einzusetzen. Wie bei allen Aufgabenteilen der Prüfung sollten Sie auch hier versuchen, alle Aufgaben zu lösen, selbst wenn Sie nicht ganz sicher sind.

Typische Aufgabenstellung

(3)

Erläuterung

Im folgenden Abschnitt lernen Sie neun typische Aufgabenstellungen zu dem Prüfungsteil „Vocabulary & Grammar" kennen. Die Aufgabenstellungen beziehen sich, auch in der Prüfung, größtenteils auf die im Teil B erarbeiteten Texte.

Vocabulary

1. **Write the opposites of the underlined words. (Text: Fifa)**

    a) The 'FIFA' release will hit shelves on 27 September – and its <u>success</u> is guaranteed.

    failure

    b) But it wasn't <u>always</u> like that. _never_

    c) Although EA pays <u>enormous</u> licence fees … _little_

    Lösung

    a) failure (flop)   b) never   c) little (tiny, small)

2. Find the synonyms of the underlined words. (Text: Star Wars)

a) In short, a hero sets off from home on a <u>journey</u>, where he overcomes obstacles and defeats enemies to return with a prize. _trip_

b) George Lucas was one of the early <u>film</u> directors to directly base his story on the 17 stages of the hero's journey. _picture_

c) When heroes succeed, they return from the special world, changed by their experiences <u>forever</u>. _Permanently_

Lösung

a) trip (adventure, quest, expedition, travel)
b) movie (cinema, motion picture)
c) for all time (for always, for good, permanently)

3. Find words in the text for the following explanations. (Text: Fifa)

a) It is a typical quality or an important part of something. (lines 3 – 5) _feature_

b) To be the largest, most important part of something. (lines 6 – 8) _dominate_

c) The money you pay to a company to get permission to use, do or have something. (line 14) _licence fee_

Lösung

a) feature
b) to dominate
c) licence fee

4. Explain the following words in complete sentences. (Text: Fifa)

a) fan (line 1) _a person who likes someone very much_
b) gamer (line 4) _Someone who plays video games a lot_
c) authentic (line 13) _someone who is not fake_

Lösung

a) fan: a person who likes and supports someone or something very much
b) gamer: someone who plays video games
c) authentic: something that is not fake or copied but real

5. Find the nouns. (Text: Fifa)

a) pressing (line 3) _pressure_

b) improve (line 5) _improvement_

c) realistically (line 11) _reality_

d) know (line 14) _knowledge_

Lösung

a) pressure   b) improvement

c) realism/reality   d) knowledge

Grammar

6. Fill in the verbs in the correct tense.

Many Bundesliga teams ❶ (invest) _invest_ in their own e-teams. Last year, a German gamer called MoAuba ❷ (win) _won_ the latest 'FIFA' world championship final. At the moment, 'FIFA' is ❸ (dominate) _dominating_ the market. But that ❹ (not be) _wasn't_ always the case. A few years ago the series ❺ (be) _was_ in a head-to-head race with the Japanese 'Pro Evolution Soccer' series. Back then, action fans ❻ (choose) _chose_ to play 'FIFA', while realism fans ❼ (favour) _favoured_ 'PES'.

Lösung

> ❶ invest ❷ won ❸ dominating ❹ was not / wasn't ❺ was ❻ chose ❼ favoured

7. Fill in the words in the correct form.

The 'football war' between 'FIFA' and 'PES' has been ❶ (go on) _going on_ for years now and the ❷ (late) _latest_ 'FIFA 20' and 'PES 2020' releases show no sign of ❸ (stop) _stopping_ this 'war'. 'PES 2020' ❹ (have) _has_ made a licence deal with Juventus Turin, one of the ❺ (great) _greatest_ clubs in the world. And 'FIFA' was able ❻ (buy) _to buy_ the Champions League rights very ❼ (quick) _quickly_. But when it comes to ❽ (reality) _realistic_ gameplay, 'PES' is ahead as always.

Lösung

> ❶ going on ❷ latest ❸ stopping ❹ has ❺ greatest ❻ to buy ❼ quickly ❽ realistic

8. Ask questions.

You are talking to a friend. She or he is constantly talking about video games. Ask her or him <u>three</u> different questions. Use different question forms or different tenses.

▶ _You bought the newest Pes_

▶ _What do you love about games_

▶ _Isn't playing video games a waste of time_

Mögliche Lösung

▶ What exactly is it that you love about playing video games?

▶ Don't you think that playing video games might be a waste of time?

▶ You have bought the latest 'PES', haven't you?

9. Paraphrasing

a) I am sure that most football fans can't wait for the new season to start in summer.

   There ... (doubt) that most football fans are waiting for the new season to start in summer.

   There is no doubt that most football fans are waiting for new seas [handwritten]

b) I need to make sure I won't waste too much time.

   I ... (avoid) wasting too much time.

   I must avoid wasting too much time [handwritten]

c) I am looking forward to playing the new 'FIFA' release.

   I expect that playing the new 'FIFA' release ... (fun).

   will be fun [handwritten]

Lösung

a) There is no doubt that most football fans are waiting for the new season to start in summer.
b) I have to avoid wasting too much time.
c) I expect that playing the new 'FIFA' release will be (a lot of) fun.

Übungsaufgaben

Text 1: Star Wars and the Hero Myth

1. Find the opposites.

a) predictable (line 1)   *unpredictable* [handwritten]
b) to set off (line 6)   *set on* [handwritten]
c) ordinary (line 11)   *unusaual* [handwritten]
d) passing tests (line 13)   *fail the test* [handwritten]
e) often (line 16)   *some times* [handwritten]
f) strength (line 17)   *weakness* [handwritten]

2. Find words in the text for the following explanations.

a) when something is uninteresting because it is very similar to lots of other things, it is (lines 1 – 2)

   unoriginal [handwritten]

b) a person who is in charge of a film or play and tells the actors how to play their parts (lines 3 – 4)

   director [handwritten]

c) an ancient story or set of stories which explains the early history of a group of people (lines 5 – 6)

   myth [handwritten]

d) an unusual, exciting, and possibly dangerous activity or trip (lines 11 – 12)

   Adventure [handwritten]

e) a person who teaches a younger or less experienced person (lines 14 – 15)

   mentor [handwritten]

3. **Find the synonyms.**

a) obstacle (line 6)   _difficulty_

b) enemy (line 13)   ~~his only~~ _opponent_

c) story (line 10)   _tale_

d) at the beginning (lines 10 – 11)   _at first_

e) to repair (line 11)   _rebuild_

f) stage (line 13)   ~~journey~~ _level_

4. **Fill in the correct verb forms.**

George Lucas, the creator of Star Wars, ❶ (to claim) _claims_ that Campbell's monomyth ❷ (to be) _was_ the inspiration for his films. Lucas also ❸ (to believe) _believes_ that Star Wars is such a popular saga because it uses a timeless story structure which ❹ (to exist) _has existed_ for thousands of years. The hero myth is a great technique for ❺ (to analyse) _analysing_ myths, legends, films, novels, short stories, plays, or even comic books. Last year, I ❻ (to tell) _~~never~~ told_ my students about the hero myth and they ❼ (to ask) _~~have~~ asked_ questions about the characteristics of real heroes. For example: Are heroes born or are they ❽ (to make) _made_?

5. **Ask questions.**

You are talking to your best friend about films. Your friend has just seen the latest Star Wars movie. Ask three questions about the film. Use different question forms or different tenses.

▶ _Was the movie good?_

▶ _Would you watch it again?_

▶ _Do you think others like it?_

Text 2: Robot Teachers

1. **Find words or expressions in the text which mean more or less the same.**

a) the ability to come up with new ideas (line 2)

     creativity

b) to move something from one place to another (line 7)

     transferring

c) to change something so that it fits better (line 8)

     adapt

d) to be enjoyed or liked by a lot of people (line 9)

     popular

e) computer programs (line 16)

     software

2. Find the opposites.

a) better (line 3)   _worse_

b) connect (line 9)   _disconnect_

c) stressed (line 13)   _related_

3. Give a definition of the following words.

a) takeover (line 6)   _an act of taking control of a thing or a place_

b) assistant (line 7)   _someone who helps someone to do a job_

c) overworked (line 15)   _overworked the feeling of having to work too much_

4. Fill in the correct forms.

It's easy ❶ (to think) _to think_ robots can do less than people but it's not always true. Robots can be ❷ (strong) _stronger_ and ❸ (smart) _smarter_ than humans. They are the ❹ (good) _best_ help teachers can get. Some experts even think that robots will take over classrooms and that it ❺ (to be) _will be_ the teachers who help the robots in class. One thing is ❻ (certain) _certainly_ true. Robots will ❼ (probable) _probably_ never have human understanding of emotions. Some ❽ (part) _parts_ of the world have a shortage of teachers. For these parts, robot teachers might be the ❾ (easy) _easiest_ solution. Experts say that we have to support these countries ❿ (quick) _quickly_ .

5. Paraphrasing

Complete the second sentence so that it means the same as the first sentence. Use between two and five words including the words in brackets.

a) But are we underestimating what robots can do? (lines 2 – 3)

... **(question)**, do we underestimate what robots can do?

The question is

b) It is unlikely robots will ever have the empathy to really connect with humans. (lines 9 – 10)

It is ... **(never)** have the empathy to really connect with humans.

likely that robots never

c) A robot teacher is better than no teacher at all. (line 11)

Having no teacher at all ... **(worse)** having a robot teacher.

is worse than

d) Teachers waste a lot of time doing non-teaching work. (line 17)

Teachers ... **(focus)** their time on teaching rather than on non-teaching work.

would like to

Text 3: A Burning Question

1. **Find the opposites.**

   a) different (line 1)   *same*

   b) advantage (line 2)   *disadvantage*

   c) cheap (line 3)   *expensive*

   d) quit (line 6)   ~~start~~ *join*

   e) solution (line 11)   *problem*

   f) settle (line 14)   *leave*

2. **Find the synonyms.**

   a) source (line 1)   _____

   b) relatively (line 3)   _____

   c) stop (line 5)   *~~~~ hold on*

   d) quit (line 6)   *leave*

   e) solution (line 11)   _____

   f) plan (line 15)   *structure*

3. **Find words for the following definitions.**

   a) a stock or amount of something available for use (line 3)   *supply*

   b) to feel anxious or troubled about something (line 9)   _____

   c) existing or occuring between nations (line 10)   *international*

4. **Give a definition of the following words.**

   a) quantity (line 4)   *the amount or number of something*

   b) to restructure (line 14)   *to change the organisation or pattern of s...*

   c) gradual (line 12)   *pro*

5. **Find the nouns.**

   a) natural (line 1)   *nature*

   b) agreed (line 5)   *agreement*

   c) pay (line 9)   *payment*

   d) various (line 11)   *variety*

   e) decide (line 17)   *decision*

6. Fill in the words in the correct form.

For ages, coal **❶** (to be) _~~is~~ was_ a cheap and effective source of electricity in Germany. However, in order to reach the climate protection targets, the government **❷** (to search) _is searching_ for other solutions. This energy transition causes many problems **❸** (special) _especially_ for the federal states **❹** (to depend) _depending_ on the coal industry. When **❺** (to replace) _replacing_ this climate-damaging industry, the affected regions **❻** (obvious) _obviously_ need an acceptable plan for their future. It is important, for example, to settle other industries **❼** (to provide) _providing_ people with new jobs. Moreover, it is intended to compensate energy companies. For the sake of our planet it is **❽** (extreme) _extremly_ important that such kinds of climate protection measures will be effected soon.

7. Ask questions.

You are talking to a friend about the problems of the coal industry and its damaging effects on our climate. Ask three questions about the topic. Use different question forms and different tenses.

▶ How is the coal industry changing our climate?
▶ Are there going to be better ways to get energy?
▶ ~~Sm~~ Since whe is the coal industry good?

8. Paraphrasing

Complete the second sentence so that it means the same as the first sentence. Use between two and five words including the words in brackets.

a) Germany is lagging behind the climate protection targets.

   Germany ... (not reach) the climate protection targets yet.

   Germany has not reached the climate protection targets yet

b) The federal states that mine coal would receive 40 billion euros in aid from the government.

   The government ... (help) the federal states that mine coal with 40 billion euros.

   The government helps the federal states

c) I am sure that everybody will see the need of finding much more climate-friendly solutions.

   There ... (doubt) that everybody will see the need of finding much more climate-friendly solutions.

   There are doubts that everybody will see the need

D – Writing

Die Schreibaufgaben in der Prüfung sind unterschiedlich und erfordern deshalb unterschiedliche Herangehensweisen. Das Schreiben von Texten ist grundsätzlich nicht so schwer, wenn man sich mit den verschiedenen Textsorten auseinandersetzt. Jede Textsorte besitzt ihr eigenes Muster und erfüllt dementsprechend bestimmte Kriterien wie Aufbau, Struktur, Wortwahl und Inhalt.

In der Realschulabschlussprüfung müssen Sie zwei unterschiedliche Texte verfassen. Der erste, weniger umfangreiche Text verlangt von Ihnen, Ihre eigene Meinung zu einem Thema zu äußern, zu begründen oder zu beschreiben, wie z. B. in einer vorgegebenen Situation reagiert werden würde.

In der zweiten, etwas umfangreicheren Schreibaufgabe stehen zwei Aufgabenstellungen zur Auswahl, von denen Sie eine auswählen sollen. Typische Aufgabenstellung ist die eigenständige Produktion einer Geschichte, eines Tagebucheintrags, eines Briefes, einer E-Mail, eines Blogs oder einer Bewerbung.

Die Vorbereitung

Schreiben kann gelernt werden. So einfach ist das. Und Sie werden merken, wie leicht Ihnen das fällt, wenn Sie sich an bestimmte Strategien, Textmuster und Formulierungen halten.

Ihr erster Schritt sollte immer sein, Ihren Text zu planen. Es ist äußerst wichtig, IMMER zuerst Ideen zu sammeln und diese stichpunktartig festzuhalten, BEVOR Sie mit dem Formulieren der Antworten beginnen.

Beispiele:

▶ **Brainstorming:** Sie schreiben alle spontanen Ideen und Einfälle zu einem Thema oder einer Fragestellung unstrukturiert und ungeordnet auf ein Blatt Papier. Im nächsten Schritt ordnen Sie diese Gedanken.

▶ **Mindmap:** Das Thema wird in die Mitte des Blattes geschrieben. Aus dieser Mitte heraus führen Äste zu Oberbegriffen und von diesen Oberbegriffen führen weitere Äste zu Unterthemen. So erhalten Sie eine geordnete Übersicht über mehrere Aspekte des Themas.

Zusätzlich hilft es, wenn Sie englische Bücher oder Zeitschriften lesen oder sich einen Kinofilm auch mal auf Englisch ansehen.

Wenn Sie typische Formulierungen für Einleitung, Hauptteil und Schluss verwenden, erhält Ihr Text automatisch eine gute Struktur und es fällt Ihnen leichter, diese Struktur mit Inhalt zu füllen. Bei manchen Textformen gibt es bestimmte Redewendungen, die Sie sich im Vorfeld einprägen können, zum Beispiel Anrede- und Schlussformeln in E-Mails oder Briefen.

In der Prüfung

Lesen Sie zunächst die Arbeitsanweisung durch. Hier wird Ihnen in der Regel genau vorgegeben, was Sie tun müssen und wie viele Wörter Sie schreiben sollen. Überlegen Sie sich, was Sie schreiben möchten, und folgen Sie den einzelnen Schritten der Textproduktion:

Planen → verfassen → überprüfen → überarbeiten

Achten Sie beim Überprüfen des Textes nicht nur auf den Inhalt, sondern auch auf Ihre Sprache: Rechtschreibung, Grammatik und Stil sind wichtige Elemente eines Textes. Wenn Sie ein Wort nicht wissen, umschreiben Sie es oder benutzen Sie zur Sicherheit ein anderes, das Ihnen vertraut ist.

Planen Sie genug Zeit ein, um Ihre Texte am Schluss noch einmal in Ruhe durchzulesen.

Typische Aufgabenstellung

1. **Write a comment.**

   Choose <u>one</u> of the following statements. Discuss the pros and cons and give your own opinion. Write about 100 words.

A	B
Smartphones and other smart gadgets should be forbidden at school.	**Teachers should be paid according to how much their students learn.**

Example for Topic A:

Brainstorming:
pros: less distraction, easier to control, measure against cyberbullying, no access to social media, …
cons: not supporting media skills, wasted opportunity, smartphones can be useful tools, students can learn to be responsible users …

Mindmap:

Nun sind Sie an der Reihe:

Brainstorming:

Mindmap:

Beispiele für Formulierungen (im Anhang des Trainingsteils finden Sie eine komplette Liste):

▶ *Einleitungssatz:* Some people think that … / Many people think that … / It is often argued that …
▶ *Persönliche Meinung:* In my opinion … / It seems to me that … / In my experience … / I must admit that … / On the one hand … on the other hand …
▶ *Aufzählung:* First, … / Second, … / Third, … / Moreover, … / Furthermore, …
▶ *Abschluss/Fazit:* Weighing the pros and cons I conclude … / At the end of the day … / This proves that … / In conclusion … / In summary … / To sum up …

Lösung

Example for A:

Some people think that smartphones and other smart devices like smartwatches or tablets should be banned from school.

I must admit that students would be less distracted if there were no smartphones in their bags and pockets waiting to be checked for new messages. Another reason for the ban is that it is a preventive measure against cyber violence. Last but not least, it is also a protection for teachers.

But in my experience the cons are much stronger than the pros. First, the ban on smartphones leads to a waste of good opportunities for teaching. There is a variety of useful apps that could be used by teachers and students to make learning more efficient and fun. Second, students should learn to use their mobile phones and other smart devices in a responsible way. To take the phones from them is counterproductive to that objective.

Weighing the pros and cons I conclude that banning phones and smart devices from school would be a waste of great chances and opportunities.

2. **Write a letter of application.**

Choose task A or task B. You only have to do <u>one</u> of the following tasks.

Task A: Write a job application email. Write about 160 words.

The Snap SEND Summer Scheme

Would you like to gain SEND[1] (disability) experience and help make a family's summer holiday the best it can be?

Always wanted to work with children or adults with disabilities, but didn't know where to start?

- Paid work, National Minimal Wage+
- Gain valuable SEND experience for your CV
- Reference requested for you at the end of the period
- Minimum 4-week placements
- Travel opportunities with many positions
- Have a DBS[2] processed for you
- No experience necessary – just a great attitude!

Kick start your career supporting children, young people or adults with disabilities!

Speak to one of the Snap team, email **info@snapcare.co.uk** or see more details on our website: **www.snapcare.co.uk**

snapcare
Specialist Recruitment

[1] SEND: special educational needs and/or disabilities
[2] DBS: Disclosure and Barring Service: staatliches Register, das es Unternehmen erlaubt, über die Eignung potenzieller Mitarbeiter für die Arbeit mit Kindern oder „behinderten" Erwachsenen Informationen zu erhalten

Bildquelle: https://www.snapcare.co.uk/job-seekers/the-snap-summer-scheme.aspx, Seitenaufruf am 14.05.2020

Lösung

- ▶ **Where?** – many locations in the UK
- ▶ **What?** – working with children, young people or adults with disabilities
- ▶ **How long?** – minimum 4 weeks
- ▶ **How much money?** – minimal wage+
- ▶ **When?** – in the summer

▶ **References?** – not necessary, just great attitude
▶ **Special things?** – travel opportunities
▶ **Why?** – spend time abroad; like to work with people
▶ **How?** – found the ad on the Internet/website
▶ **Skills:** reliable, social, open, communicative, sporty, responsible, creative
▶ **What I expect:** learning English, work experience, travelling, doing a good deed

Dear Sir or Madam,

I am a seventeen-year-old exchange student from Germany. Since we now have summer holidays, I would like to work and travel in the UK. I found your ad on the Internet and it says that there will be travel opportunities, so I decided to apply for your job offer. This way I could travel through the UK and can do something to help other people, too. I have already worked with children. I did an internship at a kindergarden last year in Germany and learned quite a lot about handling difficult or stressful situations which might occur. I am also a very responsible and reliable person who loves to work with other people. I have never worked with disabled people before, but I am open and communicative, and I really want to gain some experience in this area.
There is one question I have, though: is it possible for me to work six weeks?
I'm looking forward to hearing from you.

Sincerely yours, Chris

Task B: Write a story about <u>one</u> of the following pictures in about 160 words.

Picture A

Bildquelle: https://de.freeimages.com/photo/petting-zoo-1398807, Cynthia Turek

Picture B

Bildquelle: https://de.freeimages.com/photo/rostro-teatro-1491846, Darwin Calle Carrillo

Lösung

Picture A:

▶ petting zoo

▶ quality time for father and son

▶ goat

▶ fun trip

▶ I remember spending a lot of time in the zoo

Great memories

When I was a child my father and I frequently went to places where you could interact with animals. We went to large zoos in big cities, to farms and to the little petting zoo close to our flat. According to my father, I was a huge fan of goats and sheep. I cannot remember a lot, but I still remember the tiny petting zoo. Next to the entrance was a box where you could buy food for the animals. If you were unlucky there was no food left and you couldn't feed the animals. But when you were lucky, and we were lucky most of the times, you could grab a bag and feed the animals. One day a goat bit my finger. I was angry at that goat and ignored it for weeks. This is the most vivid memory I have regarding the zoo. Although I got hurt, this is one of my favourite memories. I hope my children will appreciate it the same way I did. I will find out.

Übungsaufgaben

1. **What is your opinion? Write about 100 words.**

   The Internet has improved our lives. State your opinion and give reasons.

2. **Convince others with a blog entry. Write about 150 words.**

   Schools should ask students to evaluate their teachers.

3. **Be creative! Write a story about <u>one</u> of the following pictures in about 160 words.**

   Picture A

Bildquelle: Photo by Josh Sorenson from Pexels

Picture B

Bildquelle: Photo by Suliman Sallehi from Pexels

4. **Write a letter of application. Write about 160 words.**

While surfing the Internet, you come across a summer job advertisement. You have been looking for an opportunity to earn some money while at the same time gaining valuable experience and improving your English skills. You think that one of these jobs might be the perfect choice for the summer. Write a letter of application.

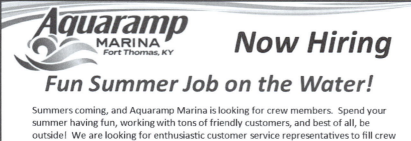

Bildquelle: https://www.aquarampmarina.com/marina-news/now-hiring-for-summer/, Seitenaufruf am 14.05.2020

5. **Write a diary entry. Complete the diary entry in about 160 words**

Dear diary,

yesterday was the worst day ever ...

E – Interpreting

Erklärung

Bei den Mediationsaufgaben (Vermittlung von Informationen) in zweisprachigen Kommunikationssituationen sollen relevante Informationen adressatengerecht und sinngemäß in die jeweils andere Sprache übertragen werden. Die Sprachmittlung findet sowohl von der englischen in die deutsche Sprache statt als auch umgekehrt. Entscheidend ist dabei die Weitergabe der für die Kommunikation sinntragenden Elemente.

Mögliche Aufgabentypen sind die textbasierte Informationsentnahme und -weitergabe sowie die Sprachmittlung im Rahmen einer Dolmetscheraufgabe.

Die Vorbereitung

Suchen Sie sich authentische Materialien aus, um diesen Teil der Prüfung zu üben. Gut geeignet sind zum Beispiel Internetseiten, Veranstaltungsflyer, Klappentexte oder Gebrauchsanweisungen. Vielleicht haben Sie die Möglichkeit, mit jemandem Englisch sprechen zu üben: Mitschüler/-innen, Freund/-innen oder ältere Geschwister. Versuchen Sie, ihnen den Inhalt der Texte wiederzugeben.

In der Prüfung

Bei der Informationsentnahme und der Sprachmittlung geht es nicht darum, alles wortwörtlich zu übersetzen. Vielmehr sollten Sie die wichtigsten Informationen herausfiltern und mit eigenen Worten wiedergeben. Am besten halten Sie sich auch hier an eine strukturierte Herangehensweise:

▶ Schauen Sie sich die Aufgabenstellung genau an, sie gibt Ihnen Hinweise, worauf Sie beim Übertragen achten müssen.
▶ Markieren Sie Schlüsselbegriffe und unbekannte Wörter.
▶ Lesen Sie sich die Ausgangstexte aufmerksam durch und entscheiden Sie, was die grundlegenden Informationen sind, die Sie vermitteln müssen.
▶ Machen Sie sich Notizen auf einem Extrablatt.
▶ Umschreiben Sie unbekannte Wörter.
▶ Sortieren Sie nicht relevante Inhalte von Beginn an aus.
▶ Wenn Sie einen Text produzieren sollen, erstellen Sie auch hier wieder einen Schreibplan.

Achten Sie auf die Kernaussage des Ausgangstextes und vermitteln Sie, davon ausgehend, die wichtigsten Informationen. Es wird von Ihnen erwartet, dass Sie in der Lage sind, überflüssige Informationen wegzulassen.

Typische Aufgabenstellung

1. **Mediation – Englisch → Deutsch**

You are planning a trip to Yosemite National Park with your parents. On the Internet you read about a guided backpacking trip. As your parents' English is not very good you do the interpreting.

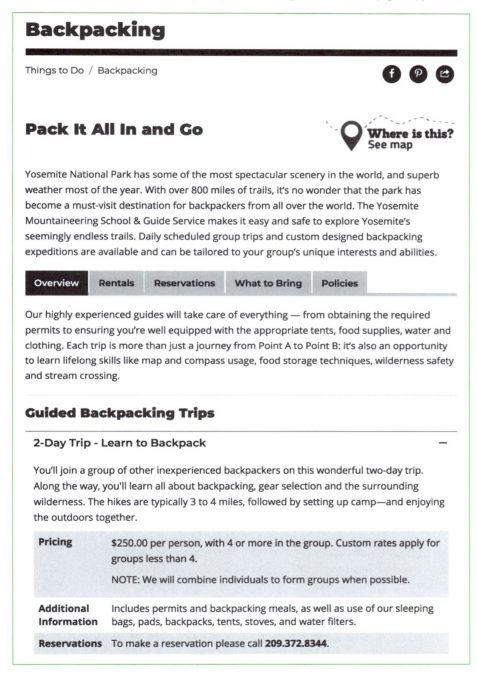

Backpacking

Things to Do / Backpacking

Pack It All In and Go

Where is this?
See map

Yosemite National Park has some of the most spectacular scenery in the world, and superb weather most of the year. With over 800 miles of trails, it's no wonder that the park has become a must-visit destination for backpackers from all over the world. The Yosemite Mountaineering School & Guide Service makes it easy and safe to explore Yosemite's seemingly endless trails. Daily scheduled group trips and custom designed backpacking expeditions are available and can be tailored to your group's unique interests and abilities.

Overview	Rentals	Reservations	What to Bring	Policies

Our highly experienced guides will take care of everything — from obtaining the required permits to ensuring you're well equipped with the appropriate tents, food supplies, water and clothing. Each trip is more than just a journey from Point A to Point B: it's also an opportunity to learn lifelong skills like map and compass usage, food storage techniques, wilderness safety and stream crossing.

Guided Backpacking Trips

2-Day Trip - Learn to Backpack —

You'll join a group of other inexperienced backpackers on this wonderful two-day trip. Along the way, you'll learn all about backpacking, gear selection and the surrounding wilderness. The hikes are typically 3 to 4 miles, followed by setting up camp—and enjoying the outdoors together.

Pricing	$250.00 per person, with 4 or more in the group. Custom rates apply for groups less than 4.
	NOTE: We will combine individuals to form groups when possible.
Additional Information	Includes permits and backpacking meals, as well as use of our sleeping bags, pads, backpacks, tents, stoves, and water filters.
Reservations	To make a reservation please call **209.372.8344**.

Bildquelle: https://www.travelyosemite.com/things-to-do/backpacking/, Seitenaufruf am 14.05.2020

Your parents: Rucksackwandern im Yosemite Park? Wie kommst du denn auf diese Idee?

You: *Hier steht, dass es in diesem Park eine der schönsten Landschaften auf der Welt zu sehen gibt und dass er eine absolute Sehenswürdigkeit für alle Wanderfans der Welt darstellt.*

Your parents: Das klingt schön. Aber ist es nicht gefährlich? So viel Erfahrung im Wandern haben wir nicht. Wir können keine Karte lesen.

You:	*Ich glaube nicht. Hier steht auch, dass es Guides gibt, die dafür sorgen, dass es ungefährlich ist. Man kann sich Gruppen zuordnen lassen, die die gleichen Interessen und Fähigkeiten haben. Sie bringen einem auch bei, Karten zu lesen und wie man einen Kompass benutzt.*
Your parents:	Kümmern die sich wirklich um alles? Ich wüsste jetzt gar nicht, was wir alles einpacken müssen. Ein Zelt, ist ja klar, aber welche Kleidung, welches Essen? Gibt es vielleicht eine Checkliste?
You:	*Sie kümmern sich um alles. Sie sorgen dafür, dass man die richtigen Zelte hat, die richtige Verpflegung mitnimmt und auch, welche Kleidung man mitnehmen soll.*
Your parents:	Und wie lange werden wir unterwegs sein?
You:	*Das hier ist ein Angebot für zwei Tage. Pro Tag läuft man so ca. 3 – 4 Meilen und am Abend baut man ein Zeltlager auf.*
Your parents:	Wir finden, das klingt richtig gut. Wie viel kostet es denn?
You:	*Also, wenn wir in einer Gruppe mit vier oder mehr Personen sind, dann kostet es $250 pro Person. Wenn wir nur zu dritt gehen, dann gibt es einen individuellen Preis. Sie werden aber auch Gruppen zusammenstellen.*

2. Mediation – Deutsch → Englisch

Your American exchange partner Amanda will come to stay at your place next week. In order to prepare her stay your parents want you to write her an email about the most important aspects.

Dear Amanda,

it's me again. I am looking forward to next week. My parents and I were just talking about your stay.
…
It would be great to hear from you soon.

Yours …

a) Schreiben Sie ihr, dass sie im Zimmer Ihrer großen Schwester schlafen wird, die unter der Woche im Wohnheim der Universität ist. Sie wird manchmal Sachen aus dem Zimmer holen wollen.
b) Fragen Sie sie, ob es Sachen gibt, die sie auf keinen Fall essen kann oder will. Fragen Sie sie auch, was ihr Lieblingsessen ist.
c) Informieren Sie sie darüber, dass Sie zweimal in der Woche ins Tennistraining gehen. Fragen Sie sie, ob sie mitkommen will.
d) Fragen Sie sie, ob sie gerne an bestimmte Orte reisen möchte. Ihr könntet zum Beispiel an einem Wochenende nach Berlin und an einem anderen in einen Freizeitpark gehen.
e) Sagen Sie ihr auch, dass Sie jeden Tag mit dem Fahrrad in die Schule fahren und dass sie Ihr altes Fahrrad benutzen kann.

Lösung

a) You can have my sister's bedroom. She is staying at the University's halls of residence. Sometimes she might come to pick up some stuff from her room.
b) Are there any meals you dislike? Or is there any food that you can't handle? And what is your favourite meal? Please tell me.
c) I play tennis and I have training twice a week. Would you like to come with me?
d) Do you have any travel plans yet? We could use the weekends to visit Berlin and/or go to a theme park.
e) I always go to school by bike, it is the fastest way to get there. You can use my old bike so we can go together.

Übungsaufgaben |

1. Pass on the information.

Sie möchten zusammen mit Freunden in den Sommerferien einen Englischkurs in England machen. Dazu haben Sie sich Informationen aus dem Internet rausgesucht. Sie fragen Ihre Eltern um Erlaubnis und beantworten ihre Fragen.

a) Wo ist diese Schule denn?
b) Wer organisiert das Programm?
c) Wie lange soll das Programm gehen?
d) Wenn da nur Deutsche hingehen, dann lernt ihr doch kein Englisch, oder?
e) Welche Bedeutung haben die beiden Kurslisten?

ISSOS International Summer Schools
International Summer Schools

0	0
👍 Like	🟦 Share	🐦 Tweet

ISSOS ⚑
St Andrews | Cambridge | Yale

Description:
The exclusive ISSOS summer school program offers high school students from all over the world (aged 13-18) the unique opportunity to combine learning and action-packed adventure in one of three amazing and historic university towns of St Andrews, Cambridge and Yale. ISSOS offers a three-week summer school program and welcomes students from over 80 nationalities every summer. ISSOS limits the number of students from any one nationality to 10% in order to guarantee a truly international experience, and native and non-native English speakers are mixed at all times.

ISSOS was founded to provide a well balanced, supervised summer program for international students to introduce them to the UK and USA as a place to travel and study. ISSOS prides itself on offering students a safe summer experience while at the same time providing them with the freedom to grow and learn.

Academic Programs include:
English Language
IB Program (Pre-IB and IB Extended Essay)
Debate
Youth Leadership
Creative Writing
Business and Entrepreneurship
Journalism

Elective Programs include:
Golf
Theatre
Tennis
Fencing
Film
Art
Photography
Outdoor Leadership

Bildquelle: https://www.summer-schools.info/detail/2952/issos-international-summer-schools.html, Seitenaufruf am 14.05.2020

2. Buzzword[1]

On the Internet you have found a text about sofalizing. Answer the questions in German. You need not write complete sentences.

a) Was versteht man unter dem Begriff?
b) Der Begriff ist eine Verbindung aus zwei Wörtern, welchen?
c) Was ist mit dem Begriff *sofalizer* gemeint?
d) Wer hat den Begriff geprägt?
e) Nenne drei Gründe, warum Leute ihre sozialen Kontakte heutzutage lieber von zu Hause aus pflegen.
f) Inwiefern verändert sich unsere Art und Weise der Kommunikation?

---

sofalizing also **sofalising**

`noun [uncountable]`

the activity of using the Internet or other electronic devices to socialize with people from home, rather than meeting them face to face

`sofalize` *also* `sofalise`
`verb [intransitive]`

`sofalizer` *also* `sofaliser`
`noun [countable]`

Background – *sofalizing* also *sofalize* and *sofalizer*

The term *sofalizing* is, of course, a blend of the words *sofa* (= soft, comfortable seat) and *socializing* (= the activity of spending time with other people socially) – in other words, socializing whilst lounging around on a sofa. Following the pattern of the verb *socialize*, there's also evidence of use of an intransitive verb *sofalize*. A countable noun *sofalizer* refers to individuals who maintain friendships in this way. The spelling variant *sofalising* (and *sofalise*, *sofaliser*) is also used, reflecting the spelling conventions of verbs which end in -*ise* (-*ise* is the British spelling, -*ize* is used in both British and US varieties, e.g. *realise/realize*).
Sofalizing was coined in 2010 by online casino company Yazino, in the context of research commissioned to determine trends in how potential users interact with one another.
There may be many reasons why people are choosing to *sofalize* rather than socialize – convenience, laziness, time pressure, the expense of going out, or just a desire to avoid lengthy conversations. Whatever the explanation, it seems that the way we are communicating with friends and family is changing, with people increasingly preferring the short, regular and instant exchanges afforded by electronic media, rather than more prolonged, infrequent conversations in person.

Quelle: https://www.macmillandictionary.com/buzzword/entries/sofalizing.html, Seitenaufruf am 14.05.2020

---

[1] Buzzword: Modewort

3. A Conversation I

You are in New York with your parents and you want to go on a sightseeing trip. You ask the receptionist of your hotel for more information. As your parents' English is not very good, you do the interpreting.

You: Good morning, Sir, could you give us some information about guided tours in New York?

Receptionist: Yes, of course.

Your father: Sag ihm bitte, dass wir so viel wie möglich von New York sehen wollen.

a) You: _____
_____

Receptionist: Okay, I would recommend the 'New York in a Day' Tour.

b) You: _____
_____

Your mother: Was werden wir da alles sehen?

c) You: _____
_____

Receptionist: You will see all of the most famous sights, for example the Rockefeller Center, the 9/11 Memorial, Ellis Island, the Statue of Liberty and much more. The tour ends in Central Park.

d) You: _____
_____
_____

Your father: Frag ihn bitte, wie lange die Tour dauert.

e) You: _____

Receptionist: The tour takes 6 hours.

f) You: _____

Your mother: Wann beginnt die Tour und wo trifft man sich?

g) You: _____
_____

Receptionist: The daily departure times are at 10 am. The meeting point is at 770 7th Avenue in New York.

h) You: _____
_____

Your father: Was kosten die Tickets?

i) You: _____

Receptionist: The tickets cost about 40 dollars per person.

j) You: _____

Your mother: Bedanke dich bei dem netten Herrn und gib ihm ein Trinkgeld.

k) You: _____

4. Interpreting a text

Your class is taking part in a European project called 'Young People – Great Deeds' and you must write a text in English about a young German-speaking teenager. Write about the person's great deed.

Young People – Great Deeds

Rayouf Alhumedhi was only 16 years old when she became one of the 30 most influential teenagers.

…

…

a) Sie gilt als eine der innovativsten Schülerinnen der Vienna International School.
b) Im Jahr 2017 wurde sie vom „Time"-Magazin zu einem der erfolgreichsten Teenager des Jahres gewählt.
c) Sie hat ein weiteres Emoji eingeführt. Das Kopftuch-Emoji, weil sie selbst Kopftuchträgerin ist.
d) Sie hat auf ihrem iPhone kein Emoji gefunden, das ihrem Stil entspricht und startete eine Kampagne.
e) Da das Emoji wichtig ist für viele Musliminnen, veröffentlichte Apple es schließlich.

…

…

I must say that I am inspired by teenagers like her and it is very encouraging that younger people in our society can change things, too.

5. A Conversation II

At the ticket office of Deutsche Bahn in Berlin, an American tourist wants to buy a ticket to Munich. Unfortunately, she only speaks English and the ticket seller's English is not very good. You are standing in line behind her and offer to help her.

Tourist: I would like to get to Munich today. What would be the best connection?

a) You: _____

Ticket seller: Einfache Fahrt oder hin und zurück?

b) You: _____

Tourist: One way, please. I am going to visit my friends and I don't know when I'll be coming back.

c) You: _____

Ticket seller: Es gibt mehrere Möglichkeiten. Die beste Verbindung ist mit nur einmal umsteigen, die günstigste ist mit zweimal umsteigen. Bei der günstigeren Verbindung ist sie 45 Minuten länger unterwegs und bezahlt 70 Euro. Die schnellere Verbindung mit nur einmal umsteigen kostet 95 Euro.

d) You: _____

_____

_____

_____

Tourist: Well, my luggage is very heavy. I'll choose the more expensive but faster option.

e) You: _____

_____

Ticket seller: Okay, das sind dann 95 Euro. Möchte sie bar oder mit Kreditkarte bezahlen?

f) You: _____

                _____

Tourist: I'll pay by credit card. What time does the train leave?

g) You: _____

                _____

Ticket seller: Der Zug fährt in 40 Minuten von Gleis 3 ab. Hier ist das Ticket.

h) You: _____

Tourist: Great! Thank you both very much for your help and patience. Have a nice day.

6. Pass on the information.

You are talking to your American friend about summer schools in Germany. Your friend's German is not very good, which is why he wants to apply for a German course. Your friend found a link on the Internet. Answer the questions.

a) What do they say about the location of the school?
b) What do they say about the school?
c) I didn't really understand the programme offer.
d) Is it possible to meet people from other countries?
e) What about the types of accommodation?

Deutsch lernen @ Berlin Villa

Alter 16 - 17 Jahre

Die Berlin Villa mit 40 Plätzen ist ideal, wenn du es klein, gemütlich und familiär magst: sie liegt absolut zentral in der Nähe des Kurfürstendamms, der berühmtesten Einkaufsstr. des alten Berliner Westens. Die Villa hat eine eigene Cafeteria und einen großen Garten, ideal zum Entspannen nach dem Sprachkurs. Der Deutschkurs findet morgens statt, und nachmittags erkundet ihr Berlin zusammen: Wir zeigen euch Checkpoint Charlie, das Badeschiff, den Reichstag und andere Berlin Highlights. Am Wochenende gibt es Ganztagesausflüge z.B. nach Potsdam.

STUDENT FEEDBACK:
see photo reports by former students

| Unterkunft | Bewertungen | Preise | Anmelden | 🎟 | | 📷 | 📘 |

Lage:
Villa, die früher mal einem Berliner Industriellen gehörte, im Westen von Berlin und mitten in einem großbürgerlichen Villenviertel, sehr zentral in der Nähe vom Kurfürstendamm, der berühmten Einkaufsstrasse

Ausstattung:
40 Plätze, 5 geräumige Klassenzimmer, Aufenthaltsraum, Cafeteria, großer Garten

Deutschkurs:

❯ 20 Stunden à 45 Minuten/Woche mit max. 12 Teilnehmern pro Klasse

❯ 4 Levels: Anfänger, Grundstufe, Mittelstufe, Fortgeschritten

❯ internationale Klassen mit Jugendlichen aus aller Welt

Unterkunft:
In der Schule: in 3- bis 6-Bett-Zimmern mit Dusche/WC auf dem Flur. Vollpension in der Cafeteria

Aktivitäten & Ausflüge:

❯ 2 Aktivitäten pro Tag in internationalen Gruppen: Sightseeing in Berlin, Sport, Ausgehen

❯ 1 Ganztagsausflug pro Woche zu Orten in und um Berlin

Betreuung:
GLS Teamer wohnen mit euch in der Villa und betreuen euch rund um die Uhr.

Bildquelle: https://www.gls-berlin.de/2042.html, Seitenaufruf am 14.05.2020

Bearbeitungstipps

Erstellen Sie eine Checkliste bzw. Übersicht mit den prüfungsrelevanten Themen aus dem Englischunterricht, z. B.:

Zeiten: simple present, simple past, present progressive …
Satzkonstruktion: word order, relative clauses, if-clauses …

Hinweis: Die Checkliste sollte in Absprache mit dem Lehrer / der Lehrerin erstellt werden.

A – Listening Comprehension

Beim Hörverstehensteil ist es Ihre Aufgabe zu zeigen, dass Sie allgemeine und detaillierte Informationen aus längeren Beiträgen entnehmen können. Es ist also wichtig, dass Sie konzentriert und aufmerksam auf die in dem Beitrag gemachten Äußerungen achten. Die Audiobeiträge entsprechen Podcasts, Radiosendungen, Reportagen oder Interviews und sind Beiträge, denen Sie in einem englischsprachigen Land im Alltag begegnen können. Dementsprechend müssen Sie sich darauf einstellen, dass die Sprecher einen bestimmten Akzent besitzen oder unterschiedlich schnell sprechen.
Meistens geht es in den Berichten oder Gesprächen um alltägliche Dinge wie Hobbys, Freizeit und/oder den Austausch von Erfahrungen. Ihre Aufgabe wird es sein, unterschiedliche Argumente, Haltungen und Gedanken der einzelnen Personen herauszuhören.
Lesen Sie sich auf jeden Fall die Aufgaben und die Antwortmöglichkeiten vor dem ersten und zweiten Hören genau durch, damit Sie wissen, worauf Sie achten müssen.

B – Text-based Tasks

1. **Match the headings with the parts of the text. There is one more heading than you need.**
    Bei dieser Aufgabe müssen Sie die Abschnitte inhaltlich erfassen und in kleine Sinnabschnitte einteilen. In der Regel beinhaltet jeder Abschnitt einen bestimmten Aspekt des Themas. Die Überschriften beschreiben genau diesen Aspekt. Machen Sie sich selbst Randnotizen und gleichen Sie diese mit den vorgeschlagenen Überschriften ab.

2. **Finish the following sentences using the information from the text.**
    Um diese Aufgabe zu lösen, müssen Sie die jeweilige Textstelle suchen und dann das passende Ende aufschreiben.

3. **Decide whether the following statements are right, wrong or not in the text.**
    Hier müssen Sie sich die Aussagen ganz genau durchlesen. Achten Sie auf die Details und Signalwörter. Suchen Sie die Textstelle und entscheiden Sie, ob die Aussage zutrifft oder nicht.

4. **Answer the questions in complete sentences.**
    Bei dieser Aufgabe müssen Sie den Text inhaltlich erfasst haben. Die Antworten auf die Fragen müssen Sie aus Ihrem Verständnis heraus selbst formulieren. Achten Sie auf Signalwörter!

5. **Finding information.**
    In dieser Aufgabe sollen Sie beweisen, dass Sie in der Lage sind, detaillierte Informationen im Text zu finden. Die Lesestrategie „scanning" kann Ihnen dabei behilflich sein. Scannen Sie den Text nach Signalwörtern und Schlüsselbegriffen, die mit der Aufgabenstellung zu tun haben.

C – Use of Language

Vocabulary

1. Write the opposites of the underlined words.

Für diese Aufgabe sollten Sie die Vokabeln aus dem Grundwortschatz beherrschen. Es geht darum, dass Sie zunächst die Bedeutung des unterstrichenen Wortes erkennen, damit Sie dann das Gegenteil nennen können. Für die Vorbereitung gilt eigentlich nur: fleißig Vokabeln lernen!

2. Find the synonyms of the underlined words.

Um diese Aufgabe zu lösen, sollten Sie die Vokabeln aus dem Grundwortschatz beherrschen. Es geht darum, dass Sie zunächst die Bedeutung des unterstrichenen Wortes erkennen, damit Sie dann ein anderes Wort mit der gleichen Bedeutung nennen können. Für die Vorbereitung gilt eigentlich nur: fleißig Vokabeln lernen!

3. Find words in the text for the following explanations.

Lesen Sie sich die Erklärungen bzw. Definitionen ganz genau durch. Wenn Sie nicht direkt auf die Lösung kommen, können Sie immer noch im Text nach diesem Wort suchen. Auch hier zahlt sich fleißiges Vokabellernen aus.

4. Explain the following words in complete sentences.

Um diese Aufgabe zu lösen, müssen Sie einzelne Begriffe in eigenen Worten erklären. Es ist ratsam, diese Aufgabe schon beim Vokabellernen zu üben. Lernen Sie nicht nur die englische und deutsche Bedeutung der Wörter, sondern auch Definitionen und Erklärungen. Wichtig ist, dass Sie in ganzen Sätzen antworten.

5. Find the nouns.

Um diese Aufgabe zu lösen, müssen Sie aus Adjektiven oder Verben Nomen bilden. In der Regel enden Nomen im Englischen auf: -tion, -ity, -er, -ness, -ism, -ment, -ant, -ship, -age, -ery. Es gibt hier wie auch bei den unregelmäßigen Verben Ausnahmen, die Sie sich beim Vokabellernen schon notieren und merken sollten.

Grammar

6. Fill in the verbs in the correct tense.

Hier ist es wichtig, herauszufinden, auf welche Zeit sich die Aussage des Satzes bezieht. In der Regel gibt es Signalwörter, die Ihnen schnell die richtige Zeit anzeigen. Ist dies nicht der Fall, müssen Sie die Zeit aus dem Kontext erschließen. Achten Sie auch auf die Verlaufsform, die if-Sätze und das Third-Person-„s". Lernen und wiederholen Sie außerdem noch die unregelmäßigen Verben.

7. Fill in the words in the correct form.

Bei dieser Aufgabe müssen Sie ein bestimmtes Wort in seine grammatikalisch korrekte Form bringen und in den Lückentext eintragen. Es ist wichtig, dass Sie nach Signalwörtern oder Hinweisen suchen, die Ihnen Aufschluss über die Konstruktion des Satzes geben können, damit Sie die Rolle des Wortes für die Bedeutung des Satzes bestimmen können.

8. Ask questions.

Um diese Aufgabe zu lösen, müssen Sie Fragen zu einem Thema formulieren. Benutzen Sie dafür typische Frageformen und verwenden Sie jede Konstruktion nur einmal. Verwenden Sie auf jeden Fall die „Wh-Questions" und, wenn möglich, auch „Question-Tags".

9. Paraphrasing

Hier müssen Sie einen Satz formulieren, der in der Aussage gleich ist wie der Beispielsatz. Dabei müssen Sie ein vorgegebenes Wort benutzen und eventuell noch mehr Wörter ergänzen, damit der Satz korrekt ist. In dieser Aufgabe sollen Sie unter Beweis stellen, dass Sie mehrere Arten der Satzkonstruktion beherrschen. Achten Sie immer auf Subjekt, Prädikat und Objekt und wie diese in den jeweiligen Konstruktionen angeordnet werden.

D – Writing

Step 1 – Planen:
Wählen Sie ein Thema aus und beginnen Sie sofort, ohne lange nachzudenken, mit dem Brainstorming. Ordnen Sie anschließend Ihre Gedanken in einer Mindmap. Gehen Sie wie in dem Beispiel vor.

Step 2 – Verfassen:
Nachdem Sie nun einen Schreibplan vorbereitet haben, können Sie sich auf die sprachliche Umsetzung der in der Mindmap sortierten Argumente konzentrieren. Verwenden Sie dabei typische Formulierungen, die der Textsorte entsprechen.

Step 3 und 4 – Überprüfen und verbessern:
Nehmen Sie sich nach dem Verfassen des Textes die Zeit, um nach Fehlern zu suchen, und verbessern Sie diese. Häufige Fehler sind:
▶ if-clauses
▶ 3rd-person-'s'
▶ tenses
▶ false friends

Prüfen Sie anschließend auch noch einmal die inhaltliche Gestaltung. Je nach Aufgabenstellung:
▶ Sind die Argumente gut angeordnet und können die Gedankengänge nachvollzogen werden?
▶ Ist die Geschichte sinnvoll aufgebaut und folgt sie einem „roten Faden"?
Können Sie diese Fragen bejahen und haben Sie die Fehler verbessert, dann können Sie den Text abschließen und zum nächsten Text übergehen.

1. Write a comment.
Choose one of the following statements. Discuss the pros and cons and give your own opinion.
Um diese Aufgabe zu lösen, müssen Sie eine persönliche Stellungnahme formulieren, die auch auf die Argumente der Gegenseite eingeht. Diese Aufgabe ist vergleichbar mit der dialektischen Erörterung, die Sie aus dem Deutschunterricht kennen. Wählen Sie ein Thema aus, zu dem Sie viele Argumente finden können. Bedenken Sie, dass Sie Ihre Argumente auch begründen und mit Beispielen veranschaulichen sollten. Folgen Sie auf jeden Fall den einzelnen Schritten der Textproduktion.

2. Create a text.
Bei dieser Aufgabe müssen Sie selbstständig einen bestimmten Text verfassen. Dabei kann es sich um eine Geschichte, einen Blog, eine E-Mail oder eine Bewerbung handeln. Aber keine Angst, die Aufgabe erfolgt immer auf der Grundlage eines Schreibimpulses und Sie haben in der Regel die Wahl zwischen zwei Aufgabenvorschlägen.

Hinweis: Ein Blog-Beitrag folgt keinen festen Regeln. Sie können also auch Jugendsprache und Abkürzungen verwenden. Wichtig ist, dass Sie ihre eigene Meinung begründet und mit Beispielen ausgeschmückt darstellen. Das Ziel sollte sein, den Leser / die Leserin von Ihrer Meinung zu überzeugen.

▶ **Beispiel Bewerbung (Task A)**
Lesen Sie die Ausschreibung genau durch und markieren Sie Schlüsselbegriffe, wie zum Beispiel: Ort, Tätigkeit, Voraussetzungen, Zeiten …
Sammeln Sie nun konkrete Punkte, die Sie in die Bewerbung schreiben wollen. Orientieren Sie sich dabei an der Annonce. Schreiben Sie, warum Sie diesen Job gerne haben wollen, wie Sie darauf gekommen sind, welche „soft skills" Sie besitzen und was Sie sich von der Arbeit erhoffen.

▶ **Beispiel Bildbeschreibung (Task B)**
Schauen Sie sich die Fotos ganz genau an und prüfen Sie, zu welchem Sie persönlich mehr Bezug haben. Berücksichtigen Sie bei Ihrer Entscheidung auch Thema und Wortfelder, die von dem jeweiligen Bild ausgehen. Halten Sie stichpunktartig fest, welche Schlüsselbegriffe in Ihrem Text vorkommen sollen.

E – Interpreting

Bei dieser Aufgabe müssen Sie die Inhalte des Ausgangstextes in eine andere Sprache übermitteln. Dabei wird von Ihnen keine wortwörtliche Übersetzung erwartet. Es geht vielmehr darum, die wesentlichen Aspekte von einer Sprache sinngemäß in die andere zu übertragen. Sie werden einmal Informationen aus einer englischen Quelle ins Deutsche und einmal aus einer deutschen Quelle ins Englische übersetzen müssen.

▶ Schauen Sie sich die Aufgabenstellung genau an, sie gibt Ihnen Hinweise, worauf Sie beim Übertragen achten müssen.

▶ Markieren Sie sich Schlüsselbegriffe aus der Quelle, die unbedingt in die Zielsprache übertragen werden müssen.

Wichtig!

▶ Übersetzen Sie nicht Wort für Wort! Benutzen Sie die Vokabeln, die Sie kennen, und umschreiben Sie Wörter und Inhalte.

▶ Formulierungen, die beim Umschreiben helfen:

   ▶ It is something you use for … / It is something you need for …

   ▶ It is a person who … / It is an animal that … / It is someone who … / It is something which …

   ▶ It is a place where …

▶ Lassen Sie unwichtige Informationen weg und formulieren Sie kurze und einfache Sätze.

Formulierungshilfen

Anrede/Begrüßung	
Dear …	Liebe/-r …
Hi …	Hi …
Hello …	Hallo …

Einleitungssatz (bei einer Antwort)	
With great interest I read about …	Mit großem Interesse habe ich … gelesen.
It seems to me that …	Mir scheint, dass …
I understand your problem …	Ich verstehe dein/Ihr Problem …

Eine persönliche Meinung formulieren	
In my opinion …	Meiner Meinung nach …
As far as I know …	Soviel ich weiß …
In my experience …	Meiner Erfahrung nach …
I must admit that …	Ich muss zugeben, dass …
I think / believe / suppose …	Ich denke / glaube / nehme an …
I can imagine that …	Ich kann mir vorstellen, dass …
This proves that …	Das beweist, dass …
The (main) point is …	Der (Haupt-)Punkt ist …
On the one hand … on the other hand …	Einerseits … andererseits …
The reason is that …	Der Grund ist …
The result is …	Das Ergebnis ist …
For instance …	Zum Beispiel …
I'd like to point out …	Ich möchte aufzeigen …
It doesn't make sense to me …	Es ergibt für mich keinen Sinn …

Aufzählung	
First / First of all …	Zuallererst …
Secondly … / Thirdly …	Zweitens … / Drittens …
Finally …	Schließlich …
Next …	Dann …
Then …	Dann …
To conclude …	Abschließend …

Fazit/Schlussfolgerung	
Weighing the pros and cons I come to the conclusion that …	Nach Abwägung der Vor- und Nachteile komme ich zu dem Schluss, dass …
At the end of the day one can say that …	Abschließend kann gesagt werden, dass …
This proves that …	Dies beweist, dass …

A – Listening Comprehension

1. TV Series
(Audiotracks: QR-Code rechts / Hörtext S. 352)

**You will hear a conversation about TV series. You will hear the recording twice.
One ending to each of the following sentences is correct.
Tick the correct ending to finish the sentences.**

a)	I always loved that character and …	A	☐	… now that he was murdered by my least favourite character, I am going to stop watching this show.
		B	☐	… I can now understand the evil ways in which he acted throughout the whole series.
		C	☐	… now that he got his promotion for solving the case, he finally got what he deserved.
b)	What about this new science fiction series which …	A	☐	… tells the story of dragons, knights and wizards.
		B	☐	… shows the dangers and chances of modern technology?
		C	☐	… is about stories which are set in the future but could indeed come true quite soon.
c)	Anthology series means that each episode presents a different story …	A	☐	… with new characters.
		B	☐	… but keeps the same set of characters.
		C	☐	… and a different set of locations.
d)	The episodes have one thing in common, they examine …	A	☐	… the positive aspects and chances of new technologies.
		B	☐	… the consequences of humanity for the environment.
		C	☐	… how new technologies can have a bad and surprising impact.

2. Interview about Books
(Audiotracks: QR-Code S. 322 / Hörtext S. 353)

You will hear a radio interview about books. You will hear the recording twice. Take notes to fill in the table.

a)	title of the book and author's name	
b)	description of the main character	
c)	reasons why the family situation is so realistic	
d)	summary of the main plot	
e)	the book poses urgent questions about	

3. Sleep Deprivation Is Real!
(Audiotracks: QR-Code S. 322 / Hörtext S. 353)

You will hear a radio interview about sleep deprivation. You will hear the recording twice. Take notes to complete the cluster by adding missing facts.

a) boys and girls with too little sleep (in per cent)

boys: _____

girls: _____

b) according to the World Health Organization 11- to 15-year-olds in England …

_____

_____

sleep deprivation

c) two reasons for sleep deprivation

_____

_____

d) agreement of the one-week challenge

_____

_____

4. Radio Interview: Work-Life Balance
(Audiotracks: QR-Code S. 322 / Hörtext S. 354)

You will hear a radio show about work-life balance. Theresa is asking Karen and Ben questions. Who says what about work-life balance? You will hear the conversation twice. Write the correct name (Karen, Ben, Theresa) next to the statement. Be careful: One statement does not fit. Mark this statement with a cross.

a)		Well, in the more traditional workplaces people work from nine in the morning until five in the evening.
b)		They can focus on their hobbies, interests, sports, spending time with their families or in their clubs.
c)		They are online all day and all night.
d)		And I have to say that doesn't sound like a very good work-life balance.
e)		… it doesn't have to be a bad thing that the separation between one's work and personal life is fading.

B – Text-based Tasks

The History of Zombies

1 Zombies are everywhere these days – on television, in movies and in books. The current image of the terrifying flesh-eating zombie comes from George Romero's 1968 classic film *Night of the Living Dead*. Nowadays many people like to frighten themselves with the idea of the 'Zombie Apocalypse'. […]
However zombies are not new. The term, from the Kongo word *nzambi* which means 'spirit of a dead person', has been long
5 associated with the Vodou religion of Haiti (popularly known as Voodoo). As with West African Vodun, from which it is descended, Vodou has strong ties to the supernatural and magic practised by witch doctors called *bokors*.
In Haitian culture zombies are not evil creatures but victims. They are said to be people who have been killed by poisoning, then reanimated and controlled by *bokors* with magic potions[1] for some specific purpose, usually to work as slave labour. The *bokors* were widely feared and respected. It is said that they used to be in the service of the secret police and those who defied[2]
10 the authorities were threatened with being turned into the living dead.
For a long time most people assumed that zombies were nothing more than mythical figures, like werewolves and vampires. However this changed in the 1980s when a man called Clairvius Narcisse claimed that he had been turned into a zombie by means of drugs and forced to work on a sugar plantation for two years before escaping. Wade Davis, a Harvard scientist, investigated the claim and obtained something called 'zombie powder' from Haitian *bokors*. The main active ingredient was
15 a neurotoxin[3] found in puffer fish[4] which could be used to simulate death. The *bokors* also explained to Davis that a second poison, made from the *datura* plant[5], known as the zombie cucumber, was given to victims after they were revived from their death-like state. This kept the 'zombies' in a submissive[6] state so that it was easy to force them to work. Davis wrote several books on the topic, including *The Serpent and the Rainbow*, later made into a horror film by director Wes Craven.
Although the book was very popular with the public, some scientists were sceptical of Davis's claims. They said the amounts
20 of toxin in the powder samples he found were inconsistent and not high enough to produce zombifying effects. Although many people in Haiti still believe in zombies, there have been no publicised cases in the last few decades and Davis's theory remains controversial. The Zombie Apocalypse seems unlikely to take place soon.

[1] magic potion: Zaubertrank
[2] to defy: sich widersetzen
[3] neurotoxin: Nervengift
[4] puffer fish: Kugelfisch
[5] datura plant: Stechapfel
[6] submissive: gehorsam, unterwürfig

Adapted from: https://learnenglishteens.britishcouncil.org/skills/reading/upper-intermediate-b2-reading/history-zombies, Seitenaufruf am 03.05.2020

1. Match the headings with the parts of the text. There are two more headings than you need.

1)	Zombies: people revived and exploited	a)	lines 1 – 3
2)	The zombie – A current pop star	b)	lines 4 – 6
3)	The Walking Dead is real	c)	lines 7 – 10
4)	Historical origins of the zombie	d)	lines 12 – 18
5)	The apocalypse is near	e)	lines 20 – 22
6)	No documented cases for quite some time		
7)	How to make zombies?		

7 ☐ : d/
6 = e)

2. Decide whether the following statements are true, false or not in the text.

	true	false	not in the text
a) Zombies are everywhere these days – especially in video games.			
b) Our current image of zombies was coined by George Romero.			
c) The bokors are doctors with alleged supernatural powers.		X	
d) The bokors were very popular and respected.		X	
e) Davies' book was an inspiration for many scientists.	X		
f) Haitians believe in zombies because there are many publicised cases.			

3. Finish the sentences using the information from the text.

a)	Today, many people enjoy …	A	☐	… getting scared by the idea of the zombie invasion.
		B	☐	… reading stories about the Haitian witch doctors.
		C	☐	… getting frightened by stories about werewolves, zombies and bokors.
		D	☐	… seeing images of terrifying flesh-eating zombies.

b)	The original *nzambi* are …	A	☐	… terrifying flesh-eating zombies.
		B	☐	… sad creatures who have been poisoned and reanimated.
		C	☐	… people with supernatural powers who practise Vodou.
		D	☐	… slave labourers who had to work for the secret police.

c)	In 1980 Clairvius Narcisse ...	A	☐	... invented a drug that turned people into zombies and made them work on a sugar plantation.
		B	☐	... said that he was zombified by drugs and had to work on a plantation for two years.
		C	☐	... met Wade Davies and obtained something called 'zombie-powder' from a bokor.
		D	☐	... claimed that he was the first human beeing to be turned into a zombie by drugs.
d)	You can easily force zombies to work ...	A	☐	... because the drugs make them peaceful and ready to help.
		B	☐	... because the neurotoxin found in puffer fish controls the nervous system.
		C	☐	... because the intake of a so-called zombie cucumber leads to submissive behaviour.
		D	☐	... because they need to be kept busy to prevent them from falling into a death-like state.
e)	Davis' claims were not convincing ...	A	☐	... because the toxic concentration in his samples were not high enough.
		B	☐	... because the amounts of neurotoxin in his samples were too high.
		C	☐	... because he lost his samples of 'zombie-powder' and therefore had no proof for his theories.
		D	☐	... because the amounts of toxin in puffer fish were not high enough.

4. **Explain how the two 'Zombie' ingredients, used by Haitian bokors, work. Take notes.**

_____

_____

_____

_____

5. **Answer the questions in complete sentences by using the information from the text.**

a) Why is our image of the zombie different now?

b) How real is the threat of a zombie apocalypse?

c) Why did the bokors work for the secret police?

d) In which way is the *nzambi* different to the zombie we know from movies or books?

C – Use of Language

1. **Find words or expressions in the text which mean more or less the same.**

    a) of the present time or most recent (line 1)

    Current

    b) one of the parts in a mixture (line 14)

    ingredient

    c) a period of ten years (line 21)

    decade

2. **Find the opposites.**

    a) victim (line 7)   ~~perp~~ _pertraitor_

    b) poison (line 16)   _medecin_

    c) controversial (line 22) _uncontroversial_

3. **Choose two of the following words and give a definition.**

    a) slave (line 8) _Slaves are humans who work for others and get no money. Slaves are owned by their owners._

    b) authorities (line 10) _____

    _____

    c) investigate (line 14) _____

    _____

4. **Complete the text by using suitable forms of the words. Find words of your own to replace the question mark.**

    You ❶ (probable) _probably_ know that zombies are popular right now. You might not know just how ❷ (outrageous) _outrageous_ popular they happen to be. Zombies ❸ (be) _are_ the kings of all genres. Not only are they on top of ❹ (much OR many) _many_ bestseller lists and video games, the undead dominate television, too. *The Walking Dead* ❺ (attract) _attracted_ millions of viewers every week. And this week, *World War Z* ❻ (arrive) _arrived_ in cinemas – the Brad Pitt adaptation of the bestselling ❼ (?) _book_. It ❽ (complete) _completes_ the zombie apocalypse.

5. **Ask questions.**

    You are talking to Sally. She has just watched another zombie movie. Ask her three questions about her fascination with zombies. Use different question forms or different tenses.

    a) _Why do you think zombies are cool?_

    b) _____

    c) _____

6. Paraphrasing

Complete the second sentence so that it means the same as the first sentence. Use between two and five words including the word in brackets.

a) This film has the most terrifying effects I've ever seen.

   *I've ... (**never**) terrifying effects in my whole life.*

   I've never seen

b) I am pretty sure the leading actress of this film will win an award.

   *There ... (**doubt**) that the leading actress will win an award.*

   There are no doubts that the leading actress will win an award

c) I am looking forward to watching *World War Z* tonight.

   *I expect that watching Wold War Z tonight ... (**fun**).*

   I expex that watching World War Z tonight will be fun

d) I hope I won't need to walk through dark alleys tonight.

   *I ... (**avoid**) dark alleys tonight.*

   I am going to avoid dark alleys tonight

D – Writing

1. Write a comment.

Choose <u>one</u> of the following statements. Discuss the pros and cons and give your opinion. Write about 100 words.

A	B	C
School should start at 9 am.	Students should have one PE[1] lesson every day.	The best way to travel is alone.

[1] PE: Physical Education

2. **Choose task A or task B. You only have to do <u>one</u> of the following tasks.**

Task A: Write a job application email. Write about 160 words.

Bildquelle: https://fox2now.com/wp-content/uploads/sites/14/2018/07/promo355147626.jpg, Seitenaufruf am 30.04.2020

Task B: Write a story about one of the following pictures in about 160 words.

Picture A

Bildquelle: https://de.freeimages.com/photo/snowboard-jump-1249837, Jochem Alferink

Picture B

Bildquelle: https://de.freeimages.com/photo/guitar-girl-1-1555610, Jennifer Marr

E – Interpreting

1. **On the Internet you have found the perfect trip for your next holidays. You are talking to a friend about the offer. Since your friend's English is not very good you have to tell him or her all about it. You don't need to write complete sentences. Answer his or her questions in German.**

   a) Erkläre mir bitte kurz und knapp, was das Angebot ist.

   b) Was hat es mit den „time-zones" auf sich?

   c) Welche Aktivitäten werden angeboten?

   d) Werden wir auf dem Trip auch Tiere sehen?

   > ## ON THIS ABSOLUTELY EPIC 22-DAY ADVENTURE, YOU'LL TRAVEL FROM THE EAST COAST TO THE WEST, VISIT 12 STATES, AND EXPERIENCE 16 CITIES!
   >
   > Patriotism, apple-pie, concrete jungles, and zero apologies! America does it bigger. America does it better. In true Yankee spirit, we've concocted[1] the road trip to end all road trips. On this absolutely epic 22-day adventure, you'll travel from the East Coast to the West, cross four time zones, visit 12 states, and experience 16 cities. Get ready to sing the blues in Memphis, taste a cheesesteak in Philadelphia and sing your heart out in Las Vegas!
   >
   > We spend 22 days exploring USA. We visit New York, Washington DC, Asheville, Nashville, Memphis, New Orleans, Lafayette, Austin, Fort Worth, Amarillo, Santa Fe, Durango, Williams, Las Vegas, Los Angeles.

   [1] to concoct: aushecken, sich ausdenken

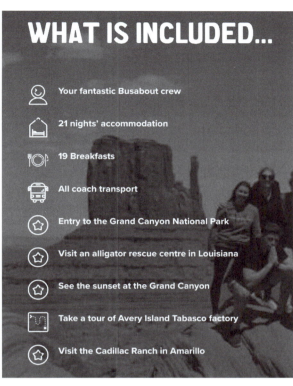

WHAT IS INCLUDED...

- Your fantastic Busabout crew
- 21 nights' accommodation
- 19 Breakfasts
- All coach transport
- Entry to the Grand Canyon National Park
- Visit an alligator rescue centre in Louisiana
- See the sunset at the Grand Canyon
- Take a tour of Avery Island Tabasco factory
- Visit the Cadillac Ranch in Amarillo

Bildquelle: https://www.busabout.com/trips/east-to-west-roadtrip, Seitenaufruf am 08.08.2020

2. **You have to write a report for your English class about influential teenagers. You have found a German article about a swimmer from Berlin who became a special ambassador to the UN. Write an English text about this person.**

a) Yusra Mardini ist eine 19-jährige syrische Schwimmerin, die in Berlin lebt.

b) Sie war der Star des Flüchtlingsteams bei den Olympischen Spielen in Rio de Janeiro, wo ihre Geschichte für großes Aufsehen gesorgt hatte.

c) Gemeinsam mit ihrer Schwester hatte Mardini im Mittelmeer ein vom Kentern bedrohtes Flüchtlingsboot gerettet. Die Schwestern haben es schwimmend nach dreieinhalb Stunden sicher an Land gebracht.

d) Vor rund einem Jahr kam Mardini als Flüchtling nach Berlin, das IOC ermöglichte ihr einen Start bei den Olympischen Spielen in Rio de Janeiro.

e) UN-Flüchtlingskommissar Filippo Grandi bezeichnete Mardini als eine „inspirierende junge Frau, die die Hoffnungen und Ängste von Millionen jungen Flüchtlingen weltweit" repräsentiere.

A – Listening Comprehension

1. **Yoga**
   (Audiotrack: QR-Code rechts / Hörtext S. 355)

   You will hear a radio interview with the yoga instructors Lisa, Peter and Dr Sing.
   You will hear the recording twice.
   Write the correct name (Lisa, Peter, Dr Sing) next to the statement.
   Some names must be used twice.

   5 pts

   a) _Peter_

   Yoga was first practised in Asia before it travelled around the world.

   b) _Lisa_

   In yoga you practise specific body postures and forms of breathing.

   c) _Dr. Sing_

   Yoga is good for people who are stressed and physically harmed.

   d) _Peter_

   Yoga is a very old form of physical and spiritual exercise.

   e) _Lisa_

   Yoga lovers meet to practise yoga outdoors.

2. Vikings
(Audiotrack: QR-Code S. 332 / Hörtext S. 355)

You will listen to a guided museum tour on Vikings.
You will hear the recording twice.
Take notes to complete the cluster.

4 pts

a) places they came from:
▶ _Sweden, Denmark_
northern
▶ _____

b) reasons for leaving their homelands:
▶ _over population_
▶ _to get rich_

Vikings

c) swords:
▶ _handed from father_
to son
▶ _scary names_

d) ships:
▶ _ships for attacking_
some people wer buried/a ship
▶ _ships for viking_

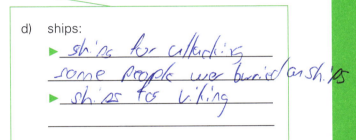

3. The Prom
(Audiotrack: QR-Code S. 332 / Hörtext S. 356)

You will hear a voice message from Lena's American exchange partner Mary-Lou about last night's prom.
You will hear the recording twice.
One ending to each of the sentences is correct. Mark the correct ending.

5 pts

a) Mary-Lou went dress-shopping downtown …	A	☐	yesterday.
	B	☒	two weeks ago.
	C	☒	two months ago.

b) The dress …	A	☐	could not be rented.
	B	☒	was too expensive.
	C	☐	fell apart.

c)	The poster had been put on Mary-Lou's school locker ...	A	☒	by Derek.
		B	☐	by the other girls.
		C	☐	by Tiffany.

d)	Tiffany's dress ...	A	☒	was the same as Mary-Lou's.
		B	☐	was stolen.
		C	☐	fell on the dance floor.

e)	Derek ...	A	☐	drove Mary-Lou home.
		B	☒	danced with Tiffany.
		C	☐	called Mary-Lou's dad.

4. Digital footprint
(Audiotrack: QR-Code S. 332 / Hörtext S. 356)

You will hear a podcast about your digital footprint.
You will hear the recording twice.
Take notes to fill in the table.

6 pts

a)	two examples of leaving a digital footprint	▶ everytime you go online ▶ download a video send e-mail
b)	what employers check out about candidates	▶ all ▶
c)	what to do when you find something upsetting	▶ log out when you go offline ▶
d)	how to protect your identity online	▶ use a nickname ▶ always think twice before sharing something

e)	advantage of your digital footprint	► _____
		_____
		► _____
		_____

B – Text-based Tasks

How online shopping is changing the world

1   In the past, there were only a few things delivered to our homes like newspapers, pizza or
Asian food. Nowadays, there is a universe of products like DVDs, video games, Spanish
oranges, clothes, books, groceries or medicine and you can order them all online. Even more
exotic is ordering insects to feed your tarantula. Or do you need help around the house? So

5   why not order a plumber or a carpenter online to help you. This new experience of shopping
is known as e-commerce or e-business.

Most home deliveries still consist of the familiar brown cardboard parcels from retailers[1]
such as *Amazon* which is responsible for half of all the packages delivered in the US each
year. Jeff Bezos, *Amazon's* founder, never wanted his customers to worry about shipping –

10   about how much it costs, or about how long it takes. "Time is money. Save both.", is the
slogan which shows that *Amazon's* main goal is to deliver their products as quickly as possible. *Amazon's* emphasis on speed
forced other retailers to hurry, too, and shoppers started to believe that something that cannot be received quickly, is not worth
having at all.

In 2005, *Amazon* created *Prime*, a club for shoppers paying a fixed fee every year, so that they got free two-day shipping on

15   everything they bought. *Prime* now has more than 100 million members. A market analysis firm found that 93 per cent of *Prime*
members keep their subscription after a year, and 98 per cent after two years. "Not for patient people," runs a *Prime* slogan, and
it is right: one out of every three *Prime* members has deleted items from their shopping baskets after learning that they could
not arrive in two days. Meanwhile, *Amazon* halved *Prime* shipping time down to a day.

A lot of attention has been paid to problems such as how best to pack a box, how to beat traffic and what to do when a delivery

20   driver rings the doorbell and no one is home. The cardboard box is the most obvious symbol of e-commerce and stands for the
conflict of choosing between our unlimited consumption and the health of the planet. A heavier box costs more to buy and it
also uses more fuel to ship, for example. Like every company, *Amazon* has been trying to design boxes that are both light and
strong. But still many companies use packaging materials excessively.

However, the environmental impact of all that paper and plastic is just one part of the overall carbon footprint of online shops.

25   In addition, vans and trucks of companies such as *FedEx*, *UPS* and *DHL* increase traffic. The great trick of online retail is to
get us to do more shopping without thinking about it for too long. So, when ordering online some people buy far more than
they need, send unwanted items back and order new ones, forcing drivers to come back. Some people live so far out in the
countryside that delivery drivers must make an effort to find them.

Especially the cities struggle with home delivery because they were not designed to handle this amount of transport activity.

30   Delivery drivers block the side of the road to load and unload their packages. Streets are jammed and citizens suffer from air
pollution.

How will e-commerce handle the challenges in the next decade? Different ideas are being discussed: using drones, parachutes,
autonomous vehicles or robots.

Obviously, there is still a long way to go to make e-commerce more efficient and more eco-friendly.

[1] retailers – Einzelhändler

Adapted from: https://www.theguardian.com/technology/2019/now/21/how-our-home-delivery-habit-reshaped-the-world. (22.11.2019);
picture source: clipart (21.09.2020)

1. **Decide whether the following statements are true, false or not in the text.** **3 pts**
Example: B 1 g) – not in the text

   a) The majority of products sold online are delivered in brown cardboard boxes.

   b) Many *Prime* members end their membership within a year.

   c) In the future *Amazon* will reduce shipping time to less than a day.

   d) Because of the carbon footprint of their companies, *FedEx*, *UPS* and *DHL* now use alternative fuel.

   e) Finding customers' homes in rural areas is sometimes difficult for delivery drivers.

   f) Online sellers are discussing to use only drones to deliver their products.

2. **Match the headings with the parts of the text.** **5 pts**
There are two more headings than you need.
Example: B 2 h) – 6

a)	Importance of delivery speed	1)	lines 1 – 6
b)	Jeff Bezos' biography	2)	lines 7 – 18
c)	Consequences of home delivery	3)	lines 19 – 23
d)	Trip to the shops	4)	lines 24 – 31
e)	Unsolved issues	5)	lines 32 – 34
f)	Changes in the way of shopping		
g)	Ideal packaging		

3. **Finish the sentences using the information from the text.** **6 pts**
Example: B 3.7 – e)

   3.1 DVDs, video games and groceries ...

   a) are the most popular things ordered online.

   b) arrive in plastic boxes.

   c) are available online.

   d) are only delivered by *Amazon*.

   3.2 Being an *Amazon Prime* member ...

   a) you need to pay an annual fee.

   b) makes you patient.

   c) you have to wait for the ordered goods for more than two days.

   d) you only have to pay for shipping.

   3.3 More than 100 million people ...

   a) do online shopping at least twice a week.

   b) regret their subscriptions as *Prime* members.

   c) have deleted items from their shopping baskets.

   d) have joined *Amazon Prime*.

3.4 Returning unwanted products …

    a) is cheap for *Prime* members.

    b) costs *Amazon* several million dollars per year.

    c) demands revisits of couriers.

    d) costs an extra fee.

3.5 In cities …

    a) inhabitants struggle with ordering online.

    b) there is too much competition.

    c) packaging materials pollute the streets.

    d) transport activity has increased because of e-commerce.

3.6 To cope with e-commerce in the future you will have to …

    a) reduce it.

    b) improve eco-friendliness.

    c) concentrate on longer shipping distances.

    d) get rid of the packaging.

4. **Answer the questions in complete sentences using the information from the text.**   **10 pts**

    a) How can e-commerce help you with your jobs around the house?

    b) What should not be a problem for Jeff Bezos' customers?

    c) How does *Amazon* influence other retailers?

    d) Why do cardboard boxes have to be light? (2 items)

    e) What adds to the carbon footprint of online shops?

C – Use of Language

1. **Find words or expressions in the text that mean more or less the same.**   **5 pts**

    a) assistance (lines 1 – 6)

    b) money you pay for something (lines 14 – 18)

    c) sign which represents something (lines 19 – 23)

    d) struggle of opposing ideas (lines 19 – 23)

    e) people living in a city or town (lines 24 – 31)

2. **Find the opposites.**   5 pts

   a) never (line 9) *always*
   b) bought (line 15) *sold*
   c) more (line 15) *less*
   d) halved (line 18) *doubled*
   e) different (line 32) *same*

3. **Explain two of the following words in complete sentences.**   4 pts

   a) to hurry (line 12) *To hurry is to do something faster*
   b) member (line 15) *A Member is a [...] if you are part of a group or club or something*
   c) strong (line 23)

4. **Vocabulary – Grammar**   5 pts

   Complete the text by using suitable forms of the words.
   Write them down.

   Scientists warn: Insects will disappear
   Global warming is not the only serious ❶ (to threaten) *threat* to humans. Another one is
   the falling numbers of insects and the many species ❷ (?) *who* have already died out.
   Scientists say that half of all insects worldwide ❸ (to disappear) *disappeared* since the 1970s.
   A new warning is that over 40 per cent of insect species could die out in our lifetime. One researcher
   said the number of insects was decreasing by 2.5 per cent every year. Many species of ❹ (butterfly)
   butterflies, bees and other insects are now extinct. This can trigger a catastrophic collapse of
   the ❺ (Earths / Earth's / Earths') *Earth's* ecosystems.
   Professor Dave Goulson said a lot of insects ❻ (to kill) *are killed* by pesticides used for farming and gardening. He said lower numbers of insects might mean we would not have enough
   ❼ (feed) *food* for people. He told reporters: "Three quarters of our crops depend
   ❽ (from / on / of) *on* the help of insects. Crops will begin to fail. If this happens we
   ❾ (not have) *won't have* things like strawberries any longer. One of the most worrying trends is
   the decline of honeybees. In the USA, the number of honeybee colonies ❿ (to drop) *dropped*
   from six million in 1947 to just 2.5 million in 2014." Professor Goulson warned: "We can't wait another
   25 years before we do anything because it will be too late."

   Adapted from: https://breakingnewsenglish.com/1911/191117-insect-apocalypse.html (22.11.2019)

5. **Ask questions.**

   Ask four questions. Use different question forms or different tenses.   4 pts

   You are talking to Peter Harris, a swimming pool attendant.
   Ask him about his job.

D – Writing

1. **Write a comment.**

   Choose <u>one</u> of the following statements. Discuss the pros and cons and give your opinion. Write about 100 words

   9 pts

   a) People should use public transport only.

   b) Young people can only enjoy their spare time when spending money.

   c) Life is boring without a computer.

2. **Choose one of the following tasks.**

   18 pts

   Task A: Write an email of application. Write about 160 words.

   > *Computer Support for Seniors*
   > We, the Sutherland Court Care Home, are offering a computer club for our residents.
   > We are looking for young people who are skilled with the computer and will be able to support our seniors once a week.
   > Please send your application to: recruitment@hc-one.co.uk

   Task B: Write a story. Write about one of the following pictures in about 160 words.

   Bildquellen: iStock.com/bukharova; https://allhands.coastguard.dodlive.mil/files/2015/06/1995035.jpg (06.08.2020)]

   Task C: Write a diary entry. Complete the diary entry in about 160 words.

   Dear diary,
   you won't believe it. This morning something really
   strange happened to me. ...

E – Interpreting

1. **Read the text about the Tours of Dublin and answer the questions in German.
You need not write complete sentences.**

   a) Warum bietet es sich an, Dublin auf eigene Faust zu erkunden?   **1 pts**

   b) Was sind die Vorteile der Hop-on-hop-off Tour? (2 Angaben)   **2 pts**

   c) Warum fährt man bei der Viking Splash Tour in einem Amphibienfahrzeug?   **1 pts**

   d) Was ist das Besondere an der Abendtour? (2 Angaben)   **2 pts**

   e) Was erwartet uns bei einer Bootstour auf dem Liffey?   **1 pts**

   ### Tours of Dublin

   When visiting the Irish city, you want to take in the best sights and attractions of Dublin – and you have several ways to explore the city to pick from.

   It begins with the easiest and cheapest option, which would be a self-guided tour of Dublin on foot. Of course, you could use Dublin's public transport system. Or you could also use a rental car to get around, but we do not recommend driving in Dublin as a tourist.

   The best and most comfortable way to get to know Dublin is one of the many pre-organised bus tours. On our Hop-on-hop-off Tours you see all the major sites at your own pace and so they are actually the most flexible Dublin tours of all. They usually go in circles around the city centre, but the flexibility for you comes with the opportunity to get off, and later re-enter the buses at any stop.

   On another tour, called Viking Splash Tour, you will be driven around the city streets and the Grand Canal in an amphibious vehicle, while mainly being informed about Dublin's Viking heritage. This is a fun tour and you take in most of the important sites, but you cannot get off at any point.

   There is even a tour in the evening. It follows the trail of Dublin's ghosts and grave-robbers on a specially designed double-decker bus and with a performance of live actors. It is only for the brave ones, definitely not covering the main tourist spots, but a good evening entertainment.

   It is also possible to see Dublin from the water on our Dublin river tour. You cruise up and down the river Liffey in a modern boat, which allows for panoramic views of the Quays and the Docklands area. It is a big plus to see Dublin from a different point.

   Adapted from: www.tripsavvy.com/tours-of-dublin-1542304 (31.01.2020)

   ---

2. **Your school's movie club takes part in an international film project.
Your partner school is in Slovenia and your contact person is Lara.
There is a team meeting.**

   a) Patrick: **2 pts**
   Wir müssen ihr unbedingt mitteilen, dass sich zwei Gruppen verkleinert haben.
   Sarah und Selina sind aus dem Projekt ausgestiegen.

   b) Leila: **2 pts**
   Wir sollten nicht vergessen, ihr zu schreiben, dass eine Gruppe bereits die Videos über die wichtigsten Sehenswürdigkeiten von hier fertiggestellt hat.
   Häng doch die Datei gleich mit an.

   c) Jana: **2 pts**
   Der Skype-Termin nächsten Mittwoch muss wegen eines Fußballturniers ausfallen. Einige Jungs nehmen daran teil. Wir müssen fragen, ob die slowenische Gruppe am Donnerstag Zeit hat und wir den Skype-Termin verschieben können.

d) Uli: 2 pts

Wie sieht es denn jetzt eigentlich mit der Unterkunft beim Austausch in Slowenien aus?
Haben Sie schon geklärt, ob die Unterkunft der deutschen Schüler in Gastfamilien sein wird
oder in einer Jugendherberge? Ich finde Stockbetten ätzend.

e) Frau Krauß: 1 pts

Und am Ende dürft ihr nicht vergessen zu schreiben, dass sich unser Schulleiter, Herr Bender,
schon sehr freut, die Mitglieder der slowenischen Gruppe kennen zu lernen.

Inform Lara.
You need not write complete sentences.

a) _____

_____

b) _____

_____

c) _____

_____

d) _____

_____

e) _____

_____

A – Listening Comprehension

1. Boosting your brainpower
(Audiotrack: QR-Code rechts / Hörtext S. 357)

You will hear a radio interview with three experts: Ms White, Mr Paulsen and Mr Jones.
You will hear the recording twice.
Write the correct name (Ms White, Mr Paulsen, Mr Jones) next to the statement.
Some names must be used twice.

5 pts

Being active is important for your brain.

a) _____

Make sure that nothing disturbs you while working.

b) _____

Even when you're asleep, your brain doesn't stop working.

c) _____

Drinking is important for concentration.

d) _____

Push negative thoughts away for a while.

e) _____

2. Hyde Park
(Audiotrack: QR-Code S. 342 / Hörtext S. 357)

You will hear a tour guide talking about Hyde Park.
You will hear the recording twice.
One ending to each of the sentences is correct. Mark the correct ending.   5 pts

a)	Speakers' Corner in Hyde Park ...	A	☐	was the only public speaking place in London in the past.
		B	☐	is one of 100 public speaking places in London.
		C	☐	is the last public speaking place in use in London.

b)	Hangings were popular, because ...	A	☐	you could watch the executions for free.
		B	☐	every spectator could give a speech.
		C	☐	they were social events.

c)	In the early 20th century, in Hyde Park, women ...	A	☐	listened to 250,000 people speaking.
		B	☐	did not accept the ban on meetings.
		C	☐	held large and small meetings to vote.

d)	Lots of people who took part in a march to Hyde Park in 2003 ...	A	☐	protested after troops had invaded Iraq.
		B	☐	did not even reach Hyde Park.
		C	☐	were stopped by the military before reaching Hyde Park.

e)	Everybody can give speeches at Hyde Park as long as ...	A	☐	they use modern media.
		B	☐	their speeches are lawful.
		C	☐	they do not do it on a Sunday morning.

3. **Teenagers and magazines**
   (Audiotrack: QR-Code S. 342 / Hörtext S. 358)

   You will listen to an interview with two teenagers about reading magazines.
   You will hear the recording twice.
   Take notes to complete the mind map.   **5 pts**

a) content of the magazine:

   ▶ _____
   _____
   ▶ _____
   _____

b) how often Paula buys it:

   ▶ _____
   _____

Geographic News for Kids

c) how and where to get it:

   ▶ _____
   _____
   ▶ _____
   _____

Teenagers and magazines

PC Gamestar

d) Tom's reasons for reading it:

   ▶ _____
   _____
   ▶ _____
   _____
   ▶ _____
   _____

e) how Tom gets the money for it:

   ▶ _____
   _____
   ▶ _____
   _____

4. The history of basketball
(Audiotrack: QR-Code S. 342 / Hörtext S. 358)

You will hear a BBC sports episode about the history of basketball.
You will hear the recording twice.
Take notes to fill in the table.

5 pts

a)	place where basketball was invented	▶ _____ _____ _____ 0,5 pts
b)	year basketball was invented in	▶ _____ _____ 0,5 pts
c)	why basketball was invented	▶ _____ _____ _____ _____
d)	disadvantage of Naismith's basket	▶ _____ _____ _____ _____
e)	rule that made the early version of basketball different from today's game	▶ _____ _____ _____ _____
f)	why basketball became more popular after 1924	▶ _____ _____ _____ _____

B – Text-based Tasks

Strong Shoulders

1 It was a historic moment in January 2021, when Kamala Harris became the first female, first Black and first Asian-American US Vice President. "I stand on their shoulders", she said in her inauguration speech[1], highlighting the
5 important role of Black women in American history.

Talent, great achievements and a strong will characterized these women's lives, their fight for equality and for making their dreams come true in a mainly male and white dominated world. But who are these women? Famous women
10 that come to mind are activist Rosa Parks, American talk show host Oprah Winfrey or former First Lady Michelle Obama. But there are many more.

One of them is Annie Easley, known as one of the first 'human computers'. She started working for NACA[2] in the
15 1950s, doing complex calculations for scientists by hand, just what computers do today. Later, when being a computer programmer at NASA, she developed computer coding that made space shuttle launches[3] possible. So, her work was an essential contribution to the success of several US space
20 missions, especially for launches of military, communication and weather satellites. Annie Easley also improved batteries and analyzed alternative power technology to solve energy problems – a technology used for early hybrid vehicles and rockets.

25 Nevertheless, being an African-American woman, she had to make an even bigger effort to reach the top: Annie Easley faced racial discrimination all her life. When hired by NACA, she was one of only four African-Americans of about 2,500 employees. After 'human computers' had been
30 replaced by machines and NACA was renamed NASA, she studied Mathematics at Cleveland State University. Discrimination became obvious when Annie Easley was denied financial aid that NASA gave to other employees to pay for additional college courses. That was why she had
35 to continue working full-time for NASA while going to university part-time. In an interview in 2001, she shared her key to success: "I just have my own attitude. I'm out here to get the job done, and I knew I had the ability to do it, and that's where my focus was. I was not so discouraged that
40 I'd walk away." Annie Easley was curious and this curiosity showed her what needed to be done. She then used her tal-

ents to reach her goals despite racial discrimination.

50 Annie Easley became one of the most influential Black women working for NASA. A co-worker described
55 her as a person who loved life and encouraged others to do the same. It was her energy and positive attitude that had a huge effect on the people around her. At NASA, she encouraged women and students of ethnic minorities to start a career in sci-
60 ence, technology, engineering or mathematics. Besides, by teaching members of her African-American community, she helped them to pass literacy tests which allowed African-Americans to vote. This way, her community members were given a voice. Throughout her working life, she also fought
65 for equal employment opportunities regardless of gender, age and race. And, even more than a decade after Annie Easley's death at the age of 78 in 2011, her struggle is still inspiring countless people.

Although equal opportunities for all should be considered
70 normal, up to this day, minorities still have to fight hard for their rights all over the world. However, with Kamala Harris as the first female Black Asian-American US Vice President, the world has certainly come one step closer to equality. (588 words)

[1] inauguration speech – Amtsantrittsrede
[2] NACA (National Advisory Committee for Aeronautics) – amerikanische Raumfahrtbehörde – ab 1958 NASA
[3] launch – hier: Start

Adapted from: https://policymagazine.ca/i-stand-on-their-shoulders-kamala-harriss-victory-speech/ (16.03.2021);
https://studydriver.com/my-hero-annie-easley/ (16.03.2021);
https://www.nasa.gov/feature/annie-easley-computer-scientist (16.03.2021); https://www.encyclopedia.com/education/news-wires-white-papers-and-books/easley-annie-j (16.03.2021);
https://www.salon.com/2018/12/25/meet-annie-easley-the-barrier-breaking-mathematician-who-helped-us-explore-the-solarsystem_partner/ (16.03.2021)
picture source: https://cdn10.picryl.com/photo/2013/12/31/equal-employment-opportunity-eeo-people-in-work-situations-38c971-1600.jpg (18.03.2021)

1. **Decide whether the following statements are true, false or not in the text.**   2 pts
   Example: B 1 e) – not in the text

   a) The majority of workers at NASA were of Afro-American origin.

   b) While working for NASA, Annie Easley was studying at Cleveland State University for 3 days a week.

   c) Annie Easley assisted her community members while taking their literacy tests.

   d) Even today, equal opportunities do not really exist.

2. **Match the headings with the parts of the text.**   5 pts
   There are two more headings than you need.
   Example: B 2 6) – h)

1) lines 1 – 12	a) Success despite discrimination
2) lines 13 – 24	b) Professional development and family life
3) lines 25 – 50	c) Achievements for NASA
4) lines 51 – 68	d) A slowly changing world
5) lines 69 – 74	e) NASA supporting African-American voters
	f) A tribute to female Black role models in history
	g) Supporting and inspiring others

3. **Finish the sentences using the information from the text.**   4 pts
   Example: B 3.5 – e)

   3.1 By saying "I stand on their shoulders", Kamala Harris meant ...

   a) she owed her job to Michelle Obama.

   b) to encourage others to become politicians.

   c) that other women's biographies had inspired her.

   d) becoming US Vice President was a highlight in her life.

   3.2 Annie Easley worked ...

   a) together with 2,500 other Black employees.

   b) on forms of energy efficient technology.

   c) as a teacher at university.

   d) for NACA by taking part in space missions.

   3.3 Annie Easley never gave up ...

   a) because she relied on her talents.

   b) writing codes by hand.

   c) because of her co-workers at NASA.

   d) fighting against equality.

3.4 Annie Easley had a big influence on people …

a) working for the military.

b) when giving her inauguration speech.

c) while graduating from university.

d) because of her caring and positive character.

4. Match the people with the statements.
Two statements do not match.
Example: B 4 5) – g)

4 pts

| 1) Annie Easley |
| 2) A co-worker at NASA |
| 3) Kamala Harris |
| 4) Annie Easley's professor at university |

a) "I wouldn't be in a position to lead and serve my country without them."

b) "They must have appreciated my mathematical skills."

c) "And then I walked away."

d) "Having her in my team, I became more energetic myself."

e) "No matter where we came from, we were treated equally by them."

f) "I think NASA should support all its employees attending our courses."

5. Answer the questions in complete sentences using the information from the text.

6 pts

a) What do the Black women Kamala Harris refers to in her inauguration speech have in common? (2 items)

b) How is our daily weather forecast related to Annie Easley?

c) In what way did Annie Easley help improve people's professional lives?

C – Use of Language

1. Find words or expressions in the text that mean more or less the same.

1,5 pts

a) manually (lines 13 – 24)

b) to become very successful (lines 25 – 36)

c) help (lines 25 – 36)

2. Find the opposites.

1,5 pts

a) bigger (line 26)

b) minorities (line 59)

c) to pass (line 62)

3. Explain one of the following words in complete sentences.   2 pts

   a) equality (line 7)

   b) curious (line 40)

   c) to encourage (line 58)

4. Vocabulary – Grammar   8 pts

**Complete the text by using suitable forms of the words.
Write them down.**

Future astronauts on Mars

Since the 1960s, Mars missions ❶ (to play) _____ an important part in NASA's space programs.

What would NASA scientists do if they ❷ (to want) _____ to build a Mars base? Like any human ❸ (settle) _____, it would be best located near accessible water. Water would be essential for everything from producing ❹ (agriculture) _____ goods to producing the rocket fuel ❺ (?) _____ would be needed in order to return to Earth. However, by ❻ (to transport) _____ all that water to Mars, missions would become enormously costly and risky.

In 2015, NASA ❼ (to begin) _____ to try to find water sources on Mars that could be easily reached.

Although scientists already have a profound ❽ (to know) _____ about the Red Planet, further efforts will be needed before human missions to Mars might be possible at all.

Adapted from: https://mars.nasa.gov/news/8851/where-should-future-astronauts-land-on-mars-follow-the-water/ (22.07.2021)

5. Paraphrasing   2 pts

**Complete the second sentence so that it means the same as the first sentence.
Use between two and five words including the word in brackets.**

Example:
Kamala Harris is the first female and first Black US Vice President of Asian origin.
x) (never) There ... Black US Vice President of Asian origin before.
    There *has never been a female* Black US Vice President of Asian origin before.

Martin Luther King is more famous than Rosa Parks.
a) (as) Rosa Parks ... Martin Luther King.

Annie Easley said, "Why don't you fight for your rights?"
b) (suggest) Annie Easley ... for your rights.

6. Asking questions   4 pts

**Ask four questions.
Use different question forms and/or different tenses.**

You are interviewing Mark Vande Hei, an American astronaut staying on the International Space Station (ISS) travelling through space.
Ask him about life in space.

D – Writing

1. **Write a comment.**

   Choose <u>one</u> of the following statements. Discuss the pros and cons and give your opinion. **9 pts**
   Write about 100 words.

   a) Cars should be powered by solar energy only.

   b) Learning online is as good as learning at school.

   c) Parents should pay their children for helping in the household.

2. **Choose <u>one</u> of the following tasks.** **18 pts**

   Task A: Write a story.
   Write about one of the pictures in about 160 words.

Bildquellen: https://www.piqsels.com/de/public-domain-photo-jfeup (18.03.2021);
https://www.piqsels.com/de/public-domain-photo-zwcex (18.03.2021)

   Task B: Write a review.
   Write about 160 words.

   Write a book review <u>or</u> a film review for a teenage magazine recommending a book <u>or</u> a film
   you have read or watched lately.

   Task C: Write an email of application.
   Write about 160 words.

   > **You like working outdoors while improving your English?**
   > **Come and help us on our farm in England!**
   >
   > **Jobs include** helping on the fields, caring for the animals and assisting in our farm shop.
   > **We offer** free lessons in tractor driving and horse riding.
   > **You stay** in spacious tents shared with other co-workers from all over the world.
   >
   > **Please send your application to** Mr James Smith at *jamessmith@tentfarm22.co.uk.*

E – Interpreting

1. **Read the text about *Growing Underground* and answer the questions in German.
   You need not write complete sentences.**

   a) Worauf ist Richard Ballard stolz?   **1 pts**

   b) Welche Vorteile bietet der Gemüseanbau vor Ort in London? (2 Angaben)   **2 pts**

   c) Weshalb ist der Gemüseanbau unter der Erde besser als in traditionellen Gewächshäusern?   **2 pts**
      (2 Angaben)

   d) Worauf hofft Ballard, um seine Gewinnspanne zu erhöhen?   **1 pts**

   > **Growing Underground – an urban farming project**
   > Only the tube trains of London's Northern line rumbling through tunnels overhead provide any clue that
   > *Growing Underground* is not a standard farm.
   > Richard Ballard, the founder of the underground farm, has been using an old tunnel 100 feet below
   > Clapham High Street tube station for more than five years to grow different kinds of vegetables, herbs,
   > lettuce and other salad greens.
   > *Growing Underground* supplies herb and salad mixes to supermarkets as well as to restaurants. Ballard
   > proudly explains, "The United Kingdom is the hardest market for growing salad. And, despite the very
   > low prices in the supermarkets, we've succeeded here."
   > According to Ballard, farming in London creates lots of advantages as he can harvest and deliver in less
   > than an hour as well as keep transportation costs at a very low level. In addition, being underground
   > means temperatures never go below 15 °C, whereas surface greenhouses need to be heated. This
   > way more harvests are possible: 60 crops a year, compared with about seven on a traditional farm or
   > about 25 in a greenhouse. But as electricity to power the lights is still a big expense, Ballard hopes
   > renewable energy will become cheaper soon, which would make his farm even more profitable.
   >
   > Adapted from: https://www.theguardian.com/environment/2019/feb/10/urban-farming-feeding-cities-of-the-future (09.01.2021)

2. **Your class is planning an environmental internet project together with your English partner
   school. You and your classmates collect ideas.**

   a) Tanja: **1 pts**
      „Zuerst sollten wir eine gemeinsame Homepage für unser Projekt gestalten.
      Wir müssen fragen, ob sich jemand aus der englischen Gruppe damit auskennt."

   b) Angelo: **2 pts**
      „Lasst uns etwas zum Thema Ernährung machen, zum Beispiel gemeinsam eine Umfrage
      über das Essverhalten von Jugendlichen durchführen und vergleichen, was Jugendliche in
      England und hier bei uns so essen."

   c) Selim: **2 pts**
      „Wir könnten auch darüber informieren, wie sich der ökologische Fußabdruck verändert,
      wenn man mehr Obst und Gemüse kauft, das vor Ort angebaut wird."

   d) Luka: **2 pts**
      „Was haltet ihr davon, ein digitales Kochbuch mit Rezepten aus beiden Ländern zu erstellen?
      Das Ergebnis veröffentlichen wir dann auf unserer gemeinsamen Homepage."

   **Inform the English students about your ideas.
   You need not write complete sentences.**

   a) _____

   b) _____

   c) _____

   d) _____

Hörverstehenstexte Musterprüfung I

1. TV Series

(Audiotrack: QR-Code rechts / Aufgabe S. 322)

Peter: Please tell me that you saw the final episode last night. Shocking, wasn't it?

Sarah: Of course, I saw it! As if I would miss that!

Peter: And? What do you say? Did you expect the ending to be anything like that?

Sarah: No, I would never have expected that twist. Unbelievable!

Peter: Yeah, totally. I still cannot believe that it was the caretaker[1]. He always seemed so naïve and innocent. The plot of the whole series is so great and well thought out.

Sarah: I'd always loved that character and now that I know that he was that evil mastermind I can understand what he was doing all the time. He set the FBI on the wrong track throughout the series and they believed him because he seemed to be too stupid to come up with such a perfect plan.

Peter: I am really going to miss it. What else could we binge-watch now?

Sarah: I don't know, there are other crime series on that channel but most of them are too predictable. I hate it when you can predict the ending of a story from the very beginning.

Peter: Exactly, maybe we should switch to another genre. What about fantasy? Dragons, knights, wizards, what do you think?

Sarah: I don't know … fantasy, really? I would rather watch something more realistic.

Peter: Hm … okay, oh! I have a great idea! Let's find a compromise. What about this new science fiction series which deals with near future scenarios that could become reality soon? I have read a lot about it and it is supposed to be one of the greatest shows this year.

Sarah: That sounds fascinating. Tell me more.

Peter: Okay, it is an anthology series.

Sarah: What's that?

Peter: It means that each episode presents a different story and a different set of characters. The stories are set in the near future and they demonstrate either dark or satirical outlooks on our society. They have one thing in common, they examine the negative and unexpected consequences of new technologies.

Sarah: The horrors of modern society! That sounds great. How many seasons are there? And the more important question is: when can we start watching it?

Peter: There are already five seasons. Let's start tonight.

Sarah: Tonight, sounds great. Let me quickly check on the Internet what the first episode is about … Here it is. It is about the dangers of social media. A person kidnaps a member of the British royal family and demands that the prime minister should do something really inappropriate on live television. The social media spreads the news thus forcing the prime minister to do it.

Peter: Sounds awful! For the prime minister. For me it sounds like entertainment. I can't wait until tonight. But stop reading more about it. You'll spoil it for us.

Sarah: No worries. See you tonight.

Peter: See you!

[1] caretaker: Hausmeister

2. Interview about Books

(Audiotrack: QR-Code S. 352 / Aufgabe S. 323)

Presenter: Today we're looking at a remarkable book for young adults. This book made me feel every single possible emotion at the same time. It is so incredible, and I think that this book will make waves because of its political message. I'm talking about 'The Hate U Give' by Angie Thomas. Kim, what do you think about the book?

Kim: I feel the same, and I literally couldn't put it down and stayed up the whole night to finish it. I love the main character, Starr Carter, so much. She is such an inspiration to girls looking to find their voice. She is determined, authentic and everything we need in adolescents today.

Presenter: Exactly, and I also love the family dynamics in the book. It's very realistic, the siblings annoy each other, but they also stick together and protect each other in difficult situations. The parents don't always get along, but they love each other truly. They put their main focus on their children. But before we go on, we should probably tell our listeners about the plot of the novel.

Kim: I can do that. The main character is Starr Carter, she lives in a poor neighbourhood but also attends a fancy suburban prep school. She moves between two different worlds. One day she witnesses her best friend Khalil getting shot by a police officer. Khalil was unarmed. In the news Khalil is presented as a criminal. Some cops and even drug lords try to find out what happened but only Starr knows the answer. However, what Starr knows might have consequences for her community, her family and herself.

Presenter: Thank you for that brief summary. It is an extraordinary plot.

Kim: Indeed, it is. But I think the strongest aspect of the novel is its social commentary and political criticism. This book is a must-read for teenagers to make them aware of current issues.

Presenter: It could even encourage teens to get involved in politics to bring about change. It raises, the most urgent questions about racism, police brutality, discrimination and prejudice in our society.

Kim: And it also answers these questions in a very convincing way.

Presenter: Yes it does. Kim, I'm sorry, we are running out of time. I don't think we can recommend this book enough but still we have to come to a final statement. Would you like to have the last word?

Kim: Yes, please. I am so happy that 'The Hate U Give' exists and I think it will be a No. 1 bestseller soon. It is the best book for young adults in 2017 – I am sure of that.

3. Sleep Deprivation Is Real!

(Audiotrack: QR-Code S. 352 / Aufgabe S. 323)

Sam: Welcome back to our weekly podcast. Turn up the volume on your Bluetooth boxes and headphones, we are back. My name is Sam.

Sheila: And my name is Sheila. And like every week, we have a social topic that mainly concerns you, young adults. We reflect on your generation and maybe we can help you dealing with all that stuff going on in your lives.

Sam: Exactly. Sheila, are you as tired as I am? I am feeling exhausted.

Sheila: No, I am wide awake. I got a good night's sleep last night. It is very important for me to sleep at least 8 hours a night. Otherwise I wouldn't be able to produce this podcast with you.

Sam: 8 hours a night! I wish I got a good night's sleep that much. My average must be between five and six hours.

Sheila: Then you are one of the 23% of boys in the UK who get too little sleep. About a third among the girls. According to the World Health Organization, one in four 11 to 15-year-olds in England don't get enough sleep. They are too tired to concentrate on their lessons and 40 – 50% of them experience low mood at least once a week. Low mood prevents young people from being active and may lead to self-harm.

Sam: Oh my! I really should sleep more but I don't have the time for sleeping. In the evening I have to reply to so many messages and in the morning, I have that urge to get up early otherwise I would feel like I was lazy.

Sheila: You are naming two reasons that can explain this sleep deprivation. Our society gives us the impression that 'lying in' means we are lazy plus the heavy social media use makes it hard to find rest at the end of the day. It is a common thing now that adolescents sleep with their mobile phones next to their pillows. Always accessible and always on standby.

Sam: Okay, same with me. My phone is on my bedside table at night and when I wake up in the middle of the night I grab for the phone and check my messages. Now that I hear myself telling you this, I realize how unhealthy that sounds. I am going to try something different tonight. I will leave my phone in the living room and go to bed without it.

Sheila: Sounds like a fair challenge. I dare you to do this for one week and then you can tell everyone about your experiences in our podcast.

Sam: Challenge accepted. I already miss my phone.

Sheila: Like you, young people are facing a multitude of different challenges that other generations have not really experienced, such as the prominence of smartphones and social media. These can have negative effects on your well-being if it affects your sleep.

Sam: Not to mention cyber-bullying. Being exposed to that affects your sleep and your well-being hugely.

Sheila: You're right but we don't have enough time to discuss this topic, I'm afraid.

Sam: True. Sheila, thanks for your insights on sleep deprivation of young adults and the impact it has on their health. I am facing a challenging week by trying to improve my sleeping habits. That's it for today, we are running out of time. Sleep well and see you next week.

Sheila: Bye.

4. Radio Interview: Work-Life Balance

(Audiotrack: QR-Code S. 352 / Aufgabe S. 324)

Radio Host: Good morning, everyone. On today's show, we will be talking about work-life balance and how important it is to keep track with what you are doing to yourself. Our guests today are Ben Carter and Karen Green, two experts on this topic. And my name is Theresa.

Ben: Thanks for having me, Theresa.

Karen: Good morning, Theresa.

Radio Host: Ben, tell us about your research and how the concept of a work-life balance has been changing.

Ben: Well, in the more traditional workplaces people work from 9 in the morning until 5 in the evening. The so-called nine to five jobs. In these jobs you don't usually work at the weekend or late at night. Working overtime is not very frequent and it usually is not common for people to work while they're on holiday. People with these jobs can clearly separate their professional and private lives.

Karen: I would like to add that it means that the evenings, weekends and holidays are work-free. They can focus on their hobbies, interests, sports, spending time with their families or in their clubs.

Ben: Exactly, thank you Karen, and that's important because it is very healthy not to spend all your time on your job.

Radio Host: That sounds great, but it also sounds old-fashioned. That's not how my job would work.

Karen: That's true. Nowadays most people can check their work emails on their smartphones, tablets or laptops. They can even access their mails on their way to work or on their way home. They are accessible all the time. So, it is more likely that they reply to an important mail in the evening, at the weekend or even from the hotel while they are on holiday.

Radio Host: To be honest, that's exactly what I do all the time. And I have to say that doesn't sound like a very good work-life balance.

Karen: Yes and no. This new situation also opens up a lot of new opportunities. I guess you are able to work very flexibly, if you need to leave your office early in the afternoon or if you have to stay at home for a day to be with your family you can catch up on work later that day or at the weekend. You have the advantage of being able to work from home or elsewhere.

Radio Host: That is true. Yet sometimes I wish I could leave my office outside from home. But, to sum up, what you are saying is that it doesn't have to be a bad thing that the dividing line between one's professional and private life is fading.

Ben: Exactly, many employees now have more freedom to do their work from different locations and at different times.

Radio Host: Thank you for your time. It was a pleasure to have you here, Karen and Ben.

Ben: And it was a pleasure to talk to you. Bye.

Karen: Goodbye.

Hörverstehenstexte Prüfung 2021

Part 1 – Yoga
(QR-Code rechts – Aufgabe Seite 332)

Interviewer: Hello and welcome to Radio Sunshine. It's International Yoga Day today. So we have invited some famous yoga instructors. My first guest is Lisa. Lisa, can you explain what yoga is in general?

Lisa: Well, most people know yoga as a kind of activity which aims at developing strength and flexibility. To practise yoga, you learn to put your body into different positions. The correct breathing is also important. However, yoga is really about more than just exercise.

Interviewer: What do you mean by that?

Lisa: In fact, yoga is not just about exercising, it also helps to connect people to each other and to nature. So many yoga fans enjoy their sport in parks. In 2014, the United Nations agreed to create the International Yoga Day, which is now celebrated on 21st June.

Interviewer: Peter, you've already written a book about the history of yoga. What did you find out?

Peter: The history of yoga goes back at least 5,000 years, and some people claim it's nearer 10,000 years ago. First developed in Northern India as a spiritual and physical form of exercise, yoga was later introduced to the Western world and became a very popular form of exercise in the United States and in Europe.

Interviewer: Dr Sing, can you tell us about the benefits of yoga?

Dr Sing: Yoga is a natural form of exercise and therefore good for the mind and body. Regular practice of yoga helps people to improve their balance. Although you won't really get out of breath, like you might playing football or running, it does help to keep your heart healthy and you can lose weight. It can reduce stress and also help with back pain. Yoga also improves concentration and helps people to sleep better.

Interviewer: Alright, thanks a lot so far. We'll have a short break and pass on to the news ... (fade out)

Adapted from: http://learnenglishteens.britishcouncil.org/general-english/magazine/yoga (08.11.2019)

Part 2 – Vikings
(QR-Code oben – Aufgabe Seite 333)

Tour guide: Come on over everybody. Closely together. Very nice.
Let's start from the very beginning. The Vikings were warriors who crossed the sea to get to another country. They came from very different places like Sweden, Denmark and many other northern areas. Ah ... a question! Yes, please?

Student 1: Sir, so Vikings really were some kind of pirates?

Tour guide: Yes, you could say so. The word Viking itself means as much as 'pirate'. Why the Vikings started to leave their homelands is not fully clear. Experts have different ideas on why they left: Some think because of overpopulation of their homelands, others think mainly to get rich. At that time Europe was getting richer and richer. That's mainly why it became more and more interesting to the Vikings.

Student 2: Wow, look at those swords! Sorry, Mr. ... What about fighting?

Tour guide: Fighting was a major skill for Viking warriors. They fought using long swords and axes. Good swords were used to keep Viking history alive from generation to generation. They often had horrifying names and were handed down from father to son. The father would tell the son about all the men that had died by the sword.

Student 3: Oh, look at that! Isn't that a real Viking ship? Amazing!

Tour guide: Very good, that's in fact an authentic Viking ship!
But actually there are other types as well. The Vikings used different kinds of ships: some for attacking and some for trading. Ships played an important role in the Viking culture. You won't believe it, but some people were even buried in ships. Here you can see images of ships on jewellery stones and coins . ... (fade out)

Adapted from: https://www.history.com/topics/exploration/vikings-history. (30.01.2020);
https://www.bbc.co.uk/bitesize/topics/ztyr9j6/articles/zy9j2hv (31.01.2020);
http://www.hurstwic.org/history/articles/manufacturing/text/norse_ships.htm (31.01.2020); https://www.ancient.eu/Viking_Ships/ (31.01.2020)

Part 3 – The Prom
(Audiotrack: QR-Code S. 355 / Aufgabe S. 333)

Hi Lena, this is Mary-Lou, you won't believe what happened on prom night yesterday. You know, the final dance and biggest event of the year at our high school. Well, for me it was a complete disaster.

I planned everything perfectly: what to wear, hairstyle, make-up, jewellery – you know what I mean. So, me and my girls went dress-shopping downtown two months ago and I found the most beautiful dress ever. I looked oh so awesome, I felt like Cinderella. Perfect match because the prom motto was Magic Night. But when I saw the price tag, my world started to fall apart. Gosh!!!!!! 500 bucks for the stupid dress. It was way too expensive. Luckily, I found out that you could also rent the dress.

Ok, dress done! Do you remember Derek, the captain of our football team? You know that I've fancied him for ages. Instead of simply sending me a text message to ask me out for the prom, he'd prepared a poster, which he pinned on my school locker. So, everybody could see it and all the other girls were so jealous. Derek was so cute, he organized everything from driving in a limo to having a glamorous photo session. He even invited me to a candlelight dinner in a cozy restaurant.

After the wonderful meal, we arrived at our nicely decorated gym and you won't believe what I saw on the dance floor. There she was – Tiffany, that old snake – with MY dress. Seriously! How dare she – why did I tell her about the dress store at all?

I told Derek to take me home immediately but he preferred to dance with Tiffany. I was in tears. So I called my dad to pick me up. Wish you were here!

© IBBW

Part 4 – Digital footprint
(Audiotrack: QR-Code S. 355 / Aufgabe S. 334)

Every time you go online you leave a trail. This is just like a real footprint. It shows where you've been, how long you stayed and what you've been doing there. You leave your digital footprint every time you register for an online service, send an email, download a video or upload a photo because the information can be used. This shouldn't necessarily worry you but be aware of it and be careful and sensible when you are online.

All kinds of people are interested in your digital footprint, for example companies. Employers often check out the online profiles of possible candidates as part of their application process. There are cases of people who didn't get a job, because their digital footprint didn't impress the company.

Here are some tips for taking care of your digital footprint:

▶ If you find something upsetting, frightening or concerning, tell an adult. There are ways to report these disturbing contents and in most cases web managers respond rapidly.

▶ Don't forget to log out when you leave a website, especially if you use a shared computer. If you don't, someone can easily pretend to be you!

▶ Protect your identity online, for example use a nickname and no real photo. Be careful about who you share personal information with and always think twice before sharing details like your email, home address, school or phone number with anyone.

But the advantage of your digital footprint is that you don't have to remember your favourite websites. You can use the history button and the bookmark function. This way your digital footprint can even be helpful.

Adapted from: [https://learnenglishteens.britishcouncil.org/skills/reading/upper-intermediate-b2-reading/your-digital-footprint (30.01.2020)]

Hörverstehenstexte Prüfung 2022

Part 1 – Boosting your brainpower
(QR-Code rechts – Aufgabe Seite 342)

Interviewer:	Today, we've invited three experts to talk about our brainpower. Ms White, Mr Paulsen, Mr Jones, thanks for coming and welcome to Science on Friday. We'll talk about how to boost our brainpower. Ms White, let's first talk about the many factors affecting our learning. Which is the most important one?
Ms White:	I'd say hydration is – as it definitely has an impact on our concentration. We need around six to eight glasses of non-sugary, non-alcoholic fluid such as water each day.
Interviewer:	Mr Jones, as a professional athlete, brain fitness is also important to you, isn't it?
Mr Jones:	Absolutely! Oxygen is carried to the brain by your blood. So, when you go for a walk or ride your bike, your blood flow increases and your brain gets more oxygen.
Mr Paulsen:	May I add something?
Interviewer:	Yes, of course, Mr Paulsen.
Mr Paulsen:	Besides exercise, rest is important. Getting enough rest boosts our mood and helps us concentrate. And don't forget that, when we're asleep, the brain practices what we did during the day.
Interviewer:	Mr Jones, in your book you wrote about the impact of stress on the brain.
Mr Jones:	Yes, and – what's even more important – on how to deal with it. Some people fight stress by imagining a box. They imagine filling that box with all the worrying things that are on their minds. Then, they imagine putting that box away until they have time to deal with whatever's inside.
Interviewer:	What a wonderful idea. Ms White, is there anything else you would like to add?
Ms White:	Yes, make sure you create an environment where you work well and get rid of any distractions like your cell phone. This way, focusing and remembering become much easier. Besides, some food such as nuts, fish or green vegetables are especially good for boosting your brainpower.

Adapted from: http://continuingstudies.uvic.ca/elc/studyzone/410/reading/boost-your-brainpower1 (31.01.2021)

Part 2 – Hyde Park
(QR-Code oben – Aufgabe Seite 343)

Good morning everybody, welcome to Hyde Park, the starting point of our tour today. Hyde Park has been a traditional site for public speeches and demonstrations since the mid-1800s. This spot here is called Speakers' Corner. It is the only remaining speaking place of over one hundred which could be found in London in the past.

Close to here, about 250 years ago, people were hanged. Londoners could buy tickets to watch the executions and enjoy the popular social event.

Before a person was hanged, they got the opportunity to make a final speech in which they often criticised the authorities for having been put there even though being innocent.

Even after the hangings had been stopped in 1783, Hyde Park continued to be a place of protest and public gathering. Much later, from 1906 to 1914, large and small meetings were held in Hyde Park when women fought for the right to vote. In 1908, a total of 250,000 women marched to Hyde Park to hear different speakers in 20 locations. In 1913, those meetings were banned in the park, but the women continued to meet.

Then, in 2003, more than a million people attended a march to Hyde Park to demonstrate against military action in Iraq. Indeed, so many people were marching to Hyde Park that lots of them couldn't even make it as far as Hyde Park at all. But as you know, this didn't keep troops from invading Iraq.

Well, as you can see, even today, on a Sunday morning, it's not unusual to find crowds gathering at Speakers' Corner to listen to people giving their speeches. Anyone can speak on any subject and even use posters or other forms of visual aids, as long as their speech and media aren't against the law.

Unfortunately, we have no more time to listen. Come on everybody, let's have a look around Oxford Street!

Adapted from: https://www.royalparks.org.uk|parks/hyde-park|things-to-see-and-do/speakers-corner (25.01.2021);
https://www.grandroyalelondon.eo.uk/blog/a-grande-royal-london-guide-to-speakers-corner (28.07.2021);
https://turbulentlondon.com/2020/02/15/on-thisday-the-anti-iraq-war-demonstration-15th-february-2003/ (28.07.2021)

Part 3 – Teenagers and magazines
(Audiotrack: QR-Code S. 357 / Aufgabe S. 344)

Reporter:	Hello and hi there. Today we'll talk with Paula and Tom about their favourite magazines: Geographic News for Kids and PC Gamestar. Let's start with you, Paula.
Paula:	Hi, I'm Paula from Liverpool. For me, magazines are still important. I love reports about the environment, so I often read Geographic News for Kids. It's designed to get kids excited about the world around them. I think that's very important as the climatic problem is getting bigger. I especially like the beautiful photos from all over the world. They make me want to see such places myself.
Reporter:	That sounds great, Paula. Do you often buy it?
Paula:	It's published 12 times a year, but I only buy every second issue as it's rather expensive, one issue's £6.99. I usually buy it at the newsstand, but it's available online, too.
Reporter:	Thank you, Paula. And here is Tom from Newcastle. Tom, what about you?
Tom:	I'm really crazy about gaming and that's why I read PC Gamestar, a magazine that keeps me updated on the latest and greatest computer games on the market. Besides, I really enjoy taking part in their competitions where you can win attractive gaming equipment. And what I like best is that you always get QR codes that allow you to test new games before they're actually released.
Reporter:	Where do you get the magazine?
Tom:	You can buy it at a newsstand or get your issue sent home. I've got a one-year subscription and get it for £80,99. That's still an awful lot of money for a pupil. So, I've got a part-time job. And my parents support me financially although they think playing computer games is a waste of time.
Reporter:	(laughs) At least you read some magazines, your parents should be happy! Thank you, Tom. That was it for today.

© IBBW

Part 4 – The history of basketball
(Audiotrack: QR-Code S. 357 / Aufgabe S. 345)

Hi to everybody. In today's BBC Sports episode, you'll learn about the history of basketball which has been played in the UK for 130 years. It was first introduced in England in 1892 by C.J. Proctor, president of the Young Men's Christian Association in Birkenhead. Proctor had just come back from Canada where the game had been invented by Dr James Naismith one year earlier in 1891.

Naismith, a PE teacher, had come up with the sport to keep his students from becoming bored during the winter when it gets too cold to play outside. He wrote some basic rules and then nailed a fruit basket onto a 10-foot-tall stick.

Unlike today, the bottom of the fruit basket was still there, so after a point was scored, somebody had to get the ball out of the basket with a long stick. Over time, people made a hole in the bottom of the basket, so the ball could fall through more easily. In the first years of basketball, the game differed from the game we know today. According to the basic rules of the early days, advancing the ball by dribbling wasn't allowed to the players. Instead, in order to move the ball across the field each player had to throw the ball from wherever he'd caught it.

In the UK, lots of young men started to play basketball until 1914 when World War I started. A large number of men left their hometowns for the war, so fewer people were playing basketball in the UK.

After the war, its popularity grew again especially after 1924, when basketball was presented as a new sport at the Paris Olympic Games – and got known worldwide.

Basketball maintained its popularity and it's been a long way from the fruit basket in the early days up to today's way of playing it.

Adapted from: https://www.bbc.co.uk/newsround/48146445 (8.6.2021); https://www.redbull.com/us-en/basketball-facts (8.6.2021)

Schule – und dann?

Tipps und Infos zum Start in den Beruf

- Bewerbungsunterlagen
- Anschreiben
- Lebenslauf
- Einstellungstests + Lösungen
- Assessment-Center
- Online-Tipps
- Bildungswege

Bewerbungsunterlagen

Auch, wenn die klassische Bewerbung per Post von vielen Firmen noch akzeptiert wird, so bevorzugen die meisten Betriebe inzwischen eine Online-Bewerbung. Dabei bieten große Unternehmen oft eigene Bewerbungsportale auf ihren Firmenwebseiten, in denen die Bewerber/-innen ein Onlineformular ausfüllen und ihre Unterlagen (Lebenslauf, Zeugnisse, ggf. weitere Nachweise und Bewerbungsfoto) hochladen können. Hat die Firma kein Bewerbungsportal, so verschickt der/die Bewerber/-in seine/ihre Bewerbung per E-Mail mit entsprechendem Anhang. Dabei empfiehlt es sich, die oben genannten Unterlagen in ein einziges Dokument zu packen, damit der/die Personalzuständige nicht lange suchen und nur eine Datei öffnen muss. Wichtig bei einer Online-Bewerbung (egal ob Bewerberportal oder E-Mail) ist jedoch immer eine seriöse E-Mail-Adresse, die Qualität der eingescannten Dokumente, das richtige Format (meist PDF) und die Dateigröße (max. 2 – 3 MB).

Für die Onlinebewerbung gelten die gleichen Maßstäbe wie für die klassische Bewerbungsmappe. Insbesondere das Anschreiben sollte die herkömmlichen Kriterien erfüllen (Briefkopf, Betreffzeile mit der ausgeschriebenen Stelle, die persönliche Anrede, das direkte Eingehen auf den angestrebten Ausbildungsplatz, korrekte Rechtschreibung und Zeichensetzung sowie einheitliches Layout, Grußformel und Unterschrift etc.) und dabei eine DIN-A4-Seite nicht überschreiten. Wird das Anschreiben als Anhang versendet, so sollte eine Kurzversion im Textfenster der E-Mail enthalten sein. Das Anschreiben kann aber auch Teil der E-Mail selbst sein.

Die folgende Liste gibt Ihnen einen wichtigen Überblick über die Unterlagen, die Ihre Bewerbung enthalten sollte:

Deckblatt (optional)
▶ Titel: Bewerbung für (Ausildungsplatz/Stelle)
▶ Kontaktdaten (Name, Adresse, Telefonnummer, E-Mail)

Bewerbungsfoto
▶ professionelles Bewerbungsfoto (bei Papierfoto: Name und Adresse auf Rückseite schreiben)
▶ Standard: Foto oben rechts im Lebenslauf oder auf dem Deckblatt

Anschreiben
▶ persönliche Kontaktdaten im Briefkopf aktuell und richtig
▶ Name und Adresse des Ansprechpartners richtig schreiben
▶ korrekte Betreffzeile, z. B. Bewerbung für/als (Ausbildungsplatz)
▶ Grund für Bewerbung angeben
▶ Bezug zwischen Anforderungen und eigenen Fähigkeiten formulieren
▶ nicht länger als eine DIN-A4-Seite
▶ fehlerfreie Rechtschreibung und Zeichensetzung; einheitliches Layout
▶ Grußformel und Unterschrift

Lebenslauf
▶ persönliche Angaben (Name, Anschrift, Telefonnummer und E-Mail-Adresse, Geburtsdatum, Staatsangehörigkeit)
▶ Schulbildung (besuchte Schultypen) und voraussichtlicher Schulabschluss
▶ Berufserfahrung: Praktika, Aushilfs- oder Nebenjobs, etc.
▶ außerschulisches Engagement (z. B. Ehrenamt)
▶ besondere Kenntnisse oder Fähigkeiten
▶ nicht länger als zwei DIN-A4-Seiten
▶ lückenlos, korrekte Zeitangaben
▶ Unterschrift

Anlagen
▶ Kopien von Zeugnissen, Referenzen, Zertifikaten

Anschreiben

Bevor Sie sich bei einer Firma bewerben, sollten Sie sich bei der dortigen Personalabteilung nach dem Namen der zuständigen Person erkundigen. Das Anschreiben sollte, so weit möglich, immer eine personalisierte Anrede enthalten; Formulierungen wie „Sehr geehrte Damen und Herren" sollten vermieden werden. Es macht auch einen guten Eindruck, wenn Sie sich vorher schon einmal über das Berufsbild informiert haben und in Ihrem Anschreiben darstellen können, warum gerade Sie sich für diesen Beruf eignen.

Außerdem ist es wichtig, dass Sie sich über das Unternehmen informieren, bei dem Sie sich bewerben. Vermeiden Sie dabei Schreib- und Kommafehler und vergessen Sie Ihre Unterschrift nicht.

Beispiel für ein klassisches Anschreiben

Marc Schmidt
Bahnhofstraße 158
35889 Krielinghausen
Telefon 06456 445932
E-Mail marc.schmidt@mail.de

Bäckerei Herrlinger
Herrn Fritz Herrlinger
Backgasse 15
33886 Wieshain

Krielinghausen, 15. Oktober 2021

Bewerbung um einen Ausbildungsplatz zum Bäcker

Sehr geehrter Herr Herrlinger,

durch Ihre Mitarbeiterin, Frau Fischer, habe ich erfahren, dass Sie ab dem 1. September 2022 einen Ausbildungsplatz zum Bäcker anbieten. Dafür möchte ich mich bei Ihnen bewerben.

Der Beruf des Bäckers ist bereits seit Langem mein Traumberuf. Die handwerkliche Arbeit in einer Backstube und der Umgang mit Lebensmitteln haben mich schon immer interessiert. Als Kind habe ich mit meiner Mutter oft Kuchen und Plätzchen gebacken, inzwischen backe ich alleine und probiere auch gerne neue Rezepte aus. In einem örtlichen Gasthof habe ich bereits erste Erfahrungen gesammelt.

Im Juni beende ich die Schule mit dem Hauptschulabschluss. Danach würde ich gerne bei Ihnen ein Praktikum machen, damit Sie mich vorab besser kennenlernen können.

Über die Einladung zu einem Vorstellungsgespräch freue ich mich.

Mit freundlichen Grüßen

M. Schmidt

Marc Schmidt

Anlagen: Lebenslauf mit Foto, Zertifikat Praktikum, Schulzeugnis

Lebenslauf

Ein in Aufsatzform formulierter Lebenslauf ist heutzutage nicht mehr üblich. Arbeitgeber und Arbeitgeberinnen erwarten stattdessen einen Lebenslauf in Tabellenform – und zwar:

▶ chronologisch geordnet (die in Deutschland üblichere, traditionelle Variante)
▶ umgekehrt chronologisch geordnet mit den neuesten Daten am Anfang (die moderne internationale/ EU-Variante)

Beispiel für einen chronologischen Lebenslauf

Lebenslauf
Marc Schmidt

Bahnhofstraße 158
35889 Krielinghausen
Telefon 06456 445932
E-Mail marc.schmidt@mail.de

Persönliche Daten

Geburtstag und -ort	23. April 2007 in Krielinghausen
Staatsangehörigkeit	deutsch

Schulischer Werdegang

09/2013 bis 07/2017	Grundschule Krielinghausen
09/2017 bis 06/2022	Gesamtschule Krielinghausen
	• voraussichtlicher Schulabschluss: Hauptschulabschluss
	• Lieblingsfächer: Mathematik, Werken Teilnahme an der Koch-AG

Betriebspraktikum

02/2021 bis 03/2021	Frischmarkt AG, Winterhain
	Dreiwöchiges Schülerpraktikum
	• Einräumen der angelieferten Waren
	• Mitarbeit an der Kasse
	• Mitarbeit an der Brottheke

Aushilfstätigkeiten

08/2021 bis 09/2021	Gasthof „Sonne", Krielinghausen
	Vierwöchiger Ferienjob
	• Tätigkeit als Küchenhilfe
	• Mitarbeit im Service

Hobbys

	Backen, Kochen, Musik
Seit 10/2017	Mitglied im Musikverein (Posaune)

M. Schmidt

Krielinghausen, 15. Oktober 2021

Einstellungstests

Viele Schüler/-innen kennen die Angst vor Prüfungen. In der Schule hat man wenigstens den Vorteil, dass man ungefähr weiß, was drankommen kann. Berufseinstellungstests sind den meisten jedoch fremd und der Druck, sich gegen andere Bewerber/-innen durchzusetzen, verstärkt die Prüfungsangst meist noch.

Wir wollen Sie auf diese Situation vorbereiten und Ihnen die Angst vor dem Unbekannten nehmen. Dafür haben wir auf den nächsten Seiten einige Musteraufgaben zusammengestellt, wie sie in solchen Tests vorkommen können.

Es geht den Prüfer/-innen nicht nur darum, dass Sie alle Aufgaben korrekt lösen, sondern auch darum, wie Sie sich in einer solchen Situation verhalten und wo Ihre Stärken liegen.

Die Lösungen zu den Tests finden Sie auf Seite A14.

1. Logisches Denken

Zahlenreihen

Welche Zahl ergänzt die Zahlenreihe sinnvoll?

1. 2   6   12   20   30   ?

2. 16   23   28   38   49   62   ?

TIPP

Notieren Sie den Rechenschritt zur jeweils nächsten Zahl, dann kommen Sie meist schnell auf die Lösung.

Wortanalogien

1. <u>Mehl</u> **verhält sich zu** <u>Kuchen</u> **wie** <u>Zement</u> **zu …?**

  a) Bäcker   b) Maurer
  c) Haus   d) Hefe

2. <u>Schnecke</u> **verhält sich zu** <u>Ohr</u> **wie** <u>Knöchel</u> **zu …?**

  a) Oberschenkel   b) Fuß
  c) Gartenhaus   d) Pflanze

TIPP

Untersuchen Sie das vorgegebene Wortpaar und suchen Sie die bestehende Beziehung zwischen den Wörtern.

Beziehungen

1. Morgen ist Mittwoch. Welcher Tag war vorgestern?

  a) Montag   b) Dienstag   c) Mittwoch   d) Donnerstag
  e) Freitag   f) Samstag   g) Sonntag

2. Es ist die Tochter deiner Großmutter, aber nicht deine Tante. Wer ist es?

  a) Großmutter   b) Nichte   c) Cousine   d) Tochter
  e) Mutter   f) Schwester   g) Tante

Grafikanalogien

Bestimmen Sie aus den vier möglichen Grafiken diejenige, die die Bildgleichung sinnvoll ergänzt.

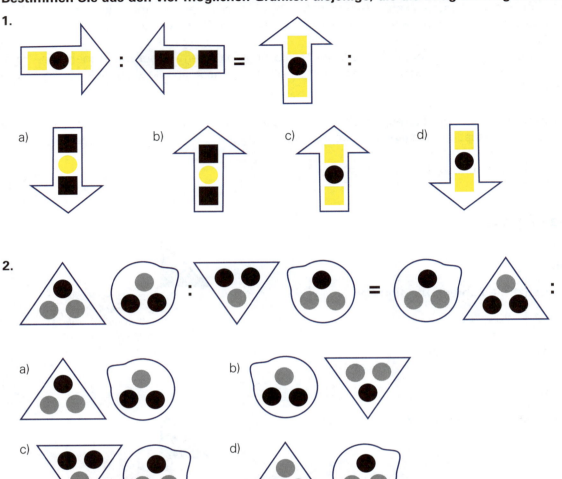

1.

a) b) c) d)

2.

a) b)

c) d)

2. Konzentration

Die alphabetische Reihenfolge

Erkennen Sie die korrekten alphabetischen Buchstabenabfolgen von 3 bis 5 Buchstaben und unterstreichen Sie diese.

1. dhabanejdhenahjbekjabcdfgejndnansmjodnbdjwxyzjbdnrnmalmüppkdknshdkjklndhadnenduenduendopqr-hzfunrucmchdtebnsmnaüskendhabezefghnmkelodhbezshynmnbabsebdnmeidjnantzbszxtgbsnxhzsstu-vwb

2. hnsndnadhendnsjuvwxhdndnbdnmejdkalehijkdnmadnsomemaödefgnbdbanskjneksoxnaknbsjxonbshze-baisbelmanslmnopzehbaisjbajsnenakmslxpklmhjdamsidjendhijdnsmalsneisxnmamsrstudbansmensuaylx-vn

Kopfrechnen

Geben Sie das Ergebnis folgender Rechnung an. Rechnen Sie Schritt für Schritt, die Rechenregel „Punkt vor Strich" gilt hier nicht.

1. $6 + 6 - 3 + 7 - 5 \cdot 2 + 8 - 20 \cdot 2 + 7 =$

2. $81 : 9 + 7 + 5 + 3 : 2 + 13 \cdot 2 - 20 : 2 - 15 + 7 \cdot 2 - 6 \cdot 3 =$

Mosaik

1. In welchem Feld ist ein Mosaikbaustein falsch? Geben Sie an, ob A, B, C oder D richtig ist.

 1   2   3

Kreuzen Sie im Zweifels-
fall die Antwort an, die
Ihnen richtig erscheint.

1	1	3	1
A		B	
2	3	1	3
3	2	3	2
C		D	
2	3	2	1

2. In welchem Feld ist ein Mosaikbaustein falsch? Geben Sie an, ob A, B, C, D oder E richtig ist.

 1   2   3   4   5   6   7

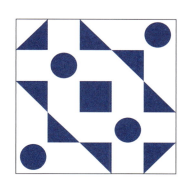

4	1	5	1	7
B			C	
1	7	1	1	1
2	1	A 6	1	5
1	5	1	7	1
D			E	
7	1	2	1	3

Additions-/Subtraktionsaufgaben

Rechnen Sie zuerst die obere und dann die untere Zeile aus. Ist das zweite Ergebnis kleiner als das erste, ziehen Sie es vom ersten ab und schreiben diese Differenz auf. Ist das Ergebnis der zweiten Zeile größer, müssen Sie beide Ergebnisse addieren.

1. $2 + 4 - 5$
$5 + 4 + 4$

2. $7 + 8 - 3$
$4 + 5 - 2$

3. $4 + 4 - 3$
$7 + 6 + 4$

Rechnen Sie jede Reihe
für sich und schreiben
Sie das Ergebnis auf. So
verlieren Sie nicht die
Übersicht.

4. $4 + 5 + 4$
$9 - 8 + 7$

5. $8 - 4 - 1$
$3 + 4 + 6$

6. $3 + 8 - 3$
$4 + 3 + 2$

7. $4 + 9 - 7$
$5 + 6 - 3$

8. $9 - 2 + 7$
$3 + 2 + 4$

9. $7 + 3 - 4$
$4 + 7 - 3$

3. Allgemeinwissen

1. Wie viel Liter Blut fließen durchschnittlich durch den menschlichen Körper?

a) 5 bis 6 Liter
c) 8 bis 10 Liter

b) 12 bis 14 Liter
d) 3 bis 4 Liter

TIPP

Wenn Sie sich nicht ganz sicher sind, gehen Sie nach dem Ausschlussverfahren vor und kreuzen Sie auf jeden Fall eine Antwort an.

2. Wie lautet das chemische Gegenstück zur Säure?

a) Salz
c) Zucker

b) Oxid
d) Base

3. Welche Einheit bezeichnet elektrischen Strom?

a) Hertz
c) Watt

b) Ampere
d) Pascal

4. Wie viele Seitenflächen hat ein Tetraeder?

a) 4
c) 8

b) 6
d) gar keine, es ist eine Kugel

5. Wie nennt man in der Informatik die kleinste Informationseinheit?

a) Chip
c) Link

b) Unix
d) Bit

6. Welches Wirtschaftssystem hat Deutschland?

a) Zentrale Marktwirtschaft
c) Kapitalistische Marktwirtschaft

b) Soziale Marktwirtschaft
d) Sozialistische Marktwirtschaft

7. An wie viele Länder grenzt Deutschland?

a) 6
c) 8

b) 7
d) 9

8. Wessen Interessen werden in der Kommunalpolitik vertreten?

a) Bundesländer
c) Landkreis und Gemeinde

b) Bund
d) Europäische Gemeinschaft

9. Wer war der erste Bundeskanzler der Bundesrepublik Deutschland?

a) Gerhard Schröder
c) Helmut Kohl

b) Konrad Adenauer
d) Ludwig Erhard

10. Unter welchem Namen schrieb der erste römische Kaiser Octavian Geschichte?

a) Caesar
c) Romulus

b) Augustus
d) Herkules

11. In welchem Drama Goethes wird die „Gretchenfrage" gestellt?

a) Götz von Berlichingen
c) Torquato Tasso

b) Faust I
d) Egmont

12. Wer schrieb das Stück „Die Räuber"?

a) Johann Wolfgang von Goethe
c) Gotthold Ephraim Lessing

b) Friedrich Schiller
d) Wilhelm Hauff

13. Welcher Künstler malte die „Mona Lisa"?

a) Pablo Picasso
c) Salvador Dali

b) Michelangelo Buonarroti
d) Leonardo da Vinci

14. Wie heißen die Stimmlagen der Männerstimmen, absteigend nach der Höhe sortiert?

a) Sopran, Bass, Tenor

b) Tenor, Bariton, Bass

c) Bariton, Tenor, Bass

d) Alt, Tenor, Bass

15. Woraus besteht eine Nordische Kombination?

a) Skisprung und Skilanglauf

b) Skilanglauf und Schießen

c) Slalom und Abfahrt

d) Skiflug und Slalom

4. Sprachgefühl

Abkürzungen

Wofür stehen folgende Abkürzungen? Kreuzen Sie alle richtigen Antworten an.

1. a) Mofa = Montagefabrik
b) ABS = Autobahnschnee
c) FAZ = Frankfurter Allgemeine Zeitung
d) DIN = Deutsches Institut für Normung

2. a) IHK = Industrie- und Handelskammer
b) AGB = Angestelltengesetzbuch
c) USA = United States of America
d) EU = Europäische Universität

3. a) BASF = Badische Anilin- und Soda-Fabrik
b) PS = Pendelstrom
c) BVerfG = Bundesverfassungsgericht
d) VW = Volkswagen

Wortbedeutungen

Welches der vier Wörter passt nicht zu den anderen?

1.	**2.**	**3.**
a) Deutsch	a) Fußball	a) Buchstabe
b) Französisch	b) Tennis	b) Zahl
c) Schwäbisch	c) Basketball	c) Vokal
d) Englisch	d) Schwimmen	d) Konsonant

Fremdwörter

1. Was bedeutet das Fremdwort „heterogen"?

a) fremd

b) ungleichartig

c) stark erhitzt

d) keimfrei

2. Was bedeutet das Fremdwort „relativ"?

a) verhältnismäßig

b) sehr klein

c) sehr groß

d) verändert

Satzergänzungen

1. Das menschliche Verhalten wird von der … untersucht.

a) Biologie

b) Zoologie

c) Chemie

d) Psychologie

2. Im Straßenverkehr muss man besonders … sein?

a) aggressiv

b) mutig

c) schnell

d) aufmerksam

TIPP

Führen Sie zuerst die Aufgaben und Antworten zusammen, bei denen Sie sich sicher sind.

3. Der Stundenzeiger einer Uhr ist immer … als der Minutenzeiger.

a) länger   b) kürzer
c) dicker   d) dünner

Sinnverwandte Sprichwörter

Welches Sprichwort hat eine ähnliche Bedeutung wie das vorgegebene?

1. „Jeder kehre vor seiner eigenen Türe."

a) Wer anderen eine Grube gräbt, fällt selbst hinein.
b) Wer im Glashaus sitzt, soll nicht mit Steinen werfen.
c) Der Lauscher an der Wand hört seine eigene Schand.
d) Reden ist Silber, Schweigen ist Gold.

2. „Das Glück ist mit den Dummen."

a) Die dümmsten Bauern haben die größten Kartoffeln.
b) Den Tüchtigen hilft das Glück.
c) Scherben bringen Glück.
d) Wer nicht wagt, der nicht gewinnt.

Groß- und Kleinschreibung

Welcher Satz ist richtig geschrieben?

1. a) Aber heute Früh habe ich wieder einen Arzttermin.
    b) Aber Heute früh habe ich wieder einen Arzttermin.
    c) Aber heute früh habe ich wieder einen Arzttermin.

2. a) Sie hatte fünf einsen im Zeugnis und war zweite im Weitsprung.
    b) Sie hatte fünf einsen im Zeugnis und war Zweite im Weitsprung.
    c) Sie hatte fünf Einsen im Zeugnis und war zweite im Weitsprung.
    d) Sie hatte fünf Einsen im Zeugnis und war Zweite im Weitsprung.

3. a) Als die englische Königin abends in ihr Schloss kam, war das Licht schon aus.
    b) Als die Englische Königin abends in ihr Schloss kam, war das Licht schon aus.
    c) Als die Englische Königin Abends in ihr Schloss kam, war das Licht schon aus.
    d) Als die englische Königin Abends in ihr Schloss kam, war das Licht schon aus.

Rechtschreibung

Welches Wort ist richtig geschrieben?

1. a) Dampflockomotive   b) Dampflockomotife
    c) Dampflokomottife   d) Damflockomotive
    e) Dampflokomotive

2. a) Renaissanse   b) Renaissance
    c) Rennaissance   d) Rennaisance
    e) Renaisance

TIPP

Stellen Sie sich die Wörter ausgesprochen vor und überlegen Sie, welches richtig klingt.

Bilden Sie den Plural folgender Wörter.

3. Visum
4. Globus
5. Pizza

5. Mathematisches Denken

Dreisatz

1. Ein Motorrad benötigt für eine 125 km lange Strecke 22,50 Liter Benzin. Welchen Verbrauch hat das Motorrad auf 100 km?

2. In einem Betrieb kommen 60 % der Männer und 50 % der Frauen mit dem Auto zur Arbeit. Wie viel Prozent kommen insgesamt mit dem Auto, wenn dort 60 % Männer arbeiten?

3. Vier Personen haben ein durchschnittliches Gewicht von 69 kg. Die erste Person wiegt 76 kg, die zweite 61 kg, die dritte 65 kg. Wie viel wiegt die vierte Person?

Maßeinheiten

1. Wie viele Stunden und Minuten sind 7200 Sekunden?

   a) 120 Stunden   b) 2 Stunden
   c) 5 Stunden   d) 1 Stunde 20 Minuten

2. Wie viele Hektar sind 55 000 Quadratmeter?

   a) 5,5   b) 550
   c) 55   d) 5550

3. Wie viele Kubikmeter sind 300 Liter?

   a) 0,3   b) 30
   c) 3   d) 300

Prozent- und Zinsrechnung

1. Die Mehrwertsteuer (19 %) beim Kauf eines Fahrrads beträgt 57 Euro. Wie teuer ist das Fahrrad inklusive Mehrwertsteuer?

   a) 243 Euro   b) 357 Euro
   c) 300 Euro   d) 414 Euro

2. Nach welcher Zeit sind 15 000 Euro auf 20 000 Euro angewachsen, bei einer jährlichen Verzinsung von 5 %?

   a) 6 Jahre und 216 Tage   b) 6 Jahre und 260 Tage
   c) 6 Jahre und 220 Tage   d) 6 Jahre und 8 Monate

Gleichungen

Ergänzen Sie die fehlenden Rechenzeichen bei den Gleichungen, um auf die vorgegebene Lösung zu kommen. Die Rechenregel „Punkt vor Strich" gilt hier.

1. 8 … 4 … 1 = 31
2. 2 … 60 … 12 = -3
3. 11 … 20 … 5 … 12 = 99

6. Räumliche Vorstellung

Drehungen im Raum

In welcher Position befindet sich der Buchstabe nach der Drehung, wie es die Pfeile der Reihe nach vorgeben? Die Drehungen sind jeweils 90 Grad um die Raumachsen.

a)

b)

c)

d)

e)

Flächen eines Körpers

Bestimmen Sie die Gesamtzahl an Flächen der vorgegebenen Körper.

1.  a) 15 b) 12 c) 14 d) 17

2.  a) 32 b) 33 c) 34 d) 30

3.  a) 31 b) 30 c) 29 d) 32

Spiegelbilder

Welche Figur passt nicht zu den anderen?

1. a) ☐   b) ☐   c) ☐

d) ☐   e) ☐   f) ☐

2. a) ☐   b) ☐   c) ☐

d) ☐   e) ☐   f) ☐

Würfelfaltung

1. Welcher Würfel lässt sich aus dieser Vorlage falten?

a) ☐   b) ☐   c) ☐   d) ☐

2. Aus welcher Faltvorlage lässt sich dieser Würfel falten?

a) ☐ 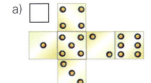   b) ☐ 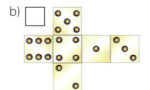   c) ☐ 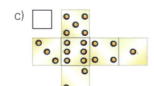   d) ☐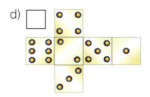

Lösungen Einstellungstests

1. Logisches Denken

Zahlenreihen
1. 2 $+^4$ 6 $+^6$ 12 $+^8$ 20 $+^{10}$ 30 $+^{12}$ **42**

2. 16 $+^7$ 23 $+^5$ 28 $+^{10}$ 38 $+^{11}$ 49 $+^{13}$ 62 $+^8$ **70**
(Quersumme addieren)

Wortanalogien
1. c) Haus   **2.** b) Fuß

Beziehungen
1. g) Sonntag   **2.** a) Mutter

Grafikanalogien
1. a)   **2.** b) ◉ ◉

2. Konzentration

Alphabetische Reihenfolge
1. dhabanejdhenahjbekj<u>abcd</u>fgejndnansmjodnbdj<u>wxyz</u>jbdnrnmalmüppkd-knshdk<u>jkl</u>ndhadnenduenduend<u>opqr</u>hzfunrucmchdtebnsmnaüskendha-bez<u>efg</u>hnmkelodhbezshynmnbabsebdnmeidjnantzbszxtgbsnxhzs<u>stu</u>-<u>vw</u>b

2. hnsndnadhendnsj<u>uvwx</u>hdndnbdnmejdkale<u>hijk</u>dnmadnsomemaö<u>defg</u>n-bdbanskjneksoxnaknbsjxonbshzebaisbelmans<u>lmno</u>pzehbaisjbajsnen-akmslxp<u>klm</u>hjdamsidjend<u>hij</u>dnsmalsneisxnmamsr<u>stu</u>dbansmensuaylxvn

Kopfrechnen
1. 27   **2.** 24

Mosaik
1. D   **2.** C

Additions-/Subtraktionsaufgaben
1. 14   **2.** 5   **3.** 22
4. 5   **5.** 16   **6.** 17
7. 14   **8.** 5   **9.** 14

3. Allgemeinwissen

1. a) 5 bis 6 Liter   **2.** d) Base   **3.** b) Ampere   **4.** a) 4
5. d) Bit   **6.** b) Soziale Marktwirtschaft   **7.** d) 9   **8.** c) Landkreis und Gemeinde
9. b) Konrad Adenauer   **10.** b) Augustus   **11.** b) Faust I   **12.** b) Friedrich Schiller
13. d) Leonardo da Vinci   **14.** b) Tenor, Bariton, Bass   **15.** a) Skisprung und Skilanglauf

4. Sprachgefühl

Abkürzungen
1. c) FAZ = Frankfurter Allgemeine Zeitung   **2.** a) IHK = Industrie- und Handelskammer
d) DIN = Deutsches Institut für Normung   c) USA = United States of America
3. a) BASF = Badische Anilin- und Soda-Fabrik
c) BVerfG = Bundesverfassungsgericht
d) VW = Volkswagen

Wortbedeutungen
1. c) Schwäbisch   **2.** d) Schwimmen   **3.** c) Zahl

Fremdwörter
1. b) ungleichartig   **2.** a) verhältnismäßig

Satzergänzungen
1. d) Psychologie   **2.** d) aufmerksam   **3.** b) kürzer

Sinnverwandte Sprichwörter
1. b) Wer im Glashaus sitzt, soll nicht mit Steinen werfen.   **2.** a) Die dümmsten Bauern haben die größten Kartoffeln.

Groß- und Kleinschreibung
1. c) Aber heute früh habe ich wieder einen Arzttermin.
2. d) Sie hatte fünf Einsen im Zeugnis und war Zweite im Weitsprung.
3. a) Als die englische Königin abends in ihr Schloss kam, war das Licht schon aus.

Rechtschreibung
1. e) Dampflokomotive   **2.** b) Renaissance
3. Visa oder Visen   **4.** Globen oder Globusse   **5.** Pizzas oder Pizzen

5. Mathematisches Denken

Dreisatz
1. 18 Liter   **2.** 56 Prozent   **3.** 74 kg

Maßeinheiten
1. b) 2 Stunden   **2.** a) 5,5   **3.** a) 0,3

Prozent- und Zinsrechnung
1. b) 357 Euro   **2.** d) 6 Jahre und 8 Monate

Gleichungen
1. 8 x 4 – 1 = 31
2. 2 – 60 : 12 = -3
3. 11 + 20 x 5 – 12 = 99

6. Räumliche Vorstellung

Drehungen im Raum
1. c)

Flächen eines Körpers
1. a) 15   **2.** c) 34   **3.** b) 31

Spiegelbilder
1. a)   **2.** c)

Würfelfaltung
1. a)   **2.** b)

Assessment-Center (AC)

Ein weiterer gängiger Test für die Auswahl von Azubis ist das sogenannte Assessment-Center (AC). Der Begriff kommt aus dem Englischen („to assess" = bewerten, beurteilen). Grundidee ist es, die Kandidaten und Kandidatinnen in vorgegebenen Situationen zu beobachten, welche den künftigen Aufgaben entsprechen. Hierbei zählt eher die persönliche Eignung als die fachliche Qualifikation.

Bestandteile eines Assessment-Centers sind in der Regel Rollenspiele, Planspiele, Gruppendiskussionen, Einzelvorträge, Fallstudien und psychologische Testverfahren. Üblich sind diese AC mittlerweile bei Großunternehmen wie Banken und Versicherungen, aber auch bei der Polizei oder im öffentlichen Dienst.

Tipps für ein AC-Auswahlverfahren

▶ freundlich und offen sein
▶ Blickkontakt mit den Gesprächspartnern halten
▶ Interesse zeigen und Fragen stellen
▶ seine eigene Meinung selbstbewusst vertreten
▶ die Meinung anderer respektieren
▶ sich aktiv an Diskussionen beteiligen
▶ ehrlich sein, kein falsches Wissen vorgeben
▶ kühlen Kopf und Ruhe bewahren

Onlinetipps

Es gibt im Internet viele Möglichkeiten, Eignungstests zu machen und so noch intensiver zu üben.
Auch zum Thema Bewerbung kann man im Internet hilfreiche Tipps finden. Hier einige Links:

▶ www.planet-beruf.de
▶ www.azubiworld.com
▶ www.ausbildung.info
▶ www.ausbildungspark.com

▶ www.bewerbung.de
▶ www.bewerbungsdschungel.com
▶ www.berufswahl-tipps.de
▶ www.azubi-azubine.de

▶ www.jobinspektor.com
▶ www.azubot.de
▶ www.stuzubi.de
▶ www.azubiyo.de

Für die Inhalte der aufgeführten Websites übernehmen wir keine Haftung. Das gilt auch für alle auf diesen Websites angebrachten Links.

Anmerkungen:

Schematisierte Darstellung des Bildungswesens. Die Verteilung der Schülerzahlen in der Jahrgangsstufe 8 für das Jahr 2016 stellt sich im Bundesdurchschnitt wie folgt dar: Hauptschule 10,8 %, Realschule 18,9 %, Gymnasium 36,2 %, integrierte Gesamtschule 16,8 %, Schularten mit mehreren Bildungsgängen 12,2 %, sonderpädagogische Bildungseinrichtungen 4,2 %.
Die Durchlässigkeit zwischen den Schularten und die Anerkennung der Schulabschlüsse sind bei Erfüllung der zwischen den Ländern vereinbarten Voraussetzungen gewährleistet. Die Dauer der Vollzeitschulpflicht (allgemeine Schulpflicht) beträgt neun Jahre, in fünf Ländern zehn Jahre, und die anschließende Teilzeitschulpflicht (Berufsschulpflicht) drei Jahre.

1 In einigen Ländern bestehen besondere Formen des Übergangs von der Kindertagesstätte oder der Kindertagespflege in die Grundschule (Vorklassen, Schulkindergärten). In Berlin und Brandenburg umfasst die Grundschule sechs Jahrgangsstufen.
2 Beschulung von Schülerinnen und Schülern mit sonderpädagogischem Förderbedarf in inklusivem Unterricht an allgemeinen Schulen oder an sonderpädagogischen Bildungseinrichtungen mit entsprechenden Förderschwerpunkten. Schulbezeichnung nach Landesrecht unterschiedlich. Sonderpädagogische Bildungseinrichtungen mit dem Förderschwerpunkt „Lernen" und sonderpädagogische Bildungseinrichtungen mit dem Förderschwerpunkt „Geistige Entwicklung" haben schulspezifische Abschlüsse.
3 Die Jahrgangsstufen 5 und 6 bilden eine Phase besonderer Förderung, Beobachtung und Orientierung über den weiteren Bildungsgang mit seinen fachlichen Schwerpunkten.
4 Haupt- und Realschulen existieren in nennenswerter Zahl nur noch in fünf Ländern (Baden-Württemberg, Bayern, Hessen, Niedersachsen, Nordrhein-Westfalen). In Bayern trägt die mit der Hauptschule vergleichbare Schulart die Bezeichnung Mittelschule. Die Bildungsgänge der Hauptschule und der Realschule werden auch an Schularten mit mehreren Bildungsgängen mit nach Ländern unterschiedlichen Bezeichnungen angeboten.
5 Die folgenden Schularten mit zwei Bildungsgängen fassen die Bildungsgänge der Haupt- und der Realschule pädagogisch und organisatorisch zusammen: Regelschule (Thüringen), Sekundarschule (Bremen, Sachsen-Anhalt), Verbundene Haupt- und Realschule (Hessen), Regionale Schule (Mecklenburg-Vorpommern), Realschule plus (Rheinland-Pfalz), Regionalschule (Schleswig-Holstein), Oberschule (Brandenburg, Sachsen), Mittelstufenschule (Hessen). Der Bildungsgang des Gymnasiums wird auch an Schularten mit drei Bildungsgängen angeboten. Die folgenden Schularten umfassen die drei Bildungsgänge der Hauptschule, der Realschule und des Gymnasiums: Integrierte Gesamtschule, Kooperative Gesamtschule, Integrierte Sekundarschule (Berlin), Oberschule (Bremen, Niedersachsen), Stadtteilschule (Hamburg), Gemeinschaftsschule (Baden-Württemberg, Saarland, Sachsen-Anhalt, Schleswig-Holstein, Thüringen), Sekundarschule (Nordrhein-Westfalen).
6 Die allgemeinbildenden Schulabschlüsse nach Jahrgangsstufe 9 und 10 tragen in einzelnen Ländern besondere Bezeichnungen. Der nachträgliche Erwerb dieser Abschlüsse an Schulen des zweiten Bildungsweges und beruflichen Schulen oder durch eine Externenprüfung ist möglich.
7 Zugangsvoraussetzung ist die formelle Berechtigung zum Besuch der gymnasialen Oberstufe, die nach Jahrgangsstufe 9 oder 10 erworben wird. Der Erwerb der Allgemeinen Hochschulreife erfolgt seit 2012 in der Mehrzahl der Länder nach Jahrgangsstufe 12 (achtjähriges Gymnasium). An Schularten mit drei Bildungsgängen wird der gymnasiale Bildungsgang in der Regel nicht auf acht Jahre verkürzt.
8 Die Berufsoberschule besteht bisher nur in einigen Ländern und bietet Absolventen mit Mittlerem Schulabschluss und abgeschlossener Berufsausbildung bzw. fünfjähriger Berufstätigkeit die Möglichkeit zum Erwerb der Fachgebundenen Hochschulreife. Bei Nachweis von Kenntnissen in einer zweiten Fremdsprache ist der Erwerb der Allgemeinen Hochschulreife möglich.
9 Die Fachoberschule ist eine zweijährige Schulart, die aufbauend auf dem Mittleren Schulabschluss mit Jahrgangsstufe 11 und 12 zur Fachhochschulreife führt. Für Absolventen mit Mittlerem Schulabschluss und einer beruflichen Erstausbildung ist in den meisten Ländern der unmittelbare Eintritt in Jahrgangsstufe 12 der Fachoberschule möglich. Die Länder können auch eine Jahrgangsstufe 13 einrichten. Der Besuch der Jahrgangsstufe 13 führt zur Fachgebundenen Hochschulreife und unter bestimmten Voraussetzungen zur Allgemeinen Hochschulreife.
10 Berufsfachschulen sind berufliche Vollzeitschulen verschiedener Ausprägung im Hinblick auf Zugangsvoraussetzungen, Dauer und Abschlüsse. In ein- oder zweijährigen Bildungsgängen wird eine berufliche Grundausbildung, in zwei- oder dreijährigen Bildungsgängen eine Berufsausbildung vermittelt. In Verbindung mit dem Abschluss eines mindestens zweijährigen Bildungsgangs kann unter bestimmten Voraussetzungen die Fachhochschulreife erworben werden.
11 Zusätzlich zum berufsqualifizierenden Abschluss ggf. Erwerb des Hauptschulabschlusses oder des Mittleren Schulabschlusses. Unter bestimmten Voraussetzungen ist zusätzlich der Erwerb der Fachhochschulreife möglich.
12 Fachschulen dienen der beruflichen Weiterbildung (Dauer 1–3 Jahre) und setzen grundsätzlich den Abschluss einer einschlägigen Berufsausbildung in einem anerkannten Ausbildungsberuf und eine entsprechende Berufstätigkeit voraus. Unter bestimmten Voraussetzungen ist zusätzlich der Erwerb der Fachhochschulreife möglich.
13 Einschließlich Hochschulen mit einzelnen universitären Studiengängen (z. B. Theologie, Philosophie, Medizin, Verwaltungswissenschaften, Sport).
14 An Pädagogischen Hochschulen (nur in Baden Württemberg) wird für verschiedene Lehrämter ausgebildet. Im Einzelfall ist auch ein Studium für Berufe im außerschulischen Bildungs- und Erziehungsbereich möglich.
15 Die Berufsakademie ist eine Einrichtung des tertiären Bereichs in einigen Ländern, die eine wissenschaftsbezogene und zugleich praxisorientierte berufliche Bildung durch die Ausbildung an einer Studienakademie und in einem Betrieb im Sinne des dualen Systems vermittelt.
16 Die Studienstrukturreform mit der Umstellung auf Bachelor- und Masterabschlüsse an deutschen Hochschulen ist weitgehend abgeschlossen. Nur eine geringe Zahl von Studiengängen führt zu einem Diplomabschluss.

Stand: Juni 2018

Grundstruktur des Bildungswesens in der Bundesrepublik Deutschland

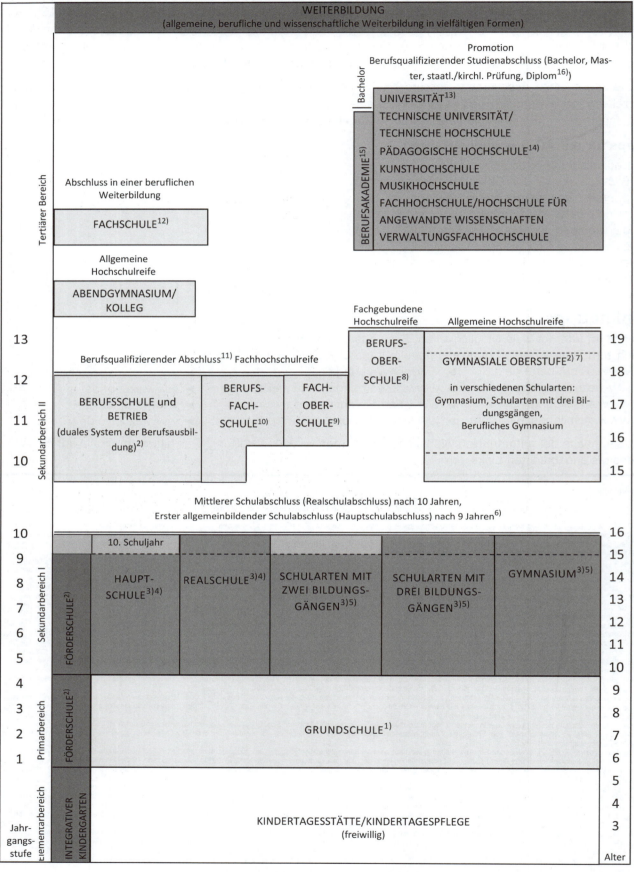

Herausgeber: Sekretariat der Ständigen Konferenz der Kultusminister der Länder in der Bundesrepublik Deutschland,
Deutsche EURYDICE-Informationsstelle der Länder, Taubenstr. 10, 10117 Berlin, Tel. 030 25418-499. © KMK 2018